아메리카의 민주주의
제2권 (1840)

대우고전총서
Daewoo Classical Library
044

아메리카의 민주주의
제2권 (1840)

De la Démocratie en Amérique

알렉시 드 토크빌 | 이용재 옮김

아카넷

토크빌 초상
테오도르 샤세리오 작, 1840년 베르사유 박물관

소년 토크빌
작자 미상, 개인 소장

청년 토크빌
작자 미상, 망슈 도립기록원

청년 토크빌
작자 미상, 바이네케 컬렉션,
필사본 도서관, 예일 대학

사법관 토크빌
작자 미상,
파리 변호사협회 자료집

제헌위원 토크빌
1848년, 레옹 노벨 작, 석판화,
파리 국립도서관 (B.N. Est. N2)

외무장관 토크빌
오노레 도미에 작, 『샤리바리(*Le Charivari*)』
(20 juin 1849)

부친 에르베 드 토크빌의 초상

부인 메리 모틀리의 초상

친구 귀스타브 드 보몽의 초상

토크빌, 아카데미 회원이 되다
『아메리카의 민주주의』의 저자 토크빌
은 1839년에 정신과학–정치학 아카
데미에, 1841년에 아카데미 프랑세즈
에 정회원으로 선임되었다. 오노레 발
자크 저, 『저널리스트(*Journalistes*)』
(1842)에 실린 삽화

외무장관 토크빌의 일상
제2공화국에서 외무장관 자리에 오른
토크빌은 외국 사절을 접대하는 공무
를 떠맡았다. 앙리 에미 작, 『실루엣
(*Silhouette*)』 (2 septembre 1849)

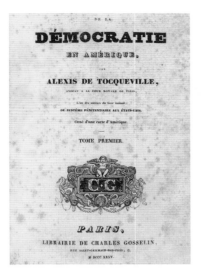

『아메리카의 민주주의』
초판본 표지(1835년)

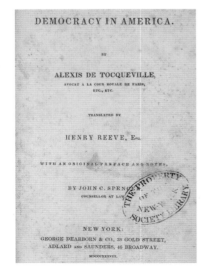

『아메리카의 민주주의』
헨리 리브의 영역판 표지(1838년)

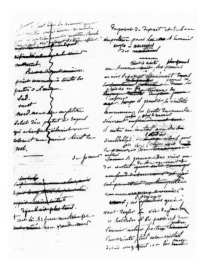

『아메리카의 민주주의』 육필 원고
'영국계 아메리카인들의 기원에 대해…' (제1권, 제1부, 제2장 첫머리), 바이네케 컬렉션, 필사본 도서관, 예일 대학

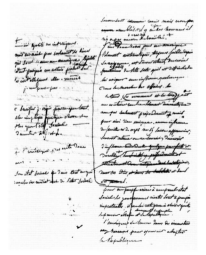

『아메리카의 민주주의』 육필 원고
'영국계 아메리카인들의 사회 상태' (제1권, 제1부, 제3장 첫머리), 토크빌은 오른편에 본문을 쓰고 왼편에 수정 가필하는 방식으로 원고를 썼다. 왼편 중간에 '귀스타브(귀스타브 보몽)와 루이(루이 케르골레)에게 물어보자'라는 표현이 이채롭다 (*Demander à G.*[Gustave] *et L.*[Louis]). 바이네케 컬렉션, 필사본 도서관, 예일 대학

차례

제2부 민주주의가 아메리카인들의 감정에 미치는 영향

제3부 민주주의가 고유한 의미의 습속에 미치는 영향

서론

제1부

제2부

아메리카인들은 그들에게 일정한 법제와 일정한 정치적 습속을 마련해준 민주적인 사회 상태를 지니고 있다.

그런데 바로 이러한 사회 상태가 아메리카인들에게서 유럽의 낡은 귀족 사회들에서는 전혀 찾아볼 수 없는 수많은 감정과 견해들을 만들어냈다. 옛날의 관계들은 파손되거나 수정되었으며 새로운 관계들이 생겨났다. 시민사회의 양상은 정치 세계의 형상 못지않게 많이 달라졌다.

첫 번째 주제, 즉 법제나 정치적 습속과 관련된 문제는 아메리카의 민주주의에 대해서 내가 5년 전에 출판한 책에서 다루었다. 이 책에서 다루는 것은 두 번째 주제, 즉 시민사회의 추이이다. 이 두 부분은 상호 보완적인 것으로서 단일한 작품을 구성한다.

우선 여기서 오해를 부를 수 있는 잘못된 생각에 대해 독자들의 주의를 환기하고자 한다. 내가 여러 차례 평등을 강조하는 것을 보고 독자들은, 내가 평등을 우리 시대에 일어나는 모든 현상의 유일한 원인으로 간주한다고 결론지을지도 모르겠다. 하지만 이것은 나의 논지를 아주 협소한 시야로 보는 것이다.

우리 시대에 볼 수 있는 수많은 견해, 감정, 본능들 따위는 평등과 별 관계가 없을 뿐만 아니라 심지어 평등과 상충되는 사실들에서 생겨난 것이다. 합중국을 사례로 들어 말하자면, 아메리카인들의 사고방식과 생활양식은 물론 민주적인 사회 상태에 의해 영향을 받지만 그와 별도로 합중국의 자연환경, 합중국 주민들의 기원, 초창기 이주민들의 종교, 이들이 체험으로 얻은 지식, 이들의 몸에 밴 오랜 습성 따위에 의해서도 커다란 영향을 받는다는 것을 나는 쉽사리 입증할 수 있다. 더구나 오늘날 유럽에서 일어나는 일들의 상당 부분은 평등과 뚜렷이 구별되는 여러 다양한 원인들로 충분히 설명될 수 있다.

나는 이렇게 다양한 원인들이 있으며 또 상당한 영향력을 발휘한다는 것을 잘 알지만, 여기서 굳이 부연해서 설명해야 할 필요를 느끼지는 않는다.

나의 취지는 우리의 모든 성향과 우리의 모든 관념이 어디에서 기원하는지를 보여주는 데 있지 않았다. 나로서는 평등이 과연 어떤 측면에서 우리의 성향과 우리의 관념을 바꾸어놓았는가를 보여주려 했을 따름이다.

내가, 우리가 지금 겪는 민주주의 혁명이 불가항력적인 사실이라고 생각하면서도 이 혁명으로 인해 탄생한 민주 사회들에 대해 이 책에서 때때로 신랄한 비판을 가하는 것을 보고 독자들은 아마도 놀랄 것이다. 간단하게 답변하자면, 나는 민주주의를 적으로 삼지 않는 까닭에 민주주의에 대해 있는 그대로 진솔하게 말하고 자 했던 것이다.

우리는 적에게서 진실을 들을 수 없지만 사실 친구도 진실을 말 해주지는 않는다. 내가 민주주의에 대해 말하는 것은 바로 이러한 이유에서이다.

평등이 인간에게 약속해주는 새로운 축복을 널리 선전하는 일 을 떠맡은 사람은 많지만 평등이 초래하는 위험을 과감하게 경고 하는 사람은 거의 없다고 나는 생각했다. 나는 바로 이러한 위험 들로 시선을 돌렸다. 그리고 그 위험을 명확하게 알아보았기 때문 에, 더 이상 침묵할 수만은 없었다.

첫째 권과 마찬가지로 이 둘째 권도 치우치지 않고 공평하게 썼 다는 점을 독자들이 알아보기를 바란다. 우리를 갈라놓는 상충된 견해들의 한복판에서 나는 그러한 견해들이 내 마음속에 불어넣 는 공감과 반감을 잠시 접어두고자 무던 애썼다. 만일 독자들이 이 책에서 우리나라를 뒤흔든 거대 정당들 중 하나의 편을 들 요 량으로, 아니면 오늘날 우리나라를 살살 괴롭히는 자잘한 파당들 중 하나의 편을 들 요량으로 만들어낸 구절을 단 하나라도 발견한 다면, 독자들은 언성 높여 나를 비난해야 마땅할 것이다.

내가 다루고자 한 주제는 실로 방대하다. 새로운 세계가 만들어 낸 대다수 감정과 관념을 모두 다루기 때문이다. 이러한 주제는 나의 역량을 넘어서는 만큼, 만족할 만한 결실을 거두기 힘들었 다고 자인한다. 하지만 내가 애초에 염두에 둔 목표에 도달하지는 못했다고 할지라도 나로서는 독자들이, 내가 성취감에 버금가는 마음가짐으로 이 작업을 구상하고 또 수행했다는 것을 정당하게 평가해주기를 바라마지않는다.

제1부
합중국에서 민주주의가
지성의 추세에 미치는 영향

제1장

아메리카인들의
철학적 방법에 대해

문명 세계에서 합중국만큼 철학에 관심을 기울이지 않는 나라도 없을 것이라고 나는 생각한다.

아메리카인들은 그들 고유의 어떤 철학 학파도 가지고 있지 못하며 유럽 각지의 여러 학파들에 대해서도 거의 관심이 없다. 아메리카인들에게는 이들 학파의 이름조차 잘 알려져 있지 않다.

그렇기는 하지만 합중국에 사는 거의 모든 주민이 같은 방식으로 사고를 전개하고 같은 준칙에 따라 생각을 다듬는다는 것은 쉽사리 관찰할 수 있다. 달리 말하자면 아메리카인들은 그러한 준칙이 어떤 것인지 굳이 정의하려 애쓸 필요도 없이 그들 모두에게 공통된 어떤 철학적 방법을 가지고 있는 것이다.

내가 아메리카인들의 철학적 방법이라고 부르는 것의 주요 특징은 대략 다음과 같다. 요컨대 정형화된 사고방식, 습성의 멍에, 가문의 기풍, 계급의 견해 그리고 어느 정도까지는 국민의 편견

따위에서 벗어나는 것, 전통을 그저 하나의 정보로 받아들이고 기존의 사실들을 그저 다른 방식으로 더 낫게 만드는 데 유용한 교훈 정도로 받아들이는 것, 사물의 이치를 자기 스스로, 자신의 힘으로 탐색하는 것, 수단에 구애받지 않고 결과를 추구하는 것, 형식을 통해서 본질에 다가서는 것 따위이다.

그런데 여기서 한 걸음 더 나아가 이들 다양한 특징 모두를 다 포괄할 만한 가장 중요한 특징 한 가지만을 찾아내야 한다면, 나로서는 아메리카인들은 누구나 거의 모든 사고 활동에서 자신의 이성의 개별적 노력에만 의존하려 한다는 점을 지적하지 않을 수 없다.

따라서 아메리카는 데카르트의 격률을 가장 덜 연구하고도 가장 잘 따르는 나라들 중 하나라고 할 만하다. 이것은 그리 놀랄 만한 일이 아니다.

아메리카인들은 데카르트의 작품을 거의 읽지 않는데, 왜냐하면 이들이 처한 사회 상태로 볼 때 이들에게는 사변적인 연구가 그리 어울리지 않기 때문이다. 그런데도 아메리카인들은 데카르트의 격률을 따르는 셈인데, 이는 바로 이 사회 상태가 이들로 하여금 그 격률을 아주 자연스럽게 받아들이도록 하기 때문이다.

민주 사회를 압도하는 끊임없는 변화의 물결 속에서 세대와 세대를 연결하는 유대는 느슨해지거나 끊어져버린다. 사람들은 누구나 윗대의 사고방식을 쉽사리 까먹으며 그것에 대해 관심조차 두지 않는다.

이러한 사회에 사는 사람들은 그들이 속해 있는 계급이 갖는 견해로부터 그들의 신념을 끄집어낼 수 없게 된다. 왜냐하면 어떤 의미에서는 이제 더 이상 어떤 계급도 존재하지 않기 때문이며, 설혹 아직껏 계급이 존재한다고 할지라도 그 계급이 너무나 유동적인 요소들로 구성되어 그 구성원들에게 어떤 실질적인 영향력도 행사하지 못하기 때문이다.

한 사람의 지성이 다른 사람의 지성에 미친 영향력에 대해서 말하자면, 시민들이 서로 거의 엇비슷해지고 서로를 아주 가까이서 바라볼 수 있는 나라에서는 그 영향력이 아주 제한적일 수밖에 없다. 그들 중 어느 한 사람에게서 남다른 위대성과 우월성의 징후를 찾아볼 수 없는 까닭에, 개개 시민들은 끊임없이 가장 확실하고 가장 가까운 진리의 원천을 자기 자신의 이성에서 찾게 된다. 이러저러한 인물에 대한 신뢰가 사라졌을 뿐만 아니라, 그의 언행에 근거해 그 인물을 신뢰하려는 성향마저 사라져버렸다. 이제 사람들은 누구나 자기 자신 속에 움츠러들게 되고 거기서부터 세상을 판단하려 한다.

이렇게 아메리카인들이 판단 기준을 자신의 내부에서만 찾곤 하는 관례는 또 다른 습성들을 낳았다. 그들은 일상생활에서 부딪히는 모든 자잘한 어려움을 별다른 도움 없이 해결하고 있다고 여기기 때문에, 세상만사는 모두 설명이 가능하며 인간의 이해력을 넘어서는 일은 있을 수 없다고 쉽사리 결론짓는다.

이리하여 그들은 자신이 이해하지 못하는 것은 기꺼이 부인한다. 이들은 일상적이지 않은 일에 대해 거의 신뢰를 두지 않으며 초자연적인 것에 대해서는 극단적인 혐오감을 갖게 된다.

자신이 직접 눈으로 본 것만을 믿는 데 오랫동안 익숙해진 까닭에, 아메리카인들은 자신과 관련되는 것이면 무엇이든 꼼꼼하게 관찰하는 것을 좋아한다. 그들은 가능한 한 사물의 속내를 들여다보려 하며 사물에 대한 통찰을 가로막는 칸막이를 제거하고 사물을 감싸는 모든 장막을 벗겨낸다. 그리고 마침내 사물을 가장 명료하게 포착해내기에 이른다. 이러한 사고방식으로 인해 아메리카인들은 형식이나 절차 따위를 경멸하는데, 형식이라는 것을 그들과 진리 사이에 놓인 불필요하고 거추장스러운 장막 정도로 여기는 것이다.

따라서 아메리카인들은 자신의 철학적 방법을 책에서 끄집어낼 필요가 없다. 그들은 그것을 자기 자신에게서 발견했다. 유럽에서 일어난 일에 대해서도 나는 거의 동일한 이야기를 할 수 있을 것이다.

이와 같은 방법은 조건들이 더 평등해지고 인간들이 서로 더 엇비슷해지는 것에 비례해서만 유럽에서 확립되고 대중화되었다.

잠시 시간의 흐름에 따라 살펴보도록 하자.

16세기에 종교개혁가들은 옛날의 교리들 중 일부를 개인의 이성에 내맡겼으나, 그 외의 다른 내용에 대해서는 여전히 논의를 금지했다. 17세기에 자연과학에서는 베이컨이, 철학 분야에서는 데카르트가 기존의 정형화된 형식을 거부하고 인습의 제국을 타도했으며 주인의 권위를 무너뜨렸다.

18세기의 계몽철학자들은 마침내 같은 원칙을 일반화하면서 개인이 믿는 모든 믿음을 개개인의 개별적 판단에 내맡기고자 했다.

루터와 데카르트와 볼테르가 모두 동일한 방법을 구사했으며 또 이들이 단지 그 방법을 구사하는 정도에서만 서로 차이가 났을 뿐이라는 것을 어느 누가 모르겠는가?

종교개혁가들이 종교적 교리의 틀에만 그토록 협소하게 머물게 된 것은 도대체 무슨 까닭인가? 왜 데카르트는 모든 사물에 자신의 방법론이 적용될 수 있는 웅대한 체계를 세웠으면서도 그 방법론을 몇 가지 분야에만 적용했으며, 정치 문제가 아니라 철학 문제만이 개인적 판단의 대상이 된다고 선언했는가? 어떻게 18세기에 바로 이 동일한 방법론으로부터 사람들이 데카르트나 그에 앞선 선구자들이 알아채지 못하거나 굳이 들추어내기를 거부했던 바로 그 전면적 적용의 원칙을 돌연 찾아내게 되었는가? 마지막으로, 어떻게 바로 이 방법론이 이 시기에 돌연 학파들로부터 나와서 사회 전반에 침투하고 지성의 공통 규칙이 되었으며, 프랑스에서 대중화된 이후에 공개적으로든 내면적으로든 유럽 여러 나라들에까지 퍼져 나가게 되었는가?

문제의 철학적 방법론은 16세기에 탄생할 수 있었으며 17세기에 더욱 다듬어지고 일반화될 수 있었다. 하지만 이 두 세기 중 어느 때도 그것이 일반적으로 통용되었다고는 말할 수 없다. 정치 법제나 사회 상태뿐만 아니라 이 둘로부터 나오는 정신의 습성도 아직은 이러한 방법론을 받아들일 태세가 되어 있지 않았다.

이 방법론은 사람들이 서로 대등해지고 서로 닮아가기 시작하던 시기에 발견되었다. 이 방법론은 조건들이 마침내 거의 평등해지고 사람들이 거의 엇비슷하게 된 시기에 이르러서야 비로소 전면적으로 수용될 수 있었다.

따라서 18세기의 철학적 방법론은 프랑스 특유의 성격을 지닐 뿐만 아니라, 민주주의적인 특색을 지닌다고도 할 수 있다. 바로 그렇기 때문에 이 방법론은 유럽 전역에서 아주 쉽사리 받아들여졌던 것이며 그만큼 유럽의 면모를 바꾸어놓는 데 널리 기여했던 것이다. 프랑스인들이 세상을 뒤바꾸어놓을 수 있었다면, 그것은 그들이 자신의 낡은 신앙을 바꾸고 낡은 습속을 바로잡았기 때문이 아니라 다른 나라들에 앞서 처음으로 이 철학적 방법론을 일반화하고 온 세상에 전파시켰기 때문이다. 이 방법론의 도움을 받아 사람들은 모든 낡은 것을 쉽사리 공격하고 모든 새로운 것에 길을 열어줄 수 있었던 것이다.

그렇다면 오늘날 바로 이 방법론이 왜 아메리카에서는 프랑스에서 그러한 것만큼 엄격하게 준수되지도 못하고 자주 적용되지도 못하는가? 아메리카인들이 프랑스인들만큼 완벽하게, 그리고 프랑스인들보다 더 오랫동안 평등을 누려왔음에도 불구하고 말이다. 이 이유는 부분적으로 두 가지 상황 탓이라고 답할 수 있는데, 이 두 가지를 이해하는 것이 우선 필요할 듯하다.

영국계 아메리카의 사회를 탄생시킨 것은 바로 종교라는 사실을 잊어서는 안 된다. 합중국에서 종교는 모든 국민적 습성뿐만 아니라 조국이라는 것이 가져다주는 모든 감정과 결부되어 있다. 여기서 종교의 남다른 힘이 나온다.

이러한 뚜렷한 이유에 그만큼 뚜렷한 또 다른 이유 하나를 덧붙일 수 있다. 즉 아메리카에서 종교는 말하자면 스스로 자체의 한계를 설정하고 있다는 사실이다. 아메리카에서 종교 기관들은 정치 기관들과 완전히 분리되어 있다. 따라서 옛 신앙을 저버리지 않으면서도 옛 법제들을 쉽사리 바꿀 수 있었던 것이다.

따라서 기독교는 아메리카인들의 정신을 꽉 움켜잡아 왔다. 그런데 여기서 내가 강조하고 싶은 점은 기독교가 연구의 결과로 채택하는 철학으로서 군림할 뿐만 아니라 토의 없이 믿는 종교로서 군림한다는 사실이다.

합중국에서 기독교 교파들은 수없이 많고 줄곧 달라지지만, 기독교 자체는 공격의 대상도 옹호의 대상도 되지 않는 불가항력적인 기정사실이다.

기독교의 주요 교리들을 아무런 검토도 없이 수용한 아메리카인들로서는 기독교에서 유래하거나 기독교와 관련되는 많은 진리들을 마찬가지 방식으로 받아들이지 않을 수 없다. 따라서 개인의 분석적 행위는 아주 협소한 한계 안에 머물 수밖에 없게 되고, 가장 중요한 인간적인 의견들도 논의 대상에서 제외된다.

내가 앞에서 언급한 아메리카 특유의 두 가지 상황 중 두 번째 것은 다음과 같다. 즉 아메리카인들은 민주주의적인 사회 상태와 민주주의적인 헌법을 지니고 있지만 그렇다고 이들이 민주주의 혁명을 겪은 것은 전혀 아니라는 사실이다. 아메리카인들은 그들이 점령한 땅 위에 우리가 지금 보고 있는 모습 거의 그대로 도착했다. 이것은 아주 중요한 사실이다.

혁명이란 일단 낡은 신념을 뒤흔들어놓고, 권위를 약화시키며, 일반적으로 받아들여지는 믿음을 흐트러트리기 마련이다. 따라서 혁명은 인간들이 자기가 원하는 대로 행동하게 하며 인간 개개인에게 거의 무한대에 가까운 빈 공간을 열어주는 경향이 있다.

낡은 사회를 구성하는 여러 계급들 사이에 벌어진 오랜 투쟁의 결과로 조건들이 평등하게 될 때에 질투, 증오, 이웃에 대한 경멸, 교만 따위가 말하자면 인간의 마음을 사로잡게 되며, 당분간 지배하게 된다. 이러한 현상은, 사회의 평등화 현상과는 별도로, 사람들을 분열시키는 데 널리 기여하게 된다. 사람들이 서로의 판단을 불신하게 만들고 더 나아가 자기 자신 외에는 그 어디에서도 진실을 찾지 못하게 만드는 것이다.

이제 각자는 스스로 만족스러운 답을 찾으려 하고 모든 사안에 대해 자기 자신의 생각을 내놓는 것을 자랑으로 삼게 된다. 인간들은 더 이상 이념으로 결합하지 않으며 단지 이해관계에 의해서만 결합한다. 이제 인간의 사유란 바람이 불 때마다 흩날릴 뿐 모여서 형체를 이루지 못하는, 일종의 지적인 먼지에 지나지 않는다고 할 수 있다.

이리하여, 평등이 확립되면 응당 이루어질 것으로 전제한 정신의 독립성은 평등이 막 확립되는 초창기나 평등이 자리를 굳혀가는 힘겨운 세월 동안 그랬던 것만큼 그다지 대단하지 않게 되며 또 그다지 과도하게 보이지도 않게 된다. 그러므로 평등이 가져다줄 수 있는 지적인 자유라는 것은 혁명이 초래하는 무질서와 조심스럽게 구별되어야 한다. 우리가 미래에 대해 지나친 기대나 지나친 주저를 품지 않으려면, 이 두 가지는 각자 별개로 고려되어야 할 것이다.

새로운 사회에서 살게 될 사람들은 자주 자신의 지적인 판단을 활용하리라고 나는 생각한다. 하지만 나는 이들이 자주 자신의 판단을 남용하리라고는 생각하지 않는다.

이것은 모든 민주 국가에 널리 적용될 수 있는 요인, 즉 개인의 사상의 자유를 결국은 어떤 고정되고 때로는 협소한 한계 속에 가두어두게 만드는 요인과 관련이 있다.

이 요인에 대해서는 다음 장에서 살펴보도록 하자.

제2장

민주 국가에서 신념의
주요 원천에 대해

어떤 시기에나 교조적인 신념들이 많든 적든 꽤나 존재하기 마련이다. 그것들은 여러 방식으로 태어나며 그 형태와 대상을 바꾸기도 한다. 하지만 교조적인 신념들이 존재하지 않는 때는 없다. 즉 인간은 따져보지 않고 그저 믿으면서 어떤 견해를 받아들이는 것이다. 만일 사람들이 각자 자신의 견해를 형성하려 하고 자기 스스로 개척한 길에서 홀로 진리를 찾고자 한다면, 수많은 사람들이 어떤 공통의 신념 속에 합쳐지는 일은 애당초 있을 수 없을 것이다.

그런데 공통의 신념 없이는 어떤 사회도 번영할 수 없다는 것은 누구나 쉽게 알 수 있다. 아니, 차라리 사회의 존속 자체가 불가능하다고까지 말할 수 있을 것이다. 왜냐하면 공통의 이념이 없으면 공통의 행동이 있을 수 없고, 공통의 행동이 없으면 인간 개개인은 존속하더라도 사회는 존속할 수 없기 때문이다. 따라서 사회가 존속하기 위해서는, 더구나 사회가 번영하기 위해서는, 모든 시민의 생각이 언제나 결집되고 어떤 주요 이념들에 의해 함께 묶일 필요가 있다. 그런데 시민들 개개인이 이따금 자신의 견해를 어떤 공동의 원천에서 끌어내지 않거나 기존의 신념들을 일정하게 받아들이는 데 동의하지 않는다면, 이것은 이루어질 수 없는 일이다.

인간 개인도 마찬가지이다. 인간은 홀로 살아갈 때에도 동료들과 함께 행동할 때만큼이나 어떤 교조적인 신념을 필요로 할 수밖에 없다고 나는 생각한다.

만일 인간이 매일같이 이용하는 모든 진리에 대해서 무언가 스스로 입증해야만 한다면, 그의 일은 끝이 없을 것이다. 그는 한 발자국도 앞으로 나아가지 못하고 예비 검증 단계에서 지쳐 쓰러져 버릴 것이다. 자기 스스로 무언가 입증하기에는 인간의 수명이 짧기도 하거니와 인간의 능력에도 한계가 있을 수밖에 없다. 따라서 인간은 자기 스스로는 충분히 능력껏 검증해보지 않았지만 유능한 사람들이 이미 찾아서 내놓았거나 아니면 일반 대중이 일상적으로 받아들이는 수많은 사실과 견해들을 부득이 받아들이지 않을 수 없게 된다. 인간이 자기 자신의 사유의 집을 짓는 것은 바로 이러한 일차적인 토대 위에서이다. 인간이 이러한 방식으로 사유 체계를 전개하는 것은 자신의 의지적 선택에 의해서가 아니다. 그것은 인간 조건의 불변의 법칙인 것이다.

이 세상에서 아무리 위대한 철학자라고 하더라도 그는 타인의 믿음에 근거해서 수만 가지 사물을 믿기 마련이며, 자기 스스로 입증한 것보다 훨씬 더 많은 진리를 자기 것인 양 주장하기 마련이다.

이것은 필요한 일일 뿐만 아니라 바람직한 일이기도 하다. 한 인간이 몸소 모든 것을 다 검토하려 한다면, 그가 각각에 대해서는 거의 시간도 관심도 들이지 못할 터이니 말이다. 이러한 작업은 그의 정신을 계속 불안과 동요 속으로 몰아넣을 것이며, 따라서 그는 진리의 심층을 꿰뚫어볼 수도 일정한 확신을 가질 수도 없게 될 것이다. 그의 지성은 독자적이 되는 동시에 무기력해진다. 따라서 인간은 여러 다양한 신념의 대상들 중에서 몇 가지를 선택해야만 하며, 검토 대상이 되는 몇 가지 것들을 더 잘 연구하기 위해서는 그보다 더 많은 신념들을 이리저리 따져보지 않고 받아들여야만 한다.

다른 사람의 말에 따라 어떤 견해를 받아들이는 사람은 자신의 정신을 스스로 예속시키는 것이라고 물론 말할 수 있을 것이다. 하지만 자유를 유익하게 사용하도록 해주는 것은 바로 이러한 건전한 복종이 아니겠는가.

그리고 지적이고 도덕적인 세계에서는 어떤 상황에서든 이따금 권위라는 것이 발생하기 마련이다. 권위가 자리 잡는 위치는 달라질 수 있지만, 아무튼 권위는 어디엔가 제자리를 차지하고 있다. 개인의 독자적 능력은 클 수도 있고 작을 수도 있지만 무한대인 것은 결코 아니다. 따라서 문제는 민주 시대에 지적인 권위가 존재하느냐 그렇지 않느냐를 알아내는 데 있는 것이 아니라 그것이 어디에 존재하며 어떤 규모인가를 알아내는 데 있다.

나는 앞 장에서 조건들의 평등이 어떻게 인간에게 초자연적인 것에 대한 일종의 본능적인 불신과 인간의 이성에 대한 아주 고매하고 때로는 꽤 과장된 확신을 심어주었는가를 보여주었다.

평등의 시대에 사는 사람들은 자신이 복종하는 지적인 권위를 인간성의 외부에 또는 상위에 위치시키려 하지 않는다. 이들은 일반적으로 진리의 원천을 자기 자신들에게서 찾으려 하거나 아니면 자기와 엇비슷한 동료들에게서 찾으려 한다. 이러한 사실은 이러한 시대에는 새로운 종교가 자리 잡기 힘들며 새로운 종교를 세우려는 모든 시도는 불경스러울 뿐만 아니라 우스꽝스럽고 불합리하기까지 하다는 점을 입증해주기에 충분할 것이다. 민주 시대의 사람들이 섭리적인 소명이라는 것을 쉽사리 믿으려 하지 않으며, 새로 나타난 선지자들을 비웃을 뿐만 아니라, 자신의 신념의 주요 조정자를 인간적 속성의 외부에서가 아니라 바로 그 속성 안에서 찾으려 한다는 사실은 누구든 쉽게 예상할 수 있을 것이다.

조건들이 불평등하고 사람들이 서로 다를 때에는, 다수 대중은 아주 무지하고 무능한 반면에 몇몇 개인은 탁월한 식견과 뛰어난 능력을 발휘한다. 따라서 귀족 시대에 사는 사람들은 자연히 특정 인물 또는 특정 계급의 우수한 식견을 길잡이로 삼아 자신의 견해를 형성하게 되며 대중의 무오류성이라는 것을 인정하려 하지 않는다.

반면에 평등의 시대에는 정반대의 일이 일어난다.

시민들이 더 평등해지고 서로 더 엇비슷해짐에 따라서, 특정 인물이나 특정 계급을 맹목적으로 따르려는 성향은 줄어든다. 반면에 대중을 믿으려는 성향은 늘어나고 여론이 더욱더 세계를 주무르게 된다.

공통의 견해란 민주 시대의 사람들에게서 개인적 판단을 이끌어주는 유일한 안내자이다. 또한 그것은 다른 시대나 다른 사회의 사람들보다 민주 시대의 사람들에게 더욱더 큰 영향력을 갖는다. 평등의 시대에 인간은 서로 엇비슷하기 때문에 상대방을 신뢰하지도 않는다. 하지만 바로 이러한 유사성으로 말미암아 이들은 대중의 판단을 거의 절대적으로 신뢰한다. 왜냐하면 모두가 거의 대등한 지식수준을 가지고 있는 까닭에 머릿수가 더 많은 쪽에 더 나은 진리가 있으리라는 것은 너무나도 당연해 보이는 것이다.

민주 국가에 살고 있는 사람이 자기 주변에 있는 모든 사람과 자신을 개인적으로 비교해볼 때, 그는 자신이 이들 각자와 대등하다는 것을 알고 무척 자부심을 느낀다. 하지만 그가 주변 동료들 전부를 고려해본다거나 자신을 이 거대한 집단과 견주어보게 될 때, 그는 곧바로 자신의 무의미함과 무기력함에 압도당하게 된다.

인간에게 동료 시민들 개개인으로부터의 독자성을 부여해주는 바로 이 평등이 인간을 고립시킬 뿐만 아니라 최대 다수의 영향력에 거의 무방비 상태로 노출시키는 것이다.

따라서 민주 시대의 사람들에게 대중은 귀족 시대에는 생각조차 해볼 수 없는 특이한 영향력을 발휘하게 된다. 대중의 신념은 설득을 통해 받아들여지는 것이 아니다. 대중의 신념은 소위 전체의 의사라는 것이 개개인의 지성에 미치는 일종의 엄청난 압력을 통해 사람들에게 강제되고 이들의 영혼에 침투하게 되는 것이다.

합중국에서 다수는 개개인에게 이미 만들어진 수많은 견해들을 공급해주는 역할을 떠맡으며, 따라서 개개인이 자기 자신의 견해를 형성해야 할 부담을 덜어주게 된다. 사람들은 누구나 단지 대중의 믿음에 근거해서 아무런 검토도 없이 철학, 도덕, 정치 등에 관한 많은 이론들을 받아들인다. 그리고 자세히 관찰해본다면, 여기서 종교 자체도 계시의 교리로서보다는 공통의 견해로서 받아들여지고 있다는 것을 알 수 있다.

아메리카인들이 채택한 정치 법제는 다수가 주권자로서 사회를 지배할 수 있게끔 만들어진 것이라는 사실을 나는 알고 있다. 바로 이 점으로 인해 다수가 개인의 지성에 대해 행사하는 영향력 또한 현저하게 증가한다. 왜냐하면 인간의 가장 고질적인 습성 중 하나는 자기를 지배하는 사람의 우월한 능력을 인정하는 것이기 때문이다.

합중국에서 다수의 정치적 위세 덕에 여론이 얻은 영향력은 그렇지 못할 경우에 여론이 개개 시민의 정신에 대해 행사하는 영향력보다 훨씬 크다. 하지만 다수의 정치적 위세가 곧 여론의 영향력을 만들어내는 것은 아니다. 이러한 영향력의 원천은 평등의 원칙 자체에서 찾아져야 하며, 평등한 인간들이 만들어낼 수 있는 다소간 대중적인 제도들에서 찾아져서는 안 된다. 최대 다수의 지적인 지배력은 순수한 민주 사회에서보다는 군주의 통치를 받는 민주 사회에서 아마도 덜 절대적일 수는 있을 것이다. 하지만 그것은 언제나 아주 절대적이기 마련이다. 그리고 평등 시대에 인간을 다스리는 정치 법제들의 성격이 어떠하든 간에, 여론에 대한 신뢰는 다수자를 그 선지자로 갖는 일종의 종교가 된다는 것은 충분히 예상할 수 있는 일이다.

따라서 지적인 권위는 달라질 수는 있지만 그렇다고 줄어들지는 않을 것이다. 아니, 사라지기는커녕 그것은 훨씬 더 강해질 것이며 인간의 존엄과 행복에 걸맞은 수준보다 훨씬 더 협소한 한계 안에 인간의 판단을 가두어두게 될 것이라고 나는 예상한다. 평등의 원칙에서 나는 뚜렷이 구별되는 두 가지 경향을 본다. 하나는 개개 인간의 정신을 새로운 사유를 향해 이끄는 것이고, 다른 하나는 인간으로 하여금 아무 생각도 못하게 만드는 것이다. 그리고 민주주의적인 사회 상태에서 북돋아진 지적인 자유를 어떻게 민주주의가 특정 법제의 지배 아래에서 오히려 제약하게 되는가를, 따라서 인간의 정신이 옛날에 계급이나 인간에 의해 부과된 온갖 속박을 벗어던진 후 어떻게 최대 다수의 일반 의지에 협소하게 얽매이게 되는가를 나는 잘 알고 있다.

만일 민주 사회에서 개개인의 판단력의 발전을 지나치게 가로막고 또 늦추는 여러 온갖 힘을 대신해서 다수의 절대적인 힘이 들어선다고 하더라도, 사회가 안고 있는 폐단은 없어지지 않고 그저 그 성격만 약간 달리하게 될 것이다. 인간은 독자적으로 살아갈 수단을 찾지 못할 것이며, 단지 예속의 새로운 얼굴을, 그것도 아주 가까스로, 발견하는 것으로 그칠 테니 말이다. 지성의 자유를 신성한 것으로 여기면서 전제군주뿐만 아니라 전제정치 자체를 혐오하는 사람들이라면 깊이 생각해보아야 할 것이 바로 여기에 있다. 이 사실은 아무리 강조해도 지나치지 않을 것이다. 나로서는 권력의 손이 내 머리를 무겁게 짓누른다고 느낄 때, 나를 억누르는 자가 누구인가를 굳이 알아낼 생각이 별로 없다. 내 머리를 누르는 손이 100만 개나 되기 때문에 내가 권력의 질곡에 더 순순히 복종하는 것은 아니기 때문이다.

제3장

어째서 아메리카인들은 그들의 조상 영국인들보다 일반 관념에 대해 더 많은 적성과 취향을 보여주는가

신은 인류를 일반화해서 생각하지 않는다. 신은 인간 존재를 각각 단 한 번씩 내려다보고 개별적으로 관찰한다. 신은 개개 인간들 사이의 유사점과 차이점을 통해 인간을 식별하는 것이다.

따라서 신은 일반적인 관념들을 필요로 하지 않는다. 달리 말하자면 신은 사고의 편의를 위해서 수많은 유사한 사물들을 하나의 동일한 형식 안에 묶어놓을 필요를 느끼지 않는 것이다.

인간의 경우는 그렇지 않다. 만일 인간이 자기 앞에 있는 모든 개별적인 사물을 하나하나 검토하고 판단을 내려야 한다면, 그는 곧 엄청난 분량의 자질구레한 내용들에 파묻혀 길을 잃고 아무것도 보지 못하게 될 것이다. 이러한 어려움 때문에 인간은 불완전하기는 하지만 필요한 방편에 의존할 수밖에 없게 되는데, 이것은 사실상 인간의 허약성을 보완해주는 것인 동시에 입증해주는 것이기도 하다.

인간은 우선 일정 수의 사물을 표면적으로 관찰하면서 그것들의 유사성을 찾아낸다. 그 다음에 그 모든 것에 동일한 명칭을 부여하고 별도로 떼어놓으면서 계속 똑같은 방식으로 앞으로 나아간다.

일반적인 관념들은 인간 지성의 우수성을 입증해주는 것이 결코 아니며 그 불완전성을 입증해줄 따름이다. 왜냐하면 본질적으로 정확하게 똑같은 존재란 있을 수 없으며, 동일한 사실들도, 여러 개의 대상들에 동시에 무차별적으로 동일하게 적용될 수 있는 법칙들도 있을 수 없기 때문이다.

일반적인 관념들이 인간으로 하여금 수많은 대상들에 대해 동시에 신속한 판단을 내릴 수 있게 해주는 이점이 있다는 것은 사실이다. 하지만 다른 한편으로 일반적인 관념들은 인간에게 아주 불완전한 개념들만을 전달해줄 뿐이며, 엄밀성이 결여된 개괄적인 이해만을 가져다줄 뿐이다.

사회는 성숙해감에 따라서 새로운 사실들에 대한 지식을 얻게 되며 매일같이 거의 무의식적으로 특정한 진리들을 받아들이게 된다.

인간이 이러한 종류의 진리들을 많이 알게 되면 될수록, 인간은 자연히 더 많은 수의 일반적인 관념들을 개발하게 될 것이다. 수많은 개별적 사실들은 더 이상 분리해서 파악할 수 없게 되며, 따라서 그 사실들을 하나로 묶을 수 있는 끈을 찾아내게 되는 것이다. 여러 개체들은 모여서 종(種)의 개념을 형성하게 되고, 여러 종들은 합쳐서 유(類)의 개념을 형성하게 된다. 따라서 일반적인 관념들에 대한 습성과 취향은 방대한 지식을 오랫동안 축적해온 나라일수록 더욱더 커질 것이다.

그러나 사람들이 자기의 관념을 일반화하도록 만드는, 아니면 일반화하는 것을 가로막는 또 다른 이유들이 있다.

아메리카인들은 영국인들보다 일반적인 관념들을 훨씬 더 자주 사용하며 그것들에 훨씬 더 흥미를 느낀다. 이 두 나라는 같은 기원을 가지고 있고 수백 년 동안 같은 법제 아래 살아왔으며 지금도 줄곧 의견과 습속을 서로 교환하고 있다는 점을 고려해볼 때, 이것은 얼핏 보아 아주 특이해 보인다. 그런데 우리가 유럽으로 눈을 돌려서 유럽에서 가장 계명된 두 나라를 비교해본다면, 그 차이점은 훨씬 더 뚜렷하게 나타날 것이다.

영국인들은 궁극적인 원인들로 거슬러 올라가기 위해서 정말 어쩔 수 없이 고통스럽게 개별적 사실들에 대한 성찰로부터 한 걸음 뒤로 물러선다고 할 수 있다. 요컨대 그들은 관념의 일반화 추세를 마지못해서 받아들이는 것이다.

반면에 프랑스인들의 경우 일반적인 관념에 대한 취향이 너무도 강렬해서 어떻게든 만족시켜야만 하는 듯이 보인다. 나는 아침에 일어날 때마다 지금까지 들어본 적도 없는 어떤 일반적이고 심지어 영구적인 법칙이 막 발견되었다는 소식을 듣곤 한다. 어떤 삼류 작가라 할지라도 자신의 필력을 발휘해서 거대한 왕국 전체에 적용될 수 있는 진리들을 찾아내려 하는 듯하다. 자기가 다루는 주제로 인류 전체를 포괄하는 데 성공하지 못했는데도 별로 기분 상하지 않는 작가는 아마 프랑스에서 찾아보기 힘들 것이다.

높은 식견을 지닌 이 두 국민 사이의 이와 같은 차이에 나는 놀랄 수밖에 없다. 만약 내가 영국에 관심을 돌려 지난 반세기 동안 영국에서 일어난 일들을 관찰하게 된다면, 나로서는 영국에서 일반적인 관념에 대한 취향이 그 나라의 오래된 체질이 약화되는 것에 비례해서 조금씩 증대하고 있다고 확언할 수 있다.

따라서 해당 나라의 지식수준만으로는 왜 인간이 일반적인 관념들을 선호하게 되는지 아니면 멀리하게 되는지를 설명하기에 충분하지 않을 것이다.

조건들이 아주 불평등하고 그러한 불평등이 사회에 만연되어 있을 때, 개인들은 갈수록 더 서로 달라져서 마침내는 여러 계급들로 뚜렷이 갈라져버린다고 할 수 있다. 우리는 이 많은 부류들 중에서 한 번에 하나 이상을 볼 수 없으며, 따라서 이 모든 부류를 인류라는 방대한 품 안에 묶어두는 일반적인 끈을 찾아내지 못한다. 인간 자체가 아니라 특정한 몇몇 인간들만을 보게 되는 것이다.

따라서 이러한 귀족 사회에서 사는 사람들은 자기 자신들과 관련된 일반적인 관념들을 결코 만들어내지 못한다. 그렇기 때문에 이들은 이러한 일반적인 관념들에 대해 습관적인 불신과 본능적인 혐오감을 지니게 된다.

반면에 민주 사회에서 사는 사람들은 자기 주위에서 서로 엇비슷한 사람들만을 만나게 된다. 따라서 이들은 인류의 어느 일부에 생각이 미치더라도 마침내는 전체를 포괄할 수 있을 때까지 사유의 폭을 넓히고 늘리게 된다. 자신들에게 적용될 수 있는 모든 진리는 동료 시민들과 이웃들에게도 마찬가지로 같은 방식으로 적용될 수 있는 것처럼 보인다. 자신이 가장 몰두하며 가장 관심을 두는 연구 분야에서 일반적인 관념들을 구사하는 습성을 익힌 사람들은 이 습성을 다른 모든 분야에 적용하려 든다. 이리하여 어느 분야에서든 공통의 규칙들을 발견하려는 욕구, 수많은 대상들을 단 하나의 동일한 형태 속에 포괄하려는 욕구, 모든 사실을 단 하나의 원인으로 설명하려는 욕구 따위가 인간의 격렬하며 때로는 맹목적인 열정이 되어버리는 것이다.

노예들에 대한 고대사회의 견해야말로 이러한 사실을 가장 잘 입증해준다. 고대 로마와 그리스에서는 가장 고매하고 가장 포괄적인 정신의 소유자들조차도 인간은 서로 유사하며 태어나면서부터 자유에 대한 대등한 권리를 가진다는 관념, 아주 일반적인 동시에 아주 단순한 이 관념에 결코 도달할 수 없었다. 그들은 오히려 노예제란 자연적인 현상이며 언제나 존재하기 마련이라는 것을 증명하려고 애썼다. 더구나 이들 중에서 자유의 몸이 되기 전에 노예였던 자들(이들 중 많은 사람들이 훌륭한 저서를 남겼다)조차도 노예제를 이와 같은 시각에서 보았다는 것은 당시의 모든 자료에 잘 드러나 있다.

고대 세계의 위대한 작가들은 모두 노예를 소유한 귀족 신분에 속했거나, 적어도 이러한 귀족 신분을 논란의 여지가 없는 너무나 당연한 것으로 받아들였다. 그들의 정신은 여러 방면으로 활짝 열렸지만 이 점에서만은 아주 완고했다. 따라서 인류의 모든 구성원은 태어나면서부터 서로 비슷하고 평등하다는 가르침이 널리 퍼지기 위해서는 이 땅에 예수 그리스도의 강림이 있어야만 했다.

평등의 시대에 모든 인간은 서로 독자적이며, 따라서 고립되어 있고 허약하다. 어떤 개인의 의지가 다수의 움직임을 항구적으로 좌우하는 일은 결코 찾아볼 수 없다. 이러한 시기에 인간은 항상 저절로 성장하는 듯이 보인다. 따라서 이 세상에서 일어나는 일을 설명하기 위해서 사람들은 주위 사람들 모두에게 동일한 방식으로 작용해서 이들 모두가 기꺼이 동일한 길을 따르도록 만드는 몇몇 거대한 원인들을 찾아내려 한다. 이리하여 사람들은 자연스럽게 일반적인 관념들을 구상하게 되며 일반적인 관념들에 대한 취향을 몸에 익히게 되는 것이다.

나는 앞에서 조건들의 평등이 어떻게 개개인이 스스로 진리를 찾게끔 이끄는가를 보여주었다. 바로 이러한 방법이 인간 정신을 어느새 일반적인 관념들로 인도한다는 것은 쉽사리 알 수 있다. 내가 계급, 직업, 가족 따위에서 연유하는 인습적인 사고방식을 거부할 때, 내가 오직 이성의 인도에 따라 나의 길을 찾고자 상례의 굴레에서 벗어날 때, 나는 나의 견해의 근거를 인간성 자체에서 끌어내는 성향이 있다. 바로 이러한 성향이 나를 필연적으로, 그리고 거의 나도 느끼지 못하는 새에 상당수의 아주 일반적인 관념들로 인도하는 것이다.

지금까지 언급한 내용들은 모두 영국인들이 왜 이웃 프랑스인들은 말할 것도 없고 그들의 후손인 아메리카인들보다도 관념의 일반화에 대해 관심과 취향을 훨씬 덜 나타내는지를, 그리고 오늘날의 영국인들이 왜 그들의 조상보다 더 많은 관심과 취향을 나타내는지를 설명해준다.

영국인은 오랫동안 아주 식견이 높은 동시에 아주 귀족적인 국민이었다. 이들의 높은 식견은 이들을 끊임없이 아주 일반적인 관념들로 이끌었으며, 반면에 이들의 귀족적 습성은 이들로 하여금 아주 개별적인 관념들을 고집하게 만들었다. 바로 여기에서 대담성과 소심성 및 방대함과 협소함을 동시에 지닌 철학이 나타났다. 지금까지 영국 사회를 이끌고 있으며, 여전히 사람들의 정신을 옥죄고 제자리에만 머물러 있도록 만드는 철학이 바로 이것이다.

앞에서 내가 설명한 원인들과는 별도로, 겉으로 잘 드러나지 않지만 그래도 상당한 영향력을 지닌 원인들이 있는데, 바로 이 원인들로 인해 민주 시대의 거의 모든 사람이 일반적인 관념들에 대한 취향과 때로는 열정을 지니게 된다.

이러한 관념들은 구분해서 이해해야 한다. 한편으로 지성의 더디고 면밀하며 정직한 작업의 소산인 관념들이 있는데, 이러한 관념들은 인간의 지적 영역을 확대하는 데 기여한다.

다른 한편으로 정신의 재빠른 발현에서 쉽사리 생겨나는 관념들이 있는데, 이러한 관념들은 아주 피상적이고 아주 불확실한 개념들만을 가져다줄 뿐이다.

평등의 시대에 사는 사람들은 호기심은 많이 갖지만 여가는 별로 갖지 못한다. 그들의 생활은 너무나 실제적이고 복잡하며 들떠 있고 활동적이기 때문에 사색을 위한 시간이 거의 없다. 민주 시대의 사람들은 일반적인 관념들을 좋아하게 되는데, 그렇게 함으로써 개별적인 사례들에 할애할 시간을 덜 수 있기 때문이다. 굳이 말하자면 일반적인 관념들은 작은 책 한 권에 아주 많은 내용들을 담아내며 짧은 시간 안에 많은 결과를 쏟아내는 것이다. 따라서 서둘러 잠시 연구한 이후에 몇 가지 대상들 사이에서 어떤 공통의 관계를 찾아냈다고 믿을 때면, 이들은 더 이상 연구를 진행하지 않는다. 이 다양한 대상들이 서로 어떻게 닮았고 어떻게 다른지를 자세하게 검토하지 않은 채, 서둘러 모든 대상을 하나의 공식으로 묶어버리고는 다른 일로 넘어가는 것이다.

민주 시대의 뚜렷한 특징들 중 하나는 모든 사람이 힘 들이지 않고 성공하려 하며 당장의 만족을 구하려 한다는 점이다. 이러한 현상은 다른 영역에서와 마찬가지로 지적인 분야에서도 골고루 찾아볼 수 있다. 평등의 시대에 사는 대다수 사람들은 활기찬 동시에 나약한 야망으로 가득 차 있다. 이들은 당장 큰 성공을 거두고 싶어 하면서도 힘든 노력은 피하고 싶어 하는 것이다. 이 상충된 본능은 이들을 곧바로 일반적인 관념의 추구로 인도한다. 이러한 일반적인 관념의 도움을 받아 별로 큰 힘을 들이지 않고도 아주 방대한 대상들을 그려낼 수 있고 별 어려움 없이 세인의 관심을 끌 수 있다는 데에 이들은 자부심을 느끼곤 한다.

지적인 작업에 종사하는 이들 작가의 이러한 생각이 틀렸다고만 말할 수는 없을 듯하다. 그도 그럴 것이 이들의 작품을 읽는 독자들도 작가들만큼이나 깊이 파고드는 것을 싫어하기는 매한가지이며, 정성 들인 작품 속에서 대개의 경우 안이한 여흥과 손쉬운 교훈만을 찾으려 하니 말이다.

귀족 시대의 사람들이 일반적인 관념들을 제대로 활용하지 못하고 대개는 그것에 대해 무절제한 경멸을 내비친다면, 이와 반대로 민주 시대의 사람들은 이러한 종류의 관념들을 기꺼이 남용할 채비가 되어 있으며 그것에 대해 무분별할 정도로 애착을 드러내고 있는 것이다.

제4장

어째서 아메리카인들은 프랑스인들만큼 정치 분야에서의 일반 관념들에 대해 적극적인 관심을 갖지 않는가

나는 앞에서 아메리카인들이 프랑스인들보다 일반적인 관념들에 대해 관심을 덜 나타낸다고 말했다. 이러한 현상은 특히 정치 문제에서 더 두드러진다.

아메리카인들이 영국인들보다 법률 제정에 일반적인 관념들을 훨씬 더 많이 적용하며 업무의 실행을 이론에 순응시키기 위해 더 많은 노력을 기울이고 있다는 것은 의심할 나위가 없는 사실이다. 하지만 아메리카에서 정치기구들은 프랑스에서 제헌의회나 국민 공회가 그러했던 것만큼의 일반적인 관념들에 대한 애착을 보여 주지는 않는다. 아메리카 국민은 이러한 관념들에 대해 18세기에 프랑스인들이 그러했던 것만큼의 열정을 과시한 적이 없으며, 어떤 이론의 가치와 절대적인 진실성에 대해 그만큼의 신뢰를 보여 준 적이 없다.

아메리카인들과 우리 프랑스인들 사이의 이러한 차이점에는 물론 여러 가지 원인을 들 수 있겠지만, 가장 중요한 원인은 다음과 같은 것이다.

아메리카인들은 공공 업무를 언제나 스스로 처리해온 민주주의적인 국민이다. 반면에 우리 프랑스인들은 공공 업무를 처리할 최선의 방법을 오랫동안 생각하기만 한 민주주의적인 국민이다.

프랑스의 사회 상태는 프랑스인들로 하여금 이미 통치 문제에서 아주 일반적인 관념을 형성하도록 해준 반면, 프랑스의 정치 법제는 이 관념들을 경험을 통해 수정하거나 조금씩 그 관념들의 불충분성을 알아차릴 기회를 앗아가 버렸다. 이와 달리, 아메리카에서는 이 두 가지 일이 줄곧 균형을 유지했으며 서로를 보완할 수 있었다.

얼핏 보아 이것은 내가 앞에서 설명한 것과 완전히 반대되는 듯하며, 민주 국가들은 그들의 이론에 대한 애착을 그들의 실제적인 생활에서의 동요 바로 그것에서 끌어낸 듯이 보인다. 하지만 조금만 주의 깊게 관찰해보면 이것이 전혀 상충되는 이야기가 아님을 알 수 있을 것이다.

민주 국가에 사는 사람들은 일반적인 관념들에 상당한 애착을 가지는데, 왜냐하면 이들에게는 여가가 별로 없고 이 관념들이 개별적인 사례를 검토하는 데 들이는 시간을 덜어주기 때문이다. 이것은 물론 사실이기는 하지만, 이들의 사유의 습관적이고 필수적인 대상이 아닌 영역들에 한정해서만 적용될 수 있는 사실이다. 상인들은 철학, 정치, 학문, 예술 따위에 관련된 모든 일반적인 관념을 자세히 검토해보지도 않고 열정적으로 받아들인다. 하지만 이들은 상업과 관련된 것이라면 충분한 검토 후에야, 그것도 일정한 유보 조건 아래 받아들인다.

바로 이러한 일이 정치에 관련된 일반적인 관념들의 수용 여부에서 정치인들에게 일어난다.

만일 민주 시대의 사람들이 어떤 문제에 대해 맹목적이고 지나칠 정도로 일반적인 관념에 빠져드는 위험한 상황이 발생할 경우, 최선의 치유책은 이들로 하여금 그 문제를 매일같이 실제적인 방법으로 떠맡도록 하는 것이다. 그러면 이들로서는 문제의 세부 사항들을 들여다볼 수밖에 없게 되며, 따라서 이론의 약점을 파악하게 될 것이다.

이와 같은 치유책은 때로 고통스럽기는 하지만 그 효과는 확실하다.

이렇게 해서, 개개 시민이 실제적으로 통치에 참여하게끔 강요하는 효과를 지닌 민주주의 제도들은 평등으로 말미암아 생기는, 정치 분야에서의 일반적 관념들에 대한 지나친 취향을 완화해줄 것이다.

제5장

합중국에서 종교는 어떻게 민주주의의 본능을 이용하는가

앞의 장들에서 나는 인간은 교조적인 신념 없이는 살 수 없으며, 심지어 그러한 신념들을 지니는 것이 바람직하다고까지 말했다. 여기서 나는 모든 교조적인 신념 중에서 가장 바람직한 것은 바로 종교에 관련된 신념들이라고 덧붙여둔다. 내세가 아니라 현세의 이해관계에만 한정지어 말하더라도, 이것은 명백하게 입증 가능한 사실이다.

인간의 행동 중에서, 설사 그것이 아무리 개별적인 성격을 지녔다고 할지라도, 신에 대해서, 신과 인간 사이의 관계에 대해서, 그리고 인간 정신의 본질과 인간 상호간의 의무에 대해서 인간이 구상한 아주 일반적인 관념들에 기반을 두지 않은 행동은 찾아볼 수 없을 것이다. 이 관념들이 다른 모든 것의 공통 원천이라는 것은 누구도 부정할 수 없는 사실이다.

따라서 인간은 신, 영혼, 창조주와 동료들에 대한 일반적인 의무 따위에 대해 아주 명확한 관념을 갖는 데 엄청난 관심을 쏟는다. 왜냐하면 이러한 일차적인 관심거리들에 대해 회의한다는 것은 인간의 모든 행동을 우연에 내맡기는 것인 동시에 어떤 의미에서 무질서와 무기력에 빠뜨리는 것이기 때문이다.

진정 이 문제는 우리들 각자가 우선 그에 대한 명확한 관념을 가져야만 하는 문제이며, 이와 동시에 불행하게도 우리들 각자가 자기 혼자서 오직 이성의 도움만으로 정말 어렵게 풀어 나가야만 하는 문제이다.

일상생활의 잡다한 근심에서 훌쩍 벗어나 있는 사람들, 깊은 통찰력을 지니고 아주 명민하며 풍부한 경륜을 지닌 사람들, 이런 사람들만이 시간과 노력의 덕택으로 이러한 필수 불가결한 진리들을 통찰할 수 있을 것이다.

게다가 우리는 철학자들마저도 거의 언제나 불확실성으로 둘러싸여 있는 것을 보게 된다. 철학자들이 한 걸음씩 내딛을 때마다 이들의 발길을 밝히는 자연의 빛은 어두워지며 꺼져만 간다. 온갖 노력에도 불구하고 이들은 지금껏 그저 몇 안 되는 상충된 개념들을 발견해냈을 뿐이다. 지난 수천 년 동안 인간의 정신은 이들 상충된 개념들 사이에서 하염없이 출렁거렸을 뿐이며 어떤 진리도 확고하게 포착할 수 없었고 어떤 새로운 오류도 찾아내지 못했다. 이러한 연구들은 인간의 평균적인 능력을 넘어서 있는 것인데, 설사 대다수 사람들이 그러한 연구에 매진할 능력이 있다고 하더라도 사실상 그럴 만한 시간적 여유가 없는 것이 확실하다.

신과 인간 본성에 대한 명확한 관념은 이들의 일상적 생활에 없어서는 안 될 요소임에도 불구하고, 바로 이들의 일상적 생활로 인해 그러한 관념들을 얻기가 어려워지는 것이다.

이것은 내가 보기에 유례가 없는 현상이다. 학문들 가운데에는 대중에게 유익하며 모든 사람이 활용할 수 있는 학문이 있다. 반면에 어떤 학문들은 단지 몇 사람들만이 접근 가능한데, 대다수 사람들은 그저 그 학문이 약간이라도 일상에서 응용된 내용을 필요로 할 따름이다. 그런데 신과 인간 본성에 관한 지식에 대해서 말하자면, 그것에 대한 연구는 거의 대부분의 사람들이 접근하기 어렵지만 그것의 일상생활에서의 실천은 모든 사람에게 필수 불가결하다.

그러므로 신과 인간 본성에 관련된 일반적인 관념들은 개별 이성의 습관적인 행동에서 벗어나기에 가장 적합한 관념이자 권위를 인정함으로써 얻을 것은 많지만 잃을 것은 별로 없는 관념이라고 할 만하다.

종교들의 첫 번째 목표이자 주요 이점들 중 하나는 이 본원적인 문제들 하나하나에 대해서 분명하고 상세하며 누구나 이해할 수 있고 아주 지속적인 해답을 제공하는 것이다.

종교들 가운데는 거짓된 것도 있으며 불합리한 것도 있다. 그럼에도 불구하고, 내가 지금 지적한 범위 안에 머무는 종교, 달리 말하자면 여느 종교들과 달리 그 범위에서 빠져나와 인간 정신의 자유로운 발현을 가로막으려 하지 않는 종교는 인간 지성에 건전한 멍에를 달아준 셈이라고 말할 수 있다. 그리고 비록 종교가 저승에서 인간을 구원하지는 못한다고 할지라도 적어도 이승에서의 인간의 행복과 위엄에는 상당히 기여하고 있다는 것은 인정해야만 할 것이다.

이것은 자유분방한 나라에 사는 사람들에게는 특히 그러하다.

어느 한 국민의 종교가 와해되어버릴 때, 회의의 감정이 가장 높은 식자층을 장악하고 나머지 부분들을 거의 마비시켜버린다. 사람들은 누구나 자기 자신과 동료들에게 가장 중요한 문제들에 대해서 막연하고 변덕스러운 개념만을 갖도록 길들어버린다. 자신의 견해를 지키지 못하고 결국은 버려버린다. 그리고 인간의 운명이 제시하는 가장 어려운 문제들을 자기 혼자서 해결해야 한다는 절망감으로 인해, 결국은 겁쟁이처럼 그 문제를 생각조차 하지 않으려 한다.

이러한 상태는 어김없이 인간의 영혼을 좀먹는다. 그것은 인간의 의지력을 약화시키고 시민들을 예종 상태에 몰아넣는다.

이리하여 시민들은 자유가 박탈되는 것을 감내할 뿐만 아니라, 때로는 스스로 자유를 내주게 된다.

정치 영역에서는 말할 것도 없고 종교 영역에서마저 더 이상 권위가 존재하지 않게 될 때, 인간은 곧 이러한 무제한의 독립성에 겁을 먹고 당황하게 된다. 주변의 모든 사물의 끊임없는 동요로 말미암아 인간은 놀라게 되고 기진맥진해진다. 지성의 세계에 있는 모든 것이 동요하는 까닭에, 인간은 적어도 물질의 영역에서라도 모든 것이 확고하고 안정되기를 바란다. 하지만 인간은 더 이상 자신의 옛 신념들을 되찾지 못하고, 지배자에게 복종해버린다.

나로서는 인간이 과연 완전한 종교적 독립성과 완벽한 정치적 자유를 동시에 유지할 수 있을까 의심하지 않을 수 없다. 그리고 나는 믿음이 없는 사람은 예속될 수밖에 없으며 자유로운 사람은 신앙을 가져야 한다고 생각하고 싶다.

확신을 갖고 이야기하기는 힘들지만 그래도 종교들의 이러한 커다란 유용성은 조건들의 평등이 이루어지지 않은 나라들보다는 이루어진 나라들에서 훨씬 더 명백하게 드러난다고 나는 말할 수 있다.

평등이 이 세상에 커다란 이익을 가져다주기는 하지만 그럼에도 불구하고 인간에게 아주 위험한 본능을 제공한다는 것도 인정해야만 한다(이 점에 대해서는 다음에 살펴볼 것이다). 평등은 인간들을 서로 따로 떼어놓고 각자 자기 일에만 몰두하게 만드는 경향이 있다.

평등은 인간의 영혼이 지나칠 정도로 물질적 향유에 애착을 가지도록 만든다.

종교들의 가장 중요한 이점은 이와는 정반대되는 본능을 고무하는 데에 있다. 어떤 종교든 인간 욕망의 대상을 지상의 재산을 넘어선 위에 두기 마련이며, 인간의 영혼을 당연히 감각의 영역을 넘어서 있는 어떤 상위의 영역으로 고양시키기 마련이다. 어떤 종교든 인간 개개인에게 상대방에 대한 의무이든 상대방과 함께하는 의무이든 일정한 의무를 부과하기 마련이며, 인간이 자기 자신에 대한 몰입으로부터 이따금씩 빠져나올 수 있는 여지를 남겨두기 마련이다. 가장 거짓되고 위험한 종교들의 경우도 사실 마찬가지이다.

따라서 종교를 믿는 사람들은 자연적으로 민주 시대의 사람들이 취약성을 내비치는 바로 그 지점에서 강하다. 이것은 인간들이 평등해질수록 종교를 갖는 것이 얼마나 중요한가를 잘 보여준다.

나로서는 신이 인간의 마음속에 종교적 신념을 불어넣어 주기 위해 사용하는 초자연적인 수단들을 검토할 권한도 의향도 없다. 나는 지금 순수한 인간적인 관점에서 종교를 생각한다. 나는 종교가 어떤 방법을 통해 우리가 막 들어서고 있는 이 민주 시대를 가장 쉽게 지배할 수 있는가를 살펴보려 한다.

나는 앞에서 계몽과 평등의 시대에 인간 정신이 얼마나 교조적인 신념을 받아들이기를 주저했는지를 살펴보았으며, 이러한 신념의 필요성은 종교 분야에서만 제기되었을 따름이라는 것을 보여주었다. 이러한 사실은 무엇보다도 이 당시에 종교가 다른 어느 시기보다도 자기 고유의 영역 안에서 신중하게 처신해야 했으며 그 영역을 벗어나려 해서는 안 되었다는 점을 입증해준다. 왜냐하면 종교가 만일 자신의 영역을 훌쩍 벗어나서 권력을 행사하려 하다가는 자칫하면 어느 분야에서도 신봉되지 못하는 위험을 초래할 수 있기 때문이다. 따라서 종교는 인간 정신을 계도할 수 있는 범위를 주의 깊게 설정해야 하며 이 경계를 벗어난 문제에 대해서는 인간 정신이 자유로이 발현할 수 있도록 놔두어야 한다.

무함마드는 종교 교리뿐만 아니라 정치 강령, 민법과 형법, 과학 이론까지도 하느님으로부터 받아서 꾸란에 집어넣었다. 이와 달리 기독교 복음서는 신과 인간의 관계나 인간 상호간의 관계 등에 대해서만 이야기할 뿐이다. 복음서는 그 이외의 문제에 대해서는 아무것도 가르치지 않으며 믿으라고 강요하지도 않는다.

다른 수많은 이유들은 제쳐두고라도 단지 이 한 가지 이유만으로도 지금 설명한 두 가지 종교 중에서 첫 번째 것은 계몽과 민주주의의 시대에는 결코 오랫동안 살아남지 못할 것인 반면에, 두 번째 것은 다른 어느 시대에서와 마찬가지로 이 시대에도 줄곧 군림할 것이라는 사실을 입증하기에 충분하다.

이 연구를 계속 밀고 나가면서 나는, 물론 너그럽게 하는 말이지만, 민주 시대에 살아남기 위해서는 종교가 종교적인 문제에만 조심스레 머무르는 것으로는 충분하지 않다는 점을 알게 되었다. 종교의 권력은 여전히 그 종교가 어떤 신앙 내용을 표방하는가, 어떤 외형적 형태를 채택하는가, 어떤 의무를 부과하는가 따위에 달려 있는 것이다.

내가 앞에서 말한 내용, 즉 평등은 인간이 아주 일반적이며 아주 포괄적인 관념들에 집착하도록 이끈다는 사실은 우선적으로 종교 분야에서 이해되어야 할 것이다. 서로 엇비슷하고 평등한 인간들은 개개 인간에게 같은 계율을 부과하고 같은 대가로 미래의 행복을 약속해주는 어떤 유일신의 개념을 쉽사리 받아들인다. 인류의 단일성이라는 관념은 인간을 끊임없이 창조주의 단일성이라는 개념으로 이끈다. 반면에 서로 분리되어 있고 서로 너무 다른 인간들은 족속, 카스트, 계급 그리고 가문 따위만큼이나 많은 신들을 기꺼이 만들어내며 저마다 수천 가지 길을 통해 천국에 이르고자 한다.

기독교로서도 이러한 사회적·정치적 상태가 종교적 믿음에 끼치는 영향력에 의해 어느 정도 영향을 받아왔다는 것은 아무도 부정할 수 없는 사실이다.

기독교가 이 땅에 출현할 때, 기독교의 도래를 위해 틀림없이 이 세상을 준비하셨을 하느님은 마치 로마 황제들의 깃발 아래 모여든 거대한 군단처럼 대다수 인간들을 한군데로 모아놓으셨다. 이 거대한 무리를 구성하는 사람들은 서로 너무나 달랐지만 한 가지 사실만은 공유했다. 즉 이들은 모두 같은 법제에 복종하고 있었으며, 위엄 있는 군주에 비해서 이들 각자는 너무나도 허약하고 왜소한 존재였기 때문에 군주와 견주어보게 될 때 이들 모두는 서로 평등하게 보이는 것이다.

인류가 처한 이러한 새롭고 특이한 상태가 인간으로 하여금 기독교가 가르치는 일반적인 진리들을 수용하도록 이끌었다는 것은 인정해야만 하는 사실이다. 바로 이 사실은 기독교가 인간의 정신 속에 그토록 쉽사리 재빠르게 침투해 들어갈 수 있었던 이유를 설명해준다.

로마제국이 몰락한 이후에도 이러한 사실은 새삼 확인된다.

로마 세계가 말하자면 산산이 부서지자마자, 각 민족은 애초의 개별적인 상태로 되돌아갔다. 곧 이들 각 민족의 내부에서 등급들이 무한히 나누어지고, 종족들이 서로 제 모습을 드러냈으며, 카스트 제도가 민족을 여러 족속별로 분해했다. 인간 사회들을 상상할 수 있는 만큼의 수많은 조각들로 나누어버리는 이 힘겨운 과정의 한복판에서도 기독교는 처음에 이 세상에 내놓은 주요한 일반적인 관념들을 놓치지 않았다. 하지만 기독교는 인간 사회의 파편화로 인해 생긴 새로운 경향들에 가능한 한 순응하려는 듯이 보였다. 인간은 만물의 창조주요 수호자인 유일신만을 계속 섬겼다. 하지만 모든 민족과 모든 도시는, 말하자면 모든 인간은 누구나 별도의 특권을 얻을 수 있다고 믿었으며 존엄하신 구세주 옆에 있는 여러 수호천사들의 도움을 얻고 싶어 했다. 인간은 신성 자체를 나눌 수 없었지만, 그 대신에 신성을 부풀렸으며 신의 대리인들의 권능을 과도하게 늘렸다. 천사와 성인들에게 바치는 경배는 대다수 기독교인들에게 거의 우상숭배가 되어버렸다. 그래서 어느 순간에 기독교가 스스로 극복했던 옛 종교들로 되돌아가 버리지는 않을까 염려할 정도였다.

민족과 민족 사이를 나누고 시민과 시민 사이를 나누는 장벽들이 없어지면 없어질수록, 인간은 마치 저절로 움직이듯 더욱더 모든 인간에게 동일한 법제를 마찬가지로 평등한 방식으로 분배하는 어떤 전능하고 유일한 존재라는 관념을 향해 나아가게 된다는 것은 틀림없는 사실이다. 따라서 특히 오늘날과 같은 민주 시대에는 이류급 신의 대리자들에게 바치는 경배와 창조주에게만 바쳐야 하는 경배를 혼동하지 않는 일이 정말로 중요하게 된다.

내가 볼 때 또 한 가지 중요한 사실이 있다. 그것은 그 어느 시대보다도 특히 민주 시대에는 종교들이 외형적인 의식에는 관심을 덜 기울여야 한다는 사실이다.

아메리카인들의 철학적 방법에 대해 논하면서 나는 평등의 시대에는 형식에 순응한다는 관념만큼 인간 정신을 성가시게 만드는 것도 달리 없을 것이라고 말했다. 이 시대에 사는 사람들은 형상

(形象)을 좋아하지 않는다. 상징물이란 이들이 보기에 자연스럽게 낱낱이 밝혀져야 할 진실들을 은폐하거나 외면하게 만드는 데 사용되는 부질없는 고안품에 지나지 않는다. 이들은 종교 의례에 대해 별로 관심이 없으며, 예배 행사에도 부차적인 중요성밖에 두지 않는다.

민주 시대에 종교의 외형적 의례 행위를 관장하는 사람들은 인간 정신의 이러한 자연적 본능에 관심을 기울여야만 하며 그것과 불필요하게 충돌하는 일을 가급적 피해야 한다.

나로서는 형식의 필요성을 단호하게 인정한다. 형식의 도움을 받아 인간 정신은 추상적인 진실들을 심사숙고할 수 있으며 또 그 진실들을 확고하게 포착하고 기꺼이 받아들일 수 있게 된다는 사실을 나는 알고 있다. 그리고 나는 외형적 의례 없이 종교가 유지될 수 있으리라고는 생각하지 않는다. 하지만 다른 한편으로, 우리가 살고 있는 바로 이 시대에 종교 의례들을 지나치게 늘리는 것은 정말 위험하며 오히려 줄여야 한다고 나는 생각한다. 예배가 종교의 형식 여건이라면, 교리는 종교의 본질[1]이라고 할 수 있다. 따라서 종교 의례는 종교의 실체에 해당하는 교리 자체의 영속성을 위해 반드시 필요한 것들로 국한해야 마땅하다고 나는 생각한다. 사람들이 더욱더 평등해지는 바로 이 시대에 종교가 갈수록

---

1) 모든 종교에는 그 종교의 본질 자체에 고유한 의식들이 존재하는데, 이 의식들은 반드시 변함없이 준수되어야 한다. 이러한 현상은 가톨릭교에서 특히 잘 나타나는데, 가톨릭교에서는 대개 형식과 본질이 아주 긴밀하게 결합되어 하나를 이루고 있다.

더 사소한 일들에 간섭하고 융통성을 잃고 자잘한 의례에 몰두한다면, 이런 종교는 머지않아 회의하는 대중의 한복판에 있는 일단의 광신도 무리만을 보게 될 것이다.

내 주장에 대해 다음과 같이 이의를 제기할 수도 있을 것이다. 무릇 종교란 일반적이고 항구적인 진리를 추구하기 마련인데, 만일 종교가 각 시대마다 변화하는 경향들에 자신을 내맡겨버린다면, 결국 인간에게 확실성을 심어줄 수 없게 될 것이라고 말이다. 여기서 나는 다시, 어떤 신념을 구성하는 주요 견해들(신학자들이 사도신경이라 부르는 것에 해당한다)과 그 견해들에 딸려 있는 부차적인 개념들을 조심스럽게 구분해야 한다고 답할 것이다. 해당 시대의 풍조가 어떠하든, 무릇 종교는 이 첫 번째 견해들을 언제나 확고히 지켜야만 한다. 반면에 모든 것이 끊임없이 변화하며 변화무쌍한 인간사에 길들여져 있는 사람들이 한 곳에 그저 머물러 있기를 원하지 않는 바로 이러한 시대에, 종교는 두 번째 견해들에 대해서는 다른 방식으로 대해야 할 것이다. 외형적이고 부차적인 것들의 항구성이란 시민사회 자체가 변화하지 않고 고정되어 있을 때에나 지속적인 의미를 가질 뿐이라고 나는 생각한다. 그렇지 않은 경우라면 그것은 이미 하나의 위험 요소가 될 것이라고 나는 믿는다.

앞으로 살펴보겠지만, 평등에 의해 탄생하거나 평등에 의해 촉진되는 모든 열정 중에서 평등이 각별히 강렬하게 만들고 모든 인간의 마음속에 동시에 불어넣은 하나의 열정이 있다. 그것은 바로 복리에 대한 애착이다. 복리에 대한 취향은 민주 시대의 가장 잘 눈에 띄며 지워지지 않는 표식과도 같은 것이다.

이 기본 열정을 파괴하려 드는 종교는 결국 오히려 이 열정에 의해 파괴되어버릴 것이라는 생각은 충분히 일리가 있다. 만일 종교가 인간에게서 현세에서의 복리의 추구를 완전히 앗아가고 오직 내세만을 강조한다면, 인간의 영혼은 결국 종교의 손을 벗어나서 물질적이고 현세적인 쾌락에만 빠져들게 될 것이다.

종교의 주된 관심사는 평등의 시대에 인간이 느끼는 복리에 대한 너무 과도하고 배타적인 관심을 정화하고 조절하며 또 억제하는 것이다. 하지만 종교가 이것을 완전히 길들이고 없애려 애쓰는 것은 잘못이라고 나는 생각한다. 종교는 인간의 부에 대한 애착을 만류할 수 없으며, 다만 정직한 수단으로 부자가 되라고 인간을 설득할 수 있을 따름이다.

이제 우리는 어떤 면에서 다른 모든 것을 포괄하는 최종적인 결론에 다다른다. 인간이 점점 더 서로 엇비슷해지고 더 서로 대등해질수록, 종교가 세속사의 일상적인 흐름에서 조심스럽게 벗어나 있으면서도, 일반적으로 받아들여지는 관념들이나 일반 대중의 항구적인 이해관계에 불필요하게 맞서지 않는 것이 더욱더 중요해진다. 왜냐하면 여론이 점점 더 모든 권력 중에서 으뜸가며 가장 저항하기 힘든 권력이 되고 있으며, 여론의 공세에 오랫동안 맞서게 해줄 강력한 지지 세력을 여론의 외부에서는 구할 수 없기 때문이다. 이러한 사실은 공화국은 물론이거니와 전제군주에게 복종하는 민주 사회에도 그대로 적용된다. 평등의 시대에 국왕은 이따금 복종할 것을 요구하지만, 다수 대중은 언제나 믿고 따를 것을 요구한다. 그러므로 신앙에 배치되지 않는 모든 분야에서 사람들은 우선 바로 이 다수자의 비위를 맞추어야 하는 것이다.

이 책의 첫 번째 권에서 나는 아메리카의 성직자들이 어떻게 공공의 업무로부터 초연한 위치에 있는가를 설명했다. 이것은 이들의 자제력을 보여주는 유일한 사례는 아니지만 아마도 가장 현저한 사례일 것이다. 아메리카에서 종교는 별도의 세계이며, 성직자는 그 안에서 군림하고 그곳을 벗어나지 않도록 항상 주의한다. 이 영역 안에서 성직자는 인간 정신을 인도하지만, 이 영역을 벗어나서는 인간을 각자에게 내맡기고 인간이 자신의 본성과 시대의 흐름에 걸맞은 독자성과 유동성에 따라 행동하도록 내버려 둔다. 나는 아메리카만큼 기독교가 형식이나 의례와 상징 따위에 덜 얽매이는 나라, 그리고 인간 정신에 대해 더 명확하고 더 단순하며 더 일반적인 관념들을 보여주는 나라를 본 적이 없다. 아메리카의 기독교도들은 여러 다양한 종파로 나뉘어 있음에도 불구하고 자신의 종교를 같은 시각에서 바라본다. 이것은 다른 신념들에 대해서와 마찬가지로 가톨릭교에도 적용된다. 아메리카의 가톨릭 사제들만큼 개별적인 자잘한 의례 행위나 기이하고 유별난 구원 수단에 관심을 덜 나타내는 성직자, 율법의 자구보다는 율법의 정신을 더 중요시하는 성직자는 달리 어디에서도 찾아볼 수 없을 것이다. 하느님에게 바쳐져야 할 경배가 성자들에게 바쳐지는 것을 금지하는 교회의 교리를 이처럼 명확하게 설교하고 이처럼 잘 따르는 곳은 아메리카뿐이다. 그럼에도 불구하고 아메리카의 가톨릭교도들은 아주 순종적이고 아주 충실하다.

다음과 같은 언급은 모든 교파에 두루 적용될 수 있을 것이다. 아메리카의 성직자들은 인간의 모든 관심을 내세로만 돌리려 하지 않는다. 이들은 인간의 마음의 일부가 현세의 관심사를 향하도록 기꺼이 내버려 두며 지상의 재화를 비록 부차적이기는 하지만 중요한 것으로 간주한다. 이들은 비록 생산 활동에 직접 가담하지는 않지만 적어도 그것의 발전에 상당한 관심을 보이고 또 적극적으로 권장한다. 이들은 한편으로 내세를 인간의 두려움과 희망이 한꺼번에 담겨 있는 원대한 목표로 신도들에게 끊임없이 제시하지만, 다른 한편으로 신도들이 현세에서 정직하게 복리를 추구하는 것을 막지 않는다. 현세의 일과 내세의 일이 구별되고 상충된다고 설교하는 것이 아니라, 이 두 가지가 어떻게 서로 겹치고 만나는지를 보여주려 애쓰는 것이다.

아메리카의 모든 성직자는 다수가 발휘하는 지적인 영향력을 잘 알고 있으며 또 그것을 존중한다. 이들은 반드시 필요한 경우 외에는 절대다수에 맞서 싸움을 벌이지 않는다. 이들은 정파적인 분쟁에 말려들려 하지 않으며 자기 나라와 자기 시대의 일반적인 견해를 기꺼이 받아들인다. 이들은 자기 주변의 모든 사물을 이끄는 감정과 사상의 흐름에 아무런 저항도 없이 기꺼이 합류한다. 이들은 동시대 사람들을 교화하려 노력하지만 그들과 멀어지기를 원치 않는다. 따라서 여론은 결코 이들의 적이 아니다. 오히려 여론은 이들을 지지하고 보호한다. 그리고 신앙인으로서 이들의 권위는 신앙 자체에서 우러나는 힘뿐만 아니라 이들이 다수자에게서 얻어내는 힘에 의해서 확보된다.

이와 같이 종교는 종교와 어긋나지 않는 모든 민주주의의 본능을 존중하는 동시에 그 본능들 중 일부를 종교의 발전을 위해 이용하고 있다. 이렇게 함으로써 종교는 비로소 종교에 가장 위험한 적이라 할 수 있는 개인적인 독립 심리에 맞서 성공리에 싸워 나가고 있는 것이다.

제6장

합중국에서의
가톨릭교 발전

아메리카는 지구상에서 가장 민주주의적인 나라인 동시에, 믿을 만한 보고서에 따르면 가톨릭교가 가장 발전한 나라이다. 첫눈에 보아 매우 놀라운 사실이다.

여기서 두 가지 사실을 정확하게 구분하도록 하자. 요컨대 평등은 한편으로 인간으로 하여금 자기 스스로 판단하고 싶어 하도록 만들고, 다른 한편으로 인간에게 단순한 동시에 누구에게나 똑같은 어떤 단일한 사회 권력(pouvoir social)에 대한 취향과 관념을 부여해준다. 따라서 민주 시대에 사는 사람들은 모든 종교적 권위를 떨쳐버리려는 경향이 강하다. 사람들은 이와 같은 종류의 권위에 복종하기로 동의하더라도 적어도 그 권위가 단일하고 획일적이기를 원한다. 단일한 중심으로 수렴되지 않는 종교적 권위들은 자연히 그들의 사고방식에 어울리지 않는다. 따라서 사람들은 종교가 없는 상황이나 종교가 여럿인 상황이나 매한가지라고 쉽사리 생각해버리는 것이다.

이전 어느 시대보다 바로 우리 시대에 접어들어 가톨릭교도들은 불신론자가 되고 개신교도들은 가톨릭이 되는 것을 볼 수 있다. 가톨릭교는 안에서 볼 때에는 약화되는 듯하나, 밖에서 볼 때는 강화되고 있는 듯하다. 이것은 어렵지 않게 설명할 수 있다.

당연하게도 현대인은 믿음 생활을 기꺼이 받아들이지 않는다. 하지만 일단 종교를 갖게 되면 그들은 곧 자기도 모르는 사이에 자신을 가톨릭교로 이끄는 어떤 잠재된 본능을 자기 안에서 발견하게 된다. 로마 가톨릭교회의 많은 교리와 관행이 그들을 놀라게 하지만, 그들은 교회가 운영되는 모습에 은연중에 찬사를 보내며 교회의 통일된 질서에 매력을 느낀다.

만일 가톨릭교가 지금까지 스스로 만들어낸 정치적 반목들로부터 마침내 벗어날 수 있다면, 가톨릭에 적대적으로 보이는 바로 이 시대정신이 가톨릭에 아주 호의적으로 변할 것이며 가톨릭교는 돌연 놀라운 발전을 이룩할 것이라고 나는 믿어 의심치 않는다.

인간의 지성에 가장 상투적인 취약점 중 하나는 서로 상반된 원리들을 조화시키려 하는 것이며, 논리를 희생하여 화해를 추구하는 것이다. 자신의 종교적 신념의 일부는 어떤 권위에 예속시킨 후 나머지 다른 부분들은 그 권위로부터 해방시키고자 함으로써 자신의 정신이 복종과 자유 사이에서 제멋대로 움직이도록 놔두는 사람들은 예전에도 항상 있었으며 또 앞으로도 줄곧 있을 것이다. 하지만 나로서는 그렇게 생각하는 사람들이 그 어느 시대보다도 바로 민주 시대에 수적으로 줄어들 것이며, 우리 자손들은 점점 더 단지 두 부분으로만 나뉘어져서 한쪽은 기독교를 완전히 저버리게 되고 다른 한쪽은 로마 가톨릭교회로 되돌아가리라는 생각이 든다.

제7장

왜 민주 시대에 사람들의
마음은 범신론으로 기우는가

    민주 시대의 사람들이 아주 일반적인 관념들에 대해 갖고 있는 압도적인 취향이 정치에서는 어떻게 나타나는가에 대해서는 나중에 다루도록 하자. 우선 여기서는 그러한 취향이 철학에 미치는 중요한 영향에 대해서 살펴보자.

    우리 시대에 범신론이 크게 발전했다는 것은 의심할 나위가 없다. 유럽의 일부에서 나온 저작들이 이를 여실히 보여준다. 독일인들은 범신론을 철학에 도입했으며, 프랑스인들은 문학에 도입했다. 프랑스에서 출판된 창작물들 중에서 대다수는 범신론적 교리에서 빌려온 몇몇 견해나 색채들을 담고 있으며, 아니면 적어도 그 저자들에게서 범신론으로 향한 일정한 경향을 찾아볼 수 있게 해준다. 내가 보기에 이것은 우연적인 현상이 아니라 지속적인 효과에 의한 것이다.

    조건들이 더욱 대등해짐에 따라, 그리고 특히 개개인이 더욱 서로 닮아가고 더욱 유약해지고 더욱 왜소해짐에 따라, 사람들은 이제 개개 시민(citoyen)으로 간주되기보다 군중(peuple)으로 포착되는 데 익숙해진다. 개체(individus)는 잊히고 종(espèce)만이 부각되는 것이다.

이러한 시대에 인간은 다양한 대상들을 한꺼번에 포용하기를 좋아하고 잡다한 결과들을 하나의 단일한 원인에 결부시키려고 끊임없이 애쓴다.

인간은 단일성의 관념에 사로잡혀서 도처에서 그것을 찾는다. 그리고 인간은 마침내 그것을 찾아냈다고 믿을 때 기꺼이 그 안에 빠져들어 머물고자 한다. 인간은 이 세상에서 창조주와 피조물을 발견하는 것만으로 그치지 않는다. 이러한 사물의 근원적인 분화는 인간을 거북하게 만들며, 인간은 기꺼이 신과 우주를 하나의 단일한 전체 속에 포섭함으로써 자신의 사유를 넓히고 단순화시키고자 한다. 물질적인 것과 비물질적인 것, 보이는 것과 보이지 않는 것 등등 이 세상에 존재하는 모든 것이 그 모든 것의 지속적인 변화와 끊임없는 변형에도 불구하고 영원히 변치 않는 어떤 거대한 존재의 편린들에 지나지 않는다는 것을 보여주는 철학 체계를 생각해보자. 만일 그러한 철학 체계를 접한다면, 그것이 비록 인간의 개체성을 파괴한다고 할지라도, 아니 차라리 파괴하기 때문에 민주 사회에 사는 사람들에게 내밀한 매력을 발휘한다는 사실을 나는 별 어려움 없이 이해할 수 있을 것이다. 인간의 사고 습성은 인간으로 하여금 그 체계를 구상해보도록 준비시키고 또 수용하도록 이끈다. 그 체계는 자연스럽게 인간의 상상력을 잡아끌고 붙들어 맨다. 그 체계는 인간 정신의 자부심을 북돋우고 나태함을 조장한다.

우주를 설명하기 위해 고안된 여러 철학 체계 가운데 범신론이야말로 민주 시대에 인간 정신을 유혹하기에 가장 적합한 것 중 하나라고 나는 생각한다. 인간의 진정한 위대성을 여전히 신뢰하는 사람들은 누구든 함께 뭉쳐서 맞싸워야 할 상대가 바로 이 범신론이다.

어째서 평등은 아메리카인들에게 인간의 무한한 완전 가능성이라는 관념을 갖게 하는가

평등은 인간 정신에 평등이 없다면 결코 생겨날 수 없을 몇 가지 관념들을 불러일으킨다. 평등은 또한 인간 정신이 여태껏 가지고 있던 거의 모든 관념을 바꾸어놓는다. 여기서 나는 인간의 완전 가능성이라는 관념을 예로 들어 설명할 것이다. 왜냐하면 그것은 우리 지성이 생각해낼 수 있는 중요한 관념들 중 하나이며, 일상생활에서 매일같이 그 결과를 확인해볼 수 있는 위대한 철학 이론이기 때문이다.

인간은 여러 점에서 동물을 닮았지만 인간에게만 고유한 한 가지 특성이 있다. 즉 인간은 발전하지만 동물은 발전할 수 없다는 점이다. 인간은 애초부터 이러한 차이를 놓치지 않고 알아챌 수 있었다. 따라서 완전 가능성이라는 관념은 이 세상만큼이나 오래된 것이다. 요컨대 평등이 이러한 관념을 만들어낸 것은 아니며 단지 거기에 새로운 성격을 더해주었을 뿐이다.

시민들이 신분과 직업과 출생에 따라 분류될 때, 그리고 누구나 우연히 자기에게 주어진 길을 마지못해 따라가지 않을 수 없을 때, 사람들은 누구나 자기 자신에게서 인간 능력의 한계를 깨닫게 되고 아무도 불가항력적인 운명에 저항할 생각을 못하게 된다. 물론 귀족 시대에 사는 사람들이 인간의 완전해질 수 있는 능력을 완전히 부인하는 것은 아니다. 이들은 다만 그것이 무한하다고 생각하지 않을 뿐이다. 요컨대 이들은 개선을 생각할 뿐 변화를 생각하지는 않는다. 이들은 앞으로 사회의 조건이 나아지리라고 상상하지만 결코 다른 사회를 꿈꾸지는 못한다. 그리고 이들은 인간성이 크게 진보해왔으며 앞으로도 진보할 여지가 남아 있다고 생각하면서도, 미리 인간성을 어떤 넘어설 수 없는 한계 속에 가두어놓는다.

따라서 귀족 시대의 사람들은 자신들이 최고선이나 절대적 진리 따위에 도달했다고 믿지 않는다(어떤 인간, 어떤 국민이 그렇게 생각할 정도로 무분별할 수 있겠는가?). 하지만 그들은 인간의 불완전한 본성이 허용할 수 있는 정도까지는 완벽하게 위대성과 지식을 성취했다고 믿고자 한다. 그리고 주위에 있는 어떤 것도 동요하지 않는 까닭에 모든 것이 제 위치에 자리 잡고 있다고 기꺼이 생각한다. 그러기에 당시에 입법자들은 영원히 지속될 법제를 만들려 했고, 국왕이나 인민은 수백 년 동안 버틸 기념물만을 세우려 했으며, 당대 세대는 다음 세대가 자기의 운명을 조정해야 할 부담을 덜어주는 일을 기꺼이 떠맡았던 것이다.

신분제도가 사라지고 계급들이 합쳐짐에 따라, 인간들이 요란스럽게 뒤섞이고 관습과 관례와 법제가 달라짐에 따라, 새로운 사실들이 나타나고 새로운 진리들이 부각됨에 따라, 옛 의견들이 사라지고 다른 의견들로 대체됨에 따라, 이상적인 동시에 항상 변화하는 어떤 완전성이라는 이미지가 사람들의 머릿속에 떠오르게 되었다.

끊임없는 변화가 매 순간 사람들 개개인의 눈앞에 나타난다. 어떤 변화들은 개개인의 위치를 더욱 악화시키는데, 따라서 사람들은 개인이든 민족이든 아무리 각성되어 있더라도 결코 무오류일 수 없다는 사실을 너무나도 잘 알게 된다. 또 어떤 변화들은 개개인의 운명을 개선시키는데, 따라서 사람들은 인간이 누구나 완벽해질 수 있는 무한한 능력을 지니고 있다고 결론을 내리게 된다. 인간의 좌절은 그에게 절대선을 발견했다고 자부할 수 있는 자는 아무도 없다고 가르치며, 인간의 성공은 끊임없이 절대선을 추구하도록 그를 자극한다. 따라서 인간은 항상 추구하고 쓰러지며 다시 일어서고 때로 좌절하지만 결코 용기를 잃지 않는다. 인간은 인간성이 줄곧 내달려야 할 긴 여정의 끝자락에서 어렴풋이 나타나는 이 엄청난 위대성을 향해 끊임없이 나아가는 것이다.

인간의 무한한 완전 가능성이라는 이 철학 이론으로부터 얼마나 많은 사실들이 자연스럽게 도출되는지는 알 수 없다. 마찬가지로 생각하는 것보다는 행동하는 것에만 관심을 두는 까닭에 제대로 이해조차 못하면서 그 이론을 받아들이는 사람들에게 그 이론이 과연 얼마나 큰 영향력을 행사할 수 있는지도 알 수 없다.

나는 어느 아메리카 선원을 만나서 왜 이 나라의 배들은 수명이 짧게 건조되는지 물어본 적이 있다. 그는 아무 주저 없이 항해술이 매일같이 빨리 발전하는 까닭에 아무리 좋은 배라도 몇 년 지나면 거의 쓸모없어지기 때문이라고 답했다. 이처럼 거칠어 보이는 한 남자가 특별한 사안에 대해 별 생각 없이 던진 몇 마디 말에서 나는 대다수 사람들이 일처리에서 나타내는 일반적이고 체계적인 관념을 포착하게 되었다.

귀족 시대의 사람들은 자연히 인간의 완전 가능성의 한계를 너무 좁히는 경향이 있는 반면에, 민주 시대의 사람들은 이따금 지나치게 확장하는 경향이 있다.

제9장

어째서 아메리카인들은 민주 시대의 사람들이 과학, 문학, 예술 등에 대한 적성과 취향이 없다는 것을 입증하는 사례가 되지 못하는가

현대의 문명국가들 중에서 합중국만큼 고등 과학을 발전시키지 못했으며 위대한 예술가도 탁월한 시인도 저명한 작가도 찾아보기 힘든 나라도 없을 것이라는 점을 인정해야 할 것이다.

이러한 사실에 놀란 몇몇 유럽인들은 그것을 평등이 가져온 자연적이고 불가피한 결과라고 생각했다. 그리고 그들은 만일 민주적인 사회 상태와 민주적인 여러 제도들이 세상 전역을 뒤덮는다면 인간을 이끌어온 계몽의 빛이 점차 희미해지고 사람들은 다시 암흑 속으로 떨어질 것이라고 생각했다.

이런 식으로 추론하는 사람들은 분리해서 별도로 고찰해야 마땅한 몇 가지 개념들을 뒤섞고 있다고 나는 생각한다. 이들은 의도적이지는 않지만, 아무튼 민주주의적인 것과 단지 아메리카적인 것을 혼동하는 것이다.

초기 이주자들이 신봉했고 또 그 후손들에게 전해준 종교는 그

의례가 아주 단순하고 그 원칙이 아주 엄격하며 그 외형적인 장식이나 화려한 제식에 적대적이었던 까닭에 자연히 예술에 대해 그리 호의적이지 않았으며 문학의 즐거움도 그저 마뜩찮게 받아들일 뿐이었다.

아메리카인들은 오랜 연륜과 많은 지식을 지닌 국민으로 거의 무제한으로 널려 있는 신천지를 만나 기꺼이 그 땅에서 터전을 잡고 별 어려움 없이 그 땅을 가꾸었다. 이것은 세상에서 유례를 찾기 힘든 일이다. 따라서 아메리카에서 사람들은 누구나 돈을 벌고 재산을 늘릴 기회를, 다른 곳에서는 찾아보기 힘든 기회를 발견한다. 돈을 벌려는 욕구는 언제나 강렬하며, 인간 정신은 상상의 즐거움이나 지성의 노고를 언제나 멀리하면서도 돈벌이를 추구할 때만은 다시 그것에 이끌린다. 상공업 계급들은 합중국에서도 다른 나라들에서도 널리 찾아볼 수 있다. 하지만 합중국에서는 모든 사람이 공업과 상업에 동시에 매달리는데, 이것은 진정 다른 곳에서는 보기 힘든 광경이다.

하지만 아메리카인들이 그들의 조상이 획득한 자유들과 지식 및 그들 특유의 열정들을 지닌 채 세상에 홀로 남게 되었더라면, 과학 지식을 실용화하는 데 이론의 개발 없이는 장기적인 발전을 기대할 수 없었을 것이라고 그들이 곧 알아차렸으리라고 나는 확신한다. 요컨대 무릇 기술이란 상호 보완적으로 완성된다는 사실을, 그리고 그들이 자신의 주요 욕구들을 추구하는 데 아무리 몰두할 수 있다고 할지라도, 그 목표를 잘 달성하기 위해서라도 때로는 그것을 우회할 필요가 있다는 사실을 곧 알아차렸으리라고 확신한다.

더욱이 정신적인 즐거움에 대한 취향은 문명인에게 아주 자연스러운 것이어서, 이러한 즐거움에 빠져들 채비가 되어 있지 않은 문명국가에서도 이러한 취향을 받아들이는 상당수의 시민들이 항상 눈에 띄기 마련이다. 이러한 지적인 욕구는 일단 느끼기만 하면 신속하게 충족될 수 있을 것이다.

그러나 아메리카인들이 기술을 응용할 적절한 방책과 생활의 편익을 줄 수단만을 자연스럽게 과학에 대해 요구하는 바로 그때에, 학구적이고 문학적인 유럽은 진리의 보편적인 근원을 탐색하는 데 몰두하는 동시에 인간의 욕구에 봉사할 뿐만 아니라 인간의 즐거움을 충족시켜줄 수 있는 어떤 것이든 만들어내려 애썼다.

아메리카에 거주하는 사람들은 구세계의 여러 계몽된 나라들 중에서 공통의 기원과 유사한 습성으로 자신들과 긴밀하게 결합되어 있다고 여긴 한 나라를 각별히 우선시했다. 그들은 이 나라 국민들 가운데서 저명한 학자들, 탁월한 예술가들, 위대한 작가들을 찾아냈으며 지식을 축적하려 애쓸 필요 없이 지식의 보고를 마음대로 활용할 수 있었다.

나는 두 세계 사이를 가르는 대양에도 불구하고 아메리카는 유럽과 분리될 수 없다고 생각한다. 상대적으로 여가를 더 누리고 생활의 물질적 필요에 덜 시달리는 영국인들은 사유에 몰두하고 모든 방면으로 인간 정신을 개발하는 데 매진할 수 있는 반면에, 합중국에 자리를 잡고 사는 주민들은 신세계의 삼림을 개발할 책무를 지닌 영국인에 해당한다고 나는 생각한다.

그러므로 아메리카인들의 상황은 아주 예외적이어서 어떤 민주 시대의 사람들도 이와 같은 처지에 놓일 수 없으리라고 생각하지 않을 수 없다. 그들의 청교도적인 기원, 그들의 전문적인 상업적 습성, 그들의 지성을 학문이나 문학, 예술 따위의 탐구에서 벗어나게 하는 그들이 살고 있는 국토 자체, 그리고 이러한 탐구를 게을리해도 야만에 빠지지 않도록 해주는 유럽과의 인접성 등등, 내가 중요한 몇 가지만을 지적할 수 있을 따름인 수많은 주요 요인들이 아주 특이하게 결합해서 아메리카인들이 오직 물질적인 일들에만 정신을 집중하도록 해왔음에 틀림이 없다. 열정, 욕구, 교육, 상황 등등 이 모든 것이 한꺼번에 합쳐져서 사실상 합중국에 사는 주민들이 땅으로 향하도록 만든 것이다. 종교만이 이따금 이들이 일시적으로 산만하게나마 하늘로 눈을 돌리게 할 따름이다.

그러므로 이제 민주 시대의 모든 사람을 아메리카인의 모습 아래서 보지 말고 그들 고유의 특징 속에서 바라보도록 하자.

특권을 허용하지 않고 세습재산을 균등하게 나누는 법제를 가졌으며 신분, 위계, 계급 따위로 나뉘지 않은 국민, 하지만 그와 동시에 지식과 자유를 상실한 채 지내는 국민을 머릿속에 그려보는 것은 가능하다. 이것은 결코 공허한 가정이 아니다. 그도 그럴 것이 전제군주는 백성들을 더 쉽사리 노예 상태로 묶어두기 위해서 백성들을 모두 평등하게 만들고 무지 속에 내버려 두려 할 터이니 말이다.

민주 시대에 사는 이러한 유형의 사람은 과학, 문학, 예술 따위에 대한 적성도 취향도 결코 보여주지 못할 뿐만 아니라 그러고자 하는 의사도 전혀 내보이지 않을 것이다.

상속법으로 인해 재산은 다음 세대로 넘어갈 때마다 계속 분할되며, 어떤 세대도 새로운 재산을 더 얻지 못한다. 가난한 자는 지식도 자유도 박탈당한 채 부자로 상승하겠다는 생각조차 갖지 못하게 될 것이며, 부유한 자는 재산을 지킬 방안을 알지 못한 채 빈자로 전락할 수밖에 없게 될 것이다. 이 두 부류의 시민 사이에 완벽하고 막강한 평등이 신속하게 들어서게 될 것이다. 그러면 지식의 탐구나 즐거움에 매달릴 시간과 취향을 가진 사람은 아무도 없게 될 것이며, 사람들은 누구나 공통의 무지와 평등한 노예 상태 속에 마비당한 채 남아 있게 될 것이다.

이러한 유형의 민주제 사회를 머릿속에 그려볼 때면, 나는 곧 외부로부터 들어오는 밝은 빛들이 어느새 시들어 꺼져버리는, 저속하고 어두우며 답답한 어떤 곳에서 살고 있다는 느낌을 받는다. 무거운 느낌이 나를 내리누르는 듯하고, 맑은 공기와 밝은 빛으로 안내해줄 출구를 찾아 어둠 속을 마냥 헤매는 기분에 사로잡힌다. 하지만 이 모든 것은 특정 개인이나 집단에 항구적인 소유권을 마련해주는 특정한 세습 권리들을 폐지해버린 후에도 자유를 잃지 않은 이미 계명된 사람들에게는 해당될 수 없을 것이다.

민주제 사회에 사는 사람들이 계명되어 있을 때, 그들이 지금 가지고 있는 재산으로 만족하도록 강요하는 어떤 제한도 규제도 받을 필요가 없다는 사실을 그들은 쉽사리 알게 된다.

따라서 이들은 재산을 늘릴 생각을 품게 되며, 자유로운 상태에 있는 한 누구나 그렇게 하려 하지만 모두가 다 같은 방식으로 성공할 수 있는 것은 아니다. 법제는 더 이상 어떤 특권을 인정하지 않지만 자연은 인정하고 있으니 말이다. 자연적 불평등이 아주 큰 까닭에 모든 사람이 부자가 되기 위해 자신의 능력을 십분 발휘하는 바로 그 순간에 재산은 곧 불평등해진다.

상속법이 여전히 부자 가문의 형성을 가로막기는 하지만 부자들이 생기는 것을 더 이상 막지는 못한다. 상속법은 공동체 구성원들이 줄곧 벗어나려 하는 바로 그 공통의 수준으로 그들을 줄곧 되돌려놓는다. 따라서 공동체 구성원들은 그들의 지식이 더 풍부해지고 그들의 자유가 더 늘어남에 따라서, 재산에서는 그만큼 더 불평등해진다.

우리 시대에 등장한 어떤 한 학파, 재치와 장광설로 유명한 그 학파는 모든 재산을 중앙 권력의 수중에 집중시킨 후 그 재산을 각자의 공로에 따라 개개인 모두에게 분배할 권한을 중앙 권력에 내맡기자고 제안한 적이 있다. 이런 방식으로라도, 민주제 사회들을 위협하는 듯 보이는 완벽하고 영구적인 평등에서 벗어나고자 했던 것이다.

하지만 이보다 더 단순하고 덜 위험한 한 가지 방책이 있다. 어느 누구에게도 특권을 인정하지 않으면서 누구에게나 대등한 지식과 대등한 독립성을 부여하고 자신의 자리를 결정할 수고를 각자에게 맡기는 것이다. 그러면 자연적 불평등이 곧 나타날 것이며 부는 저절로 가장 유능한 사람들의 수중에 들어가게 될 것이다.

따라서 자유롭고 민주적인 사회들에는 언제나 풍요롭고 유복한 사람들로 넘치기 마련이다. 이 부유한 자들은 옛날의 귀족계급

구성원들만큼 서로 긴밀한 유대를 맺지는 않을 것이다. 그들의 성향은 아주 다양하고, 그들은 예전만큼 확실하고 완벽하게 여유를 즐길 수도 없을 것이다. 하지만 이 계급에 속한 사람들의 수는 예전의 어떤 시대보다 더 많을 것이다. 이 사람들은 물질생활의 근심에 그리 얽매이지 않을 것이며, 정도의 차이는 있겠지만 지식의 탐구와 즐거움에 몰두할 수도 있을 것이다. 이들은 이렇게 몰두할 수밖에 없는데, 그도 그럴 것이 인간 정신이란 한편으로 제한적이고 물질적이며 실용적인 것으로 기우는 동시에, 다른 한편으로 무한하고 정신적이며 심미적인 것으로 기울기 마련이기 때문이다. 물질적인 필요가 인간 정신을 지상에 붙들어 매지만, 일단 그 끈이 느슨해지면 인간 정신은 스스로 바로 서게 된다.

정신의 작용에 관심을 가질 수 있는 사람들의 숫자가 점점 더 늘어날 뿐만 아니라, 지적인 즐거움에 대한 취향은 귀족제 사회들에서라면 그렇게 시간도 능력도 갖지 못할 사람들에게까지 점차로 확장될 것이다.

세습재산, 계급의 특권, 출생의 특전 등이 사라질 때, 그리고 각자가 자신의 힘으로만 살아갈 때, 사람들 사이에 재산의 차이를 만드는 것은 바로 지적인 능력이라는 사실이 분명해진다. 인간의 지성을 연마하고 확대하며 가꾸는 모든 것은 즉시로 큰 대가를 얻는다.

지식의 효용은 일반 대중의 눈에도 아주 명확하게 드러난다. 지식의 매력을 별로 즐기지 않는 사람들도 지식이 가져오는 결과는 중요하게 여기며 지식을 얻으려 상당한 노력을 기울이게 된다.

자유롭고 계몽된 민주 시대에는 사람들을 서로 분리시키거나 아니면 사람들을 어느 한 장소에 붙들어 맬 수 있는 것은 아무것도 없다. 사람들은 아주 빠른 속도로 번영하기도 하고 침몰하기도 한다. 모든 계급은 서로 가까이 있는 까닭에 줄곧 서로 만난다. 매일같이 서로 소통하고 뒤섞이며 서로 모방하고 서로 시기한다. 이로 인해 사람들은 만일 신분이 고착되어 있고 사회가 경직되어 있었다면 결코 얻을 수 없었을 수많은 생각, 관념, 욕망 따위를 갖게 된다. 이러한 나라들에서는 노예라 할지라도 주인이 누리는 여흥과 탐구 활동에 완전히 생소하지 않으며, 가난한 자라 할지라도 부유한 자가 누리는 그것에 완전히 낯설지 않다. 농촌에 사는 사람들은 도시에 사는 사람들을, 지방에 사는 사람들은 수도권에 사는 사람들을 닮으려 애쓰는 것이다.

그러므로 어느 누구도 생활의 물질적 근심에만 쉽사리 빠져들지 않으며, 아무리 단순한 기술자라도 이따금 지성의 더 높은 세계로 잠시나마 강렬한 시선을 던진다. 이제 사람들은 귀족 시대의 사람들과 같은 생각과 태도로 글을 읽지 않는다. 독서층은 끊임없이 확대되고 마침내 시민들 모두를 포함하게 된다.

대중이 정신의 활동에 관심을 두기 시작하는 바로 그 순간부터, 이러한 정신적 분야들 중 어느 하나에서 뛰어난 것이야말로 영광과 권력과 재부를 얻는 강력한 수단이 된다는 것이 밝혀진다. 평등이 낳는 이 동요하는 야망은 다른 모든 방향으로 나아가는 것과 마찬가지로 이 방향으로도 나아간다. 과학과 문학과 예술에 종사하는 사람들의 숫자가 엄청나게 많아진다. 엄청난 활동이 지성의 세계에서 벌어진다. 누구나 지성의 세계로 향한 문을 열려고 하며 대중의 시선을 그리로 돌리려 애쓴다. 합중국의 정계에서 나타나는 것과 유사한 현상이 나타난다. 요컨대 하는 일들은 대개 불완전하기 마련이지만 하는 일들 자체는 줄곧 늘어나는 것이다. 그리고 개개인이 보탠 노력의 결과는 대개 보잘것없지만, 그 전체적인 결과는 언제나 엄청난 것이다.

따라서 민주 시대에 사는 사람들이 자연적으로 과학과 문학과 예술에 무관심하다고 말하는 것은 잘못이다. 다만 이들은 자기들 나름의 방식으로 그것들을 도야해 나간다는 것을, 그리고 자기들의 장점과 단점을 그것들에 덧붙일 따름이라는 것을 인정해야만 한다.

제10장

어째서 아메리카인들은
이론보다 응용에 더 몰두하는가

민주적인 사회 상태와 제도들이 인간 정신의 발흥을 방해하지는 않는다고 할지라도, 그것들이 인간 정신을 어느 한쪽 방향으로 이끌고 간다는 것은 의심할 나위가 없다. 이 민주적인 사회 상태와 제도들이 갖는 효과는 이렇게 제한적이기는 하지만 여전히 상당한 만큼, 여기서 잠시 그것들에 대해 생각해보기로 하자.

앞에서 아메리카인들의 철학적 방법에 대해 언급한 몇몇 내용들을 여기서 다시 들추면서 논의를 시작해보자. 평등은 인간 개개인에게 모든 것을 스스로 판단하려는 욕망을 불러일으킨다. 평등은 인간에게 구체적인 것과 현실적인 것에 대한 취향을 북돋우며 전통과 형식에 대한 경멸을 북돋는다. 이러한 일반적인 경향들은 이 장의 특유한 주제 속에서 특히 잘 드러난다.

민주 시대의 사람들 중에서 과학을 탐구하는 이들은 항상 공상적인 이야기 속에서 길을 잃지나 않을까 하는 두려움을 지니고 있다.

그들은 체계(systèmes)를 불신하고 사실(faits)을 중요시하며 자신의 힘으로 사실들을 연구하려 한다. 그들은 동료들 중 어떤 이의 명성에도 쉽사리 흔들리지 않으며 어떤 권위자의 말이든 쉽사리 따르려 하지도 않는다. 그러기는커녕 권위자가 내놓은 학설의 취약점을 찾아내는 데 끝없이 매달리곤 한다. 과학의 선례들도 그들에게는 별반 영향력을 행사하지 못한다. 그들은 어떤 학파의 정교한 이론 체계에 오랫동안 관심을 들이는 일이 거의 없으며 거창한 담론들은 그저 마지못해 받아들일 뿐이다. 그들은 가능한 한 그들이 몰두하고 있는 주제의 핵심 부분들까지 파고들어 가서 그것들을 통속적인 언어로 설명하는 것을 좋아한다. 이렇게 과학이란 더 자유롭고 더 확실한 모양새를, 하지만 덜 숭고한 모양새를 갖추게 된다.

내가 보기에 인간 정신은 과학을 세 분야로 나누는 듯하다.

첫 번째 분야는 현실적인 응용과 아주 거리가 먼 가장 이론적인 원리들, 가장 추상적인 관념들을 포함한다.

두 번째 분야는 여전히 순수 이론에 속하기는 하지만 곧바로 현실에서 응용 가능한 일반적인 진리들로 구성된다.

세 번째 분야는 응용 과정들과 실행 수단들에 해당한다.

과학의 이 여러 분야들 중 어느 하나도 나머지 두 분야와 완전히 분리되어서는 결코 장기적으로 발전할 수 없다는 것은 이성과 경험에 의해서 입증된다. 그렇기는 하지만 과학의 이 각 분야가 개별적으로 발전할 수 있는 것도 사실이다.

아메리카에서 과학들의 실용적인 분야는 놀라울 만큼 잘 발달해 있으며 즉시로 응용이 가능한 이론 분야에 대해서는 많은 관심이 집중되고 있다. 이 분야에서 아메리카인은 언제나 명쾌하고 자유로우며 독창적이고 비옥한 정신력을 발휘한다. 하지만 합중국에서 인간 지식의 추상적이고 이론적인 부분에 몰두하는 사람은 거의 찾아보기 힘들다. 이 점에서 아메리카인들이 보여주는 모습은 민주 시대의 사람들에게서 찾아볼 수 있는 경향의 극단적인 사례에 해당한다고 나는 생각한다.

고등 학문들의 발전에, 즉 학문이 한 단계 더 높게 성장하는 데에 필수적인 것이 바로 심사숙고(méditation)이다. 하지만 민주 사회의 내부 구조는 이러한 심사숙고에 전혀 어울리지 않는다. 귀족 시대와 마찬가지로 민주 시대에도 유복하다고 해서 평안히 머물려는 부류를 찾아보기 힘들며 더 나아지기를 단념했다고 해서 분발하려고도 하지 않는 부류를 찾아보기 힘들다. 누구나 분발한다. 어떤 이는 권력을 찾아 움직이고, 어떤 이는 재산을 쫓아 움직인다. 이 전반적인 동요 속에서, 이 상충된 이해관계들의 거듭된 충돌 속에서, 재산을 향한 인간의 끊임없는 돌진 속에서, 지성의 심오한 작용에 필요한 평온을 어떻게 유지할 수 있겠는가? 주변의 모든 것이 동요하는 시대에, 모든 것을 휘돌게 만드는 그 준엄한 소용돌이에 매일같이 휩쓸리는 시대에, 인간이 어떻게 한 가지 정해진 문제에만 깊이 생각할 수 있겠는가?

안정된 민주 국가의 한복판에서 나타나는 일종의 항구적인 동요와, 민주 사회의 출현과 발전에 늘 수반되기 마련인 격동적이고 혁명적인 움직임을 분명히 구별해야 한다.

고도로 문명화된 나라에서 격렬한 혁명이 발생하게 되면, 그 혁명은 감정과 관념에 커다란 충격을 안겨주기 마련이다. 이러한 현상은 나라 안의 모든 계급을 한꺼번에 뒤흔들어놓으면서 시민 개개인의 마음속에 거대한 야망들을 동시에 심어놓는 민주주의 혁명들의 경우 특히 두드러진다.

프랑스인들이 마침내 낡은 봉건사회의 잔재를 청산하던 바로 그 시기에, 그들은 돌연 엄밀 과학 분야에서 놀랄 만한 발전을 이룩했다. 하지만 이러한 갑작스러운 발전은 민주주의에서 기인하는 것이 아니라 민주주의의 성장을 가져온 전례 없는 혁명에서 기인하는 것이다. 당시에 일어난 일들은 정말 특별한 것이었으며, 따라서 그것을 어떤 일반적인 법칙의 징후로 보기는 힘들다.

위대한 혁명들은 여느 시대에서와 마찬가지로 민주 시대에도 흔하지 않다. 아니, 민주 시대에는 더 드물다고 말하는 편이 나을 듯하다. 하지만 민주 시대의 국민들에게는 무언가 사소하지만 거북한 동요 같은 것, 인간 정신을 북돋고 고무하기는커녕 산란하게 만들 따름인, 인간의 인간에 대한 일종의 끊임없는 밀치기 같은 것이 작용한다.

민주 사회에 사는 인간들은 심사숙고에 빠져드는 일이 거의 없을 뿐만 아니라 그러한 심사숙고를 높이 평가하지도 않는다. 민주적인 사회 상태와 제도들은 대다수 인간들이 끊임없이 법석거리게 만든다. 그런데 법석대는 생활에 알맞은 정신적 습성이 언제나 성찰적인 생활에 알맞은 것은 아니다. 부산하게 움직이는 인간은 대개의 경우 자신이 해낼 수 있는 것 정도로 만족하게 되는데, 이는 만약 그가 세세한 것까지 성취하려 한다면 오히려 그의 목적을 달성할 수 없게 되기 때문이다. 그는 깊이 살펴볼 여유를 갖지 못한 개념들에 끝없이 의존하곤 하는데, 이는 개념의 엄밀한 정확성보다 그 개념의 시의적절한 활용이 오히려 그에게 도움을 주기 때문이다. 종합적으로 볼 때, 그로서는 자신의 모든 원칙을 진리의 기반 위에 세우기 위해 시간을 소비하기보다는 차라리 그릇된 원칙들일지라도 그대로 활용하는 것이 덜 위험한 것이다. 세상의 일이란 긴 설명이나 학문적인 논증을 필요로 하지 않는 법이다. 특정 사안에 대한 신속한 파악, 대중의 변화무쌍한 열정에 대한 일상적인 고찰, 순간적으로 일어나는 사건들을 포착해내는 기교, 이런 것들이 모든 일을 결정하는 것이다.

부산한 움직임이 거의 모든 사람의 일상생활이 된 시대에는, 일반적으로 지성의 갑작스러운 분출과 피상적인 발상에는 과도한 가치를 부여하는 반면에 그 지성을 도야하는 심원하고 꾸준한 노고에 대해서는 지나치게 과소평가하는 경향이 있다.

이러한 일반적인 여론은 과학을 탐구하는 사람들의 판단에 영향을 미친다. 이러한 시대 분위기에 밀려 과학자들은 심사숙고 없이도 성공적으로 연구를 이룰 수 있다고 믿게 되며 심사숙고를 요구하는 탐구 분야를 회피하게 된다.

과학을 연구하는 방법에는 여러 가지가 있다. 대다수 사람들에게는 정신의 탐구 작업에 대한 이기적이고 돈벌이 위주의 취향이 있는데, 이러한 취향을 소수 사람들의 마음속에 불타오르는 사심 없는 열정과 혼동해서는 안 된다. 지식을 활용하려는 욕구와 지식

자체를 추구하려는 욕구는 전혀 다른 것이다. 드물게 나타나기는 하지만 아직도 몇몇 사람들에게는 진리에 대한 열렬하고 지칠 줄 모르는 사랑이 항상 끝없이 솟아난다는 것을 나는 의심하지 않는다. 인간이 진리의 추상적인 원천에까지 도달해서 어떤 근본 사상을 끌어낼 수 있게 안내해주는 것은 바로 이러한 진실한 것에 대한 열렬하고 당당하며 사심 없는 애착이다.

만일 파스칼(Pascal)이 어떤 큰 이익을 염두에 두고 있었거나 아니면 오로지 명성을 얻기 위해 행동했다면, 그는 창조주가 숨겨둔 비밀을 찾아내는 데 그렇게 그의 모든 정신력을 집중해내지 못했을 것이라고 나는 생각한다. 일상생활의 근심에서 완전히 벗어나 오직 진리 탐구에만 그의 정신력을 집중했다는 것을 생각해볼 때, 그리고 너무 일찍부터 정신과 육신 사이의 균형을 잃은 생활에 익숙해진 나머지 불혹의 나이에 도달하기도 전에 그의 자연 수명이 다했다는 것을 생각해볼 때, 나는 실로 놀라지 않을 수 없거니와, 어떤 일상적인 한 가지 요인만으로는 결코 이토록 비범한 성취를 만들 수 없다는 사실을 깨닫게 된다.

이토록 드물고 이토록 비옥한 이러한 열정들이 귀족 사회에서와 마찬가지로 민주 사회에서도 쉽사리 출현해서 발전할 수 있을지는 앞으로 두고 볼 일이다. 나로서는 솔직히 말해서 그렇게 되리라고는 별로 생각하지 않는다.

귀족 사회에서 여론을 선도하고 공무를 처리하는 계급은 영속적으로 대물림하면서 대중 위에 군림하는 까닭에 자연스럽게 자기 자신과 인간에 대해 어떤 고상한 관념을 갖게 된다. 이 계급은 인간을 위해 고상한 즐거움을 기꺼이 고안하고 인간의 욕구를 만족시킬 장엄한 목표들을 창안해낸다. 귀족주의는 흔히 아주 전제적이고 비인간적인 행위를 감행하기도 하지만 저열한 생각을 품지는 않는다. 그리고 사소한 향락 따위는 잠시 빠져들기는 하지만 이내 완강하게 물리친다. 따라서 모든 사람의 영혼이 높은 수준으로 고양되는 효과가 나타난다. 귀족 시대에는 인간의 존엄, 권능, 위대함 등등 자못 장대한 관념들이 널리 유행한다. 이러한 사고방식은 여느 사람들은 물론 과학을 연구하는 사람들에게도 영향을 미친다. 그것은 인간의 정신을 사유의 가장 높은 경지로 자연스럽게 고양시키며 진리에 대한 숭고하고 경건한 애착을 품도록 인간을 안내한다.

따라서 이 시대의 과학자들은 이론 분야로 이끌리게 되며, 실천에 대해서는 때로 지나칠 정도의 경멸을 품게 된다. "아르키메데스는 너무도 고상한 마음의 소유자였던 까닭에 병장기 제조법에 대해서는 어떤 글도 남기기를 거부했다"라고 플루타르코스는 말했다. 그에 따르면 아르키메데스는 "기계를 발명하고 조립하는 과학 그리고 일반적으로 말해서 생활의 실용성을 더해주는 모든 기술을 저속하고 천박하며 타산적이라고 물리치면서, 생활의 필요 따위에 물들지 않은 아름답고 정교한 것에 대해서만 글을 쓰는 데 시간과 정신을 바쳤다." 과학에 대한 귀족주의적 목표란 바로 이러한 것이다.

하지만 민주 시대의 국민들은 그렇지 않다. 민주 시대에 사는 대다수 사람들은 물질적이고 현세적인 즐거움을 열심히 추구한다.

그들은 항상 현재의 위치에 만족하지 못하고 언제든 거기서 벗어날 수 있기 때문에 직업을 바꾸고 재산을 늘릴 방법만을 골똘히 생각한다. 이러한 성향을 지닌 사람들에게 재빨리 재산을 불릴 수 있는 새로운 방법, 노동을 절감해주는 새로운 기계, 생산원가를 절감해주는 도구, 향유를 촉진하고 증대시켜주는 새로운 발명 등등은 인간 지성의 가장 숭고한 결실로 보인다. 민주 시대의 사람들이 과학에 몰두하고 과학을 이해하며 존중하는 것은 주로 이러한 동기에서이다. 귀족 시대에 사람들은 주로 과학에 대해 정신의 즐거움을 요구했다. 반면에 민주 시대에는 육체의 즐거움을 요구한다.

한 나라가 더욱더 민주적으로 되고 더욱 식견이 높아지고 더욱 자유롭게 될수록, 이러한 과학적 재능에 관심을 둔 후원자들의 수가 더욱 늘어나리라는 것은 거의 확실하다. 그리고 생산에 직접적으로 응용될 수 있는 발명들은 발명가들에게 이익과 명성과 심지어 권력을 가져다줄 것이다. 그도 그럴 것이 민주 시대에는 일하는 계급이 공공 업무에 참여하게 되며, 바로 이들에게 명예와 금전적 보상이 뒤따르기 마련이기 때문이다.

이런 식으로 구성된 사회에서 인간이 자신도 모르는 사이에 이론을 소홀히 취급하게 된다는 것은 쉽사리 이해할 수 있다. 인간 정신은 어떤 엄청난 힘에 밀려 응용 분야로, 아니면 적어도 과학을 생활에 응용하는 사람들에게 필요한 정도만큼의 이론으로 쏠리게 되는 것이다.

어떤 본능적인 성향으로 인해 인간은 지성의 더욱 고상한 영역으로 눈을 돌리기는 하지만 이마저도 헛된 일이다. 이해관계로 인해 인간은 결국 어느 중간 수준으로 향하게 된다. 인간 정신이 온갖 힘과 부산한 활동을 과시하면서 놀라운 일을 성취하는 것은 바로 여기에서이다. 기계공학의 일반 법칙들 중 어느 하나도 발견하지 못한 아메리카인들이 세계의 양상을 바꾸어놓은 새로운 기계를 항해술 분야에 내놓지 않았는가.

물론 나는 오늘날 민주 시대에 사는 사람들이 인간 정신의 위대한 자산이 소멸되는 것을 그저 바라볼 운명이라거나 그들 시대에는 어떤 새로운 지식도 계발하지 못할 운명이라고는 결코 주장하지 않는다. 우리가 살고 있는 바로 이 시대에, 그리고 산업 생산의 열기 속에서 끊임없이 부산하게 움직이는 많은 사람들 사이에, 과학의 여러 분야들을 연결시키는 끈들이 눈에 띄기 마련이다. 따라서 실용에 대한 취향만을 가진 사람이라 할지라도 어느 정도 식견을 갖추게 된다면 결코 이론에 대한 관심을 잃지 않을 것이다. 응용과 실행이 매일같이 되풀이되다 보면 때로는 일반 법칙들이 나타나지 않을 수 없게 될 것이다. 따라서 위대한 발명가는 별로 없더라도 위대한 발견은 자주 나오기 마련이다.

게다가 나는 과학의 숭고한 사명이라는 것을 인정한다. 물론 민주주의가 인간이 과학을 위한 과학을 발전시키도록 이끌지는 않지만, 다른 한편으로 과학에 종사하는 사람들의 숫자를 엄청나게 증대시킨다. 과학에 종사하는 이토록 많은 사람들 가운데 진리에 대한 사랑에 불타오르는 어떤 사색적인 천재가 언젠가는 출현하리하고 믿을 수 있지 않은가. 바로 이러한 사람이 나타나서 자신이 사는 시대와 장소의 분위기에 관계없이 자연의 가장 심오한 신비를 꿰뚫으려 애쓸 것이라고 확신할 수 있다. 이들의 도약을 굳이 도와주지 않아도 된다. 방해하지 않는 것만으로 충분하다. 요컨대 내가 하고자 하는 말은 다음과 같다. 조건들의 항구적인 불평등은 인간이 추상적인 진리들에 대한 오만하고 무모한 연구에 집착하게 만드는 반면에, 민주주의적인 사회 상태와 제도들은 인간이 과학의 직접적이고 실용적인 응용을 추구하게 만든다.

이러한 경향은 자연스럽고 불가피하다. 이러한 경향을 파악하는 것은 매우 흥미로운 일이며, 충분히 밝혀둘 필요가 있다.

우리 시대에 국민을 이끄는 사람들이 불가항력적으로 다가오는 이러한 새로운 경향들을 한 걸음 물러서서 명확하게 꿰뚫어본다면, 그들은 민주 시대에 지식을 갖추고 자유롭게 사는 사람들이라면 과학의 산업적 부분을 발전시키지 않을 수 없다는 사실을 이해하게 될 것이며, 따라서 앞으로는 사회 권력의 노력이 이 고등 연구를 지원하고 과학의 숭고한 열정을 북돋는 데 바쳐져야 한다는 사실을 이해하게 될 것이다.

오늘날 인간 정신은 이론으로 이끌어야 한다. 인간 정신은 그냥 두면 저절로 실천으로 향해 내달리기 때문이다. 따라서 부차적인 결과들에 대한 세세한 검토에 하염없이 매달리기보다는 때로는 그것에서 벗어나 근본 원인들에 대한 깊은 성찰을 도모하는 것이 좋다.

로마 문명이 야만인의 침입으로 멸망했다는 이유로, 우리는 문명이란 어떤 다른 이유로는 멸망할 수 없다고 너무도 쉽사리 단정하곤 한다.

우리를 밝혀주는 등불이 언젠가 꺼진다고 할지라도, 그것은 조금씩 그리고 마치 저절로 어두워지듯이 꺼지는 법이다. 응용에만 관심을 집중한다면 원리들을 놓치게 된다. 그리고 이 원리들을 완전히 잃어버리게 되면, 그 원리들에서 나온 방법들을 제대로 쫓아가지 못하게 된다. 새로운 방법들은 더 이상 발명되지 않을 것이며, 따라서 더 이상 이해하지도 못하는 정교한 절차들을 무턱대고 사용하게 될 것이다.

300년 전에 유럽인들이 중국에 도착했을 때, 그들은 그곳에서 모든 기술이 거의 일정한 완성 단계에 도달했다는 것을 알았다. 그와 동시에 그들은 중국인들이 이러한 완성 단계에 도달한 이후 더 이상 앞으로 나아가지 못했다는 것을 알고 놀랐다. 나중에 가서야 그들은 잊혀진 몇 가지 고급 지식들의 잔재를 찾아냈다. 이 나라는 산업 생산에 몰두하고 있었다. 대다수 과학적 방법들은 보존되어왔지만 과학 자체는 더 이상 존재하지 않았던 것이다. 당시 중국을 누르고 있는 기묘한 정체 상태는 바로 이러한 현상에서 비롯된다는 것을 유럽인들은 알아차렸다. 중국인들은 조상들의 자취를 따르면서도 조상들을 이끌어준 근본정신은 잊어버린 것이다. 그들은 어떤 명제의 의미가 무엇인가를 따져 묻지 않고 그냥 생활에 활용했다. 요컨대 그들은 도구를 물려받았을 뿐, 그 도구를 고치고 다시 만드는 기술은 얻지 못한 것이다. 따라서 중국인들은 발전할 수 없었다. 그들은 개선을 포기할 수밖에 없었다. 그들은 조상들이 그어놓은 길에서 한순간이라도 벗어남으로써 어둠의 심연으로 빠져버리지 않기 위해서는 언제 어디에서나 조상들이 한 일을 고스란히 따라 해야만 했다. 인간 지식의 원천은 거의 고갈되었다. 그리고 물줄기는 여전히 흘렀지만, 물이 불어나거나 흐름이 바뀌는 일은 없었다.

그럼에도 불구하고 중국은 수 세기 동안 평화롭게 존속했다. 정복자들은 토착인의 습속을 받아들였으며, 따라서 다시 질서가 확립되었다. 일종의 물질적 번영이 도처에서 이루어졌다. 하지만 여기서는 거대한 격변이 매우 드물었으며 전쟁이란 알지도 못했다.

그러므로 우리가 야만인들로부터 멀리 떨어져 있다고 생각하면서 안심해서는 결코 안 된다. 그도 그럴 것이 문명의 빛을 자기들 손에서 빼앗길 수밖에 없는 민족이 있는가 하면, 문명의 빛을 스스로 짓밟아 꺼버리는 민족도 있으니 말이다.

제11장
아메리카인들은 기술의 개발에 대해
어떻게 생각하는가

보잘것없는 재산 규모, 잉여의 부재, 복리에 대한 보편적 욕구, 그리고 복리를 얻으려는 인간의 줄기찬 노고 따위가 어떻게 인간의 마음속에서 실용적인 것에 대한 취향이 아름다운 것에 대한 애착보다 앞서도록 만드는지를 입증하려고 굳이 애쓸 필요는 없을 것이다. 그것은 독자들에게나 나 자신에게나 시간 낭비에 지나지 않는다. 이러한 일들에 익숙한 민주 국가들에서는 생활을 아름답게 꾸미는 데 쓰이는 기술(art)보다 생활을 편리하게 만드는 데 쓰이는 기술이 더욱 개발될 것이다. 아름다운 것보다 유용한 것을 우선시하는 관행이 생기고, 유용성이 곧 아름다움이라는 인식이 싹튼다. 충분히 미루어 짐작할 수 있는 일이다.

하지만 여기서 한 걸음 더 나아가서 그 주요 특징을, 그리고 그 밖의 여러 특징들을 살펴보도록 하자.

일반적으로 특권이 난무하는 시대에는 어떤 기술이든 그것을 행사하는 일 자체가 일종의 특권이 되며 개개 직업은 아무나 참여할 수 없는 별개의 세계가 된다. 그리고 영업 활동이 자유로워진 이후에도 귀족 시대에서 물려받은 변화에 대한 둔감과 타성으로 말미암아, 동일한 기술에 종사하는 모든 사람은 따로 모여 별도의 직종을 형성하게 된다. 이 직종은 언제나 구성원들끼리 서로 잘 아는 사이인 가까운 이웃들로 구성되기 마련인데, 여론이 형성되고 직종에 대한 자부심이 생기는 것도 바로 이 집단 내부에서이다. 이러한 유형의 영업 집단 안에서 개개 장인은 재산을 모을 뿐만 아니라 평판도 얻는다. 여기서 장인은 자신의 이익을 위해서나 고객의 이익을 위해서 일한다기보다 직종의 이익을 위해서 일하는데, 직종의 이익이란 바로 각 장인이 최고의 제품을 만드는 데 있다. 따라서 귀족 시대에 기술의 목표는 빨리 만들거나 값싸게 많이 만드는 것이 아니라 최선을 다해 가장 잘 만드는 것이라고 할 수 있다.

이와 반대로 직업이 모든 사람에게 개방되어 누구나 끊임없이 들어오고 나갈 때, 그리고 구성원들이 서로 잘 모르고 무관심하며 너무 많은 탓에 서로 마주치기도 힘들 때, 사회적 유대는 와해되고, 개개 노동자들은 홀로 남겨진 채 가능한 한 최소의 비용으로 최대의 이윤을 얻으려 애쓸 따름이다. 그는 소비자의 의향만을 염두에 둘 따름이다. 그런데 이와 동시에 소비자 측에서도 이와 상응하는 변화가 일어나게 된다.

권력과 마찬가지로 재부가 소수의 수중에 집중되어 빠져나오지 않는 나라에서는 이 세상의 대다수 재부의 사용이 언제나 변함이 없는 소수 개인들에게 한정된다. 어쩔 수 없어서든, 여론에 밀려서든, 스스로 자제해서든, 다른 사람들은 이러한 재부의 사용에서 배제된다.

이 소수 귀족적인 계급은 더 늘지도 더 줄지도 않은 채 원래 있던 그대로 위엄 있는 자리에서 변하지 않는 까닭에, 이들은 항상 동일한 욕구를 가지며 언제나 변함없는 방식으로 느낄 따름이다. 이 부류에 속하는 사람들은 그들이 물려받은 우월한 지위 덕에 잘 만들어지고 오래가는 물건들에 대한 취향을 자연적으로 지니게 된다.

이것은 기술에 대한 국민들의 전반적인 생각을 바꾸어놓는다. 이러한 나라에서 심지어 농민들도 탐나는 물건이 있을 경우 별로 질이 좋지 않은 것을 얻느니보다 차라리 없이 지내는 편을 택하는 것이다.

따라서 귀족 사회에서의 노동자들은 정말 만족시키기 힘든 아주 제한된 수의 구매자들만을 위해서 일하는 셈이다. 이들이 바라는 보수는 주로 만들어낸 작품의 완성도에 따라 결정된다.

하지만 모든 특권이 폐지되고 신분이 뒤섞일 때, 모든 사람이 사회의 사다리에서 끊임없이 올라가기도 하고 내려가기도 할 때, 이러한 일은 더 이상 일어나지 않는다.

민주 사회에서 상당수 시민들의 자산이 분할되고 또 감소하는 것은 다반사이다. 형편이 나았을 때 이들은 어떤 필요한 것들을 꼭 구하는 습관을 몸에 익혔는데, 이러한 필요들은 충족시킬 능력이 이제는 없는데도 여전히 이들에게 남아 있다. 그래서 이들은 이러한 필요를 충족할 어떤 우회적인 수단이 없는지 불안하게 찾고 있다.

다른 한편, 민주 사회에서는 많은 사람들이 자기 재산을 불린다. 하지만 이들의 욕망이 이들의 재산보다 더 빨리 증가하는 까닭에, 이들은 재산을 늘려줄 수단을 마련하기 훨씬 전부터 우선 그 재산이 가져오는 이익을 탐욕스러운 눈으로 쳐다본다. 이러한 사람들은 가깝고 쉽게 도달할 수 있는 향유를 위한 지름길을 여기저기서 찾는다. 이 두 가지 요인을 종합해볼 때, 민주 사회에서는 언제나 그 실현 수단을 훌쩍 넘어설 정도의 많은 필요를 가진 수많은 시민들이, 그래서 자신들이 탐내는 물건을 포기하기보다는 차라리 불만족스럽지만 기꺼이 그것을 가지려는 수많은 시민들이 존재한다고 할 수 있다.

노동자들은 그들 역시 이러한 열정에 물들어 있는 까닭에, 이러한 열정을 쉽사리 이해한다. 요컨대 노동자들은 귀족 시대에는 생산품을 누구에게든 비싸게 팔려고 했지만, 이제 부자가 되는 가장 빠른 방법은 모두에게 싸게 파는 것이라는 점을 깨달은 것이다.

그런데 상품의 가격을 내리는 데에는 단지 두 가지 방법이 있다. 첫째는 상품을 생산하는 더 훌륭하고 더 빠르며 더 정교한 수단을 찾는 것이다. 둘째는 가치는 떨어지지만 거의 유사한 상품을 대량으로 제조하는 것이다. 민주 사회에서 노동자의 모든 지적 역량은 이 두 가지 목적에 동원된다.

노동자는 물건을 잘 만들 뿐만 아니라 더 빨리 더 싸게 만들 수 있는 방법을 발명하려 애쓴다. 그리고 만일 그렇게 할 수 없을 경우에는 원래의 용도에서 완전히 어긋나지 않는 정도에서 물건의 질을 떨어트리려 애쓴다. 부자들만 시계를 가졌을 때에는, 모든 시계가 다 비싸고 좋았다. 지금은 좋은 시계가 별로 없지만, 누구나 시계를 하나씩 가지고 있다. 이렇게 민주 사회는 인간 정신을 실용적인 기술로 향하게 할 뿐만 아니라, 장인들이 불완전한 제품을 대규모로 신속하게 만들도록 하며, 소비자가 이러한 제품에 만족하도록 한다.

민주 사회라고 해서 필요한 경우 정말 놀라운 제품들을 만들어낼 기술이 없는 것은 아니다. 제품을 만드는 데 필요한 시간과 노고에 합당한 값을 지불할 구매자들이 존재한다면 충분히 가능한 일이다. 경쟁과 시험이 일상화되다시피 한 이 산업들의 격전장에서 작업 기술의 최고 경지까지 파고든 정말 훌륭한 기술자들이 양성된다. 하지만 이들은 자신의 기술을 발휘할 기회를 거의 얻지 못하며 자신의 능력을 조심스레 아낀다. 이들은 혼자서 감당할 수 있는 기술적으로 평범한 일에 만족하며, 달성하는 목표치를 넘어서까지 더 잘하려 들지 않는다. 반면에 귀족 사회에서는 노동자들이 언제나 능력껏 최선을 다하는바, 만약 이들이 멈춘다면 그것은 이들의 과학 지식이 한계점에 이르렀을 때이다.

만약 내가 어느 나라에 도착해서 거기서 기술자들이 몇 가지 정말 훌륭한 제품들을 만들어내는 것을 본다면, 나는 그것으로 그 나라의 사회 상태와 정치제도에 대해서 쉽사리 뭐라고 확정지어 말하지 못한다. 하지만 이 나라에서 완성도가 떨어지는 제품들이 대량으로 싼 가격에 만들어지고 있다면, 나는 이 나라에서 특권층이 사라지고 계급들이 뒤섞여 얼마 지나지 않으면 서로 합쳐질 것이라고 단언할 수 있다.

민주 시대에 사는 장인들은 자신들이 만든 실용적인 제품들을 모든 시민이 사용할 수 있도록 하려 애쓸 뿐만 아니라, 그 제품이 갖추지 못한 탁월한 품질을 자신들이 만든 모든 제품에 부여하려고 애쓴다.

모든 계급이 서로 뒤섞이는 시대에는 누구나 현재의 자기 모습 이상으로 보이기를 희망하며 또 그렇게 보이기 위해 온갖 노력을 다 기울인다. 물론 민주주의가 인간 심성의 아주 자연스러운 발현일 따름인 이러한 감정을 만들어내지는 않지만, 민주주의가 인간의 심성을 물질적인 것으로 향하게 하는 것은 사실이다. 덕망(vertu)이라는 위선은 모든 시대에 존재하지만, 사치(luxe)라는 위선은 민주 시대에 특히 잘 나타나는 것이다.

이러한 인간 허영심의 새로운 필요를 만족시키기 위해 기술은 온갖 종류의 기만적인 방법을 동원한다. 그래서 산업은 이런 방향으로 너무 멀리 나아간 나머지 결국 원래의 모습을 잃게 된다. 이미 구별하기 힘들 정도로 아주 완벽하게 모조 다이아몬드가 만들어진다. 진품과 모조품을 구별하기 어려울 정도로 모조 다이아몬드를 만들어내는 정교한 기술이 발명되는 바로 그 순간부터, 진품과 모조품이 다 고객들에게 퇴짜를 맞고 결국 단순한 조약돌로 되돌아갈지도 모를 일이다.

여기서 흔히 기술 중의 기술이라 할 수 있는 미술에 대해서 몇 마디 언급하고 넘어가도록 하자. 민주주의적인 사회 상태와 제도가 필연적으로 미술에 관심을 두는 사람들의 숫자를 줄일 것이라고 나는 생각하지 않는다. 하지만 이러한 요인들은 미술품이 탄생하는 방식에 커다란 영향을 미친다. 미술에 취향을 붙였던 사람들은 이미 가난뱅이가 된 반면, 아직 부자가 아닌 많은 사람들이 적어도 흉내로나마 미술에 대한 취향을 붙이기 시작하고, 소비자의 수는 일반적으로 증가하지만 돈이 많고 섬세한 감각을 지닌 소비자들은 점점 보기 힘들어진다. 내가 앞에서 실용적 기술에 대해서 말한 것과 아주 유사한 현상이 미술에서도 나타난다. 작품의 수는 늘어나지만 이 작품들 각각이 주는 매력은 더 줄어드는 것이다.

더 이상 원대한 것을 꿈꾸지 않고 우아하고 앙증맞은 것을 찾는다. 실체보다는 외양을 더 중요시하게 되는 것이다.

귀족 시대에는 몇 가지 위대한 작품들이 만들어졌지만, 민주 국가에서는 그저 그런 수많은 작품들이 만들어진다. 귀족 시대에는 청동상이 세워졌지만, 민주 국가에서는 석고상을 주조한다.

이스트 리버라 불리는 대서양 연안을 따라 처음으로 뉴욕에 도착했을 때, 나는 고전 시대 건축을 방불케 하는 하얀 대리석으로 장식한 수많은 작은 궁전들이 도시에서 멀리 떨어지지 않은 강기슭을 따라 늘어서 있는 것을 보고 깜짝 놀랐다. 다음날 나의 시선을 특히 잡아끈 것들을 좀 더 자세히 보기 위해서 가까이 가보니 벽은 흰색 벽돌들로 만들어졌고 기둥은 하얗게 채색한 나무 기둥이었다. 내가 어젯밤에 찬탄해 마지않았던 모든 기념물이 다 이런 식이었다.

민주주의적인 사회 상태와 제도들은 더욱이 모든 모방 기술에 어떤 특이한 경향성을 부여하는 데, 이것은 쉽사리 알아챌 수 있다. 그것은 육체의 묘사에 치우친 나머지 정신의 묘사에는 소홀하며, 감정과 사색의 표현을 행동과 감각의 표현으로 대체한다. 요컨대 이상적인 것 대신에 실제적인 것을 내세운다.

라파엘로(르네상스 시대 이탈리아 화가, 1483~1520―옮긴이)가 인간 육체의 자세한 구조에 대해 우리 시대의 데생 화가들만큼 철저하게 연구했는지 나로서는 확신하기 힘들다. 그는 사실 자연을 초월하고자 했던 까닭에, 인간 육체의 세밀한 묘사라는 것에 대해 데생 화가들만큼 중요성을 부여하지 않았다. 그는 인간을 인간 자체보다 우월한 그 무엇으로 그려내고자 했다. 요컨대 미(美) 자체를 극대화하려 한 것이다.

이와 달리 다비드(프랑스 고전주의 화가, 1748~1825―옮긴이)와 그의 제자들은 훌륭한 화가인 동시에 훌륭한 해부학자였다. 그들은 눈앞에 선 모델들을 놀라울 만치 정밀하게 그려냈지만, 눈에 보이는 것 이상을 그려내는 일이 드물었다. 그들은 자연을 아주 면밀하게 따라잡은 반면, 라파엘로는 자연보다 더 나은 그 무엇을 찾았다. 다비드가 우리에게 인간에 대한 정확한 초상화를 남긴 반면, 라파엘로는 자신의 작품 속에서 어떤 신성(神性)을 보도록 우리를 안내한다.

주제를 다루는 방식에 대한 나의 이러한 논평은 주제를 선택하는 문제에도 그대로 적용될 수 있다. 르네상스 시대의 화가들은 일반적으로 그들 자신을 넘어서서, 그리고 그들의 시대를 훌쩍 뛰어넘어 무한한 상상력을 불러일으키는 원대한 주제들을 선택했다.

우리 시대의 화가들은 흔히 그들의 눈앞에서 줄곧 펼쳐지는 세세한 개인 생활을 꼼꼼하게 재현하는 데 그들의 재능을 쓴다. 그들은 자연 속에 무수한 원본이 존재하는 사소한 대상들을 항상 복사하고 있을 따름이다.

제12장

왜 아메리카인들은
사소한 기념물들과 원대한 기념물들을
한꺼번에 세우는가

나는 앞에서 민주 시대에는 예술적인 기념물들이 수적으로 더 많아지지만 그 중요성은 더 줄어든 경향이 있다고 말했다. 여기서는 이러한 현상의 예외라고 할 수 있는 것들을 잠시 언급해보자.

민주 사회에 개인들은 아주 허약한 존재이지만, 개인들을 대표하고 개인들을 모두 거느리는 국가는 아주 막강한 존재이다. 민주 국가에서처럼 시민들이 왜소해 보이는 곳은 달리 없을 것이다. 민주 국가에서만큼 국가 자체가 더 크게 보이는 곳도 달리 없을 것이며 사람들이 국가의 웅장한 이미지를 아주 자연스럽게 마음에 새기는 곳도 없을 것이다. 민주 사회에서는 시민들이 자기 자신을 생각할 때에는 상상력이 움츠러들지만, 국가를 생각할 때에는 상상력이 무한히 펼쳐진다. 바로 이러한 이유에서 비좁은 거주지에서 협소하게 사는 바로 그 사람들이 공공 기념물에 관련해서는 흔히 거창한 것을 노리게 된다.

아메리카인들은 그들의 도읍지로 삼고자 한 장소에 거대한 도시의 성채를 건설했다. 이 도시는 물론 지금도 퐁투아즈(Pontoise, 프랑스 파리의 북서쪽에 있는 도시—옮긴이) 정도의 인구를 지니고 있을 뿐이지만, 아메리카인들은 언젠가 100만 인구를 넘어설 것이라고 기대하면서 이 상상의 대도시에 사는 미래의 시민들에게 방해가 되지 않도록 주의 10마일에 걸쳐 모든 나무를 뿌리째 뽑아버렸다. 그들은 도시 한복판에 국회의사당으로 쓸 웅장한 궁전을 세우고 캐피톨(Capitol)이라는 화려한 이름을 붙였다.

합중국의 개개 주들은 유럽의 강대국들을 놀라게 할 만한 대규모 사업을 매일같이 계획하고 실행한다.

이렇게 민주 사회에서는 사람들로 하여금 사소한 작품들을 수없이 만들어내게 할 뿐만 아니라 수적으로는 얼마 되지 않는 거대한 기념물들을 건설하도록 유도한다. 그런데 이 두 개의 극단 사이에는 아무것도 없다. 따라서 이 거대한 건축물들의 몇몇 산만한 흔적들만으로는 그것들을 건설한 사람들의 사회 상태나 제도들에 대해 아무것도 말해주지 않는다.

주제에서 벗어난 이야기이기는 하지만, 이 거대 기념물들이 그 나라 국민의 위대함과 지적 수준 그리고 실제적인 번영에 대해 더 잘 알려주는 것은 아니라는 사실을 여기서 덧붙여두도록 하자.

국민 전체가 하나의 사업에 모든 시간과 노력을 다 쏟아 거대한 힘을 만들어낼 때면, 비록 기술 수준은 아직 못 미치는 만큼 시간과 노력을 더 들임으로써 힘에 힘을 더해서 어떤 엄청난 일을 성취해낼 수도 있을 것이다. 하지만 그렇다고 그 나라 국민이 아주 행복하고 매우 지식수준이 높으며 더구나 아주 막강하다고 결론 지어서는 안 될 것이다. 에스파냐인들이 멕시코를 침범했을 때, 도시에는 장엄한 사원과 거대한 궁전들로 가득 차 있었다. 하지만 이들 궁전은, 코르테스가 단지 보병 600명과 기병 16명으로 멕시코 제국을 정복하는 것을 막지 못했다.

만일 로마인들이 수력의 법칙에 대해 좀 더 잘 알았다면, 그들은 그들이 건설한 도시들의 낡은 폐허를 지금도 둘러싸고 있는 그 많은 수도교를 건설하지 않았을 것이며, 그들의 힘과 부를 더 나은 곳에 사용할 수 있었을 것이다. 만일 로마인들이 증기기관을 발명했다면, 아마도 그들은 소위 로마의 길이라 불리는 그 긴 인공 도로를 제국의 끝까지 연장하지는 않았을 것이다. 이러한 것들은 그들의 무지와 동시에 그들의 위대함을 입증해주는 장엄한 기념물들로 남아 있다.

땅 아래에 그저 납으로 된 도관 몇 개를 설치하고 땅 위에 철봉 몇 개를 설치한 것 외에 달리 유물을 남기지 못한 국민이라 할지라도 그들이 로마인들보다 더 훌륭한 자연의 지배자가 될 수도 있는 일이다.

제13장

민주 시대의
문학의 특징

만일 여행객이 합중국의 어느 서점에 들어가서 서가에 가지런히 놓인 책들을 살펴본다면, 작품의 수는 대단히 많은 반면 알려진 저자의 수는 아주 적다는 것을 알게 될 것이다.

우선 인간의 기초적인 지식과 개념을 가르치기 위한 초보적인 입문서들을 많이 보게 될 것이다. 이들 저작의 대부분은 유럽에서 저술된 것들로, 아메리카인들은 이를 다시 인쇄해서 그들 자신의 용도에 맞게 사용하는 중이다. 그 다음에 막대한 분량의 종교 서적들, 성경, 설교집, 교훈서, 신학 논쟁서, 자선단체 보고서 따위가 눈에 띈다. 마지막으로 정치 팸플릿 목록이 죽 나열되어 있다. 아메리카에서 정당들은 상대방과 논쟁을 벌일 경우 책을 쓰기보다는 하루 사이에 무서운 속도로 나타났다 다음날 없어져 버리는 팸플릿들을 쓴다.

이러한 대수롭지 않은 저작들 중에는 물론 유럽인들도 그 이름을 알고 있고 또 마땅히 알아야만 하는 소수의 저자들이 쓴 주목할 만한 책들도 있다.

아메리카가 아마도 우리 시대에 문학에 가장 관심을 덜 가진 문명국가이기는 하지만, 아주 많은 사람들이 정신적 창작물에 관심을 가지고 있으며 비록 필생의 연구를 위해서는 아니지만 여가를 선용하는 차원에서 독서를 즐긴다. 그런데 영국이 이들 독자에게 필요한 책의 대부분을 공급해주고 있다. 영국에서 출판된 중요한 서적들 거의 대부분이 합중국에서 다시 간행된다. 대영제국의 문학적 재능이 신세계의 숲속 깊은 곳까지 빛을 쏟아붓고 있는 셈이다. 개척민의 오두막집을 가도 셰익스피어의 작품 몇 권을 볼 수 있을 정도이다. 나는 통나무집에서 처음으로 봉건시대를 다룬 희곡「헨리 5세」를 읽었던 기억이 난다.

아메리카인들은 날마다 영국의 문학 자산에서 자양분을 얻을 뿐만 아니라 영국 문학을 아메리카의 토양에서 발견한다고 진심으로 말할 수 있다. 합중국에서 창작 활동에 종사하는 몇 안 되는 사람들 중 대부분은 그 내용에서나 특히 그 형태에서 영국적인 스타일이다. 이렇게 아메리카인들은 자기들의 모델로 삼아온 귀족국가에서 통용되는 문학의 이념과 형태를 민주 사회 한복판에 옮겨놓는다. 그들은 외국의 습속에서 빌려온 색채로 그림을 그리는 셈이다. 이렇게 자신들이 태어나 자란 나라를 있는 그대로 그려내지 못하다 보니 이들은 정작 자기 나라에서는 거의 인기가 없다.

합중국의 시민들은 책을 출판하는 것이 자신들에게는 별로 알맞은 일이 아니라고 확신하는 모양이다. 그러기에 그들은 작가들의 자질을 스스로 평가하기에 앞서서 대개의 경우 그 작가들이 영국에서 먼저 소비되기를 기다린다. 마치 미술계에서 복제화의 진위를 판단할 권리를 원화의 작가에게 맡기는 것처럼 말이다.

그런데 합중국의 주민들은 엄밀하게 말하자면 아직은 문학이라는 것을 가지고 있지 못하다. 내가 아메리카인으로 알고 있는 작가들은 모두 저널리스트이다. 이들은 위대한 작가라고 할 수 없으며, 동포들의 언어로 동포들과 의사를 소통하고 있을 따름이다. 그 외의 작가들은 모두 외국인이다. 이 작가들과 아메리카인들 사이의 관계는 학문이 부활했던 시기 —공감의 대상으로보다는 호기심의 대상으로 학문이 부활했던 시기— 에 그리스인이나 로마인들을 모방하는 자들과 우리들 사이에 맺은 관계와 마찬가지라고 할 수 있다. 이들은 독자들에게 즐거움을 주기는 했지만 사회의 습속에 영향을 주지는 못한 것이다.

나는 이미 이러한 현상이 민주주의에만 그 근거를 두고 있는 것은 결코 아니며, 따라서 민주주의와는 별개의 몇 가지 특별한 상황에서 그 원인들을 찾아야 한다고 말했다.

만일 아메리카인들이 자기들의 사회 상태와 법제를 계속 견지하면서도 애초에 기원을 달리하고 다른 나라로 갔다면, 그들은 아마도 문학을 가졌으리라는 것을 나는 믿어 의심하지 않는다. 물론 지금 상태 그대로라도 아메리카인들은 마침내 문학을 갖게 될 것이라고 나는 확신한다. 하지만 이 경우 문학은 오늘날 아메리카의 문학작품들에 나타나는 것과는 아주 다른 성격, 아메리카에 고유한 성격을 띠게 될 것이다. 이러한 성격을 앞질러 살펴보는 것도 불가능한 일은 아니다.

문학이 발달해 있는 귀족 사회를 가정해보자. 여기서는 통치 업무와 마찬가지로 지적인 작업도 하나의 우월한 계급에 의해 이루어진다. 정치 경력뿐만 아니라 문필 경력도 거의 전적으로 이 계급이나 이 계급에 가장 인접한 계급들에 집중된다. 이러한 현상은 다른 모든 현상을 알 수 있는 열쇠가 된다.

소수의 동일한 사람들이 동시에 동일한 일에 종사하게 될 때, 그들은 서로 쉽사리 협력하게 되고 그들 모두를 안내하는 어떤 주요 규칙들을 함께 따르게 된다. 이 사람들의 관심을 끄는 일이 문학일 경우, 정신의 작업들은 곧 더 이상 벗어나지 못할 어떤 엄정한 규칙들에 따르게 될 것이다.

이 사람들이 그 나라에서 세습적인 지위를 누리게 된다면, 그들은 당연히 스스로 일정한 고정된 규칙들을 채택할 뿐만 아니라 그들의 조상이 남겨놓은 규칙들을 따르게 될 것이다. 따라서 그들이 엄격한 동시에 관례적인 성격의 법제를 만들어내기 마련이다.

그리고 그들의 조상들과 마찬가지로 여태껏 일상생활의 근심 걱정에 매달릴 필요가 없었고 지금도 그러한 까닭에, 그들은 여러 세대에 걸쳐 정신적인 작업에 관심을 둘 수 있었다. 그들은 문학 예술을 터득했으며, 마침내 문학을 위한 문학을 애호하게 되고 문학적 준칙을 따르는 데서 학자연하는 즐거움을 만끽했다.

여기서 다가 아니다. 내가 지금 말하는 사람들은 안락과 풍요 속에서 인생을 시작하고 마치는 까닭에, 이들은 자연히 무언가 세련된 취향을 즐기고 섬세한 놀잇거리를 좋아한다.

더욱이 오랫동안 풍요로운 생활을 지속하는 동안 몸에 밴 일종의 유약한 심성 탓에, 그들은 무언가 예기치 못한 일이라든가 너무 민감한 일 따위는 자신들의 놀잇거리에서 제쳐둔다. 그들은 열렬하게 흥분하기보다는 가볍게 즐기기를 원한다. 요컨대 그들은 흥미를 가질 뿐 도취하지는 않는 것이다.

내가 지금 묘사한 사람들에 의해 만들어졌거나 또는 그들을 위해 만들어진 수많은 문학작품들을 머릿속에 그려보자. 그러면 당신은 모든 것이 미리 규정되고 정돈된 깔끔한 문학을 어렵지 않게 떠올릴 수 있을 것이다. 아무리 사소한 작품이라도 아주 세밀하게 다듬어져 있으며 어느 장면에서나 기예와 노력이 한껏 깃들여 있다. 개개 작품은 다른 작품들과는 구별되는 그 자체의 독특한 성격을 지니고 있다.

여기서 문체는 거의 주제만큼이나 중요시되고, 형식은 소재만큼이나 중요시된다. 어조는 세련되고 온화하며 절제되어 있다. 기풍은 언제나 숭고한 자태를 지니며 지나치게 변덕스럽지 않다. 요컨대 작가들은 작품을 많이 쓰는 데 매달리기보다 잘 쓰는 데 매달린다.

식자층에 속하는 이들은 언제나 자기들끼리 살고 자기들만을 위해서 글을 쓰는 까닭에 세상의 나머지 일들을 완전히 잊어버리곤 하는 경향이 있다. 그래서 그들은 지나치게 멋을 부리고 때로는 그릇된 문체에 빠져들기도 한다. 그들은 자기들만이 사용하는 사소한 규칙들을 설정해두는데, 이로 인해 그들은 상식의 영역에서 벗어나 마침내 자연의 한계를 벗어나기도 한다.

통속어가 아닌 다른 언어로 말하려고 고집하다 보니 그들은 하층민의 비속어만큼이나 아름다운 표준어와 거리가 먼 특권층의 언어를 사용하게 된다.

귀족 사회에서 문학이 봉착하는 태생적인 암초들이 바로 이런 것들이다. 인민으로부터 완전히 유리된 귀족주의는 결국 무기력해지는데, 이것은 정치뿐만 아니라 문학에서도 마찬가지이다.[1]

이제 그림을 뒤집어서 뒷면을 살펴보자. 그 오랜 전통으로 보나 지금의 문화 수준으로 정신적인 즐거움에 반드시 둔감하지만은 않은 민주 사회의 한복판으로 들어가 보자. 여기에서 계급들은 서로 뒤섞이고 혼동된다. 권력과 마찬가지로 지식도 무한히 세분되고, 굳이 말하자면 각 방향으로 뿔뿔이 흩어진다.

여기 지적인 욕구를 충족시켜주어야 하는 잡다한 군중이 있다. 정신적 즐거움을 추구하는 이 풋내기들은 모두가 동일한 교육을 받은 것이 아니다. 이들은 서로 같은 수준의 지식을 지니고 있지 않으며, 부모들을 닮은 것도 아니고, 더구나 매 순간 모습이 달라진다. 이들이 서 있는 장소도 느끼는 감정도 벌어들이는 재산도 끊임없이 변하기 때문이다. 따라서 이들 각자의 기질은 공통의 전통

---

1) 이러한 사실은 특히 오랫동안 평화로이 국왕 권력에 복종해온 귀족 국가들에 잘 들어맞는다. 귀족제 사회에서 자유가 보장될 때, 상층계급들은 끊임없이 하층계급들을 이용하지 않을 수 없다. 그들을 이용하려면 그들에게 다가가야 한다. 이로 인해 흔히 귀족 사회에 무언가 민주주의적인 기질이 스며들게 된다. 그리고 통치를 떠맡은 특권 집단 안에 활력과 기업가적인 습성과 떠들썩하고 흥분하는 취향이 싹트고 자라나는데, 이러한 것들은 어김없이 모든 문학 작업에 영향을 미치게 된다.

과 습성으로 다른 모든 이의 기질과 함께 묶이는 일이 없다. 이들은 서로 함께 소통하는 능력도 의지도 시간도 가져본 적이 없다.

그렇기는 하지만 작가들이 탄생하는 것은 바로 이 이질적이고 들떠 있는 다중의 한복판에서이다. 작가들의 수입과 명성도 바로 이들에게서 얻어지는 것이다.

사정이 이러한 만큼, 이러한 부류의 사람들에게서는 귀족 시대에 작가와 독자가 함께 받아들인 엄격한 규약을 거의 찾아보기 힘들 것이라는 점은 쉽게 이해할 수 있다. 만일 어느 시대의 사람들이 어떤 규약들에 대해 동의하는 일이 있더라도 그것은 다음 시대에는 아무 의미도 갖지 못한다. 민주 국가에서는 세대가 바뀔 때마다 사람들이 바뀌기 때문이다. 따라서 이러한 나라에서는 문학이 어떤 엄격한 규정의 제약을 받는다는 것은 쉽지 않은 일이며 더욱이 어떤 불변의 규정의 제약을 받는 일은 거의 있을 수 없는 일이다.

민주 사회에서는 문학에 종사하는 사람들이 모두 문학 교육을 받은 것은 결코 아니다. 문필업에 종사한다는 사람들의 대다수가 정치적 입신을 노리거나 아니면 어쩌다 살짝 정신의 즐거움을 찾아 한눈을 팔 수 있는 직업을 선택하기 십상이다. 이들은 문학의 즐거움을 결코 생활의 주요 여흥으로 삼지 않으며, 다만 힘겨운 인생살이에서 필요한 일시적인 오락거리 정도로 여긴다. 이런 부류의 사람들은 문학의 섬세한 멋을 느낄 정도로 심오한 문학적 지식을 갖출 수는 없으며 미묘한 어감 따위는 알아채지도 못한다. 이들이 문학에 바칠 수 있는 시간은 아주 짧기 때문에, 이들은 그 시간을 완전히 활용하길 원한다. 이들은 쉽게 구입하고 빨리 읽고 학문적 연구 없이 쉽게 이해할 수 있는 책을 좋아한다. 이들은 저절로 드러나고 당장 즐길 편안한 심미적 내용을 요구하며, 특히 돌발적인 것, 낯선 것 따위를 선호한다. 일상생활에서의 알력과 무료에 길들여진 까닭에, 이들은 무언가 강하고 재빠른 감정, 촌철살인의 구절 그리고 진실이든 거짓이든 긴장감을 더해주고 독자를 마치 강압에 의해 이끌리듯이 주제로 몰입시키는 탁월한 내용들을 필요로 한다.

여기서 더 장황하게 설명할 필요가 있겠는가? 내가 굳이 부연하지 않아도 다 이해하지 않겠는가?

전반적으로 평가할 때, 민주 시대의 문학은 귀족 시대의 문학에서 나타난 것과 같은 질서와 규칙성, 과학성과 예술성 따위를 나타내지 못한다. 오히려 형식은 일반적으로 무시되며 심지어 경멸되기까지 한다. 문체는 대개 기묘하고 부정확하며 부자연스럽고 엉성하며, 거의 언제나 대담하고 격렬하다. 저자들은 꼼꼼한 완성을 목표로 하기보다 재빠른 제작을 목표로 한다. 얄팍한 책들이 굵직한 책들보다 훨씬 많이 출판된다. 박학보다 기교가, 심오함보다 상상력이 앞선다. 다듬어지지 않은 거칠고 투박한 생각들이 담겨 있으며 다채롭고 비옥한 내용들로 가득 차 있다. 저자는 즐거움을 주기보다 놀라움을 주려 애쓰는 듯하고, 취향을 살려주기보다 열정을 자극하는 데 목적을 둔 듯하다.

물론 이와 다른 길을 가려는 작가들이 이따금 나타나기 마련이며, 이 경우 뛰어난 능력을 지닌 작가라면 장점과 단점을 불문하고 독자층을 끄는 데 성공할 수 있을 것이다. 하지만 이러한 예외적인 작가들은 아주 드물며, 책의 전반적인 내용에서는 이렇게 인습적인 용례에서 벗어나는 작가들도 세세한 사항에서는 언제나 상궤에 빠져들곤 한다.

나는 지금까지 두 가지 극단적인 상태에 대해 서술했다. 그런데 어떤 국가도 첫 번째 상태에서 두 번째 상태로 단숨에 넘어가지 않는다. 단계적으로 무수한 과정을 거치면서 넘어갈 뿐이다. 문명 국민이 한 상태에서 다른 한 상태로 넘어가는 이행 과정 속에는 민주 국가의 문학적 재능과 귀족 국가의 문학적 재능이 서로 합쳐져서 함께 인간 정신을 인도하는 순간이 항상 존재하기 마련이다.

이러한 시기는 일시적이기는 하지만 아주 화려하다. 풍요롭지만 과다하지 않고, 생기발랄하지만 혼란스럽지 않다. 18세기 프랑스 문학이 바로 좋은 예이다.

한 국민의 문학이 언제나 그 나라의 사회 상태와 정치체제에 의해 결정된다는 사실을 확언하려면, 아마도 더 많은 설명이 필요할 것이다. 이러한 요인들과는 별도로 문학작품들에 어떤 특징을 부여하는 몇 가지 또 다른 요인들이 있다는 것을 나는 알고 있다. 하지만 내가 보기에 이러한 요인들이 가장 중요하다.

한 나라의 사회적·정치적 상태와 그 나라 작가들의 재능 사이에 존재하는 관계들은 언제나 아주 다양하다. 한 측면을 알게 되면 당연히 다른 측면도 무시할 수 없게 된다.

제14장

문학 산업

민주주의는 생산 계급들에게 문학에 대한 취향을 불어넣어 줄 뿐만 아니라 문학에 기업가적 마인드를 주입하기도 한다.

귀족 사회에서는 독자들이 까다로울 뿐만 아니라 그 수가 그리 많지 않다. 민주 사회에서는 독자들을 달래기가 그리 어렵지 않을 뿐만 아니라 그 수가 엄청나게 많다. 그러므로 귀족 국가에서는 많은 노력을 들이지 않고서는 누구든 성공하기 힘들며 이러한 노력은 큰 영예를 가져다줄 뿐 많은 돈을 벌게 해주지는 않는다. 반면에 민주 국가에서의 작가는 큰 노력을 들이지 않고도 적당한 명성과 큰 재산을 얻었다고 우쭐댈 수 있을 것이다. 최고급 작가까지는 아니라도 적어도 읽히는 작가라면 이 정도는 달성할 수 있다.

독자층의 줄기찬 확대와 새로운 것에 대한 끊임없는 욕구가 사실상 아무도 평가해주지 않는 책의 판매까지도 보장해주고 있다.

민주 시대에 흔히 대중은 마치 국왕이 궁신들을 대하듯 작가들을 대하곤 한다. 작가들을 부유하게 만들기도 하지만 경멸하기도 하는 것이다. 궁정에서 태어나서 기꺼이 궁정에서 살고자 하는 이들 매직 관리에게 무엇이 더 필요하겠는가?

민주 시대의 문학 동네에는 문학을 일종의 돈벌이로 여기는 작가들로 가득 차 있다. 위대한 작가는 몇 안 되지만, 재치를 파는 장사꾼들은 수천 명이다.

제15장

그리스와 라틴 문학에 대한 연구는 민주주의 사회에서 특히 유용하다

고전기에 가장 민주주의적인 공화국들에서 인민(peuple)이라고 불린 자들은 우리가 오늘날 인민이라고 부르는 자들과 전혀 달랐다. 아테네에서 모든 시민은 공공 업무에 참여했다. 하지만 아테네에서 35만 명 이상의 주민들 중에서 시민은 2만 명 정도에 지나지 않았다. 나머지는 모두 노예였으며, 이 노예들이 오늘날 인민에, 심지어 중간계급들에 속하는 기능들의 대부분을 떠맡았다.

따라서 아테네는 보통선거를 시행하기는 했지만 결국 모든 귀족이 통치에서 대등한 권리를 가지는 귀족제 공화국에 지나지 않았다.

로마에서의 파트리키(귀족)와 플레브스(평민) 사이의 투쟁도 같은 시각에서 파악해야 할 것이다. 그것은 사실상 같은 가문 안에서 손윗사람과 손아랫사람 사이의 집안싸움과 같은 것이었다. 모두가 사실상 특권층에 속했으며 또한 특권적인 정신을 지니고 있었다.

더구나 고전기에는 책이 아주 드물고 값비쌌을 뿐 아니라 출판과 보급도 아주 어려웠다는 사실을 알아야 한다. 이러한 상황으로 인해 문학의 취향과 활용이 소수의 사람들에게 집중되었으며, 거대한 정치적 귀족 집단 내부에 작은 문필 귀족층 같은 것이 형성되었다. 따라서 그리스인과 로마인들이 문학을 일종의 산업으로 취급했다고 알려주는 증거는 어디에도 없다.

귀족 사회를 형성했을 뿐만 아니라 상당히 개화되고 꽤나 자유를 누린 민족이었던 이 그리스와 로마인들은, 따라서 그들의 문학 작품들 속에 귀족 시대의 문학을 특징짓는 특유의 단점과 장점을 담아놓았을 것이다.

고전기 작품들은 이따금 다루는 주제가 다채롭지 못하고 그 내용이 대담성, 역동성, 보편성 따위를 결여한다고 할지라도, 고전기 작가들이 언제나 세부적인 묘사에서는 놀랄 만한 기술과 정성을 보여주었다는 사실을 파악하는 데에는, 고전기의 작품들을 한 번 훑어보는 것만으로 충분할 것이다. 그 어떤 작품도 성급하게 제멋대로 만들어지지 않은 듯하다. 글귀 하나하나가 감식가들의 눈에 들도록 다듬어졌으며 이상적인 미에 대한 추구가 끊임없이 나타난다. 그리스와 로마의 문학은 민주 시대의 작가들에게 원래부터 결여되어 있는 특질들을 그 어느 시대의 문학보다도 더 잘 부각시켜준다. 따라서 어떤 한 문학이 다른 문학보다도 민주 시대에 연구하기에 더 적합하다는 식으로 말할 수는 없다. 오히려 민주 시대에 내재한 문학적 결함들을 질정하는 데 더 적합한 연구가 있을 따름이다. 그도 그럴 것이 문학의 자연적 특질이라는 것은 말하자면 그 특질을 획득하기 위해 배울 필요가 없이 저절로 생겨 나는 것이니 말이다.

이 점은 잘 이해할 필요가 있다. 어떤 연구는 한 나라의 문학에 는 유용할 수 있어도 그 나라의 정치적·사회적 욕구에는 전혀 알 맞지 않을 수 있다.

누구나 재산을 불리거나 유지하기 위해 대단히 거친 노고를 습 관적으로 행하는 사회에서 고집스럽게 문학만을 가르친다면, 결 과적으로 아주 세련된 동시에 아주 위험한 시민들이 만들어질 것 이다. 왜냐하면 사람들이 처한 정치적·사회적 조건이 문학 교육 만을 통해서는 결코 충족할 수 없을 어떤 욕구들을 매일같이 그들 에게 부과함으로써, 그들은 근면한 노력으로 국가를 살찌우기는 커녕, 그리스인과 로마인의 이름으로 국가를 혼란스럽게 할 것이 기 때문이다.

민주 사회에서 국가의 안위뿐만 아니라 개인의 이익을 위해서 는 대다수 사람들의 교육이 문학적이기보다는 과학적이고 상업적 이며 또 기업가적이어야 한다는 것은 분명하다.

모든 학교에서 그리스어와 라틴어를 가르쳐야 하는 것은 아니 다. 하지만 천성적으로나 운명적으로 문학을 연마하고 문학을 즐 길 채비를 갖춘 사람들은 고전문학을 완전히 통달할 수 있고 고전 문학의 정신에 푹 잠길 수 있는 학교를 발견하는 것이 중요하다. 이러한 목적을 달성하는 데는 불필요한 연구로 필요한 연구를 가 로막는 그저 그런 중등학교들이 많은 것보다는 잘 가르치는 대학 몇 개가 있는 것이 오히려 낫다.

민주 국가에서 문학을 통해 명성을 얻고자 하는 사람들은 누구나 자주 고전기 작품들을 읽고 배워야 할 것이다. 이것은 아주 훌륭한 건강법이다.

  물론 고대인들의 문학작품이 전혀 흠잡을 데 없다고 주장하는 것은 아니다. 단지 나는 고대인들의 작품이 우리의 몇몇 결함들을 보완하는 데 놀라울 만큼 적합한 어떤 특질들을 지니고 있다고 생각할 따름이다. 그것은 우리의 몸이 기운 가장자리에서 우리를 떠받쳐줄 수 있는 것이다.

제16장

아메리카 민주주의는 영어를 어떻게 변화시켰는가

내가 앞에서 문학 일반에 대해 말한 것을 잘 이해한 독자라면 민주적인 사회 상태와 제도들이 사상을 전달하는 가장 중요한 도구라 할 언어에 대해 어떤 영향력을 행사할 수 있는지를 별 어려움 없이 이해할 수 있을 것이다.

아메리카의 작가들은 굳이 말하자면 그들이 영국의 작가들을 끊임없이 연구하고 이들을 매일같이 모델로 삼는다는 점에서 그들 자신의 나라에서 산다기보다는 영국에서 사는 셈이라고 말할 수 있다. 하지만 일반 대중은 그렇지 않다. 이들은 합중국에서 작동할 수 있는 특별한 요인들에 의해 직접적으로 영향을 받기 때문이다. 따라서 귀족 시대의 관용구가 민주 시대의 언어가 됨으로써 생길 수 있는 변형태들을 알아보려 한다면, 문어체가 아니라 우선 구어체에 관심을 기울여야 할 것이다.

교육받은 영국인들, 말하자면 이러한 말투의 미묘한 차이에 대해

나보다 더 잘 아는 사람들은 합중국의 식자층이 쓰는 언어가 대영 제국의 식자층이 쓰는 언어와 많이 다르다고 종종 내게 분명하게 말한다.

이들은 아메리카인들이 새로운 단어들을 너무 많이 사용한다는 점(두 나라 사이의 차이와 거리로 볼 때 당연한 일이다)뿐만 아니라 이 새로운 단어들이 특히 정치집단들이 쓰는 비속어이거나 기계 기술 용어 또는 사업 거래 용어 따위에서 나오는 말들이라는 점에 대해 불평을 늘어놓았다. 이들은 기존의 영국 단어들이 아메리카 인들에 의해 종종 새로운 의미로 사용된다고 덧붙여 말했다. 그리고 합중국의 주민들이 흔히 문체를 아주 특이한 방식으로 뒤섞어 사용하며 때로 모국의 용례에서는 관례적으로 따로 떼어 사용하는 단어들을 함께 붙여놓는다고 말했다.

이러한 논평을 믿을 만한 사람에게서 그것도 여러 차례 들은 까닭에, 나는 이 문제를 다시 생각해보게 되었다. 그래서 나는 이론적 성찰에 의해서나 경험적 관찰에 의해서나 같은 결론에 이를 수 있었다.

귀족 사회에서 언어는 당연히 모든 사물이 자리 잡고 있는 바로 그 정돈 상태에 머물기 마련이다. 새로운 일들이 별로 생기지 않는 까닭에 새로운 단어도 별로 생기지 않는다. 그리고 설혹 새로운 일들이 생긴다 해도 그 일들은 이미 그 의미가 관례적으로 확정되어 있는, 기왕의 알려진 단어들로 묘사될 것이다.

이러한 사회에서 인간 정신이 마침내 스스로 동요하거나 아니면 외부로부터 오는 빛에 의해 깨어난다면, 새로운 표현들이 생겨날 것이지만, 이렇게 만들어진 표현들은 민주주의와 무관한 학문적·지적·철학적 성격을 지니게 될 것이다. 콘스탄티노플의 함락(1453년 동로마제국의 멸망을 가리킨다—옮긴이)으로 인해 과학과 문학의 조류가 서양으로 흘러들어 가자, 프랑스어는 돌연 그리스어와 라틴어에 어원을 둔 수많은 새로운 단어들에 의해 침범을 받게 되었다. 따라서 프랑스에서는 박학다식한 사람들이 신조어를 사용하는 풍조가 생겼는데, 이러한 현상은 식자층에만 국한되었을 뿐 일반인들은 그 효과를 거의 느끼지 못하거나 아주 뒤늦게나 느꼈을 따름이다.

유럽의 모든 나라에서 마찬가지 광경이 벌어졌다. 밀턴(Milton) 혼자서만 600개 이상의 새 단어를 영어에 도입했는데, 이들 단어는 거의 모두 라틴어, 그리스어, 히브리어에서 온 것이었다.

이와 달리 민주 사회의 한복판에서 일어나는 끊임없는 부산한 움직임은 사물의 양상을 바꾸어놓는 것과 마찬가지로 언어의 양상도 끊임없이 바꾸어놓는 경향이 있다. 모든 사람의 이러한 섞임과 엉킴 속에서 수많은 새로운 관념들이 생겨나고 낡은 관념들은 사라지기도 하고 다시 나타나기도 하며 무수히 많은 미묘한 차이들로 세분되기도 한다. 그 결과 많은 단어들이 폐기되기도 하고 새로운 다른 단어들이 사용되기도 하는 것이다.

더구나 민주 국가에서는 변동 그 자체를 좋아하는데, 이러한 현상은 정치에서뿐만 아니라 언어에서도 나타난다. 굳이 단어들을 바꿀 필요가 없을 때에도 이따금씩 바꾸려는 욕구를 드러내는 것이다.

민주 시대에 사는 사람들의 재능은 그들이 구사하는 새로운 단어들의 엄청난 숫자뿐만 아니라 이 새로운 단어들이 표현하는 개념의 성격에서도 잘 드러난다.

이들에게서 다른 모든 분야에서와 마찬가지로 언어 문제에서도 법칙을 만들어내는 것은 다수자이다. 다수의 입김이 다른 곳과 마찬가지로 여기에서도 드러나는 것이다. 그런데 민주 사회에서 대다수는 연구보다 사업에, 철학적 성찰이나 문학보다 정치적이고 상업적인 관심에 더 몰두한다. 이들이 만들어내고 받아들인 대다수 단어들에는 이러한 습성의 자국이 담뿍 배어 있다. 이 단어들은 무엇보다 산업상의 필요, 정치집단들의 열정, 공공 행정의 세부 사항들을 표현하는 데 쓰이는 것이다. 바로 이러한 분야에서 언어는 끊임없이 그 쓰임새가 확장되는 반면에, 형이상학이나 신학 같은 분야에서는 조금씩 그 기반을 상실하게 될 것이다.

민주 국가들이 과연 어디에서 새로운 단어들을 끄집어내고 또 어떤 방식으로 새로운 단어들을 만들어내는지는 어렵지 않게 추적해볼 수 있다.

민주 국가에 사는 사람들은 고대 로마나 아테네에서 사용하던 언어에 대해서는 거의 알지 못하며, 따라서 그들에게 필요한 표현을 찾기 위해 고대까지 거슬러 올라가야 하지 않을까 고민하지 않는다. 그들이 이따금 난해하고 현학적인 어원들을 들추어내곤 한다면, 그것은 그들이 사멸한 언어들의 뿌리를 찾아 나서게 만드는 지적 허영 때문일 것이다. 그런데 박학다식한 사람들이라고 해서 저절로 사라진 단어들을 머릿속에 떠올릴 수 있는 것은 아니다.

가장 무지한 사람들이 오히려 옛 단어들을 가장 널리 사용하는 경우가 가끔 있다. 자신의 정해진 울타리에서 벗어나고자 하는 아주 민주주의적인 욕구로 인해 이들은 흔히 어떤 미천한 직업이라도 그리스어나 라틴어 명칭으로 숭고하게 장식하려 하는 것이다. 저속한 직업일수록, 그리고 학문에서 먼 직업일수록, 그 직업의 명칭은 근사하고 박학다식하다. 그래서 프랑스에서 줄타기 광대는 곡예사(acrobates) 또는 줄타기 명인(funambules)으로 일컬어지는 것이다.

민주 시대의 사람들은 사멸한 언어에서 빌려오는 대신에 의도적으로 살아 있는 언어에서 빌려온다. 그도 그럴 것이 이들은 끊임없이 서로서로 소통하고 있으며, 서로 다른 나라의 사람들이 매일같이 서로 닮아가는 까닭에 기꺼이 서로를 모방할 수 있기 때문이다.

하지만 민주 국가의 사람들이 무언가 바꾸고자 하는 것은 주로 그들 자신의 언어에서이다. 이들은 종종 자기들이 쓴 어휘들 중에서 이미 잊힌 표현들을 다시 끄집어내서 부각시키기도 하고, 특별한 시민 집단에서 사용하는 전문 용어를 끄집어내서 여기에 어떤 비유적인 의미를 덧붙여서 일상어로 사용하기도 한다. 이렇게 원래 어떤 정파나 직업의 전문 용어에 속했던 많은 표현들이 일상적으로 통용되게 된다.

민주 국가에서 언어 표현을 바꾸기 위해 사용하는 가장 일상적인 방법은 이미 사용되는 어떤 표현에 어떤 쓰이지 않는 낡은 의미를 덧붙이는 것이다. 이 방법은 아주 단순하고 신속하며 간편하다.

이 방법을 쓰는 데 어떤 학식이 필요하지 않으며 무지하다면 오히려 쉽게 쓸 수 있다. 하지만 이런 식의 사용은 언어에 커다란 위험을 초래한다. 민주 국가에서는 이렇게 한 단어에 여러 의미를 덧붙임으로써 때로는 기존의 의미와 달라진 의미 모두를 불투명하게 만들어버리는 것이다.

한 작가가 어떤 익숙한 표현을 본래 의미에서 약간 달라진 의미로 변형시켜 사용하면서 마침내는 자신의 주제에 가장 알맞은 의미로 바꾼다. 두 번째 작가가 나타나서 그 단어에 다른 새로운 의미를 덧붙인다. 세 번째 작가가 그 단어를 또 다른 방향으로 끌고간다. 그래서 언어의 의미를 확정할 수 있는 상설 재판소나 공동 중재자가 없는 까닭에, 단어의 의미는 아주 불안정한 상황에 놓일 수밖에 없다. 그 결과 작가들은 어떤 한 가지 사유를 심사숙고하는 듯 보이지 않고, 언제나 여러 가지 관념들을 한꺼번에 내놓고 그중에서 무엇을 고를 것인가 하는 판단은 독자에게 내맡겨버리는 듯 보이는 것이다.

민주주의의 한 가지 거북한 결과가 바로 이것이다. 나로서는 우리 프랑스어가 중국어, 타타르어 또는 휴런족 언어에서 빌려온 단어들로 뒤섞이는 것이 차라리 프랑스어 단어들의 의미가 내부적으로 불명확해지는 것보다는 낫다고 생각한다. 조화나 동질성이라는 것은 언어의 부차적인 미에 지나지 않는다. 이러한 것들은 대개 인습적인 요소로서, 엄격하게 말하자면 그것 없이도 얼마든지 생활할 수 있다. 그러나 말씨가 명확하지 않으면 좋은 언어가될 수 없다.

평등은 필연적으로 몇 가지 또 다른 언어상의 변화를 초래한다. 각 나라가 다른 나라와 떨어져 지내고 자기만의 특색을 갖고자 애쓰는 귀족 시대에는 여러 민족들이 공동의 뿌리를 갖고 있음에도 불구하고 서로 이방인처럼 지내는 경우가 흔하다. 따라서 이들은 서로 소통을 할 수는 있지만 더 이상 서로 같은 방식으로 말하지 않는다.

이러한 시대에 각 나라는 일정한 수의 계급으로 나뉘어 각 계급은 거의 만나지 않고 결코 뒤섞이지 않는다. 이들 개개 집단은 자신에게만 고유한 지적인 습성을 기르고 또 변함없이 보존하며, 세대에서 세대로 일종의 세습재산처럼 물려받은 몇몇 단어들과 용어들을 우선적으로 채택한다.

그래서 같은 관용어 속에서 가난한 자의 언어와 부유한 자의 언어를, 평민의 언어와 귀족의 언어를, 학문 언어와 통속 언어를 한꺼번에 만나게 된다. 공동체의 분화가 크면 클수록, 장벽이 높으면 높을수록, 이러한 현상은 더욱 뚜렷하게 나타난다. 인도의 카스트 제도에는 엄청나게 많은 언어가 사용되며 천민의 언어와 브라만의 언어 사이의 차이는 그들의 복장의 차이만큼이나 크다고 나는 장담할 수 있다.

이와 달리, 사람들이 더 이상 한곳에만 머물지 않고 끊임없이 서로 보고 서로 소통할 때, 카스트제도가 폐지될 때, 계급들이 쇄신되고 서로 뒤섞일 때, 언어의 모든 단어는 서로 뒤섞이게 된다. 대다수 사람들에게 부적합한 단어들은 사라지고 나머지 단어들은 누구나 멋대로 꺼내 쓸 수 있는 공동 창고 구실을 한다. 유럽의 관용어들을 조각냈던 거의 모든 방언은 현저하게 사라져가고 있다. 신세계에서 사투리란 없으며, 구세계에서도 매일같이 사라지고 있다.

사회 상태에서의 이러한 변화가 가져오는 영향은 언어뿐만 아니라 문체에서도 나타난다.

모든 사람이 같은 단어들을 사용할 뿐만 아니라 그 단어들을 구별 없이 사용하는 데 익숙해진다. 문체에 따른 규칙은 거의 폐기된다. 성격상 저속해 보이는 표현과 세련되어 보이는 표현 사이의 구분도 희미해진다. 다양한 계층 출신들이 그들이 다니는 곳 어디에든 애초에 그들이 사용하던 표현과 용어들을 옮겨놓는 까닭에, 단어들의 기원도 사람들의 기원처럼 잊히며 결국은 사회에서와 마찬가지로 언어에서도 혼란이 일어난다.

단어들을 분류해보면 거기서 어떤 특정한 사회 형태에 결부되기보다는 사물의 본성 자체에서 유래하는 규칙들을 찾아볼 수 있다는 것을 나는 알고 있다. 예를 들자면 저속한 표현이나 어귀들이 있는데 이는 그것으로 표현하고자 하는 감정이 실제로 저속하기 때문이며, 고상한 표현과 어귀들이 있는데 이는 그것으로 묘사하고자 하는 주제가 원래부터 아주 숭고하기 때문이다.

계층들이 서로 뒤섞인다고 할지라도 이러한 차이점은 결코 지워버리지 못할 것이다. 하지만 평등은 이러한 사유의 표현양태들 속에 들어 있는 순전히 인습적인 요소들과 자의적인 요소들을 어김없이 제거해버릴 것이다. 내가 앞에서 지적한 바와 같은 불가피한 분류가 어느 다른 곳에서보다도 민주 사회에서 반드시 덜 유효

한 것은 아닌지조차 나로서는 확신하기 힘들다. 왜냐하면 민주 사회에서는 자신들이 받은 교육이나 지식 그리고 여가 덕에 언어의 자연법칙들을 항구적으로 연구할 수 있는 사람들, 또는 몸소 그 법칙들을 준수함으로써 다른 이들도 그것을 존중하도록 할 수 있는 사람들을 전혀 찾아볼 수 없기 때문이다.

이 주제를 끝맺기 전에 아마도 민주 시대의 언어들을 특징지을 최근의 한 가지 뚜렷한 특징에 대해 언급해보자. 민주 시대의 사람들은 일반적인 개념들에 대한 취향과 열정을 가지고 있다는 것, 그리고 이것은 그들에게 고유한 장점과 결점에서 유래한다는 것은 이미 앞에서 언급한 바 있다. 일반적인 개념들에 대한 이러한 애착은 총칭적인 용어와 추상적인 단어들을 줄곧 사용한다는 사실 자체로, 그리고 그 단어들을 사용하는 방식으로 민주 시대의 언어들 속에서 표출된다. 이 민주 시대의 언어들의 커다란 장점이자 단점이 바로 여기에 있다.

민주 시대의 사람들은 총칭적인 용어와 추상적인 단어들을 아주 즐겨 사용하는데, 왜냐하면 이러한 표현들이 사고를 확대해주고 더 나아가 좁은 공간 안에 많은 대상들을 집어넣도록 해줌으로써 정신 작용을 도와주기 때문이다.

민주 시대의 작가는 '유능한 인물(hommes capables)'이라고 말하면 더 알맞을 경우에도 단지 '능력(capacités)'이라는 추상명사로 말하려 할 것이다. 이 능력이라는 단어가 적용되는 구체적인 내용에 대해서는 아무 언급도 하지 않은 채 말이다. 그는 지금 눈앞에서 일어나는 일들을 한마디로 그려내기 위해 '현재성(actualités)'이라는 말을 사용한다. 그리고 그가 말하는 지금 이 순간부터 이 세상에 일어나는 모든 일을 '궁극성(éventualités)'이라는 한 단어로 표현한다.

민주 시대의 작가들은 이러한 종류의 추상적인 단어들을 끊임없이 만들어낸다. 아니, 차라리 그들은 이미 추상화된 단어들을 더욱더 추상적인 의미로 사용하려 한다.

더욱이 대화를 더욱 간결하게 이끌 요량으로 그들은 추상적인 단어들이 지시하는 대상을 인격화해서 표현하며 마치 살아 있는 개인처럼 움직이게 만든다. 요컨대 그들은 이런 식으로 말하는 것이다. '불가항력은 능력이 통치하게 이끈다(la force des choses veut que les capacités gouvernent)'라는 식으로.

여기서 나 자신의 경험을 직접 이야기해보면 더 잘 설명이 될 듯하다. 나는 종종 평등이라는 단어를 절대적인 의미로 사용해왔다. 더구나 나는 여러 곳에서 평등을 인격화해서 표현했다. 평등은 이러저러한 것들을 해냈으며 다른 것들은 해내지 못했다는 식으로 말이다. 하지만 루이 14세 시대의 사람들이라면 결코 이런 식으로 말하지 않았을 것이다. 그들 중 누구도 평등이라는 단어를 어떤 구체적인 대상에 적용하지 않고는 사용할 엄두를 내지 못했다. 그리고 그들은 평등을 어떤 살아 있는 인격체로 만들기보다는 차라리 그 단어를 사용하지 않는 편을 택했을 것이다.

민주 시대의 언어들에 잔뜩 들어 있는 이러한 추상적인 단어들, 어떤 특정한 사실에 결부되지 않고 모든 경우에 사용될 수 있는 이 단어들은 그것이 표현하고자 하는 생각을 부풀리기도 하고 흐리게 하기도 한다. 표현이 더 간결해지는 만큼, 담긴 뜻은 더 모호해진다. 하지만 적어도 언어에 관한 한 민주 시대의 사람들은 세심한 노력을 기울이기보다 차라리 모호한 채로 남겨두는 것을 더 좋아하는 듯하다.

그런데 나로서는 이러한 모호함이 민주 사회들에서 말을 하고 글을 쓰는 사람들에게 어떤 내밀한 매력을 발휘하는지 정말로 알 수 없는 노릇이다.

민주 사회에 사는 사람들은 흔히 그들 자신의 지성적 노력에만 의존해야 하는 까닭에, 그들은 거의 언제나 의혹 속에 골머리를 앓곤 한다. 게다가 그들이 처해 있는 환경이 줄곧 바뀌는 까닭에, 그들은 변함없는 생활 속에서 생겨나는 자신의 견해들 중 그 어떤 것 하나에도 오래 매달리지 않는다.

따라서 민주 사회에 사는 사람들은 흔히 변덕스러운 견해를 가질 수밖에 없다. 그들에게는 이 변화무쌍한 견해들을 담아낼 아주 폭넓은 표현이 필요하다. 오늘 표명한 생각이 내일의 새로운 상황에 들어맞을지 어떨지를 전혀 모르는 까닭에, 그들은 당연히 추상적인 용어들에 대한 취향을 갖게 된다. 추상적인 단어는 말하자면 겹 상자와 같다. 원하는 관념들을 거기다 밀어 넣었다가 누군가 알아보기 전에 다시 끄집어낼 수 있는 것이다.

어느 나라에서든 총괄적이고 추상적인 용어들이 언어의 토대를 이룬다. 따라서 나는 민주 사회의 언어들에서만 이러한 단어들을 만날 수 있다고는 결코 주장하지 않는다. 나로서는, 평등의 시대에 사람들은 이러한 종류의 단어들을 특별히 몇 배나 더 사용하는 경향이 있다는 것을, 그리고 항상 이 단어들을 걸러내서 가장 추상적인 뜻으로 받아들일 뿐만 아니라 대화의 성격상 그리 필요하지 않은 경우에도 어디에나 사용하는 경향이 있다는 것을 말하고자 할 따름이다.

제17장
민주 국가에 나타나는
시의 몇몇 원천에 대해서

시(詩)라는 단어에는 아주 다양한 의미가 주어져 왔다. 이들 여러 의미 중에서 어떤 것이 더 나은지를 논의하는 일은 공연히 독자들을 번거롭게 만들 것이다. 그러니 내가 선택한 의미를 곧장 말하는 편이 낫겠다. 내가 보기에 시란 이상형(idéal)의 추구이자 묘사이다.

실재하는 것의 일부를 떼어내고 그림에 어떤 가상의 특징을 덧붙이며 사실상 동시에 일어나지 않는 몇몇 상황들을 하나로 결합시킴으로써 자연을 완성하고 확장하는 사람, 바로 이런 사람이 시인이다. 따라서 시의 목적은 진실을 그대로 재현하는 데에 있지 않고 진실을 멋지게 꾸미는 데에, 그리고 그 숭고한 이미지를 사람들에게 전달하는 데에 있다.

운문은 내가 보기에 언어의 이상적인 아름다움이라고 할 수 있다. 그리고 이런 의미에서 운문은 확실히 시와 유사하다고 말할 수 있다. 하지만 운문이 저절로 시가 되는 것은 아니다.

나는 민주 시대에 사는 사람들의 행동, 감정, 관념들 중에서 과연 어떤 것이 이상형을 꿈꾸게 할 수 있으며, 따라서 시의 자연적 원천으로 간주될 수 있는지를 검토해보려 한다.

이상형에 대한 취향과 그 이상형이 묘사된 것을 보고 느끼는 즐거움이 민주 사회에서는 귀족 사회만큼 강렬하지 않다는 사실을 우선 인정하도록 하자.

귀족 사회에서는 육체는 저절로 움직이는 반면 영혼은 주어진 휴면 상태에 빠지는 일이 가끔 있다. 이러한 사회에서는 평범한 사람들도 자주 시적 취향을 발휘하며 이들의 정신은 때때로 이들을 둘러싼 현실의 저 너머로 고양된다.

그러나 민주 사회에서는 물질적 향유에 대한 애착, 복리의 관념, 경쟁심, 남보다 빠른 성공이 주는 매력 따위가 사람들이 택한 진로에서 발걸음을 재촉하게 만들고 한순간도 거기서 멀어지지 못하게 막는 일종의 자극제 구실을 한다. 정신적 노력의 대부분은 바로 이 방향으로 주어진다. 상상력은 완전히 고갈되지는 않지만 거의 전적으로 실용적인 것을 생각해내고 현실적인 것을 묘사하는 데에만 바쳐진다.

평등은 이상적인 것을 머릿속에 그려보는 일을 단념하게 만들 뿐만 아니라 머릿속에 그려볼 수 있는 대상의 숫자를 줄여버린다.

귀족주의는 사회를 고정 상태에 머물게 함으로써 실증적 종교들의 견고성과 항구성 및 정치제도들의 안정성을 북돋운다.

귀족주의는 인간 정신을 교의 안에 묶어둘 뿐만 아니라 인간이 어떤 하나의 교의만을 채택하도록 유도한다. 귀족 사회는 언제나 신과 인간 사이에 중개자들을 두려고 한다.

이런 점에서 귀족주의는 시에 대해 매우 호의적이라고 말할 수 있다. 우주가 감각으로는 알 수 없고 정신으로만 포착할 수 있는 초자연적인 존재들로 가득 차 있을 때, 상상력은 비로소 날개를 편다. 바로 이때, 시인들은 묘사하고자 하는 수많은 다양한 소재들을 발견하고 그들의 작품에 관심을 둘 채비가 되어 있는 수많은 청중들을 만나게 된다.

이와 반대로 민주 시대에는 때때로 법제와 마찬가지로 신념도 매우 유동적이다. 따라서 확신을 잃은 시인은 땅으로 눈을 돌려서 눈에 보이는 현실적인 세계에 집착한다.

평등은 종교들을 침식하지 않을 때에도 일단 종교들을 단순화하는 경향이 있다. 평등은 부차적인 동인(動因)들에 대한 관심을 접고 그 대신 주요 동인에 관심을 집중하게 만드는 경향이 있다.

귀족주의는 자연적으로 인간 정신을 과거에 대한 성찰로 이끌며 과거에 머물게 한다. 이와 반대로 민주주의는 인간에게 옛것에 대한 본능적인 혐오 같은 것을 준다. 이런 점에서 귀족주의는 시에 대해 민주주의보다 더 호의적이다. 그도 그럴 것이 무릇 사물이란 시간적으로 멀어질수록 더 확대되어 보이고 그만큼 더 흐릿하게 보이는 법인데, 이 두 가지 작용으로 인해 이상적인 것의 묘사에 더 적합해지기 때문이다.

평등은 시에서 과거를 떼어낸 다음에 이윽고 부분적으로 현재를 떼어낸다. 귀족 국가에는 말하자면 인간의 평균적 조건을 훌쩍 능가하는 일정 수의 특권층이 존재한다. 권력, 부, 영예, 기지, 세련미, 남다른 생활 등등이 바로 이들의 몫인 것으로 보인다. 군중은 이들을 가까이서 보지도 못할 뿐만 아니라 일상생활에서 그들을 따라갈 수도 없다. 이러한 사람들을 시적으로 묘사하기란 사실 그리 어려운 일이 아닐 것이다.

다른 한편, 바로 이 귀족 국가에도 무지하고 미천하며 예속적인 계급들이 존재한다. 이 사람들은 바로 그들의 조야함과 미천함으로 인해 시와 가까워질 수 있는데, 이는 다른 이들이 그들의 세련미와 위대성으로 인해 시와 가까워지는 것과 마찬가지이다. 게다가 귀족 사회를 구성하는 여러 계급들은 서로 동떨어져 있고 서로를 잘 알지 못하는 까닭에, 이 계급들을 묘사할 때마다 인간의 상상력은 실제적인 모습에다 어떤 것은 더하기도 하고 어떤 것은 빼기도 하는 것이다.

인간들이 아주 왜소하고 아주 엇비슷한 민주 사회에서는 각자가 자기 자신의 모습을 볼 때마다 즉시 다른 이들의 모습을 보는 셈이다. 따라서 민주 시대에 살고 있는 시인들은 어떤 한 사람을 특별히 자신의 시의 주제로 삼을 수 없게 된다. 왜냐하면 어디에서나 쉽사리 찾아볼 수 있는 그저 그런 주제는 이상형의 묘사에 그리 알맞지 않기 때문이다.

이렇게 평등은 이 땅 위에 자리를 굳혀감에 따라서 시의 오래된 원천의 대부분을 고갈시켰다. 그러면 이제 평등이 어떻게 시의 새로운 원천을 발견해냈는가를 살펴보자.

회의론으로 인해 천국이 한산해지고 평등의 진전으로 사람들 개개인이 서로 엇비슷하고 더 왜소한 크기로 줄어들었을 때, 시인들은 귀족주의와 함께 사라져버린 이 원대한 주제들을 무엇으로 대체해야 할지를 알지 못한 채 결국은 그들의 눈을 생기 없는 자연으로 돌리게 된다. 더 이상 영웅도 신도 볼 수 없게 되자 이들은 강과 산을 그리기 시작한 것이다.

여기에서 지난 세기에 이른바 서경시(敍景詩)라고 부를 만한 시작 기법이 생겨났다. 그래서 어떤 이들은 지구를 덮고 있는 물질적이고 생기 없는 사물들에 대한 아름다운 묘사가 민주 시대에 고유한 시적 형식이라고 생각했다. 하지만 이것은 잘못된 생각이다. 이러한 시적 형식은 과도기에만 나타날 뿐이라고 나는 생각한다.

민주주의란 마침내는 인간의 상상력을 인간의 외부에 있는 모든 것으로부터 되돌려서 인간 자체에만 집중시키기 마련이라고 나는 확신한다.

민주 시대에 사는 사람들은 잠시 자연을 완상하며 즐길 수는 있지만 실제로는 그들 자신의 모습을 볼 때에야 재미와 활력을 얻는다. 이들에게서 시의 자연적인 원천을 찾아볼 수 있는 것은 바로 이러한 측면에서일 따름이다. 바로 여기에서 영감을 끌어내기를 등한시하는 시인들은 누구든 그들이 매혹시키고자 하는 사람들에 대한 정신적 지배력을 상실할 것이며 그들이 내놓는 영혼의 찬가를 그저 냉담한 시선으로 대하는 독자만을 만나게 될 것이다.

나는 앞에서 진보의 관념과 인간의 무한한 완전 가능성이라는 관념이 어떻게 민주 시대에 고유한 관념인가를 설명한 바 있다.

민주 사회의 사람들은 지금까지 있어온 것에 대해서는 별로 근심하지 않으며 앞으로 나타날 것에 관심을 집중한다. 이 지점에서 이들의 상상력은 끝없이 펼쳐지고 무한히 성장한다. 방대한 새로운 영역이 시인들에게 제공되고 시인들은 원대한 시야를 얻는다. 요컨대 민주주의는 시문학에 과거를 닫아버리는 대신 미래를 열어주는 것이다.

민주 사회를 구성하는 모든 시민이 서로 거의 대등하고 엇비슷한 까닭에, 시문학은 이들 중 어느 한 사람에게만 매달리지 않으며 국민 전체의 모습을 그려내게 된다. 사람들이 모두 서로 엇비슷한 까닭에, 어느 특정한 사람을 시의 소재로 삼는다는 것은 그리 적절해 보이지 않으며, 시인들은 이들 모두를 하나의 단일한 이미지 안에 포용하고 마침내는 거기서 국민 자체의 모습을 보게 되는 것이다. 민주 시대의 국민들은 그 어떤 다른 시대의 국민들보다 더욱 명쾌하게 그들 자신의 모습을 알아본다. 그리고 이 원대한 모습은 이상형의 묘사에 놀라울 정도로 적합하다.

나로서는 아메리카에 시인이 없다는 말에 쉽게 동의한다. 하지만 아메리카인들에게 시적 관념이 없다는 말에는 동의할 수 없다.

유럽인들은 아메리카의 황무지에 대해 많은 이야기를 하지만 정작 아메리카인들은 거의 관심을 두지 않는다. 생기 없는 자연의 경이에 대해서 아메리카인들은 무덤덤하다. 그들은 말하자면 그들이 벌목하는 때가 돼서야 자기들 주변에 이토록 아름다운 숲이 있구나 하고 알아차릴 정도이다. 그들의 시야는 다른 광경으로 가득 차 있다. 아메리카 사람들은 황무지를 가로지르고 늪지대를 메우며 강줄기를 돌리고 대자연을 길들이며 앞으로 나아가는 자기 자신의 모습을 본다. 그들 자신의 이 웅장한 이미지가 아메리카인들의 상상력에 그저 가끔씩 나타나는 것이 아니다. 사소한 행동에서든 주요한 행동에서든 아메리카인들은 언제나 이러한 이미지를 마음속에 간직하고 있다고 말할 수 있다.

합중국에 사는 사람의 생활만큼 쩨쩨하고 메마르며 사소한 이해관계로 가득 찬 것, 한마디로 말하자면 전혀 시적이지 않은 것을 생각해낼 수 있겠는가. 하지만 아메리카인의 생활을 이끄는 사상들 중에 언제나 시흥으로 가득 찬 것이 한 가지 있는데, 이것이야말로 전체에 활력을 불어넣어 주는 감추어진 신경과도 같은 것이다.

귀족 시대에는 각 개인과 마찬가지로 각 국민도 부산하게 움직이지 않으며 서로 분리된 채 초연하게 지낸다.

민주 시대에는 인간들의 극단적인 유동성과 참을 수 없는 욕망으로 인해 사람들은 끊임없이 장소를 바꿀 뿐만 아니라, 여러 나라에 사는 주민들은 서로 뒤섞이고 서로 보고 서로 듣고 또 서로 주고받는다. 따라서 한 국민의 구성원들이 서로 엇비슷해질 뿐만 아니라 국민들 자체가 서로 동화된다. 이 나라 저 나라 국민들이 함께 뭉쳐져서 멀리서 볼 때에는 개개 시민이 하나의 국민인 민주주의의 거대한 집합체만이 눈에 띌 뿐이다. 역사상 처음으로 인류라는 특징적 형상이 백일하에 나타난 것이다.

전체로 파악된 인류라는 존재 자체에, 인류의 영고성쇠에, 인류의 미래에 관련된 이 모든 것이 시문학을 위한 아주 비옥한 광맥을 이룬다.

귀족 시대에 사는 시인들은 한 인간이나 한 국민의 삶의 우연사를 주제로 삼음으로써 경탄할 만한 작품들을 만들어냈다. 그렇지만 이들 중 누구도 감히 인류의 운명을 자신의 작품 속에 담지 못했다. 반면에 민주 시대에 글을 쓴 시인들은 이런 일을 해낼 수 있었다.

모든 사람이 자기 나라의 경계 너머로 눈을 돌려서 마침내 인류 자체를 알아보기 시작하는 바로 그때에, 신은 그 존엄한 모습 그대로 서서히, 그러나 뚜렷하게 인간 정신에 나타나게 된다.

비록 민주 시대에 실증적 종교들에 대한 믿음이 더욱 흔들리고 어떤 이름을 지녔든 신과 인간 사이를 중재하는 권위들에 대한 신념이 얕아진다고 할지라도, 다른 한편으로 인간은 신성 자체에 대한 더욱 원대한 관념을 지니게 된다. 따라서 세속의 인간사에 대한 신의 간섭은 더 폭넓은 새로운 관점에서 보게 된다.

인류를 하나의 전체로 파악함으로써 사람들은 인류의 운명 또한 같은 목적지를 향하고 있다고 쉽사리 깨닫는다. 사람들은 신이 인류를 인도하는 보편적이고 항구적인 계획의 흔적을 개개인의 행동 속에서 알아보게 된다. 민주 시대에 열려 있는 시의 풍부한 원천이 바로 이러한 것들이라고 우리는 생각할 수 있을 것이다.

비록 민주 시대의 시인들이 신들에게, 그리고 악마나 천사들에게 육체를 부여하고 더 나아가 이들 신이나 악마 또는 천사가 하늘에서 내려와 지상의 일을 다투게 만들려 애쓸지라도, 이들 시인은 독자에게 언제나 왜소하고 무덤덤해 보일 것이다.

그러나 만일 민주 시대의 시인들이 자신들이 이야기하는 거대한 사건들을 우주에 대한 신의 보편적 계획과 연결시키고자 한다면, 그래서 존엄하신 주인의 손까지는 아니라 생각만이라도 드러내 보이려 애쓴다면, 이들 시인은 독자들의 이해와 찬사를 얻을 수 있을 것이다. 그도 그럴 것이 시인은 동시대인들과 생각을 같이하고 있기 때문이다.

마찬가지로 우리는 민주 시대에 사는 시인들이 인간이나 행위들보다 열정이나 관념들을 더욱 잘 묘사한다고 추측해볼 수 있다.

민주 시대에 사는 사람들의 언어, 의상 그리고 일상 행동 등은 이상화된 상상력과는 거리가 멀다. 이러한 것들은 그 자체로 전혀 시적이지 않다. 그리고 이러한 것들은 시인이 어떻게 묘사한들 독자들에게 너무도 잘 알려진 것들이라서 도무지 시흥을 돋우지 못한다. 이로 인해 시인들은 내부의 영혼을 들여다보기 위해서는 감각의 안내에 따라 끊임없이 외적인 표면 아래로 뚫고 들어가지 않으면 안 된다. 그런데 이렇게 비물질적인 천성 깊숙한 곳에서 파악한 인간의 모습보다 더 이상형의 묘사에 적합한 것은 달리 없을 것이다.

나로서는 대조적인 색채, 원대함과 사소함, 모호함과 명쾌함 등으로 가득 차 있고 경건과 찬미, 경멸과 공포를 동시에 불러일으킬 만한 어떤 놀라운 대상을 찾기 위해 하늘과 땅을 헤매고 다닐 필요를 느끼지 않는다. 그저 나 자신을 바라보는 것으로 충분하다. 인간은 무에서 나와 시간을 횡단해서 신의 가슴속으로 영원히 사라지는 존재이다. 덧없이 사라지는 두 심연의 양극단 사이에서 방황하는 어느 한순간에만 우리는 인간을 볼 수 있을 따름이다.

만일 인간이 자기 자신에 대해 아무것도 모른다면 시를 지을 수 없다. 알지 못하는 것을 묘사할 수는 없기 때문이다. 만일 인간이 자기 자신을 명확하게 본다면, 인간의 상상력은 발휘되지 않으며 그림에 무언가 더 첨가하지도 못한다. 그런데 인간은 자기 자신에 대해 무언가 알아챌 수 있을 정도로 반쯤 드러나 있는 존재이며, 나머지는 침투할 수 없는 어둠 속에 묻혀버릴 정도로 반쯤 은폐되어 있는 존재이다.

따라서 민주 시대에 시가 전설들에 힘입어 번성하고 오랜 전통과 옛 기억들로부터 자양분을 얻을 것으로 기대해서는 안 된다. 이제 시문학은 독자도 시인도 더 이상 믿지 않는 초자연적인 존재들로 우주를 채울 수도 없으며, 본모습 그대로 파악 가능한 선과 악을 냉철하게 인격화해서 표현할 수도 없다. 이제 시에는 이러한 자원들이 없다. 시에는 인간만이 남아 있으며, 인간으로 충분하다. 인간의 운명, 자신의 시대와 자신의 나라를 뛰어넘어 자연과 그리고 신과 마주한 인간 열정과 회의를 가득 안고 있으며 유례없는 번영과 상상할 수 없는 비참을 한꺼번에 맛본 인간, 바로 이러한 인간상이 민주 시대에 시의 중요하고 거의 유일한 주제가 된다. 이것은 이 세계가 민주주의로 전환한 이후 나타난 가장 위대한 시인들이 쓴 작품들을 통해서 확인할 수 있는 사실이다.

오늘날 차일드 해럴드(Childe Harold, 영국 시인 바이런의 연작시 「차일드 해럴드의 순례」(1812~1818)에 나오는 주인공—옮긴이), 르네(René, 프랑스 작가 샤토브리앙의 소설 「르네」(1802)에 나오는 주인공—옮긴이), 조슬린(Jocelyn, 프랑스 시인 라마르틴의 시 「조슬린」(1836)에

나오는 주인공—옮긴이) 같은 인물들을 놀라울 만큼 멋지게 재구성
해낸 작가들은 한 인간의 행위를 이야기하려 하지 않았다. 이들은
인간 심성의 여전히 희미한 몇몇 측면들을 조명하고 또 확대하고
자 했을 따름이다.

  민주 시대의 시란 바로 이러한 것이다. 따라서 평등이 시의 주
제들을 모두 파괴하는 것은 아니다. 다만 주제들의 수효를 줄이고
주제들을 더 크게 만들었을 따름이다.

제18장

아메리카의 작가와 연설가들이
자주 과장법을 쓰는 이유는 무엇인가

일상 업무에서는 어떤 장식도 없이 거칠고 단순하기 짝이 없을 정도로 아주 명확하고 건조한 언어를 사용하는 아메리카인들이 시적인 문체에 접근하려 할 때부터는 기꺼이 과장된 어투에 빠져들곤 하는 것을 나는 자주 보아왔다. 그들은 이야기를 시작하면서부터 끝마칠 때까지 쉴 틈 없이 장광설을 늘어놓는다. 그들이 어떤 말에나 허풍을 늘어놓는 것을 보노라면 그들은 어떤 일도 단순하게 말로 끝내는 법이 없구나 하는 생각이 들 정도이다.

영국인들은 이러한 허점을 보이는 일이 드물다. 그 이유는 별 어려움 없이 밝혀낼 수 있을 것이다.

민주 사회에서 시민 개개인은 아주 사소한 대상에, 즉 자기 자신에게 습관적으로 몰두하는 경향이 있다. 그가 눈을 들어 더 높은 곳을 바라본다면, 그는 사회라는 거대한 이미지만을, 아니면 인류라는 더 거대한 형상만을 보게 될 것이다. 그는 아주 세밀하고 명확한 관념만을 갖게 되거나, 아니면 아주 포괄적이고 막연한 관념만을 갖게 된다. 그 사이에는 텅 빈 공간이 있을 뿐이다.

따라서 일단 그가 자기 자신의 영역에서 빠져나오게 되면, 그는 눈길을 끌 만한 엄청난 그 무엇이 있으리라고 예상한다. 그렇기 때문에 그는 생활의 활력과 흥취를 더해주는 복잡하고 사소한 근심거리들로부터 잠깐만이라도 빠져나오려 하는 것이다.

이러한 사실은 일반적으로 아주 자잘한 일들에나 관심을 쏟는 민주 사회의 사람들이 어째서 시인들에게는 그처럼 방대한 개념과 과도한 묘사를 요구하는지를 설명하는 데 충분해 보인다.

작가들은 작가들 나름대로 그들 모두가 지니고 있는 이러한 본능적인 성향을 어김없이 잘 따른다. 그들은 끊임없이 자신들의 상상력을 부풀리고 과도하게 확장한다. 엄청난 이야기를 만들어내다 보니 정작 중요한 이야기는 빼먹기도 한다.

이런 방식으로 작가들은 대중의 시선을 즉석에서 사로잡아 아주 쉽사리 그들에게로 돌린다. 작가들은 이런 일에서 실패하는 법이 없다. 그도 그럴 것이 대중은 시에서 아주 방대한 주제들만을 찾으며 제시된 모든 주제를 정확하게 평가할 시간도 없거니와 어떤 면에서 이 주제들이 알맞지 않은지 쉽사리 알아차릴 만큼 확실한 취향도 갖고 있지 못하기 때문이다. 요컨대 작가와 대중이 서로에게 자꾸 해를 입히는 셈이다.

우리는 또한 민주 국가에서 시의 원천이 물론 대단하기는 하지만 그리 풍성하지는 않다는 사실을 보았다. 얼마 후 시의 원천이 고갈될지도 모르겠다. 그런데 시인은 실제적인 것과 진실한 것 속에서 이상적인 요소들을 찾아내지 못하면, 거기에서 완전히 벗어나서 어떤 괴물 같은 것을 만들어내게 된다.

나는 민주 국가에서 시가 너무 우유부단하다거나 너무 일상사에만 매달린다고 우려하지 않는다. 오히려 나는 시가 매 순간마다 구름 속으로 사라져버리지 않을까, 마침내 완전히 상상의 이야기만을 묘사하게 되지 않을까 걱정한다. 나로서는 민주 시대에 사는 시인들의 작품이 장대하지만 앞뒤가 맞지 않는 구상, 과장된 묘사, 엉뚱한 내용으로 가득 차게 되지 않을까, 시인들의 머릿속에서 나온 공상적인 존재들이 때로 현실 세계를 싫어하게 만들지는 않을까 우려한다.

제19장
민주 국가에서의
연극에 대한 몇 가지 고찰

귀족 국가의 정치적·사회적 상태를 변화시킨 혁명이 문학에 침투하기 시작했을 때, 그 영향력이 우선적으로 나타나는 것은 바로 연극에서이며, 줄곧 현저하게 지속되는 것도 연극에서이다.

연극을 보는 관객은 어느 정도 그 연극이 지닌 강렬한 호소력에 이끌려 순식간에 감명을 받게 된다. 그로서는 기억을 더듬어 생각해본다든가 전문가에게 문의해본다든가 하는 시간조차 갖지 못한다. 그는 자기 자신 안에서 새로 대두하는 문학적 본능에 저항해볼 엄두조차 내지 못하며, 그 실체가 무엇인지 알아차리기도 전에 거기에 굴복해버리는 것이다.

저자들은 대중의 취향이 은연중에 어느 방향으로 기우는지 재빠르게 간파해낸다. 그들은 이 방향에 맞추어 작품을 만든다. 이렇게 희곡 작품은 도래하고 있는 문학적 혁명을 예고하고 나서 곧바로 그것을 완수하는 것이다. 따라서 민주 시대로 접어들고 있는 어떤 나라의 문학을 미리 평가해보고자 한다면, 우선 연극을 연구해보도록 하자.

더욱이 희곡 작품은 귀족 국가에서조차도 문학의 민주주의적인 요소를 가장 많이 지니고 있다. 문학을 향유하는 여러 형태들 중에 무대에서 직접 보는 것보다 더 대중에게 전달력이 큰 것은 아마 없을 것이다. 연극을 맛보는 데에는 준비도 연구도 필요하지 않다. 작가들은 단지 당신의 선입견과 당신의 무지를 잘 이용해서 당신을 장악하기만 하면 된다. 정신의 즐거움에 대한 아직은 투박한 애착이 시민들에게 파고들기 시작하면, 시민들은 곧장 연극으로 이끌리게 된다. 귀족 국가에서의 극장들은 항상 귀족계급에 속하지 않는 관객들로 가득 채워지곤 했다. 극장에서만 상층계급들은 중간계급이나 하층계급들과 뒤섞였다. 극장에서만은 상층계급들이 중간계급과 하층계급들의 의견을 기꺼이 받아들인 것까지는 아니지만 적어도 의견을 제시하는 것을 허용했다. 극장에서는 학자님들이든 문필가들이든 자신들의 취향을 인민의 취향보다 앞세우는 데 많은 어려움을 겪었으며 이들의 생각에 말려들지 않도록 자신을 방어하는 데 많은 어려움을 겪었다. 극장에서는 아래층 일반석이 위층 귀빈석을 압도하곤 했다.

이렇게 인민이 극장에서 주도권을 잡는 것은 귀족 시대에도 막기 힘든 일이었다. 따라서 민주주의의 원리가 법제와 습속에 침투해 들어가고 계층들이 서로 뒤섞이며 재산도 지식수준도 서로 엇비슷해지고 상층계급들이 세습재산은 물론 권력, 전통, 여가도 몽땅 잃게 되는 시대에, 극장에서 인민이 주인으로 행세하리라는 것은 어렵지 않게 이해할 수 있을 것이다.

따라서 문학 분야에서 민주 국가에 고유한 취향과 본능은 우선적으로 연극에서 표출될 것이며, 그것도 아주 격렬하게 표출될 것으로 예측할 수 있다. 소설과 시에서는 귀족주의의 문학 규범은 조금씩 점진적으로, 굳이 말하자면 합법적으로 바뀌어 나갈 것이다. 하지만 연극에서는 이러한 규범이 격렬하게 뒤바뀔 것이다.

연극은 민주 시대의 문학에 내재하는 대다수 장점들과 거의 모든 단점을 숨김없이 드러낸다. 민주 시대의 사람들은 박학다식에 대해서는 그리 높이 평가하지 않으며 로마나 아테네에서 무슨 일이 일어났는가에 대해서는 별로 관심을 두지 않는다. 이들은 자기 자신에 대한 이야기를 듣고 싶어 하며, 따라서 지금 현재에 대한 묘사를 요구한다.

그러므로 고대의 영웅들과 습속이 무대 위에서 자주 상연되고 고대의 낡은 전통에 여전히 충실하고자 한다면, 그것만으로도 민주 시대의 계급들이 아직은 극장을 장악하지 못하고 있다고 결론 짓기에 충분하다.

라신(Racine)은 그의 『브리타니쿠스(*Britannicus*)』 서문에서, 주니아(Junia)를 베스타(Vesta) 신전을 지키는 여제사들 중 하나로 만든 데 대해서 아주 겸손하게 변명을 늘어놓았는데, 그도 알고 있다시피 아울루스 겔리우스(Aulus Gellius, 123~165, 고대 로마의 문필가—옮긴이)에 따르면 "6세 이하나 10세 이상의 아이는 제사가 될 수 없었기" 때문이다. 만일 라신이 오늘날 글을 썼다면, 그는 아마도 이러한 정도의 잘못에 대해 아무런 사과도 변명도 하지 않앉을 것이다.

이러한 사실은 그 당시 문학의 상태에 대해서뿐만 아니라 사회의 상태에 대해서도 많은 것을 말해준다. 요컨대 연극이 민주주의적이라고 해서 그 나라가 민주주의적인 것은 아니라는 점이다. 그도 그럴 것이 우리가 앞에서 보았듯이, 귀족 시대에도 민주주의적 취향이 무대에 영향을 미칠 수 있기 때문이다. 하지만 귀족주의 정신이 무대를 완전히 장악할 경우에, 그 사회가 완전히 귀족주의적이라는 사실은 의심할 여지가 없다. 작가들을 이끌고 있는 바로 이 박학다식하고 문필에 뛰어난 계급이 시민들을 다스리고 공사를 처리한다고 확실하게 말할 수 있다.

귀족주의가 연극 무대를 좌우할 때에는, 귀족주의 특유의 세련된 취향과 고상한 성향으로 인해 어떤 특정한 형태의 인간성이 선택적으로 선호되곤 한다. 귀족주의는 특정한 사회 조건들에 우선적으로 관심을 가지며 기꺼이 그것들을 무대 위에 올린다. 몇몇 미덕들, 심지어 몇몇 악덕들조차도 무대에서 상영될 만한 충분한 가치가 있다고 여긴다. 어떤 특질들은 기꺼이 부각시키는가 하면, 다른 특질들은 눈에 띄지 않게 제쳐둔다. 다른 데에서와 마찬가지로 연극에서도 귀족 시대의 청중들은 대영주 정도의 품위 있는 인물이 등장하기를 원하며 국왕들과 정서적으로 한편이 되려 한다. 문체에서도 마찬가지이다. 귀족주의는 기꺼이 극작가들에게 일정한 말하기 방식을 부과한다. 요컨대 귀족주의는 정해진 어조로만 모든 대사가 말해지기를 원하는 것이다.

이렇게 연극은 흔히 인간의 한 가지 측면만을 묘사하거나, 아니면 때로 인간의 품성이 아닌 그 무엇을 묘사하게 된다. 연극이 인간성을 넘어서거나 아니면 인간성을 벗어나 버리는 것이다.

민주 사회에서는 관객들이 이와 같은 선호를 드러내는 일도 이와 유사한 반감을 드러내는 일도 거의 없다. 그들은 그저 눈앞에서 늘 보는 조건들, 감정들, 생각들 따위의 잡다한 혼합물을 무대 위에서 다시 보기를 원한다. 연극은 더욱 인상적이 되고, 더욱 통속적이 되며, 더욱 현실적이 된다.

물론 이따금씩 민주 시대의 극작가들도 인간성의 한계에서 벗어나곤 한다. 하지만 이것은 그들의 선임자라 할 수 있는 귀족 시대의 극작가들과는 정반대되는 이유에서이다. 현재 순간의 사소한 특이성과 특정 인물들의 특이한 품성을 자세하게 재현해내는 데 치우친 나머지, 이들은 인간의 일반적인 특성을 그리는 일을 잊게 되는 것이다.

민주주의가 연극 무대를 좌우하게 될 때, 사람들은 주제의 선택에서와 마찬가지로 주제를 다루는 방식에서도 상당한 자유를 누리게 된다. 모든 문학적 취향 중에서 연극에 대한 애호야말로 민주 시대의 사람들에게 가장 자연스러운 취향인 까닭에, 민주 사회에서는 연극 공연 횟수뿐만 아니라 극작가와 청중의 수도 끊임없이 증가한다. 아주 다양한 요소들로 구성되고 수많은 곳에 흩어져 있는 이 군중 무리가 동일한 규범을 받아들이고 동일한 법칙을 준수하기는 어려울 것이다. 어디서 다시 만날지 알지도 못하면서 저마다 제각기 판단을 내리는 이 많은 심판관들 사이에 어떤 합의점을 찾기란 불가능하다. 민주주의의 효과가 일반적으로 문학의 규범과 관례에 대한 권위를 의심받게 하는 것이라면, 연극 무대에서 민주주의의 효과는 이러한 규범과 관례를 완전히 없애버리고 개별 저자와 개별 관객의 변덕으로 대체하는 것으로 나타난다.

마찬가지로 연극에는 민주주의 문학에서의 문체와 기법에 대해서 내가 앞에서 일반적으로 언급한 내용들이 특히 잘 나타난다. 루이 14세 시대의 희곡 작품들에 대한 비평을 읽다 보면, 우리는 관객이 플롯의 신빙성 여부를 얼마나 중요시했는지를 보고 놀라지 않을 수 없다. 관객에게 조금이라도 이해되기 힘든 동작은 어떤 등장인물에게도 허용하지 않을 정도로 캐릭터의 일관성이 매우 중요시되었던 것이다. 이 당시에 사람들이 어투에 얼마나 큰 가치를 부여했는지, 그리고 극작가들이 구사하는 단어들을 두고 얼마나 티격태격 다툼을 벌였는지를 안다면 정말 놀랄 것이다.

루이 14세 시대의 사람들은 작업실에서나 알아차릴 수 있지 무대 위에서는 잘 드러나지도 않을 이러한 세세한 사항들에 정말로 큰 중요성을 부여했던 듯하다. 아무튼 연극 작품은 무엇보다 상영을 목표로 하는 것이며, 그 첫 번째 매력은 청중을 감동시키는 데 있다. 그런데도 이 시대에 극장에 가는 사람들이 세부 묘사를 아주 중요하게 생각했다면, 그것은 이들이 관객인 동시에 독자이기도 했기 때문이다. 공연을 관람한 후 집에 돌아와서도 이들은 극작에 대한 비평을 마무리할 요량으로 연극 작품을 읽어보곤 했다.

민주 시대에 사람들은 연극 작품을 관람할 뿐이지 읽지는 않는다. 공연을 즐기는 사람들 대부분은 극장에서 정신적인 즐거움을 찾는 것이 아니라 감정적인 흥분을 찾는다. 그들은 문학작품을 기대하는 것이 아니라 관람을 기대할 뿐이다. 작가가 누구나 이해할 수 있을 만큼 자기 나라 말을 아주 정확하게 사용하기만 하면, 그리고 등장인물들이 호기심을 자극하고 공감을 자아내기만 하면, 그들은 만족한다. 그들은 더 이상 가공의 이야기를 요구하지 않고 곧바로 현실 세계로 되돌아간다. 따라서 민주 시대의 연극에서 문체는 별로 중요하지 않다. 무대 위에서는 규범을 준수하지 않아도 눈치채지 못하고 지나쳐버리기 때문이다.

플롯의 신빙성에 대해 말하자면, 무언가 참신하고 기괴하며 변화무쌍한 이야기들을 주로 들여오면서도 그 구성이 진실성을 유지해야 한다고 요구하기란 사실상 불가능하다. 따라서 플롯의 신빙성이라는 규범은 무시되며 청중은 너그러이 용납한다. 만일 당신이 청중의 심금을 울릴 수 있는 어떤 주제로 청중을 이끌기만 한다면, 청중은 당신이 자신들을 어떤 길로 이끌든 개의치 않을 것이다. 청중은 결코 당신이 연극상의 규범을 무시하면서 자기들의 심금을 울렸다고 비난하지 않을 것이다.

아메리카인들은 극장에 갈 때 내가 방금 이야기한 여러 성향들을 모두 드러낸다. 하지만 아메리카인들 중에 극장에 가는 사람들은 아직도 극히 소수라는 사실을 인정해야만 한다. 지난 40년 동안 합중국에서 공연 작품과 관객이 엄청나게 증가했지만, 대다수 사람들은 여전히 이러한 종류의 여흥을 별로 즐기지 않는다.

그 원인에 대해서는 독자도 이미 알고 있을 터이므로, 여기서는 몇 마디만 덧붙이도록 하자.

아메리카에 자치 정부를 세운 퓨리턴들은 여흥을 멀리하는 사람들이었을 뿐만 아니라 무대 연극에 대해서는 정말로 남다른 혐오감을 드러냈다. 이들은 연극을 일종의 혐오스러운 오락으로 취급했으며, 퓨리턴의 정신이 사회에 감도는 한 연극 공연은 소개조차 될 수 없었다. 초기 이주민 시대의 이러한 선조들의 생각은 후손들의 마음속에 깊은 자국을 남겼다.

따라서 합중국에서 나타나는 이러한 한결같은 습성과 꽤나 엄격한 습속은 오늘날까지도 무대예술의 발전에 별로 도움이 되지 않는다.

거대한 정치적 격변들을 겪지도 못했고 사랑이 항상 결혼에 이르는 직접적이고 손쉬운 길인 나라에서는 연극의 주제가 될 만한 것이 별로 없다. 일주일 내내 돈벌이를 하고 일요일에는 교회에 가는 사람들이 연극의 여신에게 빠지기를 기대할 수는 없는 노릇이다.

한 가지 사실만으로도 합중국에서 연극이 얼마나 인기가 없는가를 보여주기에 충분할 것이다. 자유로운 의사소통과 심지어 외설적인 표현까지도 법률로 보장해주는 아메리카인들은 그럼에도 불구하고 극작가들을 일종의 검열 아래 두고 있다. 연극 공연은 타운 행정 당국의 허가가 있어야만 열릴 수 있다. 이것은 국민 공동체가 개인과 얼마나 유사한가를 보여주는 좋은 사례이다. 즉 공동체는 공동체의 지배적인 열정들에 거리낌 없이 몸을 내맡기다가 나중에는 공동체에는 낯선 취향들에 너무 지나치게 끌려들지 않도록 몸을 사리는 것이다.

문학의 어떤 분야도 연극만큼 사회의 현 상태와 밀접하고 다양한 관계를 맺고 있지 못하다. 만일 한 시대와 다음 시대 사이에 거대한 격변이 일어나서 사회의 법제와 습속을 뒤바꾸어놓는다면, 한 시대의 연극은 그 다음 시대에는 결코 적합할 수 없을 것이다.

지난 시대의 위대한 작가들의 작품은 지금도 여전히 읽고 연구한다. 하지만 지난 시대의 청중을 위해 만들어진 희곡은 오늘날의 관객에게 관심을 끌지 못한다. 지난 시대의 극작가들은 책 속에서만 살아남을 것이다.

몇몇 개인들의 전통적인 취향, 허영심, 유행, 배우의 재능 따위에 의해 민주 시대에도 한동안은 귀족주의적인 연극이 유지되고 번성할 수도 있을 것이다. 하지만 이러한 연극은 폐기되기보다는 방치됨으로써 머지않아 저절로 사라질 것이다.

제20장

민주 시대 역사가들의
몇 가지 경향에 대해

　귀족 시대에 글을 쓴 역사가들은 일반적으로 모든 사건을 어떤 몇몇 개인들의 남다른 의지나 기질과 연결시키는 경향이 있다. 그래서 그들은 가장 중요한 혁명들도 아주 사소한 사건들 탓으로 돌리려 한다. 그들은 능수능란하게 가장 작은 원인들은 부각시키면서, 흔히 가장 큰 원인들은 못 보고 지나치는 것이다.

　민주 시대에 사는 역사가들은 이와 정반대의 경향을 보여준다. 이들 대다수는 전체의 운명에 대해 개체의 영향력을 별로 인정하지 않으며, 국민의 운명에 대해 시민 개개인의 영향력을 별로 인정하지 않는다. 반면에 이들은 거대한 일반적인 원인들을 아주 사소한 개개 사건들 탓으로 돌린다. 이러한 상충되는 두 가지 경향은 쉽게 설명된다.

　귀족 시대의 역사가들이 세계라는 거대한 무대를 조망할 때, 그들은 극소수의 주인공들만이 장면을 이끌어간다는 사실을 즉시 알아차린다. 무대의 전면을 차지한 이 주요 등장인물들이 역사가들의 시선을 독차지하는 것이다. 역사가들은 이 중심인물들이 말하고 행동하는 내밀한 동기들을 알아내려고 애쓰는 반면에 다른 것들은 잊어버린다.

몇몇 인물이 얼마나 중요한 일을 해내는가를 보아온 탓에 그들은 한 인간이 갖는 영향력에 대해 지나치게 부풀려진 생각을 갖게 되며, 대중의 움직임을 설명하기 위해서는 한 개인의 각별한 행동으로까지 거슬러 올라가 보아야 한다고 당연히 믿게 된다.

이와 반대로 모든 시민이 서로 동떨어져 있고 개개인이 취약할 때에는, 어느 누구도 대중에게 어떤 커다란 권력도 지속적인 영향력도 행사하지 못한다. 얼핏 보아도 개개인은 대중에 대해 절대적으로 무기력한 듯하며, 사회는 그 사회를 구성하는 모든 인간의 자유롭고 자발적인 협력에 의해서 저절로 나아가는 듯하다.

이것은 자연히 인간 정신으로 하여금 많은 사람들의 지성에 한꺼번에 작용해서 동시에 같은 방향으로 움직이게 해주었던 일반적인 이유를 찾게 만든다.

나로서는 심지어 민주 국가에서도 몇몇 개인의 천재성, 악행 또는 미덕이 한 나라 역사의 자연적인 흐름을 늦추기도 하고 촉진하기도 한다고 확신한다. 하지만 이러한 종류의 우연적이고 부차적인 원인들은 너무 다양하고 잘 드러나지 않으며 너무 복잡하고 그리 강력하지도 않다. 따라서 이러한 원인들은 귀족 시대, 즉 일반적인 사실들 중에서 한 사람 또는 몇몇 사람의 특별한 행동을 분석해내기만 하면 되는 귀족 시대보다 평등의 시대에 더 추적하기 힘들다.

역사가는 이러한 작업에 곧 지쳐버린다. 그는 이 미로 속에서 길을 잃고 개개인의 영향력을 뚜렷하게 알아보지도 충분히 드러내지도 못하는 까닭에 결국은 그 영향력이라는 것을 부정하게 된다. 그는 인류의 천성, 국가의 물리적 구성, 문명의 정신 따위에 대해 이야기하는 것을 더 좋아한다. 이렇게 그는 노고를 줄이고 큰 비용을 들이지 않고도 독자를 잘 만족시킨다.

라파예트(Lafayette, 1757~1834, 미국 독립혁명 전쟁에 참전했던 프랑스의 군인, 정치가—옮긴이) 씨는 그의 『회상록』 어디에선가 일반 원인들에 대한 지나친 의존은 이류 정치인들에게 놀랄 만한 위안거리를 제공한다고 말했다. 여기에다 나는 이류 역사가들에게는 경탄할 만한 위안거리를 제공한다고 덧붙이고 싶다. 일반 원인들은 언제나 역사가들이 그들이 쓰고 있는 책의 가장 어려운 부분에서 빠져나올 수 있는 상당한 근거를 제공해준다. 요컨대 그것은 역사적 성찰의 심오함을 드러내는 동시에 역사가들의 나약함과 나태함을 조장하기도 하는 것이다.

나로서는 어떤 시대에든 이 세상에 일어나는 사건들 중 어떤 것들은 아주 일반적인 사실들에서 기인하는 것으로 보아야 하며, 마찬가지로 나머지 다른 것들은 아주 특별한 영향력에서 기인하는 것으로 보아야 한다고 생각한다. 이 두 가지 원인은 항상 작용하고 있으며 단지 서로의 비중이 달라질 뿐이다. 일반적인 사실들은 귀족 시대보다 민주 시대에 더 많은 것을 설명해준다. 반면에 민주 시대에 개별적인 영향력은 많은 것을 설명해주지 못한다. 귀족 시대에는 이와 정반대이다. 개별적인 영향력은 아주 강하게 작용하고 일반적인 원인들은 아주 약하게 작용한다. 어떤 이들이 다른 모든 이들의 천부적 자질을 가로막을 수 있는 기반이 되는 이른바 조건들의 불평등이라는 사실 자체를 우리가 하나의 일반적 원인으로 간주하지 않는 한 말이다.

따라서 민주 사회에서 일어나는 일들을 묘사하려는 역사가들이 일반적인 원인들에 큰 의미를 부여하고 그것들을 찾아내려 애쓰는 것은 옳은 일이다. 하지만 그들이 개인의 특별한 행위를 찾아내고 추적하기 어렵다고 해서 그것을 전적으로 부인하는 것은 잘못된 일이다.

민주 시대에 사는 역사가들은 개개의 사건에다 중요한 원인을 부여할 뿐만 아니라 그 사건들을 서로 연결시켜서 체계적인 설명을 이끌어낸다.

귀족 시대에는 역사가의 관심이 언제나 개인으로 향해 있는 까닭에, 역사가들은 사건들 사이의 연쇄적 관련성을 회피한다. 아니, 차라리 그들은 이러한 관련성 자체를 믿지 않는다. 그들이 보기에 역사의 실타래가 인간의 개입에 의해 매 순간 끊어지는 것이다.

민주 시대에는 이와 반대로 역사가가 행위자를 보기보다 행위 자체를 보는 까닭에, 그들은 개개 행위들 사이에 어떤 연속성이나 규정적 질서 같은 것을 수립할 수 있다.

우리에게 훌륭한 역사책들을 많이 남긴 고대 문학은 거대한 역사적 체계를 하나도 제공하지 않는다. 반면에 초라하기 짝이 없는 현대 문학은 이러한 체계들을 수없이 제공한다. 고대의 역사가들은 오늘날의 역사가들이 지나치게 사용하는 이 일반 이론들을 충분히 이용하지 않은 것처럼 보인다.

민주 시대에 글을 쓰는 역사가들은 더 위험해 보이는 다른 경향을 가지고 있다. 국가 전체에 미치는 개인의 영향력을 제대로 식별해내지 못한다면, 이 세계가 때로는 어떤 원동력도 없이 저절로 움직이는 것처럼 보일 것이다. 구성원 개개인의 의지에 개별적으로 작용하면서 마침내 국민 전체의 움직임을 만들어내는 이유들을 찾아내고 분석하는 것이 아주 어렵기 때문에, 사람들은 이 움직임이 의지적 행위가 아니며 사회는 그 사회를 지배하는 어떤 고차원적인 힘에 맹목적으로 종속해 있다고 믿게 된다.

설혹 개개인 모두의 개별적 의지를 인도하는 일반적인 사실을 이 땅에서 찾아낸다고 가정하더라도, 그것으로 인간의 자유가 보존되지는 않을 것이다. 수백만의 사람들에게 한꺼번에 작용할 정도로 아주 방대하고 이들 모두를 같은 방향으로 향하게 할 정도로 아주 강력한 하나의 원인이 불가항력으로 보이는 것은 당연하다. 누구나 거기에 복종하는 것을 본 까닭에 누구나 거기에 저항할 수 없다고 믿게 되는 것이다.

따라서 민주 시대에 사는 역사가들은 소수의 시민이 국민 전체의 운명을 좌우하는 힘을 가지고 있다는 것을 인정하지 않을 뿐만 아니라 국민 스스로가 자신의 운명을 변경시키는 능력을 인정하지 않는다. 이들은 국민을 어떤 확고부동한 섭리나 어떤 불가항력적인 필연성에 예속시킨다. 이들에 따르면 각 나라는 그 위치나 기원, 그 유래나 천분 따위 등에 의해 인간의 노력으로는 도저히 바꿀 수 없는 어떤 운명에 종속되어 있다는 것이다. 이들은 세대와 세대를 서로 연결시키는데, 이와 같이 시대에서 시대로, 필연성에서 필연성으로, 결국은 세계의 기원까지 거슬러 올라감으로써 인류 전체를 둘러싸서 묶어주는 거대하고 단단한 고리를 만들어낸다.

이들은 사건들이 어떻게 발생했는가를 밝혀내는 것만으로는 충분하지 않다고 생각한다. 이들은 그 사건들이 도저히 다른 식으로 전개될 수는 없었다는 것을 밝혀내려 한다. 이들은 한 나라가 역사의 어떤 단계에 도달했다는 것을 인정하고 그 나라가 지금까지 거쳐온 길을 따를 수밖에 없었다는 것을 확인한다. 이런 식의 논증은 사실상 그 나라가 더 나은 길을 선택하기 위해서는 어떻게 해야만 했을까를 연구하는 것보다는 더 쉬울 것이다.

귀족 시대의 역사가들, 특히 고대 역사가들의 저술을 읽다 보면, 인간이 자신의 운명의 주인이 되고 동료들을 다스리기 위해서는 우선 자기 자신을 다스릴 줄 알아야 한다는 것을 깨닫게 된다. 그런데 우리 시대에 나온 역사책들을 읽다 보면, 인간은 자기 자신에 대해서도 주변 동료들에 대해서도 아무것도 할 수 없는 존재인 것처럼 보인다. 고대의 역사가들은 어떻게 다스리는가를 가르쳤지만, 현대의 역사가들은 어떻게 복종해야 하는가만을 가르친다. 오늘날 역사가들의 저술에서 저자는 때로 큼직하게 나타나지만 인간 자체는 항상 왜소하게 나타난다.

민주 시대에 역사책을 쓰는 사람들에게 상당한 매력을 발휘하는 이러한 필연성의 교리가 저자들로부터 독자들에게 전달되어 마침내 시민들 전체에게 파급되고 대중의 마음을 사로잡게 된다면,

새로운 사회들의 활발한 움직임을 저해하게 될 뿐만 아니라 기독교도들을 투르크인 수준으로 끌어내리게 될 것이다.

더욱이 나는 이러한 교리가 우리가 살고 있는 지금 시대에는 특히 위험하다고 생각한다. 우리 현대인들은 누구나 자기 자신의 연약함으로 말미암아 모든 방면에서 한계에 봉착해 있다고 여기는 까닭에, 그들은 인간의 자유의지를 신뢰하지 못하는 경향이 너무나 농후하다. 하지만 그들은 사회로 결집되어 있는 인간들의 힘과 독립성은 기꺼이 인정할 채비가 되어 있다. 이러한 생각을 늘 염두에 두어야 할 것이다. 중요한 것은 인간의 영혼을 고양시키는 일이지 허물어트리는 일이 아니기 때문이다.

제21장

합중국에서 의회 의원들의 웅변술에 대해

귀족 국가에서는 모든 사람이 서로 연결되어 있으며 서로 의존한다. 개개인을 자신의 위치에 머물게 하고 집단 전체를 종속 상태에 묶어둘 수 있는 어떤 위계적 연결 고리 같은 것이 모든 사람 사이에 존재한다. 귀족 사회의 정치 집회에서는 이와 같은 현상이 항상 나타난다. 정당들은 자연히 특정 지도자들 아래 모여들게 되며, 이들에게 복종하게 되는데, 정당들의 이러한 모습은 다른 곳에서 몸에 밴 습성에 의해 마치 본능적으로 움직이는 것처럼 보일 정도이다. 정당들은 작은 사회 속에 더 큰 사회의 습속들을 가져다 놓은 것이다.

민주 국가에서는 대다수 시민들이 같은 방향으로 나아가는 경우가 흔하다. 하지만 각자는 자기 뜻대로 나아가고 있으며, 적어도 자기 뜻대로 나아간다고 자부한다. 각자는 자신의 행동을 자신의 개인적인 충동에 따라서만 조정하는 데 익숙해 외부로부터 오는 규정을 쉽사리 받아들이지 못한다. 이러한 독자성에 대한 취향과 습관은 국가의 여러 위원회에서도 따라다닌다. 설혹 그가 동일한 목표를 추구하기 위해 다른 사람들과 함께하는 데 동의한다고 할지라도, 그는 적어도 공통의 성공을 놓고 협조하더라도 자신의 의지에 따라 자신의 방식대로 하려 한다.

그래서 민주 국가에서 정당들은 외부로부터의 통제를 절대 용납하려 하지 않으며, 커다란 위험이 닥쳐오지 않는 한 어디에든 종속되지 않으려 한다. 설혹 그런 경우라도 지도자의 권위는 사람들이 상황에 맞추어 말하고 행동하도록 하는 데 그칠 뿐 사람들이 침묵하도록 만드는 데까지 이르지는 못한다.

귀족 국가에서는 귀족계급에 속한 자들이 곧 정치단체들을 구성한다. 그들 각자는 이미 자신의 높고 안정된 지위를 누리고 있는 만큼, 그들이 볼 때 정치단체들에서 차지하는 위치는 국가 안에서 차지하는 위치만큼 중요하지 않다. 그렇기 때문에 그들은 공직에서 큰 역할을 하지 못하더라도 크게 안타까워하지는 않으며 그저 그런 자리를 하나 차지하려고 안달하지도 않는다.

아메리카에서는 일반적으로 적어도 의회에서 한자리 차지해야만 남들에게 대의원으로 인정받는다. 따라서 그는 의회에서 중요한 자리를 하나 얻고자 하는 욕구에 끊임없이 시달리며, 언제든 자기의 포부를 널리 펼쳐 보이겠다는 왕성한 의욕을 과시한다. 그는 자신의 허영심뿐만 아니라 유권자들의 허영심에 의해서, 그리고 유권자들을 만족시켜야 할 끝없는 필요성에 의해서 이러한 방향으로 내달릴 수밖에 없다.

귀족 국가에서 입법부의 구성원은 유권자들에게 거의 종속되지 않는다. 대개의 경우 그는 유권자들에게 어떤 의미에서는 아주 소중한 대표자이다. 때로 유권자들이 오히려 그에게 밀접하게 종속된다. 그리고 만일 유권자들이 그에게 표를 주지 않는 일이 생긴다면, 그는 별 어려움 없이 다른 곳으로 옮겨 당선될 수 있다. 아니면 그는 공직에서 은퇴해서 여전히 버젓하게 한가한 생활을 즐길 수 있다.

합중국과 같은 민주 국가에서는 대의원이 유권자의 마음을 지속적으로 장악하는 경우가 드물다. 선거인단의 규모가 아무리 작다고 할지라도 민주정치 자체의 불안정성으로 인해 선거인단의 면모가 끊임없이 바뀐다. 따라서 날마다 선거인단의 환심을 사야만 한다. 대의원이 마냥 유권자들의 신임을 누릴 수 있는 것은 아니다. 유권자들이 대의원을 버릴 경우, 그는 즉시 모든 자원을 잃게 된다. 왜냐하면 그와 가깝지 않은 사람들도 그를 쉽게 알아볼 수 있을 정도로 그의 지위가 높은 것은 아니기 때문이다. 간섭도 통제도 없는 시민사회에서 대의원은 그를 잘 알지도 못하는 지역구에서 그의 동료나 정부의 지지 덕분에 다시 선출되기를 바랄 수는 없을 것이다. 따라서 그의 운명의 씨앗은 그가 대표하는 지역구에만 뿌려질 수 있다. 국민을 통솔하고 세계의 운명에 영향력을 행사할 만큼 성장하기 위해서는 우선 이 작은 모퉁이에서부터 시작하지 않으면 안 된다.

그러므로 귀족 국가에서 정치단체의 구성원들은 그들의 유권자보다 정당을 더 의식해야 하는 반면에, 민주 국가에서는 정당보다 유권자를 더 의식해야 하는 것은 당연한 일이다.

그런데 유권자들의 비위를 맞추기 위해 해야 하는 말이 대의원들이 자신의 정치적 신조를 펼치기 위해 해야 하는 말과 반드시 일치하는 것은 아니다.

정당으로서는 그 정당에 속한 대의원이 자신이 잘 알지 못하는 큰 문제에 대해서는 결코 발언을 하지 않기를, 큰 문제에 대한 관심을 흩트릴 수 있는 작은 문제들에 대해서는 조금만 발언을 하기를, 그리고 대개의 경우 완전히 입을 다물기를 바란다. 침묵을 지키는 것이야말로 별 볼일 없는 발언자가 공적인 일에 바칠 수 있는 가장 유용한 봉사인 셈이다.

하지만 유권자들이 대의원에게 기대하는 것은 이런 것이 아니다. 지역구 주민들은 대의원의 장점을 아주 높이 평가하기 때문에 그에게 주(州) 정부에 참여하는 일을 맡기는 것이다. 인간은 그의 주변을 둘러싸고 있는 사물들이 작을수록 커 보이기 마련이듯이, 유권자들 중에 인재가 드물면 드물수록 그들이 뽑은 대의원에 대한 평판은 높아지기 마련이다. 따라서 유권자들이 그들의 대의원에게 기대하는 것이 별로 없으면 없을수록, 유권자들은 대의원에게서 더 많은 것을 바라는 일이 흔히 벌어진다. 그리고 대의원이 아무리 무능하다 할지라도, 유권자들은 그들이 부여해준 지위에 걸맞은 괄목할 만한 노력을 대의원이 보여줄 것을 요구한다.

유권자들은 그들의 대의원을 단순히 주(州) 입법부의 의원으로 여기는 것이 아니라 입법부 주변에서 일하는 지역구의 당연한 보호자로 여긴다. 유권자들은 심지어 대의원을 그를 뽑아준 유권자 개개인의 대행자 정도로 여기며, 국가의 이익만큼이나 개개인의 사적인 이익을 위해서도 대의원이 열심히 뛰어줄 것을 은근히 기대한다.

이렇게 유권자들은 그들이 뽑아줄 대의원이 능변가이기를, 가능한 한 자주 연단에 오르기를, 그리고 대놓고 나서기 힘들다면 가끔 하는 연설 속에 주(州) 차원의 큰 문제들에 대한 논의뿐만 아니라 지역구의 사소한 불평 사항들까지도 집어넣기를 미리 다짐받으려 한다. 그래서 대의원은 자주 연단에 모습을 드러낼 수 없더라도 기회가 올 때마다 자기가 해낼 수 있는 일을 내보여야 하며, 방만하게 여기저기에 힘을 낭비하기보다 자기가 지닌 모든 역량을 선거구민과 자기 자신을 가장 잘 드러낼 수 있는 방향으로 집중시킬 줄 알아야 한다. 이러한 대가를 얻어야만 유권자들은 다음 선거에서도 표를 줄 것이다.

이러한 상황은 자기 자신을 잘 아는 까닭에 일부러 앞으로 나서려 하지는 않는 그런대로 괜찮은 대의원들을 궁여지책으로 몰고 간다. 이렇게 자극받은 대의원은 연단에 올라 동료들에게 걱정거리를 만들며, 이름난 연설가들 한가운데로 무분별하게 뛰어들어서 논의를 엉망으로 만들거나 의회를 지치게 한다.

따라서 당선자를 유권자에게 더욱 종속시키는 이 모든 법률은 입법 의원들의 행동에 영향을 미칠 뿐만 아니라, 내가 앞에서 지적했듯이, 이들이 구사하는 언어에도 영향을 미친다. 사안 자체에 영향을 미치는 동시에 그 사안을 말하는 방식에도 영향을 미치는 것이다.

적어도 한 차례의 연설도 하지 않고 자기 고향으로 돌아가 버리는 의원은 아마 없을 것이다. 연방을 구성하는 24개 주에, 특히 자신이 대표하는 지역에 관계되는 어떤 유용한 제안을 늘어놓기 전에 자신의 연설이 끊기는 것을 그냥 참아내는 의원은 한 명도 없을 것이다. 이렇게 의원은 자신도 잘 모르는 까닭에 막연하게만 설명할 수 있는 커다란 일반적인 진실들과 자신이 꽤나 공들여 찾아내고 부각시킨 사소한 지엽적인 진실들을 차례차례로 청중들 앞에 제시하게 된다. 따라서 이 거대한 협의체 안에서 논의는 자주 모호하고 당혹스러워지며 제기된 목표를 향해 곧장 나아가기보다는 머뭇머뭇 나아가게 된다.

민주 국가에서의 정치 집회들에서는 이와 같은 상황이 언제든 나타날 것이라고 나는 생각한다.

상황이 더 순조롭고 법제가 더 훌륭하다면, 어떤 민주 국가에서도 지금 아메리카의 의회에서 활동하는 의원들보다 더 뛰어난 의원들을 볼 수 있을 것이다. 하지만 의회에 드나드는 그저 그런 의원들이 시도 때도 없이 마구 자신의 얼굴을 내미는 것을 막을 도리는 없을 것이다.

이러한 폐단은 완전히 치유되기 어려워 보이는데, 왜냐하면 그것은 의회의 규정에 관련된 문제일 뿐만 아니라 의회의 구성에, 더 나아가 나라 자체의 구성에 관련된 문제이기 때문이다.

합중국의 주민들은 그들 스스로 이 문제를 이러한 시각에서 바라보는 듯하다. 그들은 그릇된 연설을 물리치기보다는 대범하게 그 연설을 들어주는 방식으로 오랫동안 의정 활동을 지켜봐 왔다.

그들은 경험상 피할 수 없는 악을 체념하고 받아들이듯이, 그것을 받아들이는 것이다.

지금까지 우리는 민주 국가에서 나타나는 정치 토론의 사소한 측면에 대해 검토했다. 이제 거창한 측면에 대해 검토해보자.

지난 150년 동안 영국의 의회에서 일어난 일은 영국 밖에서는 결코 큰 반향을 불러일으키지 못했다. 연설가들이 표명한 사상과 감정들은 영국식 자유의 이 위대한 전당에서 가장 가까이 있는 나라에서조차 별로 공감을 얻지 못했다. 반면에 혁명기에 아메리카의 작은 식민지 의회들에서 일어난 첫 논의들은 유럽 전체를 들썩이게 했다.

이것은 특별하고 우연적인 상황 탓일 뿐만 아니라 일반적이고 지속적인 상황 탓이기도 하다. 나는 민주 국가의 의회 한복판에서 위대한 연설가가 중대한 일들을 논의하는 장면보다 더 매력적이고 더 강력한 장면을 보지 못했다. 어떤 계급도 자기의 이익을 대변할 책무를 떠맡은 대표자들을 의회에 가지고 있지 않기 때문에, 의원들은 언제나 국민 전체에게, 그리고 국민 전체의 이름으로 연설을 한다. 그러다 보니 연설가들은 생각의 폭을 넓히게 되고 품위 있는 언어를 사용하게 된다.

선례라는 것은 아무런 힘도 발휘하지 못하는 까닭에, 그리고 특정 재산에 결부된 특권이 더 이상 존재하지 않으며 어떤 신분이나 개인에 고유한 권리도 인정되지 않기 때문에, 당면한 특정 사안들을 해결하는 데에도 인간은 인간성 자체에서 나오는 일반적인 진실들로까지 거슬러 올라가야만 한다. 아주 작은 규모의 민주 국가에서도 정치 토론이 흔히 인류 전체의 이해가 걸려 있는 보편적 성격을 띠게 되는 이유가 바로 여기에 있다. 인간은 누구나 그 자신이 어디에서나 똑같은 인간이기 때문에 이 문제에 관심을 갖게 되는 것이다.

이와 반대로 가장 큰 귀족 국가들에서는 가장 일반적인 문제들은 거의 언제나 시대의 관행이나 계급의 특권에서 나온 몇 가지 특별한 이유들과 결부해서 논의된다. 관련된 사안은 그 계급만의 관심을 끌든가 아니면 기껏해야 그 계급이 속해 있는 나라만의 관심을 끌 뿐이다.

우리 프랑스에서 벌어지는 정치 토론은 이따금 전 세계에 커다란 반향을 불러일으킨다. 그런데 이것은 프랑스 국민의 위대성 덕이기도 하고 프랑스 국민에게 귀를 기울이는 각국 국민들의 호의적인 성향 덕이기도 하지만, 무엇보다도 위에서 설명한 바로 그 이유 때문이다. 프랑스의 연설가들은 자국 시민들에게 연설할 때조차도 흔히 인류 전체에게 연설하듯 한다.

제2부
민주주의가 아메리카인들의
감정에 미치는 영향

제1장

왜 민주 시대의 사람들은 자유보다 평등에 더 열렬하고 지속적인 애착을 나타내는가

조건들의 평등으로 인해 생겨난 첫 번째이자 가장 강렬한 열정이 바로 이 평등에 대한 애착이라는 사실은 굳이 말할 필요도 없을 것이다. 그러므로 다른 것에 앞서 바로 이 열정에 대해 먼저 이야기한다고 해서 의아해할 필요는 없다.

우리 시대에 특히 프랑스에서 이 평등의 열정이 매일같이 인간의 마음속에서 점점 더 큰 자리를 차지한다는 사실은 누구나 알수 있다. 현대인들이 자유보다 평등에 훨씬 더 열렬하고 완강한 애착을 가지고 있다는 것은 수백 번이나 언급되어왔다. 하지만 나는 이러한 사실의 원인들에 대해 충분한 논의가 이루어졌다고 생각하지는 않는다. 이 점을 살펴보도록 하자.

자유와 평등이 서로 만나서 뒤섞이는 어떤 극한점을 생각해볼수 있다. 모든 시민이 통치에 참여하고 누구나 통치에 참여할 대등한 권리를 가지고 있다고 가정해보자. 어느 누구도 자기 동료들과 그리 다르지 않으므로 누구도 전제 권력을 행사할 수 없을 것이다. 인간은 누구나 완전히 평등하기 때문에 완전히 자유로울 것이며, 완전히 자유롭기 때문에 완전히 평등할 것이다. 민주 시대의 사람들은 바로 이러한 이상을 향해 나아간다.

평등이 지상에서 취할 수 있는 가장 완벽한 형태가 바로 이것이다. 그러나 그만큼 완벽하지는 않아도 마찬가지로 소중한 수천 가지의 다른 형태들이 있다.

평등은 정치 세계에서 만연할 수는 없으나 시민사회에서는 확립될 수 있다. 사람들은 누구나 같은 쾌락을 즐길 권리가 있으며, 같은 직업에 종사할 권리가 있고, 같은 장소에 드나들 권리가 있다. 한마디로 말해서, 누구나 같은 몫만큼 정치에 참여할 수는 없더라도 같은 방식으로 생활하고 같은 수단으로 재산을 모을 권리가 있다.

정치 세계에 정치적 자유가 존재하지 않는다고 할지라도 심지어 정치 세계에도 일종의 평등이 확립될 수도 있다. 인간은 한 사람만을 제외하고는 모두가 대등한 존재인데, 이 한 사람은 무차별적으로 모든 사람의 주인이며 이 모든 사람 중에서 자신의 권력을 대행할 대행자들을 평등하게 선택한다.

아주 막강한 평등이 다소간 자유로운 제도들과, 아니면 심지어 전혀 자유롭지 않은 제도들과 무리 없이 결합할 수 있는 몇 가지 사례들을 쉽사리 생각해볼 수 있을 것이다.

인간이 완전히 자유롭지 않고서는 완벽하게 평등할 수 없으며, 따라서 평등이 가장 극단적인 형태에서는 자유와 결합한다고 할지라도, 이 두 가지를 서로 구분해야 할 충분한 이유가 있다.

인간이 자유에 대해 갖는 취향과 평등에 대해 느끼는 취향은 사실상 전혀 다른 것이다. 따라서 민주 국가에서 이 두 가지는 서로 대등하지 않다고 나는 서슴없이 덧붙인다.

어느 시대에나 모든 다른 사실이 결부되어 있는 어떤 한 가지 특별하고 압도적인 사실이 있기 마련이라는 것은 주의 깊은 관찰자라면 누구나 알 수 있을 것이다. 이 사실은 거의 언제나 한 가지 모태 사상이나 한 가지 우선적인 열정을 낳게 되는데, 바로 이것에 의해 그 시대의 모든 감정과 생각이 좌우된다. 커다란 하천에서 작은 물줄기들이 흘러나오듯이 말이다.

자유는 여러 시대에 여러 다른 형태로 인간에게 나타났다. 자유는 결코 하나의 사회 상태에만 결부되어 있지 않은 까닭에, 우리는 민주 사회가 아닌 다른 사회들에서도 자유를 찾아볼 수 있다. 따라서 자유가 민주 시대만의 특별한 특징이라고 보기는 힘들다.

민주 시대를 특징짓는 특별하고 압도적인 사실은 바로 조건들의 평등이다. 이러한 평등에 대한 애착이야말로 민주 시대에 사람들의 마음을 움직이는 주요 열정이다.

민주 시대에 사람들이 평등하게 사는 데에서 어떤 특별한 매력을 찾는지, 그리고 사회가 제공하는 여러 다른 이득들보다 평등에 고집스럽게 매달리는 특별한 이유가 있는지 굳이 묻지 않아도 될 듯하다. 평등은 그들이 살고 있는 시대의 각별한 성격을 형성한다. 이 사실만으로도 그들이 그 무엇보다 평등을 선호하는 이유를 설명하기에 충분할 것이다.

그러나 이 이유와 별개로, 인간이 어느 시대에나 습관적으로 자유보다 평등을 더 좋아하는 몇 가지 다른 이유들이 있다.

만일 국민이 자기 나라 안에서 이미 널리 퍼져 있는 평등을 스스로 제거하거나 아니면 적어도 감축할 수 있다고 한다면, 그것은 아주 오랜 동안의 힘든 노고에 의해서나 어쩌면 가능할지도 모르겠다. 평등을 없애려면, 사회 상태를 바꿔야 하며 법제를 폐지해야 하고 생각을 쇄신해야 하며 습성을 고쳐야 하고 습속을 바꿔야할 것이다. 하지만 정치적 자유를 잃어버리는 데는 그것을 붙잡지않는 것으로 충분하다. 자유는 내버려 두면 도망가버린다.

따라서 인간은 평등이 자기들에게 소중하기 때문에 평등에 매달리기도 하지만, 평등이 언제나 지속될 것으로 믿기 때문에 매달리기도 한다.

정치적 자유는 만일 지나칠 경우 시민 개개인의 평온과 재산과생활을 해칠 수도 있다. 이러한 사실을 모를 정도로 속 좁고 경박한 사람은 아마도 없을 것이다. 이와 반대로 평등이 우리에게 가져다주는 위험은 아주 주의력이 깊고 통찰력이 뛰어난 사람만이알아차릴 수 있다. 그런데 그들은 일반적으로 이 위험을 지적하기를 꺼린다. 그들은 그들이 걱정하는 재앙을 먼 훗날의 일이라고애써 생각하며 미래 세대들에게나 닥쳐올 일로서 지금 세대는 걱정하지 않아도 된다고 말한다. 자유가 이따금 가져다주는 폐단은아주 직접적이다. 이 폐단은 누구에게나 눈에 띄며 누구든 어느정도 그것을 느낄 수 있다. 그런데 지나친 평등이 만들어낼 수 있는 폐단은 아주 서서히 드러난다. 이 폐단은 조금씩 사회 안으로 스며들며, 이따금씩만 드러나 보인다. 그리고 이 폐단은 너무 과다해지면 습관화되어 아예 느끼는 것조차 힘들어진다.

자유가 가져다주는 혜택은 시간이 지나야 나타난다. 그래서 자유가 어디에서 나오는지를 알아차리기가 쉽지 않다.

평등이 가져오는 혜택은 즉시로 느껴진다. 그래서 평등이 어디에서 나오는지는 매일같이 드러난다.

정치적 자유는 이따금 일정 수의 시민들에게 숭고한 기쁨을 준다. 평등은 날마다 누구에게나 수많은 자잘한 쾌락을 제공한다. 평등의 매력은 매 순간 느껴지며 누구나 누릴 수 있다. 가장 고상한 심성을 가진 이들도 그것에 무감각하지 않으며, 가장 저열한 영혼을 가진 이들도 그것을 만끽한다. 따라서 평등이 낳는 열정은 강렬한 동시에 보편적이라고 할 수 있다.

인간은 어느 정도 희생을 감수하지 않고는 정치적 자유를 누릴 수 없다. 정치적 자유는 아주 많은 노력을 들여야만 획득할 수 있는 것이다. 하지만 평등이 가져다주는 즐거움은 저절로 주어진다. 일상생활의 자잘한 사건들 하나하나가 그 즐거움을 느낄 수 있게 해주는 것이다. 우리는 그저 살아 있기만 하면 평등의 기쁨을 맛볼 수 있다.

민주 국가는 어느 시대에나 평등을 애호하지만, 평등에 대한 민주 국가의 열정이 환희의 단계에까지 이르게 되는 몇몇 시기가 있다. 오랫동안 위협받던 낡은 사회적 위계가 내란 끝에 마침내 붕괴되고 시민들을 갈라놓던 장벽이 급기야 전복되는 순간에 이러한 일이 발생한다. 이러한 때 사람들은 노획물을 향해 달려들 듯이 평등을 향해 달려들며, 누구나 탐내는 귀금속에 매달리듯이, 평등에 매달린다. 평등의 열정은 모든 방면에서 인간의 마음속에 침투하며 거기서 확장되어 마침내 인간을 완전히 사로잡는다. 이처럼 맹목적으로 평등에만 사로잡히게 되면 가장 소중한 이익을 잃어버릴 수 있다고 굳이 사람들에게 말해줄 필요가 없을 것이다. 그들은 이미 귀가 멀어 있기 때문이다. 다른 곳만을 쳐다보게 되면 자유가 손안에서 빠져나가도 보지 못할 수 있다고 굳이 사람들에게 말해줄 필요가 없을 것이다. 그들은 이미 눈이 멀어 있기 때문이다. 이제 사람들은 탐낼 만한 가치가 있는 오직 한가지만을 이 세상에서 찾아내는 것이다.

내가 앞에서 말한 것은 모든 민주 국가에 적용된다. 반면에 지금부터 말하는 것은 프랑스에만 적용된다.

대부분의 근대 국가에서, 특히 유럽 대륙에 있는 모든 국가에서 자유의 취향과 관념은 조건들이 평등해지기 시작하는 바로 그 순간부터, 그리고 이 평등 자체의 결과로서, 나타나고 발전하기 시작한다. 백성들의 수준을 평준화하는 데 가장 애쓴 인물이 바로 절대군주들이었다. 이러한 나라에서는 평등이 자유를 앞질렀다. 따라서 자유는 여전히 생소한 물건이었던 반면에 평등은 오래된 사실이었다. 전자가 처음으로 이 세상에 모습을 드러냈을 무렵에, 후자는 벌써 필요한 여론을 확립하고 알맞은 관례와 법제들을 장만했다. 전자가 아직도 관념이나 취향 수준에 머물고 있었던 반면에, 후자는 이미 사회의 습성에 침투하고 습속을 장악했으며 생활상의 작은 움직임에도 특별한 모양새를 주었다. 우리 시대의 사람들이 자유보다 평등을 더 좋아하는 것이 뭐 그리 놀랄 일이겠는가?

민주 국가는 자유에 대해 생래적인 취향을 지니고 있다고 나는 생각한다. 홀로 남겨지게 되면 사람들은 자유를 찾고 자유를 소중히 여기며 자유를 빼앗기면 애석해한다. 하지만 사람들은 평등에 대해 열렬하고 지칠 줄 모르며 영원하고 막강한 열정을 지니고 있다. 그들은 자유 속에서의 평등을 원한다. 하지만 그것을 얻을 수 없을 때, 그들은 예종 속에서의 평등이라도 요구한다. 그들은 빈곤과 야만 상태는 참고 견디지만 귀족주의는 용납하지 않는다.

이러한 사실은 모든 시대에 다 적용되지만, 특히 우리 시대에 잘 적용된다. 이 제어할 수 없는 힘과 싸우려는 모든 사람과 모든 권력은 전복되고 붕괴될 것이다. 우리 시대에 자유는 그 받침대 없이는 확립될 수 없다. 그리고 전제정치마저도 자유 없이는 군림할 수 없다.

제2장

민주 국가에서의
개인주의에 대해

나는 앞에서 평등의 시대에 개개인이 어떻게 자기 자신의 안에서 믿음을 찾는가를 보여주었다. 이제 평등의 시대에 개개인이 어떻게 자신의 모든 감정을 자기 자신에게만 돌리는가를 살펴보도록 하자.

'개인주의(individualisme)'라는 것은 새로운 관념이 만들어낸 생소한 표현이다. 우리의 조상들은 이기주의(égoisme)밖에 몰랐다.

이기주의는 자기 자신에 대한 열정적이고 과장된 애착이라고 할 수 있는데, 이것은 인간이 모든 것을 오직 자기 자신에게만 결부시키게 만들며, 오직 자기 자신만을 좋아하게 만든다.

개인주의는 숙고된 평온한 감정이라고 할 수 있는데, 이것은 각 시민이 자기 동료 대중으로부터 스스로 고립되게 만들고 자기 가족이나 친지들과 거리를 두게 만든다. 그래서 이와 같이 자기만의 아주 작은 사회를 만들어낸 후, 각 시민은 기꺼이 큰 사회를 내팽개친다.

이기주의는 맹목적인 본능에서 생긴다. 반면에 개인주의는 타락한 감정에서 나오기보다는 잘못된 판단에서 나온다. 개인주의는 마음의 악덕뿐만 아니라 정신의 결함에도 그 기원이 있다.

이기주의는 모든 미덕의 씨앗을 말려버리는 반면, 개인주의는 우선 공적 미덕의 원천만을 고갈시킨다. 하지만 개인주의는 종국에는 모든 다른 원천도 공격해서 파괴해버리며 마침내 이기주의 속으로 흡수되어버린다.

이기주의는 이 세상만큼이나 오래된 악덕이다. 그것은 어떤 사회에서나 존재한다. 개인주의는 민주 시대에서 유래한다. 그것은 조건이 평등화되면 될수록 확장될 우려가 있다.

귀족 국가에서 가족들은 수백 년 동안 같은 상태에 있었으며 흔히 같은 장소에 머물렀다. 따라서 모든 세대는 서로 알고 지낼 수밖에 없다. 누구나 거의 언제나 자기 조상들을 알고 있으며 그들을 존중한다. 그리고 누구나 자기 증손자들을 이미 마음의 눈으로 보았으며 그들을 사랑한다. 누구나 기꺼이 조상에 대해서나 후손에 대해서나 책임을 다한다. 앞서 살다 간 사람 또는 앞으로 살 사람을 위해 자신의 개인적 즐거움마저 기꺼이 희생하기도 한다.

게다가 귀족주의의 제도들은 개개인을 자신의 동료 시민들 몇 명에게 긴밀하게 연결시키는 효과를 지닌다. 귀족 국가 안에서 계급들은 서로 뚜렷이 구분되어 있고 별로 변화하지 않는 까닭에, 각 계급은 그 계급에 속한 구성원들에게 국가보다 더 가깝고 더 소중한 일종의 작은 조국 구실을 한다.

귀족 사회에서 모든 시민이 사다리에서 정해진 어느 한 자리를 차지하기 때문에, 그 결과 그들 각자는 언제나 자기보다 높은 위치에서 자기를 보호해줄 사람을 보며, 자기보다 낮은 위치에서 자기와 협조할 수 있는 사람을 발견한다.

따라서 귀족 시대에 사는 사람들은 자신의 외부에 위치해 있는 어떤 대상과 거의 언제나 아주 긴밀하게 연결되어 있으며, 그런 까닭에 정작 자기 자신에 대해서는 잊고 사는 데 익숙하다. 바로 이 시대에 '동료(semblable)'라는 일반적인 관념은 희박하며 인류의 대의를 위해 헌신하겠다는 생각을 별로 하지 않는다는 것은 물론 틀린 이야기가 아니다. 하지만 사람들은 흔히 다른 사람들을 위해 자신을 희생하기도 한다.

이와 반대로 전체에 대한 개개인의 의무가 더욱 명확한 민주 시대에는 어떤 한 사람에 대한 헌신은 더욱 드물어진다. 인간적 친근감의 유대가 확대되는 만큼 엷어지는 것이다.

민주 국가에서는 가족들이 끊임없이 생겨나고 또 사라지며 남아 있는 가족들은 모양이 달라진다. 시간의 끈은 매 순간 끊어지고 세대들 사이의 연결도 느슨해진다. 앞서 살았던 사람들은 쉽게 기억에서 사라지고 앞으로 살 사람들은 누군지 알지 못한다. 아주 가까이 있는 사람들에게만 관심을 둘 뿐이다.

계급과 계급이 서로 비슷해지고 서로 섞이기 시작하면서, 계급에 속한 구성원들은 서로 무관심해지고 서로를 마치 이방인처럼 대한다. 귀족주의가 농민에서부터 군주에까지 이르는 긴 줄로 모든 시민들을 연결해놓았다면, 민주주의는 그 줄을 끊어내고 마디를 잘라버렸다.

조건이 균등해짐에 따라서, 아주 많은 사람들이 비록 자기 동료들의 운명에 커다란 영향력을 행사할 만큼 부유하지도 막강하지도 않지만 스스로의 욕구를 충족시키기에 알맞은 만큼의 지식과 재산을 획득했거나 유지했다. 이러한 사람들은 누구에게도 빚진 것이 없으며 또 아무에게도 기대하는 것이 없다. 그들은 항상 혼자 생각하고 행동하는 것에 익숙하다. 그들은 자신의 운명은 자신의 손에 달려 있다고 생각한다.

이렇게 민주주의는 인간 개개인이 자신의 조상을 잊고 살게 할 뿐만 아니라 후손에게 무관심하게 만들며 동시대인들에게서 떨어져 살게 만든다. 민주주의는 끊임없이 인간을 자기 자신에게만 이끌며, 인간을 자기만의 고독 속에 완전히 가둘 위험이 있다.

제3장

어떻게 개인주의는 그 어느 때보다
민주주의 혁명이 끝날 무렵에
가장 강해지는가

  귀족정치의 폐허 위에서 민주 사회가 건설되는 순간은 인간 상호간의 고립과 그에 따른 이기주의가 가장 현저하게 드러나는 시기이다.

  민주 사회는 상당히 많은 수의 독립적인 시민들을 품고 있을 뿐만 아니라 이제 막 독립 상태에 접어들어 아직껏 그들의 권력에 도취해 있는 사람들로 항상 가득하다. 이들은 자신들의 힘을 지나치게 과신하고 있다. 그리고 앞으로 동료들에게 도움을 청할 일이 없을 것이라고 생각한 나머지 이들은 자기 자신에게만 관심을 둘 뿐이라는 것을 버젓이 드러내곤 한다.

  귀족정치는 일반적으로 여러 계급들 사이에 가차 없는 증오가 타오르는 끈질긴 투쟁을 거친 후에야 무너진다. 투쟁의 격정과 흥분은 승리를 거둔 후에도 이어지며, 귀족정치에 뒤이어 나타난 민주주의적 혼란의 한복판에서도 그 흔적을 찾아볼 수 있다.

무너져버린 사회 계서제의 상층부를 차지했던 사람들은 지난날 누렸던 영광을 쉽게 잊지 못할 것이다. 그래서 한참 동안 그들은 자기 자신을 새로운 사회의 이방인으로 간주한다. 그들은 이 사회에서 생겨난, 그들과 대등한 모든 사람을 자신을 압박하는 존재로 여기며 이네들의 행보에 조금도 공감을 느끼지 않는다. 그들은 이전에 그들과 대등했던 사람들을 더 이상 볼 수 없게 되며 더 이상 이들과 이해관계를 같이하고 있다고 느끼지 않는다. 누구나 홀로 떨어져서 자기 자신만을 돌보며 살아야겠다고 생각하게 되는 것이다. 이와 달리 한때 사회 계서제의 밑바닥에 위치했으나 이제 사회적 격변에 의해 돌연 공통의 수준까지 올라선 사람들은 새로 얻은 독립심을 속으로는 걱정하면서 누릴 수밖에 없다. 그래서 옛날에 상전이었던 자들을 우연찮게 만나게 되면, 그들은 이네들에게 승리와 동시에 불안의 시선을 던지고 멀찍이 돌아선다.

　따라서 시민들이 서로서로 멀찍이 떨어져 살고 싶어 하는 것은 대개는 민주 사회가 막 탄생하는 무렵이라고 할 수 있다. 민주주의는 사람들이 자신의 동료들과 어울리기를 꺼리게 만든다. 하지만 민주주의 혁명들은 사람들이 서로서로 피하도록 북돋고, 불평등이 만들어낸 증오심을 평등 속에서도 간직하도록 고무한다.

　아메리카인들의 커다란 장점은 이들이 민주주의 혁명들을 겪지 않고 민주주의 상태에 도달했다는 데에, 따라서 평등을 이룩했다기보다 애초부터 평등하게 태어났다는 데에 있다고 할 수 있다.

제4장
어떻게 아메리카인들은 자유 제도들을
이용해 개인주의에 맞서 싸우는가

　전제정치는 그 속성상 의심이 많기 때문에 사람들 사이의 절연이야말로 체제를 오래 유지할 수 있는 가장 확실한 담보라고 여긴다. 일반적으로 전제정치는 사람들을 갈라놓으려고 온갖 애를 다 쓴다. 인간의 심성 중에서 이기주의만큼 전제정체에 적합한 악덕 (vice)은 없을 것이다. 전제군주는 자기 백성들이 서로가 서로를 사랑하지만 않는다면 군주 자신을 사랑하지 않아도 너그러이 용서한다. 전제군주는 국가를 통치하는 데 자신을 도와달라고 백성들에게 요구하지 않는다. 백성들이 스스로 국가를 통치하려 들지 않는 것만으로 충분하다. 그는 공동 번영을 위해 함께 힘을 합치자고 주장하는 사람들을 법석거리고 들떠 있는 마음의 소유자라고 몰아붙인다. 그러고는 단어의 원래 의미마저 왜곡해서 자기 자신에게만 몰두하는 사람들을 선량한 시민이라고 부른다.

　이렇게 전제정치가 만들어내는 악덕은 평등이 조장하는 악덕과 정확히 일치한다. 이 두 가지는 아주 불길한 방식으로 서로 보완하고 서로 돕는다.

평등은 사람들을 서로 연결하는 공동의 끈이 없는 상태로 사람들을 따로 떼어놓는다. 전제정치는 사람들 사이에 장벽을 쌓고 사람들을 격리시킨다. 전자가 사람들이 자기 동료들을 생각하지 못하도록 한다면, 후자는 무관심을 일종의 공공 미덕(vertu)으로 만든다.

따라서 전제정치는 어느 시대에나 위험하지만 민주 시대에 특히 두려운 것이다. 민주 시대에 인간이 자유를 특히 필요로 한다는 것은 쉽게 알 수 있다.

시민들이 공공 업무에 종사해야만 할 때, 그는 어쩔 수 없이 자신의 개인적인 이해관계에서 벗어나게 되며 때때로 자기의 일에만 관심을 둘 수는 없게 된다.

공공 업무를 함께 처리하게 되면서부터, 개개인은 그 자신이 처음에 생각했던 것만큼 자신의 동료들과 무관하지 않다는 것을, 그리고 동료들의 도움을 얻기 위해서는 이따금 그들과 협조해야 한다는 것을 알게 된다.

대중이 지배하는 시대에는 대중의 호의가 얼마나 큰 가치를 지니고 있는가를 알지 못하는 사람은 아마 없을 것이며, 누구나 자신이 함께 살아야 하는 이웃들의 존중과 애정을 끌어냄으로써 대중의 호의를 차지하려 애쓴다. 그러므로 사람들을 돌아서게 만들고 또 이간질시킬 수 있는 몇 가지 열정들은 영혼 깊숙한 곳으로 내몰아서 숨겨버려야만 할 것이다. 자존심은 버려야 하며, 오만함도 이기심도 드러내서는 안 된다.

자유로운 정부 아래에서는 대다수 공직이 선출직인 까닭에, 사적인 공간에서는 자신의 고매한 영혼이나 안달하는 욕구에 둘러싸여 지내는 사람들이라도, 아무튼 자기 주변의 이웃들 없이는 아무 일도 할 수 없다는 것을 매일같이 느끼게 된다.

따라서 사람들은 야망에 이끌려서라도 자기 동료들을 생각하게 되며, 어떤 의미에서는 때로 자기 자신을 잊고 지내는 것이 오히려 자기에게 이익이 된다는 것을 알게 된다. 물론 여기에서 독자들은 후보자들이 이따금 내보이는 야비한 전술, 경쟁자들이 내쏟는 중상모략 등, 선거로 인해 생기는 온갖 음모들을 거론하며 이의를 제기할 수도 있을 것이다. 선거란 증오를 만드는 계기가 되는데, 선거를 자주 하면 할수록 그런 계기도 많아질 수밖에 없을 것이다.

이러한 폐단은 물론 아주 크지만 일시적이다. 반면에 거기에 수반되는 이점은 오래 남는다. 당선되고자 하는 욕망은 몇몇 사람들로 하여금 한동안 서로 싸우게 만든다. 하지만 바로 이 욕구가 모든 사람이 장기적으로 서로 돕게 만든다. 그리고 선거로 인해 두 친구가 서로 갈라서게 된다 할지라도, 선거제도 자체는 언제까지나 서로 모르고 살아갔을 많은 사람들을 상시적으로 접근시키는 효과가 있다. 요컨대 자유는 개별적인 증오를 낳지만, 전제정치는 전면적인 무관심을 낳는 것이다.

자유를 가지고 아메리카인들은 평등이 만들어낸 개인주의와 싸워왔으며, 결국 개인주의를 이겨냈다. 아메리카의 입법자들은 민주 시대의 사회에 응당 나타나는 치명적인 질병을 치유하기 위해서는 국민 모두가 합중국의 국민 전체를 대표하게 하는 것으로는 충분하지 않다고 생각했다. 시민들에게 함께 행동할 수 있는 기회를 무한히 확대해주기 위해서, 그리고 서로가 서로에게 의존하고 있다는 것을 매일같이 시민들에게 느끼게 해주기 위해서, 아메리카인들은 영토의 각 부분별로 정치 생활을 나누는 것이 좋다고 생각했다. 이 점에서 그들은 현명했다.

나라 전체의 일반적인 업무들은 몇몇 유력 시민들만의 관심을 끌 따름이다. 이들은 이따금씩만 같은 장소에서 만난다. 그 후에는 대개 만날 일이 없으므로 그들 사이에 지속적인 유대가 맺어질 수 없다. 하지만 한 지역에 거주하는 사람들이 그 지역의 특별한 업무를 관장하는 것이 문제라면, 사람들은 항상 서로 접촉할 수 있을 것이며, 어떻게든 서로 알고 지내고 서로에게 익숙해지지 않을 수 없을 것이다.

어떤 사람을 그 자신의 일로부터 끌어내서 국가 전체의 운명에 관심을 갖도록 한다는 것은 정말 어려운 일이다. 왜냐하면 그로서는 국가의 운명이 자신의 운명에 과연 어떤 영향을 미치는지 제대로 이해하지 못하기 때문이다. 하지만 그의 땅을 가로질러 공공 도로를 건설하는 문제가 제기된다면, 그는 곧바로 이 사소한 공적 업무와 자신의 더 중요한 사적 업무 사이에 일정한 관계가 있다는 것을 알게 되며, 누가 굳이 보여주지 않더라도 개인적 이익을 일반 이익에 연결시켜주는 긴밀한 끈을 발견하게 될 것이다.

따라서 시민들이 공익에 관심을 갖게 하고 공익을 실현하기 위해서는 항상 무엇이 필요한지를 시민들에게 일깨워주기를 원한다면, 시민들에게 크고 중요한 업무를 맡기기보다 작고 사소한 일들을 맡기는 것이 훨씬 더 나을 것이다.

눈부신 공로 한 번으로 당장 사람들의 호감을 살 수는 있을 것이다. 하지만 당신을 둘러싼 주변 사람들의 평가와 존경을 얻기 위해서는 오랜 시간에 걸친 작은 봉사, 눈에 띄지 않는 선행, 습성화된 친절 그리고 누구나 인정하는 불편부당한 태도 따위가 요구된다.

그런데 지방자치의 실행과 경험은 시민들 대다수로 하여금 자기 이웃과 친지들의 애정과 도움에 대해 큰 가치를 부여하게 만드는 효과를 지닌다. 따라서 지방자치는 사람들을 서로 떼어놓는 경향이 있음에도 불구하고 사람들을 끊임없이 서로 접촉시키고 상부상조하도록 이끈다.

합중국에서는 가장 부유한 시민들도 일반 사람들로부터 분리되지 않으려고 마음을 졸인다. 오히려 그들은 일반 사람들에게 끊임없이 접근하고 기꺼이 그들의 말을 들으며 매일같이 그들과 대화를 나눈다. 민주 사회에서는 부자들이 언제나 가난한 자들을 필요로 한다는 것과 민주 시대에는 자선에 의해서보다는 배려에 의해서 더 효과적으로 가난한 자들의 마음을 얻을 수 있다는 것을 그들은 잘 알고 있다. 조건들의 차이를 드러내 보일 수 있는 이러한 자선이라는 거창한 행위는 자선을 받는 사람들에게 어떤 불쾌한 속내를 불러일으킬 수 있는 반면에, 배려라는 단순한 방식은 거부할 수 없는 매력을 발휘한다. 배려하는 행동은 친숙한 경우 마음을 끄는 힘이 있고, 투박한 경우라도 항상 불쾌하게 느껴지는 것은 아니다.

이러한 사실이 하루아침에 부자들의 마음속에 침투하는 것은 아니다. 부자들은 일반적으로 민주주의 혁명이 지속되는 동안 그것에 저항하며, 민주주의 혁명이 완수된 이후에도 선뜻 그것을 받아들이지 못한다. 그들은 평범한 사람들에게 선행을 베풀어야 한다는 데 기꺼이 동의하지만 여전히 이들과 조심스럽게 거리를 두려고 한다. 그들은 이것으로 충분하다고 생각하지만, 그것은 잘못된 생각이다. 주위 사람들의 마음을 뜨겁게 달구지는 못한 채 가진 재산만 소진하게 될 것이기 때문이다. 사실 이웃 사람들은 그들에게 재산의 희생을 요구하는 것이 아니라 자존심의 희생을 요구하는 것이다.

합중국에서는 대중의 부를 증대시키고 대중의 욕구를 충족시키는 데 인간의 모든 상상력이 집중되어 있다고 말할 수 있을 정도이다. 각 지역에서 가장 높은 식견을 지닌 주민들이 공동의 번영을 일구기에 알맞은 새로운 비결을 개발하는 데 그들의 모든 지식을 다 동원한다. 그리고 그러한 방법을 찾아내게 되면 주저하지 않고 대중에게 넘겨준다.

아메리카에서 통치를 담당하는 자들에게서 자주 눈에 띄는 부패와 무능을 곰곰이 들여다본다면, 일반 국민들이 줄곧 번영을 누리고 있다는 사실에 정말 놀랄 수밖에 없다. 하지만 그렇게 생각하는 것은 잘못이다. 아메리카의 민주주의를 번창하게 만드는 것은 결코 선거로 뽑힌 행정관리들이 아니다. 행정관리들이 선거로 뽑히기 때문에 아메리카의 민주주의가 번창하는 것이다.

아메리카인들의 애국심이나 이들 개개인이 동료 시민들의 복리를 위해 바치는 열의가 전부 다 현실성이 부족하다고 생각하는 것은 옳지 않아 보인다. 다른 곳에서와 마찬가지로 합중국에서도 개인의 사적 이익이 인간 행동의 대부분을 인도하지만 그렇다고 모든 행동을 다 규정하는 것은 아니다.

나로서는 아메리카인들이 공적인 일을 위해서 진정으로 커다란 희생을 감수하는 것을 자주 보았다고 여기서 밝혀두어야겠다. 그리고 그들은 필요한 경우 서로에게 진정한 도움의 손길을 내민다고 나는 여러 차례 말했다.

합중국 주민들이 가진 자유 제도들과 그들이 자주 활용하는 정치적 권리들은 개개 시민들에게 그들이 함께 살고 있다는 것을 끊임없이, 그리고 수천 가지 방식으로 일깨워준다. 자기 동료들에게 유용한 인간이 되는 것이야말로 인간의 의무인 동시에 이익이라는 생각을 자유 제도들이 언제 어디서나 시민들에게 환기시키는 것이다. 그리고 이제 더 이상 누구의 노예도 아니고 주인도 아니라는 점에서 다른 사람들을 미워해야 할 특별한 이유가 없는 까닭에, 사람들의 마음은 어렵지 않게 친절한 감정으로 기울게 된다. 처음에는 필요에 의해서, 나중에는 선택에 의해서 사람들은 일반 이익에 관심을 갖게 된다. 타산이었던 것이 본능이 된다. 그리고 동료 시민들의 복리를 위해 일하다 보니 마침내는 이들에게 봉사하는 습성과 취향을 몸에 익히게 되는 것이다.

프랑스에서 많은 사람들이 조건들의 평등을 첫 번째 폐단으로,

정치적 자유를 두 번째 폐단으로 간주한다. 첫 번째 것을 어쩔 수 없이 감내해야만 한다면, 이들은 적어도 두 번째 것에서 벗어나려 애쓴다. 그런데 나로서는 평등이 가져올 수 있는 폐단에 맞서기 위해서는 효과적인 치료법이 한 가지밖에 없다고 생각한다. 그것은 바로 정치적 자유이다.

제5장

아메리카인들이 사회생활에서 결사를 활용하는 방식

다수의 전제적 행동이나 왕권의 침탈에 맞서 사람들이 스스로를 보호하기 위해 결성하는 정치 결사들에 대해서는 여기서 다루지 않을 것이다. 이 문제에 대해서는 앞에서 이미 다루었다. 만일 시민이 개인적으로 더욱 무기력해져서 혼자 힘으로 자신의 자유를 유지하기가 더욱 어려워진다면, 그는 자신의 자유를 보호하기 위해서 동료 시민들과 힘을 합치는 방법을 배워야 할 것이다. 그렇지 못한다면 평등이 확립됨에 따라서 압제가 필연적으로 증대되리라는 것은 틀림없는 사실이다. 물론 이러한 사실은 사회생활에서 구성되는 결사들, 요컨대 정치적인 성격의 목적을 전혀 갖지 않는 결사들에만 해당된다.

정치 결사들은 합중국에 존재하는 결사들을 모두 그려 넣은 거대한 화판의 한복판에서 눈에 잘 띄는 아주 작은 점들에 지나지 않는다.

연령대나 조건이나 지식수준을 망라하고 아메리카인들은 누구든 끊임없이 결사를 결성한다. 이들은 모두가 참여하는 상공 결사들을 가지고 있을 뿐만 아니라 종교 결사, 도덕 무장 결사, 진지한 결사, 하찮은 결사, 포괄적인 결사, 제한적인 결사, 대규모 결사, 소규모 결사 등 온갖 유형의 결사들을 가지고 있다. 아메리카인들은 축제 행사를 열기 위해서, 기숙학교를 세우기 위해서, 여인숙을 짓기 위해서, 교회를 세우기 위해서, 책을 배포하기 위해서, 극지에 선교사를 파견하기 위해서 결사들을 조직한다. 이들은 이러한 방식으로 병원을 만들고 교도소를 짓고 학교를 세운다. 뿐만 아니라 이들은 진실을 밝혀낸다든가 훌륭한 모범을 북돋기 위해서도 결사를 만든다. 어떤 새로운 기획이 도모되는 곳 어디에서든 프랑스에서는 정부 당국을 보게 되고 영국에서는 귀족 나리를 보게 된다면, 합중국에서는 결사를 보게 된다.

나는 아메리카에서 여러 유형의 결사들을 만나보았지만, 솔직히 말해서 별 생각 없이 무심코 지나쳤다. 그리고 나는 합중국 주민들이 대단히 많은 사람들의 노고에 어떤 공통의 목표를 제공해주고 그들이 이 목표를 향해 자발적으로 나아가게 안내하는 탁월한 기술에 대해 이따금 찬사를 보냈다.

그 후에 나는 영국을, 말하자면 아메리카인들이 법률 몇 가지와 관습의 대부분을 가져다 쓰고 있는 나라를 여행한 적이 있다. 내가 보기에 영국인들은 아메리카인들만큼 결사를 끝없이, 그리고 효율적으로 활용하지는 않는 것 같았다. 아메리카인들은 아주 작은 일들을 위해서도 결사를 구성하는 반면에, 영국인들은 아주 큰 일들도 혼자서 해내곤 한다. 아메리카인들이 결사를 행동을 위한 유일한 수단으로 보는 반면에, 영국인들은 결사를 행동을 위한 강력한 수단 중 하나로 간주한다.

이렇게 지구상에서 가장 민주주의적인 나라는 오늘날 공통의 욕구라는 목표를 공동으로 추구하는 기술을 가장 완벽하게 발전시킨 나라이며, 이 새로운 기술을 가장 많은 목표들에 적용한 나라이다. 이것은 우연한 결과인가, 아니면 결사의 원리와 평등의 원리 사이에 실제로 어떤 필연적인 관계가 존재하는가?

귀족 사회에는 언제나 스스로는 무기력한 다수의 개인들과 스스로 커다란 일들을 도모할 수 있는 아주 힘세고 아주 부유한 소수의 시민들이 있다. 귀족 사회에서 사람들은 이미 견고하게 결속해 있는 까닭에 행동하기 위해 결사를 만들 필요가 별로 없다. 힘세고 부유한 시민들은 그들에게 종속되어 있어서 그들의 뜻에 따라 움직이는 사람들로 구성된 어떤 상시적이고 강제적인 결사의 우두머리처럼 행세한다.

이와 반대로 민주 사회에서 모든 시민은 서로 독립적이고 왜소하다. 그들은 혼자서는 거의 아무것도 할 수 없다. 그리고 그들 중 어느 누구도 동료들에게 도움을 요구할 수 없다. 따라서 서로 자발적으로 돕는 방법을 배우지 않는다면, 그들은 모두 무기력한 존재로 전락하고 말 것이다.

만일 민주 국가에 사는 사람들이 정치적 목적을 위해 서로 결합할 권리나 취향을 지니지 못한다면, 이들이 누리는 독립성은 커다란 위험에 처하게 되겠지만, 그래도 이들이 누리던 재산과 지식은 오랫동안 보전될 수 있을 것이다. 반면에 만일 이들이 일상생활에서 결사를 결성하는 관습을 익히지 못한다면, 문명 자체가 위험에 처하게 될 것이다. 국민 개개인이 독자적으로 무언가 중요한 일들을 해낼 힘을 잃은 나라가 단합해서 그 일들을 해낼 능력마저 얻지 못한다면, 그 나라는 곧 야만 상태에 빠질 것이다.

불행하게도 결사를 민주 국가에 가장 필요한 요소로 만들어주는 바로 그 사회 상태가 그 어느 곳보다도 바로 민주 국가에서 결사의 결성을 어렵게 만들기도 한다.

귀족 사회에서는 귀족계급에 속하는 몇몇 사람들이 결사를 결성하고자 한다면, 그들은 별 어려움 없이 그렇게 할 수 있다. 그들 각자가 결사에서 상당한 위력을 과시하는 까닭에, 회원의 수는 제한될 수밖에 없다. 그리고 회원들이 소수인 까닭에, 이들은 서로 잘 알고 서로 잘 이해하게 되며 쉽게 고정된 규약을 만들어낸다.

민주 국가에서는 이러한 일이 생기지 않는다. 여기서는 어떤 결사가 일정한 위력을 보유하기 위해서는 언제나 회원의 수가 많아야만 한다.

우리 프랑스인들 중에는 이러한 문제를 진지하게 받아들이는 사람이 거의 없다는 것을 나는 잘 알고 있다. 시민들이 더욱 왜소해지고 더욱 무능해질수록, 개인이 할 수 없는 일을 결사가 해낼 수 있도록 하기 위해서는 정부가 더욱 유능하고 더욱 활동적이 되어야만 한다고 그들은 주장한다. 그들은 이렇게 말하는 것으로 문제에 대한 충분한 답이 되었다고 생각한다. 하지만 내 생각으로는 그들이 오해하고 있다.

물론 정부가 아메리카의 가장 큰 결사들 중 몇몇의 역할을 대신할 수도 있을 것이다. 그리고 합중국에서 몇몇 주들은 벌써 그렇게 하고 있다. 하지만 아메리카의 시민들이 결사의 도움을 받아 매일매일 해내는 그 수없이 많은 자잘한 일거리들을 도대체 어떤 정치권력이 떠맡아 해낼 수 있겠는가?

인간이 생활에 가장 필요한 품목들을 자기 혼자서 만들어내기가 점점 더 어려워지는 때가 다가오고 있다는 것은 누구나 쉽게 예상할 수 있다. 따라서 사회 권력(pouvoir social)이 떠맡는 과업은 꾸준히 늘어날 것이고, 그에 따라 그 과업의 규모도 날이 갈수록 커질 것이다. 이 사회 권력이 결사들을 대신하면 할수록, 개인들은 결사를 결성한다는 생각을 미처 하지 못하고 더욱더 사회 권력의 도움을 필요로 하게 될 것이다. 이러한 것들은 서로에게 원인과 결과가 되어 끊임없이 상승작용을 일으킬 것이다. 공공 행정이 마침내 고립된 시민이 혼자서는 해낼 수 없는 모든 일을 떠맡을 것인가? 그리고 만일 토지의 극단적인 분할로 인해서 토지가 무수히 쪼개져서 농업 노동자들의 결사에 의해서만 겨우 경작될 날이 온다면, 정부의 지도자가 쟁기를 잡기 위해 국가 기구를 떠나야 할 것인가?

만일 민주 국가에서 정부가 결사들의 역할을 완전히 대신하게 된다면, 민주 국민의 모럴과 지성은 그 상업이나 공업만큼 위기에 처하게 될 것이다.

인간의 감정과 사상이 쇄신되고 심정이 확대되며 정신이 발전하는 것은 인간들 사이의 상호작용과 교감을 통해서일 뿐이다. 민주 국가에서는 이러한 상호작용이 거의 전무하다는 것을 나는 이미 보여주었다. 따라서 민주 국가에서는 이것을 인위적으로 만들어내야만 하는데, 오직 결사만이 만들어낼 수 있다.

귀족 사회의 구성원들이 새로운 사상을 채택하거나 새로운 감정을 일깨우고자 할 때, 그들은 그 사상과 감정을 말하자면 그들이 위치해 있는 커다란 무대 위에 그들과 나란히 위치시킨다. 이렇게 대중의 눈에 잘 띄도록 내보인 후에 그들은 그 사상과 감정을 주변 모든 사람의 정신과 마음속에 아주 쉽게 집어넣는 것이다.

민주 국가에서는 당연하게도 이러한 식으로 행동할 수 있는 것은 사회적 권력뿐이다. 그런데 그러한 행동은 언제나 불충분하고 때로 위험하기까지 하다는 것은 쉽게 알 수 있다.

큰 나라에서 정부는 모든 상공 기업을 전부 통솔하기 힘든 것과 마찬가지로, 감정과 사상의 순환을 혼자서 관리하고 쇄신하기 힘들 것이다. 정부가 정치 영역을 벗어나서 이 새로운 길로 접어들려고 한다면, 정부는 원하든 원하지 않든 간에 참을 수 없는 독재를 행사하는 셈이다. 정부는 엄격한 규정을 지시할 수밖에 없게 되고 바람직하다고 여기는 감정과 사상을 강요하게 되며, 정부의 명령과 정부의 권고 사이에 사실상 구분이 어려워지기 때문이다.

만일 정부가 모든 움직임을 막는 데 실제적으로 관심을 기울여야 한다고 믿는다면, 사정은 더욱 악화될 것이다. 그렇게 되면 정부는 현상 유지에 매달릴 것이며 기꺼이 나태에 빠져들 것이다.

따라서 정부가 혼자서 모든 일을 다 해서는 안 된다. 민주 국가에서는 결사들이 조건들의 평등으로 인해 사라져버린 강력한 개인들의 자리를 대신해야만 한다.

합중국의 주민들은 이 세상에서 발전시키고 싶은 어떤 감정이나 사상을 갖고 있을 때, 곧바로 그러한 감정이나 사상을 공유한 사람들을 찾아 나선다. 그리고 그런 사람들을 찾으면 곧바로 결사를 결성한다. 그때부터 그들은 더 이상 고립된 개인이 아니며 멀리서도 보이는 하나의 권력이 된다. 그들의 행동은 본보기가 되며, 그들이 말하면 누구나 듣는다.

합중국에서 무려 10만 명의 사람들이 독주를 마시지 않겠다고 공개적으로 선언했다는 말을 처음 들었을 때, 이 말이 내게는 진지한 언약이라기보다는 농담조 표현으로 들렸다. 그래서 나는 이 절제력 있는 시민들이 왜 집 안에서 물을 마시는 것으로 만족하지 않는지를 잘 이해하지 못했다.

나중에야 나는 이 10만여 명의 아메리카인들이 그들 주변에 주정뱅이가 늘어나는 것을 보고 놀라서 금주를 후원하고자 원했다는 것을 이해하게 되었다. 이들은 마치 일반 시민들이 사치를 멀리하도록 유도하기 위해 스스로 아주 검소한 옷차림을 하는 대영주처럼 행동한 것이다. 만일 이 10만여 명의 사람들이 프랑스에서 살았더라면, 그들 각자는 전국에 있는 술집을 전부 감시하라고 개인적으로 정부에 청원서를 제출했을 것이다.

내가 보기에 아메리카에서 우리의 관심을 끌 가치가 있는 결사는 바로 이러한 지성 결사들이나 도덕 결사들이다. 물론 아메리카에서는 정치 결사들과 상공 결사들이 가장 잘 눈에 들어온다. 그리고 다른 결사들은 눈에 잘 띄지 않을 뿐만 아니라 설사 찾아내더라도 우리가 그런 결사들을 잘 보지 못한 까닭에 제대로 이해하지 못한다. 그럼에도 불구하고 지성 결사와 도덕 결사가 정치 결사나 상공 결사 못지않게, 아니 그 이상으로 더 아메리카인들에게 필요하다는 것을 이해해야만 한다.

민주 국가에서 결사에 관한 지식은 모태 지식이며, 모든 다른 지식의 발전은 바로 이 모태 지식의 발전에 달려 있다. 인간 사회를 규율하는 법칙들 중에서 다른 모든 것보다 더 소중하고 더 명확한 한 가지 법칙이 있다. 인간들이 문명인으로 머물거나 문명인이 되고자 한다면, 조건들의 평등이 증대하는 것과 비례해서 인간들 사이에 결사를 결성하는 기술이 발전해야만 할 것이다.

제6장

공공 결사와 신문 사이의
관계에 대해

　사람들이 더 이상 어떤 견고하고 항구적인 유대에 의해 결속되어 있지 않을 경우, 많은 사람들이 함께 행동하도록 만들기 위해서는 힘을 합쳐야 할 사람들 개개인에게 다른 사람들과 기꺼이 협력하는 것이 그들의 개별적 이익에도 유리하다는 사실을 설득할 수 있어야만 할 것이다.

　이러한 일은 습관적으로든 편의적으로든 신문의 도움을 통해서만 이루어질 수 있다. 같은 시간에 같은 사상을 수천 명의 사람들에게 심어줄 수 있는 것은 신문뿐이다.

　신문은 굳이 찾아 나서지 않아도 스스로 찾아와서 매일매일 공적인 일에 대해 당신에게 간결하게 전해주는 조언자, 그러면서도 당신의 사생활은 방해하지 않는 조언자이다.

　따라서 인간이 점점 더 대등해지고 개인주의가 더욱 기승을 부릴수록 신문은 더욱 필요해진다. 신문이 자유를 보장하는 데 기여할 뿐이라고 생각한다면, 그것은 신문의 중요성을 무시하는 일일 것이다. 그 정도를 넘어서 신문은 문명 자체를 유지해주기 때문이다.

물론 민주 국가에서 신문이 때로 시민들을 아주 무가치한 일들에 함께 빠져들게 유인하곤 한다는 사실을 나는 부인하지 않는다. 하지만 만일 신문이 없었다면, 행동을 함께하는 일도 없었을 것이다. 따라서 신문이 만들어내는 폐단은 신문이 치료해내는 폐단보다 훨씬 적다고 할 수 있다. 신문의 효력은 아주 많은 사람들에게 동일한 계획을 제시하는 것에 그치지 않는다. 신문은 이 많은 사람들에게 그들 스스로 고안해낸 계획을 함께 실행할 수 있는 방법을 제시한다.

귀족 국가에 사는 주요 시민들은 아주 멀리서도 서로 알아볼 수 있다. 따라서 만일 그들이 힘을 합치기를 원한다면 무리를 이끌고 서로에게 다가가기만 하면 된다.

이와 반대로 민주 국가에서는 아주 많은 사람들이 서로 힘을 합칠 욕구와 희망을 가지고 있다고 할지라도 그렇게 할 수가 없다. 이들은 아주 왜소하고 군중 속에 파묻혀 있어서 서로를 알아보지도 못할 뿐만 아니라 서로를 어디서 찾아야 할지도 모르기 때문이다. 그런데 이 많은 사람들에게 동시적으로, 그러나 개별적으로 발생한 감정이나 사상을 누구나 볼 수 있도록 해주는 신문이 나온다. 그러면 모든 사람이 즉시 이 빛을 향해 몰려든다. 오랫동안 어둠속에서 서로 헤매던 사람들이 마침내 서로 만나고 서로 힘을 합친다. 신문은 이 사람들을 결속시켰고 또 앞으로도 이들이 결속을 유지하는 데 필요할 것이다.

민주 국가에서 어떤 결사가 힘을 발휘하려면, 우선 구성원의 수가 많아야 한다. 그런데 결사를 구성하는 사람들은 넓은 공간 여기저기에 흩어져 살며 그들 각자는 얼마 안 되는 수입과 생계를 위한 잡다한 일들 때문에 거주하는 장소에 매여 살 수밖에 없다. 그래서 서로 보지 않고도 매일 대화를 나누며 서로 만나지 않고도 보조를 맞출 수단을 찾아야 한다. 그러므로 신문이 없다면 민주 국가에서도 결사는 존속할 수 없을 것이다.

따라서 결사와 신문 사이에는 어떤 필연적인 관련성이 존재한다. 즉 신문이 결사를 만들고 결사가 신문을 만드는 것이다. 그리고 조건들이 평준화됨에 따라서 결사들이 늘어나야만 했다는 것이 사실이라면, 결사들이 늘어남에 따라서 신문의 수가 증가하는 것도 확실하다. 이렇게 아메리카는 이 세상에서 가장 많은 결사와 가장 많은 신문을 지닌 나라라고 할 수 있다.

신문의 수와 결사의 수 사이의 이러한 관계는 한 나라의 정기간행물의 상태와 행정의 형태 사이의 관계를 알 수 있게 해준다. 민주 국가에서 신문의 수는 행정의 중앙 집중화가 진행된 정도에 반비례해서 증가하거나 감소한다. 그도 그럴 것이 민주 국가에서는 지방 권력의 집행을 귀족 국가에서처럼 그 지역의 유력 시민들에게 내맡길 수 없기 때문이다. 이러한 권한은 폐기되거나 아니면 아주 많은 수의 사람들에게 맡겨져야 한다. 그런데 이 많은 사람들은 일부 영토의 행정을 위해 법률에 의해 항구적으로 설치된 어떤 결사의 구성원들이다. 그래서 이들은 사소한 일상사 속에서 매일같이 자신들에게 공공 업무에 대한 소식을 전해줄 신문을 필요로 한다. 지방 권력의 수가 많으면 많을수록 그 권력을 집행하도록 법률에 의해 권한을 부여받는 사람들의 수도 많아진다. 그리고 이러한 필요가 매 순간 절실하게 느껴질 때마다 신문은 마구 늘어난다.

아메리카에서 신문의 수가 엄청나게 증가한 것은 이 나라가 누리는 상당한 정치적 자유나 언론의 절대적 독립성 때문이라기보다는 행정 권력의 극단적인 분산 때문이다. 만일 합중국에 사는 모든 사람이 주(州) 단위에서 의원들을 뽑는 데만 주권을 행사하는 선거제도에 종속된 유권자에 지나지 않는다면, 그들은 공동으로 행동해야 할 중요한 경우가 아주 드문 까닭에 불과 얼마 되지 않는 신문만으로도 충분할 것이다. 그런데 이 거대한 전국 규모의 결사 안에서 법률은 지방 행정을 위한 작은 결사들을 각 지역마다, 각 도시마다 심지어 각 마을마다 설립해놓았다. 이런 식으로 이 나라의 법률은 아메리카인들 개개인이 일상생활에서 공동의 목표를 위해 동료 시민들과 협력하도록 강요하는 셈이다. 그래서 이들 각자는 다른 사람들이 무엇을 하고 있는지를 알기 위해 신문을 필요로 한다.

전국 차원의 대표 기구는 없지만 많은 수의 작은 지방 권력들을 가지고 있는 민주 국가[1]는 궁극적으로 중앙 집중화된 행정부와

---

1) 나는 '민주 국가'라고 말한다. 귀족 국가에서는 행정이 지방 분산화될 수 있으며, 따라서 신문이 꼭 필요하다고 느껴지지 않을 수도 있다. 왜냐하면 지방 권력들이

선출직 입법부를 가진 국가보다 더 많은 신문을 보유하게 될 것이라고 나는 생각한다. 내가 보기에 합중국에서 일간지가 엄청나게 발전한 가장 큰 이유를 아메리카에서는 전국 단위에서의 커다란 자유와 지방 단위에서의 온갖 종류의 자유를 한꺼번에 누린다는 데에서 찾을 수 있다.

프랑스와 영국에서는 일반적으로 신문에 부과된 세금을 면제하면 신문 발행 부수가 엄청나게 증가할 것으로 생각한다. 이것은 그러한 조치의 효과를 지나치게 과장한 생각이다. 신문 부수는 값이 싸지는 만큼 늘어나기도 하지만, 그와 동시에 많은 사람들이 상호 소통과 공동 행동의 필요를 얼마나 자주 느끼는가에 따라 늘어나기도 한다.

마찬가지로 나는 신문의 영향력이 커지는 것은 자주 거론하는 몇 가지 이유보다는 더 일반적인 이유 탓으로 돌려야 한다고 생각한다.

신문은 많은 사람들에게 공통되는 교의나 감정을 재생산한다는 조건에서만 존속할 수 있다. 따라서 신문은 그 신문의 독자들로 구성된 결사를 언제나 대표한다.

이러한 결사는 어느 정도 그 성격이 확고할 수도 있고 어느 정도 내부 유대가 긴밀할 수도 있으며 그 수도 상당할 수 있다. 하지만 결사는 적어도 신문이 살아 있다는 전제 아래서 사람들의 정신

서로 제각기 행동하면서도 서로를 알고 쉽사리 서로 만나고 공감할 수 있는 아주 소수의 수중에 맡겨져 있기 때문이다.

속에서 싹을 피울 수 있다.

　이제 이 장을 끝맺기 위해 간추려 요약해보자. 조건들이 더욱더 균등해지고 인간들이 개인적으로 더욱더 무기력해질수록, 그들은 대중의 흐름에 더욱더 쉽게 영합하게 되고 대중이 버린 의견을 홀로 고집하기가 더욱더 어려워진다. 신문은 결사를 대표한다. 신문은 다른 모든 사람의 이름으로 독자 개개인에게 말하는 것이며 개개인이 무기력하면 할수록 더 쉽게 영향력을 행사한다고 할 수 있다. 따라서 사람들이 서로 평등해질수록, 신문의 영향력은 더욱 커질 것이다.

제7장

시민 결사와 정치 결사의 관계

정치적 목적으로 결사를 결성할 자유를 매일같이 무제한으로 누리는 나라는 이 세상에 한 나라밖에 없다. 이 나라는 시민들이 사회생활에서도 결사의 권리를 줄곧 활용할 생각을 해내고 문명이 가져다줄 수 있는 모든 이점을 이런 방식으로 확보하는 유일한 나라이기도 하다.

정치 결사들이 금지되어 있는 국가에서는 시민 결사들도 드물다. 이것은 우연한 결과라고 볼 수는 없을 것이며, 이 두 종류의 결사 사이에는 자연적이고 아마도 필연적인 관련성이 존재한다고 결론지을 수 있을 것이다.

사람들이란 우연히도 어떤 사안에 공통의 이해관계를 가질 수 있다. 상거래 기업을 운영하는 일일 수도 있고 제조업 공정을 마무리하는 일일 수도 있다. 사람들은 서로 만나게 되며 서로 힘을 합치게 된다. 그래서 이러한 식으로 조금씩 결사에 익숙해진다.

함께 처리해야 할 이러한 작은 일들이 많아지면 많아질수록, 사람들은 자신도 모르는 사이에 더 큰 일들을 함께 처리하는 능력을 얻게 된다. 따라서 시민 결사들은 정치 결사들을 도와준다고 할 수 있다. 하지만 다른 한편으로 정치 결사가 각별히 시민 결사를 발전시키고 완성시키기도 한다.

사회생활에서 사람들은 누구나 그래야만 한다면 자기 힘으로 해낼 수 있다고 스스로 생각한다. 하지만 정치에서는 이러한 것을 상상조차 할 수 없다. 공공 생활에서는 결사의 관념과 연합의 욕구가 모든 시민의 머릿속에 매일같이 나타난다. 함께 행동하는 데에 대한 어떤 생래적인 반감이 있다고 할지라도, 사람들은 언제나 어떤 당파의 이익을 위해 그렇게 할 채비가 되어 있다.

이렇게 정치 생활은 결사의 취향과 습성을 더욱 일반화한다. 정치 생활은 그렇지 않았으면 항상 홀로 생활했을 많은 사람들에게 협력하려는 욕구를 불어넣고 협력하는 방법을 가르쳐준다.

정치 생활은 결사들을 수없이 만들어낼 뿐만 아니라 아주 커다란 결사들을 만들어낸다. 사회생활에서는 어떤 한 가지 관심사가 아주 많은 사람들을 자연스럽게 공동 행동으로 이끌어내는 일이 아주 드물다. 그러한 결과를 이끌어내려면 정말로 정교한 기술이 요구될 것이다. 정치 생활에서는 이러한 기회가 언제든 생긴다. 그런데 결사의 일반적인 가치가 확연하게 드러나는 것은 단지 커다란 결사들에서이다. 개별적으로 무기력한 시민들은 그들이 함께 모임으로써 어떤 힘을 얻을 수 있는지에 대해서 미리 명확한 관념을 가지고 있지 않다. 이들이 이 힘을 이해하려면 이들에게 그 힘을 보여주어야만 한다. 따라서 어떤 공통의 목표를 놓고 그저 몇몇 사람들을 끌어모으는 것보다는 다수의 사람들을 끌어모으는 것이 때로 더 쉬울 수도 있다. 1,000명의 시민으로는 그들이 단결해서 어떤 이익을 얻게 되는지를 알지 못한다. 하지만 1만 명이라면 알게 된다. 정치에서 사람들은 커다란 사업들을 놓고 서로 단결한다. 그리고 중요한 사안들에서 결사의 힘을 활용해봄으로써, 덜 중요한 사안들에서도 서로 돕는 것이 서로에게 이득이 된다는 것을 실제적으로 배우게 된다.

정치 결사는 수많은 개인을 그들 자신만의 세계로부터 한꺼번에 끄집어낸다. 이들의 나이도 기질도 재산도 당연히 서로 다를지라도 정치 결사는 이들을 서로 접근시키고 만나게 해준다. 이들은 이렇게 한 번 만나면, 다음부터는 줄곧 만나게 된다.

대개의 경우 시민 결사에 가입하게 되면 자신의 재산 일부를 잃을지도 모르는 위험을 감수해야 한다. 대개의 상공 기업들이 다 그러하다. 사람들이 아직은 협력의 기술에 익숙하지 못하고 결사 결성의 주요 규약에 대해 잘 모를 때, 그들은 이런 식으로 처음으로 결사를 결성할 때 이로 인해 너무나 비싼 대가를 치르게 되지나 않을지 우려하게 된다. 따라서 그들은 이러한 강력한 성공 수단을 사용하는 데 따른 위험을 감수하기보다 그러한 수단을 사용하지 않으려 한다. 하지만 그들은 정치 결사에 가입하는 것은 별로 망설이지 않는다. 여기서는 돈을 손해 볼 위험이 별로 없다고 생각하기 때문이다. 그런데 이러한 결사들에 오랫동안 가입해 있으면, 그들은 당연히 이 많은 사람들 사이에서 어떻게 질서가 유지되는지를, 이 많은 사람들이 어떻게 협력해서 체계적으로 동일한 목표를 향해 나아가는지를 반드시 알게 된다. 여기서 그들은 자신의 의지를 다른 모든 사람의 의지에 맞추는 방법, 자신들의 개별적 노력을 공동의 행동에 종속시키는 방법 등등, 정치 결사들에서만큼이나 시민 결사들에서도 필요한 모든 것을 배우게 된다.

따라서 정치 결사는 모든 시민이 결사에 대한 일반 이론을 배우는 커다란 개방학교로 간주할 수 있을 것이다.

그런데 설사 정치 결사가 시민 결사의 발전에 직접적으로 기여하지는 못한다고 할지라도, 정치 결사를 폐지하게 되면 시민 결사도 피해를 입을 것이다.

시민들이 어떤 특정한 경우들에만 결사를 결성할 수 있다면, 그들은 결사를 아주 드물고 특이한 절차라고 여기게 되고 그것에 대해 별로 생각하지 않게 될 것이다.

어떤 일에서든 자유롭게 결사를 결성할 수 있을 때 시민들은 마침내 결사를 사람들이 여러 다양한 목적을 달성하기 위해 사용할 수 있는 보편적이고, 굳이 말하자면 유일한 수단으로 간주하게 된다. 새로운 욕구가 생겨날 때마다 결사를 결성해야겠다는 생각이 마음속에 떠오르는 것이다. 따라서 결사의 기술은, 앞에서 내가 말했듯이, 모태 지식이 된다. 누구나 이 지식을 연구하고 또 실생활에 활용한다.

어떤 결사들은 허용되고 어떤 결사들은 금지될 때, 전자와 후자를 미리 구분하는 것은 어렵다. 막연한 의혹 속에서 사람들은 둘 모두를 멀리하게 된다. 그리고 어떤 결사든 도발적이고 거의 위법

에 가까운 기도로 몰아붙이는 여론이 자리를 잡게 된다.[1]

따라서 결사의 정신이 어떤 한 가지 점에서는 제한을 받더라도 다른 모든 점에서는 활기를 띠고 발전할 것이라고 믿는 것은 환상에 지나지 않는다. 그리고 사람들에게 어떤 일이든 공동으로 착수하도록 허용해주기만 하면 누구나 서둘러 그 일에 달려들 것이라고 믿는 것도 잘못된 생각이다. 시민들이 어떤 일에서든 결사를 결성하는 역량과 습성을 지니게 될 때, 그들은 큰일뿐만 아니라 작은 일을 위해서도 기꺼이 결사를 결성할 것이다. 하지만 만일 시민들이 작은 일을 위해서만 결사를 결성할 수 있을 뿐이라면, 이들은 결사를 결성할 욕구도 역량도 잃게 될 것이다. 상거래를 공동으로 수행할 완전한 자유를 이들에게 부여한다는 것도 별로

---

1) 결사를 허용하거나 금지하는 자의적인 권한이 행정부에 있을 경우 특히 그러하다. 법률은 결사들을 금지할 수 있을 뿐이고 그런 법률을 침해하는 결사들을 처벌하는 권한은 재판부에 있을 경우에는, 폐단이 그리 심하지 않다. 시민은 누구나 예상되는 일에 대해 거의 미리 알 수 있기 때문이다. 어떤 의미에서 시민은 재판관 앞에서 재판을 받기 전에 먼저 스스로를 심판할 수 있게 되고, 따라서 금지된 결사들은 멀리하고 허용된 결사들에 가입하는 것이다. 모든 자유 국가는 결사의 권리가 이런 점에서 제한될 수 있다는 것을 항상 인정해왔다. 그러나 만일 입법부가 어떤 결사가 위험하거나 유용한지를 미리 결정하는 작업을 어느 한 사람에게 맡겨버린다면, 그리고 어떤 경우에 결사 결성이 허용되고 어떤 경우에 금지되는지 아무도 미리 예상할 수 없다는 이유로 결사의 존폐 권한을 어떤 한 사람에게 내맡겨 버린다면, 결사의 정신은 완전히 마비 상태에 빠질 것이다. 이 두 가지 경우 중에 첫 번째 경우는 몇몇 결사들만 겨냥하겠지만, 두 번째 경우는 사회 자체를 겨냥하고 사회 자체에 상처를 입힌다. 법치국가라면 첫 번째 경우에 의존할 것이라고 나는 생각한다. 하지만 나는 두 번째 경우의 조치를 취할 권리를 어떤 정부에도 인정하지 않는다.

소용없는 짓이다. 그들은 주어진 권리를 그저 마지못해 사용할 따름이니 말이다. 그리고 금지된 결사들로부터 그들을 떼어놓기 위해 온갖 노고를 다하고 나서도, 당신은 허용된 결사들을 결성하라고 그들을 설득할 수 없다는 사실에 놀랄 것이다.

　나는 정치 결사가 금지된 나라에서는 어떤 시민 결사도 존속할 수 없다고 말하는 것이 아니다. 그도 그럴 것이 인간이란 어떤 공동의 일거리에 가담하지 않고는 사회생활을 할 수 없기 때문이다. 하지만 이런 나라에서는 시민 결사들이 수적으로 별로 많지 않으며 취지도 모호하고 서투르게 운영될 뿐만 아니라 어떤 장대한 청사진을 만들어내지 못하고 실행하더라도 실패할 것이라고 나는 단호하게 말할 수 있다.

　이런 점을 염두에 둘 때 나는 자연스럽게 다음과 같이 생각하게 된다. 즉 정치 영역에서의 결사의 자유가 우리가 생각하는 것만큼 공공 안녕에 위협적인 것은 아니며 얼마 동안 국가를 교란시키지만 결국은 국가를 강화하게 된다는 점이다.

　민주 국가에서 정치 결사들은 말하자면 국가를 다스리고자 하는 유일한 개별적 세력이다. 따라서 현대의 정부들은 중세의 군주들이 그들 밑에 딸린 봉건 가신들을 대하는 눈으로 이런 종류의 결사들을 대하는 듯하다. 즉 거의 본능적으로 결사들을 싫어하고 만날 때마다 다투는 것이다.

　이와 달리 현대의 정부들은 시민 결사들에 대해서는 자연스럽게 호감을 갖고 대한다. 왜냐하면 이들 결사가 시민들의 정신을 공공 업무로 이끌기는커녕 공공 업무를 멀리하게 만들 뿐만 아니라 시민들을 공공의 안정 없이는 성취될 수 없는 목표들로 조금씩 이끌어감으로써 마침내 혁명에서 멀리 떼어놓는 효과를 발휘하기 때문이다. 하지만 정부들은 정치 결사가 시민 결사를 엄청나게 늘리고 또 발전시킨다는 사실과 위험한 폐단을 피하려다가 효과적인 치유책마저 잃게 된다는 사실을 염두에 두지 않는다. 아메리카인들이 어떤 정치적인 견해를 내세우기 위해, 아니면 어떤 정치인을 권좌에 올려놓거나 내쫓기 위해 매일같이 아주 자유롭게 결사들을 결성하는 것을 볼 때, 당신은 이토록 독자적인 사람들이 어느 한순간도 방종에 빠지지 않는다는 사실을 이해하는 데 상당한 어려움을 겪을 것이다.

다른 한편으로, 합중국에는 공동 책임으로 운영되는 상공 회사들이 엄청나게 많다는 사실을 염두에 둔다면, 그리고 약간의 혁명의 조짐에도 쉽사리 무너져버릴 수 있는 어떤 중요하고 어려운 목표를 이행하기 위해 분투노력하는 아메리카인들이 여기저기서 지켜보게 된다면, 당신은 좋은 일자리를 가진 이 사람들이 국가를 파괴한다거나 그들 역시 혜택을 입고 있는 공공의 평안을 해칠 생각을 전혀 하지 않는 이유를 쉽사리 이해할 수 있을 것이다.

이러한 사실들은 서로 별개의 현상으로 파악하는 것으로 충분할까, 아니면 사실들을 연결시키는 어떤 숨은 고리를 찾아내야 하겠는가? 생활수준이나 지식수준 또는 연령대에 무관하게 모든 아메리카인이 매일같이 결사에 대한 일반적인 취향을 익히고 결사에 익숙해져 가는 것은 바로 정치 결사들에서이다. 여기서 이들은 대규모로 서로 만나고 서로 말을 건네고 들으며 모든 종류의 사업에서 영감과 자극을 주고받는다. 이렇게 해서 얻은 관념들을 이들은 얼마 후 사회생활에 옮겨와서 수천 가지 용도로 활용한다.

이렇게 아메리카인들은 이러한 위험천만한 자유를 향유함으로써 자유에서 오는 위험을 감소시키는 기술을 배우게 된다.

만일 한 국가의 존속 기간 중 어느 한순간만을 끄집어내서 본다면, 정치 결사들이 국가를 혼란에 빠트리고 산업을 마비시킨다는 사실을 입증하기 쉬울 것이다. 하지만 한 국민의 생활 전체를 놓고 본다면, 정치 영역에서의 결사의 자유가 시민들의 복지와 평안에 도움이 된다는 사실을 아마도 쉽게 입증할 수 있을 것이다.

나는 이 책의 앞부분에서 다음과 같이 말했다. "결사의 무제한적 자유가 표현의 자유와 혼동되어서는 안 된다. 전자는 후자보다 덜 필요할 뿐만 아니라 더 위험하다. 어떤 나라는 스스로 자율적으로 통치된다는 것을 보여주면서도 결사의 자유에 일정한 제한을 가할 수 있다. 스스로의 권위를 유지하기 위해서는 때때로 그렇게 할 필요가 있다." 그리고 나는 다음과 같이 덧붙였다. "정치 영역에서의 결사의 무제한적 자유는 모든 형태의 자유 중에서 국민이 감내할 수 있는 마지막 자유라는 사실에 눈을 감아서는 안 된다. 결사의 자유가 국민을 무정부 상태에 빠뜨리지는 않는다고 할지라도, 매 순간마다 그 근처에까지 몰고 갈 것이다."

이러한 이유 때문에, 나는 어떤 나라가 시민들에게 정치 영역에서의 결사의 절대적 자유를 부여할 수 있을 정도로 항상 스스로의 역량을 지니고 있는 것은 아니라고 생각한다. 더 나아가 나는 결사의 자유에 제한을 두지 않는 것이 현명했을, 그런 나라나 그런 시대가 있었을까 하고 의심하지 않을 수 없다.

만일 결사의 권리를 제한하지 않았더라면 이런저런 나라들은 국내에서 안정을 유지하지도 법률의 권위를 존중받지도 못했을 것이며 정부의 존속도 불가능했을 것이라고 말하는 사람들이 있다. 이러한 안녕을 확보한다는 것은 물론 아주 소중한 일이다. 이러한 안녕을 얻고 유지하기 위해서라면 어떤 나라든 일시적으로 상당한 제한 조치를 취하는 것에 동의하리라고 나는 생각한다. 하지만 국가는 또한 이러한 안녕을 확보하는 대신에 어떤 대가를 치러야 하는지도 잘 알아야만 할 것이다.

한 인간의 생명을 구하기 위해서 그의 팔을 잘라내야만 한다면, 나는 그 상황을 이해할 수 있다. 하지만 그가 한 팔을 잃고도 이전과 마찬가지로 활동할 수 있다고 억지로 나를 설득하지 말기를 바란다.

어떻게 아메리카인들은 바르게 이해된 자기 이익이라는 원칙으로 개인주의에 맞서 싸우는가

이 세상이 소수의 힘 있고 부유한 개인들에 의해서 움직일 때에, 그들은 인간의 의무에 대해 숭고한 이념을 부여하기를 좋아했다. 그들은 자기 자신을 잊어버리는 것은 영예로운 일이며 마치 신과 같이 어떤 사리사욕도 없이 선행을 행해야 한다고 기꺼이 말하곤 했다. 이것이 도덕률에 관한 이 시대의 표준적 원칙이었다.

귀족 시대에 살던 사람들이 다른 어떤 시대에 살던 사람들보다 더 높은 덕성(virtue)을 지녔다는 식의 이야기를 나로서는 별로 믿지 않는다. 하지만 귀족 시대에 사람들이 덕성의 아름다움에 대해 끊임없이 말하곤 했다는 것은 확실하다. 그들은 덕성이 어떤 측면에서 효용성이 있는가에 대해 비밀리에 연구하기도 했다. 하지만 인간의 상상력이 더 낮은 곳을 배회하고 누구나 자기 자신에게 칩거하게 됨에 따라서, 모럴리스트들은 이러한 자기 희생이라는 관념에 겁을 집어먹었으며 인간에게 더 이상 그러한 희생정신을 요구하지 않게 되었다. 따라서 그들은 연구의 폭을 좁혀서 어떻게 하면 사회 구성원 모두의 이익을 위해 일하는 것이 시민 개개인에게도 이익이 될 수 있을까를 밝혀내고자 했다. 그리고 그들은 개별 이익이 일반 이익과 만나서 합치되는 지점들을 발견할 때마다 서둘러 그것을 부각시켰다. 이러한 관찰은 점점 늘어났다. 동떨어진 언급에 지나지 않던 것이 일반적인 원칙이 되었으며, 마침내 사람들은 인간이 동료들을 섬기는 것이 곧 자기 자신을 섬기는 길이며 남에게 베푸는 것이 곧 자신의 개별 이익이 된다는 것을 깨달았다고 믿었다.

나는 이 책의 여기저기에서 이미 어떻게 합중국의 주민들이 거의 언제나 자기 자신의 복리와 동료 시민의 복리를 결합시키는가를 보여주었다. 여기서는 과연 어떤 일반적인 규범이 이들 아메리카인을 이러한 행동으로까지 이끌어주었는가에 대해 살펴보도록 하자.

합중국에서는 그 누구도 덕성의 아름다움에 대해서는 거의 언급하지 않는다. 그 대신 덕성은 유용한 것이라고 주장하며 매일매일 그것을 입증한다. 아메리카의 모럴리스트들은 인간이 동료를 위해 자기를 희생하는 것은 위대한 일이기 때문에 그렇게 해야만 한다고 주장하지 않는다. 그 대신 그들은 이러한 희생이 그 희생으로 도움을 얻는 사람들만큼이나 그 희생을 치르는 사람에게도 필요한 것이라고 서슴없이 말한다.

아메리카의 모럴리스트들은 그들이 사는 나라와 시대에서 인간이 어떤 불가항력에 의해 자기 자신에게로 움츠러들게 되었다는 사실을 깨달았다. 그래서 그들은 이러한 힘을 멈추게 하려는 희망을 포기하고 그 힘을 안내하는 것에만 생각을 집중했다.

따라서 그들은 인간이 누구나 자기 자신의 이익을 좇아 행동할 수 있다는 것을 부정하지 않는다. 하지만 그들은 떳떳하게 행동하는 것이 개개인에게도 이익이 된다는 것을 입증하려고 애쓴다.

여기서 그들이 내놓은 논지를 조목조목 살펴보는 것은 나의 취지와 어긋날 뿐만 아니라 불필요한 일이다. 단지 그들이 이러한 논지로 동료 시민들을 설득하는 데 성공했다는 사실만 지적하고 넘어가도록 하자.

일찍이 몽테뉴가 말했다. "길이 똑바로 뻗어 있기 때문에 내가 똑바른 길을 따라가는 것은 아니다. 궁극적으로 그 길이 가장 안전하고 가장 유용하다는 것을 경험으로 알기 때문에 나는 그 길을 따라간다."

따라서 바르게 이해된 자기 이익이라는 원칙은 새로운 것이 아니다. 오늘날 아메리카인들은 전반적으로 그것을 받아들인다. 아메리카에서는 이 원칙이 모든 말과 행동의 밑바닥에 깔려 있을 정도로 일반화되어 있다. 가난한 사람들이건 부자들이건 누구나 이 원칙을 들먹인다.

유럽에서는 이 자기 이익의 원칙이 아메리카에서보다 훨씬 거칠게 나타나기는 하지만 아메리카에서만큼 널리 퍼져 있지도 못하고 잘 인정받지도 못한다. 요컨대 유럽에서 사람들은 더 이상 그렇지도 않으면서 여전히 상당한 자기 헌신을 매일같이 실천하는 척한다.

이와 달리 아메리카인들은 그들 일상생활의 거의 모든 행동을 바르게 이해된 자기 이익의 원칙에 의거해서 설명하기를 좋아한다. 이들은 자기 자신에 대한 계몽된 애착이 어떻게 끊임없이 서로가 서로를 돕게 만들고 국가의 복지를 위해 자기의 시간과 재산의 일부를 기꺼이 내놓도록 만드는지를 유감없이 보여준다. 이 점에서 아메리카인들이 자신들의 진가를 제대로 평가받지 못할 때도 있다고 나는 생각한다. 그도 그럴 것이 다른 곳에서와 마찬가지로 합중국에서도 시민들이 인간 본래의 비이기적이고 무의식적인 충동에 빠져드는 때가 가끔 있기 때문이다. 하지만 아메리카인들은 그들이 이러한 종류의 충동에 이끌리고 있다는 것을 애써 인정하려 하지 않는다. 그들로서는 자신의 천성보다 자신이 가진 원칙과 철학에 더 많은 영예를 부여하길 원한다.

이 정도에서 멈추고 내가 앞에서 설명한 것에 대한 판단을 미룬채 넘어갈 수도 있겠다. 다루는 주제가 정말 어렵다는 핑계도 있으니 말이다. 하지만 나는 그럴 생각이 없다. 나로서는 독자들이 어중간한 상태에 내팽개쳐 있기보다 차라리 문제를 명확하게 보고 나의 의견에 동의하지 않는 것을 바란다.

바르게 이해된 자기 이익이라는 것은 그리 고상한 원칙은 아니지만 명쾌하고 확실한 원칙이다. 그것은 거창한 목표들을 달성하려 하지는 않지만, 겨냥하는 모든 것을 큰 노력을 들이지 않고 달성한다. 그것은 별다른 지식을 요구하지 않는 까닭에, 사람들은 누구나 그것을 쉽게 파악하고 별 어려움 없이 익힌다. 그것은 놀랄만큼 능숙하게 인간의 약점을 파고들어서 아주 쉽게 마음을 사로

잡는다. 그리고 이 원칙은 어느 한 개인의 이익을 다른 개인의 이익과 맞서게 할 뿐만 아니라 열정을 불러일으킨 자극제를 가지고 그 열정을 인도하기 때문에, 사람들은 누구나 별 어려움 없이 이 원칙을 몸 안에 지닌다.

바르게 이해된 자기 이익이라는 원칙은 원대한 자기 희생을 낳지는 않지만 날마다 작은 희생을 유발한다. 이 원칙만으로는 인간이 덕성을 지니게 되지는 않는다. 하지만 이 원칙은 많은 시민들에게 규칙, 절제, 예지, 극기의 정신을 심어준다. 그리고 이 원칙이 비록 시민들을 의지에 의해서 직접적으로 덕성에 이르도록 이끌지는 못하지만, 습성에 의해서 무의식적으로 덕성에 다가가도록 이끈다.

만일 바르게 이해된 자기 이익의 원칙이 도덕 세계를 완전히 장악하게 되면, 특별하고 놀라운 덕성들은 물론 아주 드물어질 것이다. 하지만 이와 동시에 나는 조잡한 일탈 행위들도 크게 줄어들 것이라고 생각한다. 바르게 이해된 자기 이익의 원칙은 몇몇 사람들이 인간성의 평균 수준 이상으로 올라서는 것을 막을지도 모른다. 하지만 평균 수준 아래에 있는 대다수 사람들을 평균 수준에 머물도록 끌어올릴 것이다. 몇몇 개인으로 보면 도덕 수준이 낮아지겠지만, 인류 전체로 보면 높아지는 셈이다.

내가 보기에 바르게 이해된 자기 이익의 원칙은 모든 철학 이론 중에서 우리 시대의 인간들의 필요에 가장 적합한 원칙이라고 나는 서슴없이 말할 수 있다. 이 원칙은 인간 자신으로부터 인간을 보호하기 위해 인간에게 남아 있는 가장 강력한 보장책이라고 나는 생각한다. 따라서 우리 시대의 모럴리스트들이 우선적으로 관심을 기울여야 하는 것은 바로 이 원칙이다. 이 원칙이 완벽하지는 않다고 판단하더라도 우선은 필요한 것으로 받아들여야 할 것이다.

나로서는 모든 점을 고려할 때 아메리카보다 우리 프랑스에 이기주의가 더 만연해 있다고 생각하지는 않는다. 유일한 차이는 아메리카에서는 그것이 계몽되어 있는 반면에 프랑스에서는 그렇지 않다는 점이다. 아메리카인은 다른 사람들의 이익을 지키기 위해서 자신의 개인적 이익 가운데 일부를 희생할 줄을 안다. 프랑스인은 다 가지려 하다가 이따금 다 잃어버린다.

주변에서 나는 유용한 것이 옳지 못한 것은 절대 아니라고 매일같이 자신의 말과 행동을 통해 동료들에게 가르치려는 듯 보이는 사람들을 흔히 본다. 그런데 옳은 것이 어떻게 유용한 것으로 될 수 있을까를 동료들에게 이해시키려 애쓰는 사람들은 도무지 주변에서 찾아볼 수 없게 될까?

지구상의 어떤 힘도 조건들의 평등에 의해 인간 정신이 유용한 것을 추구하게 되는 것을 막을 수 없을 것이며 시민들이 자기 자신에게로 수그러드는 것을 막을 수 없을 것이다. 그러므로 개인적 이익이 비록 인간 행동의 유일한 동기는 아닐지라도 주요 동기가 될 것이라는 점은 충분히 예상되는 일이다. 하지만 자신의 개인적 이익이라는 것을 각자가 어떻게 이해하고 있는가를 알아야 할 것이다.

만일 시민들이 서로 대등해짐에 따라서 그만큼 무지해지고 거칠어진다면, 이들의 이기주의가 과연 어디에까지 이르게 될지는 예상하기 어렵다. 그리고 이들이 동료들의 복리를 위해서 자신의 안락 중 일부를 희생하기를 꺼리다가 어떤 비참한 지경에 빠지게 될지는 아무도 미리 말할 수 없을 것이다.

나로서는 아메리카에서 설파되는 것과 같은 이 자기 이익의 원칙이 모든 측면에서 자명하다고 생각하지는 않는다. 하지만 이 원칙은 상당히 많은 명백한 진실들을 간직하고 있기 때문에 누구나 교육만 받으면 그 원칙을 제대로 알아보게 될 것이다. 따라서 우선 교육을 받아야 한다. 그도 그럴 것이 맹목적인 희생과 본능적인 덕성의 시대는 이미 우리에게서 멀어졌으니 말이다. 그리고 자유나 공공 안녕이나 사회 질서 따위가 교육 없이는 존재할 수 없는 시대가 다가오고 있으니 말이다.

제9장

어떻게 아메리카인들은 바르게 이해된 자기 이익의 원칙을 종교 문제에 적용하는가

바르게 이해된 자기 이익의 원칙이 이 세상의 문제들만을 염두에 둔다면 그리 만족스럽지 못할 것이다. 그도 그럴 것이 저승에서만 그 보상을 찾을 수 있는 희생도 아주 많기 때문이다. 그리고 덕성의 유용성을 입증하기 위해 아무리 노력을 기울인다 할지라도, 죽음에 대해 생각해보지 않은 사람에게 바르게 살라고 하는 것은 언제나 어려운 일일 것이다.

따라서 바르게 이해된 자기 이익의 원칙이 종교적 믿음과 쉽사리 조화를 이룰 수 있는가를 살펴볼 필요가 있을 것이다.

이 원칙을 가르치는 철학자들은 인간이 이 세상에서 행복하기 위해서는 자신의 열정을 늘 감시해야 하며 그 열정이 지나치지 않도록 주의 깊게 억제해야 한다고 말한다. 더 나아가 이들은 수천 가지 일시적인 향유를 포기해야만 항구적인 행복을 얻을 수 있으며 끊임없는 자기 단속을 통해서만 최선의 성취를 이룰 수 있다고 말한다.

거의 모든 종교의 창시자들은 이와 비슷한 말을 해왔다. 이들은 목표에 도달하는 다른 길을 제시했다기보다는 그 목표를 더 멀리 두었을 뿐이다. 요컨대 요구되는 희생에 대한 보상을 이 세상에서 구하기보다 저 세상에서 구하고자 하는 것이다.

그럼에도 불구하고 나는 종교적인 동기에서 덕성을 실천하는 사람들이 모두 보상을 바라고 그렇게 하는 것이라고는 생각하지 않는다. 나는 모두의 행복을 위해 아주 열심히 일하면서 항상 자기 자신은 잊고 지내는 열렬한 기독교인들을 많이 알고 있다. 그리고 그들이 현세에서의 헌신은 내세에서의 축복으로 보답을 받을 것이라고 말하는 것을 자주 들어왔다. 하지만 나는 그들이 잘못 생각하고 있다고 말하지 않을 수 없다. 나는 그들을 너무도 존경하기 때문에 그들의 그러한 말을 믿을 수 없다.

물론 기독교는 인간이 하늘나라에 오르려면 자기보다 남을 더 사랑해야 한다고 우리에게 가르친다. 하지만 기독교는 또한 하느님의 은혜에 의해 동료들에게 선행을 베풀어야 한다고 우리에게 말한다. 이것은 정말 숭고한 표현이다. 인간은 자신의 지성을 통해 하느님의 섭리를 알게 된다. 인간은 질서야말로 하느님의 뜻이라는 것을 알고 하느님의 원대한 구상에 힘을 보태는 것이다. 그리고 인간은 자신의 개인적 이익을 만물의 이 놀라운 질서에 희생하면서도 그 질서를 마음속에 그려보는 즐거움 외에는 어떤 보상도 전혀 기대하지 않는다.

따라서 나는 자기 이익이 종교인의 유일한 행동 동기라고는 생각하지 않는다. 하지만 자기 이익이라는 것은 인간을 인도하기 위해 종교가 사용할 수 있는 으뜸 수단이라고 나는 생각한다. 그리고 종교가 대중의 마음을 장악하고 인기를 끄는 것은 바로 종교의 이러한 측면 때문이라고 나는 확신한다.

따라서 나는 바르게 이해된 자기 이익의 원칙이 어떻게 인간을 종교적 믿음으로부터 떼어놓는다는 것인지 그 이유를 명확하게 알 수가 없다. 오히려 나로서는 이 원칙이 어떻게 인간을 종교적 믿음으로 다가가게 만드는지를 밝혀내는 일이 쉬울 듯하다.

이 세상에서 행복을 얻기 위해서 인간이 어떤 경우에든 본능을 억제하고 생활 속의 모든 행동을 심사숙고한다고 가정해보자. 그리고 인간이 원초적인 욕망의 분출을 맹목적으로 따르지 않고 그 욕망을 제어하는 기술을 터득했으며 일생 동안의 영속적인 이익을 위해서 순간의 쾌락을 크게 무리하지 않고 희생하는 데 익숙해졌다고 가정해보자.

만일 이런 사람이 자신이 공언한 종교를 신봉한다면, 그는 그 종교가 부과한 금지 조치들을 지키는 데 별로 어려움이 없을 것이다. 그는 합리적인 생각에 따라 그렇게 할 것이며 몸에 익힌 습성에 따라 충분히 감수할 것이다.

설사 그가 자신이 희망하는 목표에 대해 약간의 의혹을 품었다고 할지라도 그는 그 의혹에 부딪혀 머뭇거리지는 않을 것이다. 그는 저세상에서 받을 막대한 유산에 대한 자신의 권리를 보존하기 위해서 이 세상의 이익들 중 약간을 희생하는 것이 현명한 일이라고 판단할 것이다. 파스칼은 이렇게 말하지 않았는가. "기독교가 참된 종교라고 믿으면서 속는다면, 잃을 것이 많지 않을 것이다. 하지만 기독교가 거짓 종교라고 믿으면서 속는다면, 그것은 엄청난 불행일 것이다!"

아메리카인들은 내세에 대해서 노골적으로 무관심을 내보이지는 않는다. 그리고 그들은 피하고 싶은 위험을 무시하는 유치한 자만심을 드러내지도 않는다. 따라서 그들은 어떤 부끄러움도 어떤 어리석음도 없이 자신의 신앙을 실천한다. 하지만 아메리카인들의 종교적 열의는 일반적으로 아주 침착하고 아주 짜임새 있고 아주 잘 계산된 그 어떤 것으로 가득 차 있어서, 그들은 감성보다 이성에 의해서 하느님 앞으로 나아가는 듯이 보인다.

아메리카인들은 자기 이익에 의해서 종교를 따를 뿐만 아니라, 그 종교를 따르게 만드는 자기 이익 자체를 종종 이 세상에 놓는다. 중세에 성직자들은 내세에 대해서만 이야기했다. 그들은 진솔한 기독교인이라면 이 세상에서도 행복할 수 있다는 것을 증명하는 데에 거의 신경을 쓰지 않았다.

그러나 아메리카의 설교자들은 끊임없이 지상의 일에 대해 언급한다. 그들로서는 현세에서 관심을 떼기가 오히려 어려울 정도이다. 회중을 감동시키기 위해서 그들은 종교적 믿음이 얼마나 자유와 질서에 도움을 주는지를 매일같이 보여준다. 그래서 그들의 설교를 듣다 보면 종교의 주요 목적이 내세에서의 영원한 복음을 얻는 데 있는지, 아니면 현세에서의 안락을 얻는 데 있는지 때로는 분간하기 어려워지기도 한다.

제10장

아메리카에서의
물질적 안락의 취향에 대해

아메리카에서 물질적 안락에 대한 열정은 유일무이한 열정이라고 하기는 힘들지만 가장 일반화된 열정이라고 할 수 있다. 모든 사람이 똑같은 정도로 그 열정을 체득하지는 않지만 누구나 그것을 느낀다. 육체의 아주 사소한 욕구까지도 만족시키려는 배려, 생활의 아주 사소한 편의까지도 제공하려는 배려는 아메리카에서 모든 사람에게서 찾아볼 수 있다.

이와 유사한 현상이 유럽에서도 점점 분명하게 나타난다. 이 두 세계에서 비슷한 효과를 낳는 원인 가운데 몇 가지는 나의 주제와 밀접한 관계가 있다. 이 점에 대해 살펴보자.

가문 안에서 부가 세습적으로 대물림될 경우, 아주 많은 사람들이 자기만 누릴 수 있는 즐거움이라고 생각하지 않으면서 물질적 안락을 즐길 수 있다. 인간의 마음은 어떤 값진 물건을 평온하게 소유하려는 욕망에 의해 지배되기보다는 소유하더라도 만족할 줄 모르는 욕망과 잃어버릴지도 모른다는 끊임없는 불안감에 의해 지배되기 마련이다.

귀족 사회에서 부자들은 자신의 현재 상태와는 다른 상태를 전혀 경험해보지 못한 까닭에, 자신의 상태를 바꾸는 것에 대해 어떤 걱정도 하지 않는다. 그들은 그런 변화가 일어나리라는 것을 상상조차 못한다. 따라서 물질적인 안락은 그들에게 인생의 목적이 되지 못한다. 그것은 그저 생활의 한 방식일 뿐이다. 그들은 말하자면 그것을 당연한 삶의 조건으로 여기며, 골똘히 생각해보지 않고 그것을 즐긴다.

이렇게 모든 사람이 안락에 대해 느끼는 자연적이고 본능적인 취향은 별 어려움도 별 걱정도 없이 충족되는 까닭에, 그들의 영혼은 다른 곳으로 향하며, 그들을 자극하고 북돋는 더 어렵고 더 원대한 일에 매달린다.

그러므로 물질적인 향유를 한껏 누리면서도 귀족계급의 구성원들은 자주 이러한 즐거움에 대해 거만스러울 정도의 경멸감을 드러내며 그러한 향유를 누리지 못할 상황에서는 놀라운 자제력을 발휘할 줄 안다. 귀족 사회들을 뒤흔들고 파괴해버린 모든 격변은 사치에 길들여진 사람들이 필수품 없이도 지낼 수 있는 반면에, 무진 애를 쓴 끝에 겨우 여유를 얻은 사람들은 그 재산을 잃어버리면 버티기 힘들어 한다는 사실을 잘 보여준다.

상류층에서 하층계급들로 넘어가 보면, 전혀 다른 원인들이 비슷한 결과들을 낳는 것을 알 수 있다. 귀족계급이 사회를 지배함에 따라 변화가 드문 나라에서는, 부자들이 풍요에 익숙해지듯이,

인민은 가난에 익숙해진다. 부자들은 별 어려움 없이 물질적 안락을 누리는 까닭에 그 물질적 안락에 대해서 별로 마음을 쓰지 않는다. 인민은 안락을 얻을 가망이 별로 없는 데다가 안락을 갈구할 만큼 그런 생활을 잘 아는 것도 아닌 까닭에, 별로 그것에 개의치 않는다.

이러한 종류의 사회에서 가난한 사람들의 상상력은 다른 세계로 향한다. 현실 세계의 비참함에 의해 구속받기는 하지만 이들의 상상력은 현실을 넘어 저 먼 나라로 즐거움을 찾아 떠난다.

이와 반대로 계층이 서로 뒤섞이고 특권이 폐지되었을 때, 상속 재산이 분할되고 지식과 자유가 확산되었을 때에는, 안락을 얻으려는 열망이 가난한 사람들의 상상력을 채우는 반면에 안락을 잃을지도 모른다는 두려움이 부자들의 마음을 채운다. 어중간한 재산을 가진 많은 사람들이 생겨난다. 이러한 사람들은 향유에 대한 취향을 몸에 익히기에는 충분하지만 맘 놓고 향유를 즐기기에는 충분하지 않은 정도의 물질적인 안락을 누리고 있다. 이들은 많은 땀방울을 흘려야만 안락을 얻을 수 있으며 긴장해야만 겨우 안락을 만끽할 수 있다. 이렇게 이들은 이토록 귀하고 이토록 불완전하며 이토록 덧없는 이러한 향유를 추구하거나 보유하는 데 끊임없이 매달리는 것이다.

평범한 출신 성분과 어중간한 재산 규모로 인해 자극받기도 하고 위축되기도 하는 그런 사람들에게 가장 잘 어울리는 열정이 과연 무엇일까 하고 자문해본다. 안락에 대한 취향보다 이들에게 더 잘 어울리는 열정은 없을 것이라고 나는 생각한다. 물질적 안락에 대한 열정은 본질적으로 중간계급의 열정이다. 이 열정은 중간계급과 더불어 성장하고 확산되며, 굳이 말하자면 중간계급과 운명을 함께한다. 중간계급 속에서 자라난 물질적 안락의 열정은 사회의 상층부로 올라가기도 하고 하층계급에까지 내려가기도 하는 것이다.

아메리카에서 나는 부자들이 즐기는 향유에 동경과 시샘의 눈빛을 보내지도 못할 만큼 가난한 사람들, 운명의 여신이 내주지 않고 완강하게 버티는 재산을 자신의 상상력을 통해 미리 맛보지 않는 가난한 사람들을 만나본 적이 없다.

마찬가지로 아메리카에서 나는 가장 풍요롭고 가장 방탕한 귀족 사회의 한복판에서 이따금 찾아볼 수 있는, 물질적 안락에 대한 이 당당한 경멸감을 내보이는 부자들을 만나본 적도 없다. 이들 부자의 대부분은 한때 가난한 사람들이었다. 그들은 궁핍의 고통을 맛보았고 오랫동안 적대적인 운명과 싸워왔다. 그리고 이제 겨우 승리를 획득하자 싸움에서 몸에 밴 열정이 줄곧 이들의 뒤를 따라다닌다. 이들은 지난 40년 동안 줄곧 갈망해온 이 자잘한 향유들에 여전히 도취해 있는 것이다.

다른 곳과 마찬가지로 합중국에도 자신의 노력 없이 상속으로 많은 재산을 물려받은 사람들이 꽤나 많다고 할 수 있다. 하지만 이런 사람들조차도 물질적 안락을 향유하는 데 상당한 집착을 보인다. 안락에 대한 애착은 이제 전국적으로 나타나는 압도적인 취향이 되었다. 인간 열정의 본류는 바로 이 방향으로 흐른다. 모든 것이 이 흐름 속에 휩쓸린다.

제11장

민주 시대의 물질적 향유에 대한 애착이 낳은 특별한 효과들에 대해

앞에서 설명한 것으로 미루어 짐작해서 물질적 향유에 대한 애착이 아메리카인들을 끊임없이 습속의 퇴락으로 몰고 가고 가정의 평안을 해치며 마침내는 사회 자체의 안녕을 위협할 것이라고 생각할 수도 있겠다.

하지만 그렇지 않다. 민주 사회에서는 물질적 향유에 대한 열정이 귀족 국가들에서와는 전혀 다른 효과들을 낳는다.

공공 업무에 대한 무관심, 부의 과잉, 신앙심의 약화, 국가의 쇠락 등으로 인해 귀족계급의 관심이 온통 물질적 향유의 추구로 쏠리는 일이 이따금 일어난다. 또 어떤 때에는 군주의 막강함이나 인민의 무기력함으로 인해 귀족들이 자신의 재산은 빼앗기지 않으면서 권력을 내놓아야만 하고, 무언가 원대한 일을 할 수 있는 길이 막혀 있는 까닭에 욕망을 좇는 들뜬 분위기에 몸을 내맡겨야만 하는 일이 일어나기도 한다. 이렇게 귀족들은 자기 자신의 무게를 이기지 못하고 가라앉아서 옛 영광의 기억을 잊기 위해서 육체의 향락 속으로 빠져들기도 한다.

이렇게 귀족계급의 구성원들이 오로지 물질적 향유에 대한 애착으로 돌아서게 될 때, 그들은 일반적으로 오랫동안 권력을 행사해온 경험에서 얻은 모든 에너지를 이 방향에 쏟아붓는다.

이러한 사람들에게는 안락의 추구만으로는 충분하지 않다. 이들은 어떤 장엄한 타락이나 화려한 부패도 마다하지 않는다. 이들은 이 방면에 너무도 깊이 빠져든 나머지 마치 자신들의 품위를 떨어트리는 기술에서 누가 더 뛰어난지 경쟁이나 하는 듯 보일 정도이다.

따라서 귀족 사회는 한때 더욱 강하고 더욱 영광스럽고 더 많은 자유를 누렸을수록, 더욱더 부패한 모습을 보이게 될 것이다. 따라서 귀족 사회가 아무리 화려한 덕성을 과시한다고 할지라도 언제나 악덕의 광채에 파묻혀버릴 것이라고 나는 예단하지 않을 수 없다.

하지만 물질적 향유의 취향은 민주 시대의 사람들을 이처럼 과도한 상태로 내몰지는 않는다. 민주 시대에 안락에 대한 애착은 끈질기고 배타적이며 보편적인 열정으로 나타나기는 하지만 일정하게 제한된 열정으로 나타난다. 여기에서는 인간의 열정을 최대로 만족시키기 위해 거대한 궁전을 짓는다거나 자연을 정복하거나 기만한다거나 우주를 고갈시키는 일 따위는 생각조차 할 수 없다. 밭을 몇 마지기 더 늘리는 일, 과수원을 가꾸는 일, 거주지를 넓히는 일, 생활을 더욱 편안하고 안락하게 가꾸는 일, 어려움을 피하는 일, 노력도 경비도 거의 들이지 않고 아주 사소한 필요까지도 충족시키는 일 따위가 여기에서는 중요한 일이다. 이러한 것들은 물론 자잘한 일들이지만 사람들의 영혼은 이러한 것들에 얽매여 있다. 사람들은 매일같이 이러한 자잘한 일들을 아주 가까이서 들여다본다. 마침내 이러한 자잘한 일상적 향유가 나머지 세계를 가려버리고, 때로는 인간의 영혼이 하느님에게로 이르는 길을 가로막는다.

이러한 내용은 어중간한 수준의 재산을 가진 시민들에게만 적용될 수 있다고 누군가 반박할 수도 있을 것이다. 요컨대 부자들이 그들이 귀족 시대에 내보였던 취향과 비슷한 취향을 다시금 내보일 것이라고 주장한다. 하지만 나는 이 점에 동의하지 않는다.

물질적 향유의 문제에서 민주 시대의 가장 부유한 사람들은 인민과 전혀 다른 취향을 내보이지는 않을 것이다. 왜냐하면 한편으로 부유한 자도 하층민 출신인 까닭에 실질적으로 취향을 같이하기 때문이며, 다른 한편으로 그러한 취향에 따르는 것이 자신의 의무라고 부유한 자가 믿기 때문이다. 민주 사회에서 대중의 감수성은 상류층이든 하류층이든 누구나 마땅히 따르게 되는 어떤 절제되고 고요한 모양새를 지녀왔다. 자신의 덕성에 의해서든 자신의 악덕에 의해서든 민주 사회에서 일정한 공동의 규범을 무시하기는 어려운 일인 것이다.

따라서 민주 국가에 사는 부자들은 어떤 엄청난 향유보다 자신의 자잘한 욕구들을 충족시키려 애쓴다. 이들은 아주 많은 사소한 욕구들에 만족하며 어떤 무절제한 커다란 열정에 빠져들지 않는다.

요컨대 이들은 방탕에 빠지기보다는 나약에 빠진다.

민주 시대의 사람들이 물질적 향유에 대해 갖는 이 특별한 취향이 천성적으로 질서에 어긋나는 것은 아니다. 오히려 이러한 취향이 충족되기 위해서라도 질서가 필요하다. 이 취향은 또한 규범적 습속과도 어긋나지 않는데, 그도 그럴 것이 훌륭한 습속은 공공 안녕에도 유리하고 상공업 발전에도 도움이 되기 때문이다. 이 취향은 또한 일종의 종교적 도덕률과 결합하기도 하는데, 그도 그럴 것이 사람들이란 으레 내세에서의 행운을 포기하지 않으면서도 현세에서 가능한 한 유복하기를 원하기 때문이다.

물질적 복리 중에서 어떤 것의 소유는 범죄행위를 수반할 수 있다. 따라서 이런 것은 아주 사려 깊게 삼간다. 그 밖에 다른 것들은 종교나 도덕에 의해서 허용된다. 이러한 것들을 위해서 누구나 자신의 마음과 상상력을, 심지어 생명까지도 서슴없이 내놓는다. 그리고 그러한 안락을 차지하려 애쓰다 보면 마침내 인류의 영예와 위대함을 만들어내는 더 값진 재산을 시야에서 잃어버린다.

내가 평등의 원리를 비난한 것은 그것이 사람들을 금지된 향유를 추구하도록 유도했기 때문이 아니라, 허용된 향유에 완전히 빠져들게 만들었기 때문이다. 이렇게 이 세상에는 일종의 정숙한 물질주의가 확고하게 자리를 잡은 듯하다. 이것은 사람들이 영혼을 타락시키기보다 유약하게 만들며 마침내 아무도 모르는 새에 모든 활력을 고갈시켜버린다.

제12장

왜 아메리카인들 중 어떤 이들은 심령주의 성향을 보여주는가

현세의 복리를 얻고자 하는 욕망이 아메리카인들의 지배적인 열정이기는 하지만, 이들의 영혼이 그들을 구속하는 물질적인 속박을 돌연 끊어내고 장엄하게 하늘로 날아오르는 어떤 휴식의 순간들이 있기 마련이다.

합중국의 모든 주에는, 특히 인구가 그리 많지 않은 서부 지방에서는 주님의 말씀을 전하며 이곳저곳 돌아다니는 순회 설교자들을 이따금 만날 수 있다. 늙은이, 여인네, 아이들 할 것 없이 때로는 가족들 전부가 험한 길을 지나고 황량한 삼림을 넘어서 아주 멀리서부터 이들의 말을 들으러 몰려든다. 그리고 여러 날 여러 밤 동안 이들의 설교를 들으면서 일상 업무에 대한 근심이나 심지어 다급한 신체적 요구까지 완전히 잊어버린다.

아메리카 사회에서는 들뜨고 거의 흥분 상태에 가까운 일종의 심령주의에 사로잡힌 사람들을 여기저기서 만날 수 있다. 이러한 사람들은 유럽에서 거의 볼 수 없다. 때로는 영원한 행복에 이르는 특별한 길을 찾으려 애쓰는 종파들이 나타나기도 한다. 아메리카에서 종교적 광신이란 그리 드문 일이 아니다.

이러한 사실을 뜻밖의 일로 받아들일 필요는 없다. 인간에게 무한에 대한 취향과 불멸에 대한 애착을 마련해준 것은 인간이 아니다. 이 숭고한 본능은 변덕스러운 인간 의지에서 나온 것이 아니다. 이 본능은 인간의 천성 속에 단단히 뿌리박혀 있으며 인간의 온갖 몸부림에도 불구하고 그대로 남아 있다. 인간은 이 본능을 저지할 수도 있고 변형시킬 수도 있지만 파괴할 수는 없다.

인간의 영혼은 반드시 충족시켜야 할 욕구를 가지고 있다. 영혼의 긴장을 풀려고 아무리 애쓴다 할지라도, 영혼은 곧 지루해하고 이내 들뜨며 감각의 즐거움 속에서 동요한다.

비록 대다수 인간들의 정신이 물질적 복리의 추구에만 완전히 몰입한다고 할지라도, 몇몇 사람들의 정신 속에는 놀라운 반작용이 일어날 수 있다는 것을 우리는 예상할 수 있다. 이들은 육체의 단단한 속박에 얽매어 있지나 않을까 두려워하면서 정신세계 속으로 깊이 빠져든다.

그러므로 지상의 일만을 생각하는 사회의 한복판에서 하늘로 눈을 돌리는 사람들 몇몇을 볼 수 있다는 것은 그리 놀라운 일이 아니다. 현세의 안락에만 몰두하는 나라에서 신비주의가 발전하지 않는다면 오히려 그것이야말로 놀라운 일이다.

테바이드(Thebaid, 고대 이집트의 사막 지역―옮긴이) 사막에 사람들이 몰려와 살게 된 것은 로마 황제들의 박해와 원형경기장에서의 학살 때문이었다고 흔히들 말한다. 내가 생각하기에 오히려 그것은 로마의 향락과 그리스의 에피쿠로스 철학(épicurisme, 쾌락주의 철학—옮긴이) 때문인 듯하다.

만일 사회 상태나 현재의 상황 또는 법제의 영향 덕으로 아메리카인들이 안락의 추구에만 그토록 애타게 매달리지 않을 수 있었다면, 이들은 비물질적인 것들에 눈을 돌릴 때마다 아마도 더 많은 자제력과 더 많은 경륜을 보여줄 수 있었을 것이며 별 어려움 없이 절제력을 발휘할 수 있었을 것이다. 하지만 이들은 넘어설 수 없는 어떤 경계 속에 자신이 갇혀 있다고 느낀다. 이 경계를 넘어서자마자 이들은 어디에 자리를 잡아야 할지 알지 못한 채 때로는 상식의 한계를 넘어서까지 멈추지 않고 마구 내달린다.

제13장

왜 아메리카인들은 안락을 누리면서
그토록 안달하는가

구세계의 후미진 몇몇 지역에서는 전반적인 동요 속에서도 잊힌 채 살아가며 주위의 모든 것이 변하더라도 줄곧 정체 상태에 머물러 있는 군소 집단들이 있다. 이 주민들 대다수는 아주 무지하고 가난하다. 이들은 국가의 업무에 거의 간여하지 않을 뿐만 아니라 이따금 정부의 탄압을 받기도 한다. 그럼에도 불구하고 이들은 대개 단아한 용모를 지녔으며 때로는 쾌활한 성격을 드러내기도 한다.

아메리카에서 나는 이 세상에 있을 수 있는 가장 행복한 조건 속에 살고 있는 가장 자유롭고 가장 식견이 풍부한 사람들을 보았다. 하지만 일종의 조각구름이 늘 그들의 안색을 덮고 있는 듯 보였으며, 그래서 나는 그들이 즐거워할 때조차도 심각하고 슬퍼 보인다고 생각했다.

이러한 대조적인 현상이 나타나는 것은 전자의 경우 그들이 겪는 고통에 대해 별로 생각하지 않는 반면에, 후자의 경우 그들이 지금 갖고 있지 않은 재화에 대해 줄곧 생각하기 때문이다.

아메리카인들이 얼마나 들뜬 열의를 가지고 안락을 추구하는가를, 그리고 그런 안락에 도달할 수 있는 지름길을 못 찾지 않을까 하는 우려로 얼마나 마음고생을 하는가를 알게 된다면 정말 기묘한 생각이 들 것이다.

합중국의 주민은 마치 절대로 죽지 않을 것임을 확신이라도 하는 듯이 이 세상의 재화에 얽매인다. 그리고 손에 잡히는 것은 무엇이든 가지려 하는 그의 심정이 너무도 간절한 나머지, 그는 가진 것을 모두 누리기 전에 죽지나 않을까 항상 걱정하는 듯 보일 정도이다. 그는 모든 것을 움켜쥐지만 어느 것도 단단히 잡지 못한다. 그는 이내 그것을 손에서 놓아버리고 또 다른 새로운 향유를 찾아 달려간다.

합중국에서는 노년을 지내기 위해 정성스레 집을 짓지만 지붕을 올리기도 전에 그 집을 팔아버린다. 정원에 과수를 심지만 그 열매를 맛볼 때쯤이면 정원을 세놓는다. 밭을 개간하지만 수확을 거두는 수고는 다른 이에게 내맡겨버린다. 직장을 가졌다가 이내 그만둔다. 한 장소에 머물러 살다가 얼마 후에는 변화무쌍한 자신의 욕구를 좇아 다른 곳으로 떠난다. 개인적인 업무에 매달리다 쉴 틈이 생기면 이내 정치의 소용돌이 속으로 달려든다. 한 해 내내 일에 시달리다 며칠 정도 휴가를 얻으면 자신의 들뜬 호기심에 이끌려 합중국의 광대무변한 땅을 여기저기 쏘다닌다. 일상의 평온을 걷어차고 나와서 며칠 만에 무려 500리으를 여행하기도 한다.

마침내 죽음이 엄습한다. 영원히 만날 수 없을 완전한 행복을 찾는 그 무모한 여행에 지치기도 전에 죽음이 먼저 찾아오게 되는 것이다.

부족할 것 없어 보이는 이 많은 사람들이 풍요로운 생활 속에서 드러내는 이 야릇한 들뜬 모습은 얼핏 보아도 놀라기에 충분하다. 그런데 이러한 장면은 이 세상만큼이나 오래된 것이다. 단지 새로운 점이라면 국민 전체가 그러한 장면을 연출한다는 것이다.

물질적 향유에 대한 취향은 아메리카인들의 행동에서 드러나는 이러한 내면적인 안달과 그들이 일상적으로 드러내곤 하는 이러한 변덕스러움의 본질적인 요인으로 간주되어야 할 것이다.

현세에서의 이득을 추구하는 데만 몰두하는 사람은 항상 마음이 바쁘다. 그것을 발견해서 차지하고 즐길 수 있는 시간은 아주 제한되어 있기 때문이다. 인생은 짧다는 생각이 항상 그의 뇌리를 자극한다. 지금 지니고 있는 이익과 별도로, 그는 만일 서두르지 않는다면 죽기 전에 누릴 수 없을 수천 가지 다른 이익들을 매 순간 머릿속에 그린다. 이러한 생각 때문에 그의 마음은 고뇌와 우려와 회한으로 가득 차게 된다. 그는 아무 때나 계획을 바꾸고 주거를 옮기면서 일종의 끝없는 진동 속에서 생활한다.

만일 이러한 물질적 안락에의 취향이, 사회적 이동과 섞임이 아주 빈번한 사회 상태와 결합한다면, 이러한 안달하는 심리 상태는 더욱더 고조될 것이다. 여기서 우리는 사람들이 행복에 이르는 지름길을 놓치지나 않을까 하는 불안감 속에서 끊임없이 길을 바꾸는 것을 볼 수 있다.

게다가 물질적 향유를 열정적으로 추구하는 사람들이 격렬하게 돌진하기도 하지만 그만큼 쉽사리 물러서기도 한다는 사실은 어렵지 않게 살펴볼 수 있다. 최종적인 목표는 향유하는 것이므로, 그 목표에 이르는 길은 신속하고 쉬워야 한다. 그렇지 않다면 향유를 얻는 데 드는 수고가 향유 자체보다 더 클 것이기 때문이다. 따라서 여기서 대다수 사람들의 정신은 타오르는 동시에 시들어 있으며, 거친 동시에 나약하다. 한 가지 목표를 향해 끝없이 매진하는 고통을 참느니 죽는 것이 오히려 편하겠다는 식으로 생각하곤 하는 것이다.

평등의 원리는 내가 지금 설명한 여러 효과들에 더 직접적인 방식으로 도달하기도 한다. 출생과 재산에 따르는 모든 특권이 폐지되고 누구나 원하는 직업을 가질 수 있으며 누구나 자신의 힘으로 정상에 오를 수 있을 때에는, 패기만만한 사람들은 성공의 길은 넓고 평탄하다고 느낄 것이며 자기 앞에 아주 찬란한 미래가 놓여 있다고 기꺼이 생각할 것이다. 하지만 이것은 잘못된 생각이라는 것을 일상생활 속에서 깨우칠 수 있을 것이다. 시민 개개인이 웅대한 야망을 품도록 해준 바로 그 평등이 모든 시민을 개인적으로 아주 허약하게 만든다. 평등은 한편으로 이들의 야망을 확장하는 동시에, 다른 한편으로 사방에서 이들의 힘을 제한하는 것이다. 이들은 저절로 쇠약해질 뿐만 아니라, 걸음을 내딛을 때마다 처음에는 알아보지 못했던 거대한 장애물들을 만나게 된다.

이들은 몇몇 사람들이 누리던 거북한 특권들을 타파했는데, 결과적으로 모두와 경쟁을 해야 하는 상황에 처했다. 요컨대 장벽이 없어졌다기보다 그 모양이 바뀌었을 뿐이다. 인간들이 점점 더 서로 엇비슷해지고 같은 길을 가게 될 때, 그중 어느 한 사람이 그를 둘러싸고 억누르는 단일한 무리를 헤치고 빨리 앞으로 나가기는 아주 어렵기 마련이다. 평등이 낳은 충동과 이 충동을 충족시키기 위해 평등이 제공하는 수단 사이의 끊임없는 마찰은 인간의 영혼을 괴롭히고 지치게 만든다.

충분히 만족할 수 있을 만큼의 자유를 누리는 사람들을 생각해 보자. 이들은 전전긍긍하지도 분투노력하지도 않으면서 자신의 독립을 즐긴다. 하지만 인간은 스스로 만족할 만큼의 평등을 결코 확립할 수 없다.

어떤 한 나라가 아무리 노력을 다한다 할지라도, 그 나라는 결코 사회적 조건들을 완전히 평등하게 만들 수 없을 것이다. 불행히도 그 나라가 이러한 절대적이고 완벽한 평준화에 도달했다고 할지라도, 지성의 불평등은 여전히 남을 수밖에 없는데, 이러한 성격의 불평등은 신에게서 직접 나온 것이며 법으로써 없앨 수 없는 것이기 때문이다.

한 나라의 사회 상태와 정치 구조가 아무리 민주주의적이라고 할지라도, 시민들 개개인이 주위를 압도하는 몇몇 핵심 지점들을 항상 자기 주변에서 알아보고 거기에만 시선을 집중한다는 것은 충분히 미루어 짐작할 수 있다. 불평등이 사회의 일반적인 양상일 때에는, 가장 현저한 불평등도 눈에 잘 띄지 않았다. 하지만 모든 것이 거의 같은 수준으로 평준화될 때, 가장 작은 불평등도 이내 눈에 띈다. 평등이 더욱 완벽해질수록 평등을 바라는 마음이 더욱 강렬해지는 것은 바로 이런 이유에서이다.

민주 국가에서 사람들은 어느 정도 수준의 평등을 달성할 수는 있지만, 그들이 원하는 평등은 달성할 수 없다. 평등은 매일같이 그들 앞에서 한 걸음씩 뒷걸음질치지만 시선에서 완전히 벗어나지는 않는다. 평등은 도망치면서 사람들이 따라오게 만드는 것이다. 사람들은 언제나 평등을 잡아챌 것으로 생각하지만, 평등은 언제나 사람들의 손아귀에서 벗어난다. 그들은 평등을 가까이서 보고 그 향기를 느낄 수는 있지만 손으로 만지면서 즐길 수는 없다. 그리고 그들은 평등의 축복을 완전히 다 누리기 전에 죽는다.

민주 국가에 사는 주민들이 풍요로운 생활 속에서 흔히 내보이는 이 기묘한 우울증이나 안락하고 평온한 생활 속에서 이따금 그들을 사로잡는 이 삶에 대한 혐오감은 바로 이러한 요인들에서 나오는 것임에 틀림이 없다.

프랑스에서는 자살자의 수가 많다고들 걱정한다. 아메리카에서는 자살이 드물지만 정신이상자가 다른 곳보다 많다고 한다. 이것은 내가 보기에 같은 질병의 다른 증상에 지나지 않는다.

아메리카인들은 아무리 불안하고 초조할지라도 목숨을 끊지는 않는다. 이것은 종교가 자살을 금지하기 때문이기도 하고, 아메리카에 물질적 안락에 대한 열정이 일반화되어 있다고 할지라도 물질주의 자체가 맹위를 떨치지는 않기 때문이기도 하다. 그들의 의지는 저항을 하지만 이따금 그들의 이성은 굴복한다.

민주 시대에 향유는 귀족 시대보다 훨씬 강렬하고 그 향유를 누리는 사람들의 수도 훨씬 더 많다. 하지만 다른 한편으로 민주 시대에는 인간의 희망과 욕구가 훨씬 자주 좌절되고 영혼은 더욱 불안하고 초조해지며 근심은 더욱 심각해진다는 것은 인정하지 않을 수 없다.

제14장

어떻게 아메리카인들은 물질적 안락에 대한 취향을 자유에 대한 애착이나 공공 업무에 대한 관심과 연결시키는가

민주 국가가 절대군주정으로 바뀌게 되면, 그 이전까지 공적 영역과 사적 영역 모두에서 넘쳐나던 활력이 돌연 사적 영역에만 집중된다. 그 결과 일정 기간 동안은 상당한 물질적 번영이 나타나지만 곧 움직임이 둔화되고 생산의 발전은 저해된다.

티레(Tyre, 레바논 남부의 항구도시, 옛 페니키아—옮긴이)인에서 피렌체인이나 영국인에 이르기까지, 상공업에 종사하는 민족들 중에서 자유를 누리지 않는 민족이 하나라도 있었는지 나는 알지 못한다. 따라서 자유와 상공업, 이 두 가지 사이에는 어떤 긴밀한 연결과 필연적인 관련이 있다고 할 수 있다.

이러한 주장은 모든 국가에 다 들어맞겠지만 특히 민주 국가에 가장 잘 들어맞는다. 앞에서 나는 평등의 시대에 사는 사람들은 그들이 탐내는 거의 모든 이득을 얻기 위해서 결사를 결성할 필요를 끊임없이 느낀다는 것을 지적했다. 더 나아가서 나는 위대한 정치적 자유가 이들에게서 결사를 결성하는 기술을 발전시키고 확산시킨다는 것을 보여주었다. 따라서 평등의 시대에 자유는 부의 생산에 특히 유용하다. 반면에 전제주의가 부의 생산에 방해가 된다는 것도 우리는 쉽게 알 수 있다.

민주 시대에 절대 권력의 성격은 잔인하거나 야만적인 것이 아니라 과민하고 까다롭다. 이러한 종류의 전제주의는 비록 인간성을 유린하지는 않지만 상업적인 재능이나 사업적인 감각에는 정면으로 어긋난다.

그러므로 민주 시대의 사람들은 그들이 언제나 바라마지않는 물질적인 향유를 더욱 쉽게 얻어내기 위해 우선 자유인이 될 필요가 있다. 그런데 향유에 대한 그들의 이러한 지나친 취향이 이따금 그들로 하여금 그들 앞에 나타나는 어떤 압제에도 쉽사리 굴복하게 만들곤 한다. 그렇게 되면 안락의 열정은 제 힘에 겨워 사그라지고, 원래 원하던 것에서 아주 멀어져 버릴 것이다.

굳이 말하자면, 민주 국가의 행로에는 아주 위험한 국면이 있다. 민주 국가에서 물질적 향유에 대한 취향이 교육이나 자유 제도들보다 더 빨리 발전하게 된다면, 사람들은 그들이 획득하게 될 이 새로운 이득을 보고 넋이 나가 자제력을 잃어버리는 국면이 올 것이다. 돈을 버는 일에만 너무나 몰두한 나머지 그들은 그들 각자의 재산과 모두의 번영 사이의 밀접한 관계를 더 이상 알아채지 못하게 된다. 이러한 사람들에게서 그들이 소유한 권리들을 빼앗을 필요가 없다. 그들은 그 권리들을 기꺼이 내줄 것이다. 정치적 의무를 행사하는 일은 그들에게 오히려 열심히 일할 시간을 빼앗는 귀찮은 시간 낭비 정도로 여겨진다.

　대표자를 선출한다거나, 당국의 업무를 후원한다거나, 공공 업무에 힘을 보탠다거나 하는 일들은 모두 시간 낭비로만 보인다. 그들은 이러한 무용한 일들에 시간을 허비할 수 없다고 생각한다. 이러한 한가한 사람들의 놀이는 실생활의 중요한 일들에 전념하는 진지한 사람들에게는 전혀 어울리지 않는다는 것이다. 이 사람들은 자신이 자기 이익의 원칙을 따르고 있다고 생각한다. 하지만 그것에 대해 기껏해야 설익은 관념만을 가지고 있을 뿐이다. 요컨대 스스로 자신의 업무라고 부르는 것에 집중하기 위해서 그들은 가장 중요한 업무, 즉 그들 자신의 주인이 되는 일을 게을리하고 있는 셈이다.

　땀 흘려 일하는 시민들이 공무에 종사할 생각을 하지 않기 때문에, 그리고 여유 시간을 내서 이러한 업무를 떠맡을 계급이 존재하지 않기 때문에, 정부는 말하자면 비어 있는 것이다. 만일 이러한 중요한 순간에 어떤 유능한 야심가가 권력을 장악한다면, 그는 모든 것을 찬탈할 수 있는 길이 열려 있다고 생각할 것이다.

　이 야심가가 얼마간 물질적 번영을 일구는 데 애쓰기만 한다면, 사람들은 그에게 그 이상 다른 것은 요구하지도 않을 것이다. 무엇보다 그는 공공질서를 유지해야 한다. 물질적 향유의 열정을 지닌 사람들은 일반적으로 어떻게 자유가 안락을 가져다줄 수 있는가를 깨닫기에 앞서 어떻게 자유의 혼란이 안락을 해치는가를 먼저 알게 된다.

　개인 생활의 자잘한 안락의 한가운데를 파고드는 정치적 소요들에 대해 아주 작은 소문만 들려와도, 그들은 정신이 번쩍 들고 근심 걱정에 잠을 설친다. 무정부 상태에 대한 두려움으로 인해 그들은 오랫동안 옴짝달싹 못할 것이며, 무질서를 보자마자 서슴없이 자유를 내던져버릴 것이다.

공공 안녕이 대단히 좋은 것이라고 나는 기꺼이 인정한다. 하지만 나는 모든 나라가 결국은 압제에 이르게 되는 것은 바로 이 공공 안녕을 통해서라는 사실을 결코 잊고 싶지 않다. 물론 그렇다고 공공 안녕을 비웃어도 좋다는 것은 아니다. 단지 공공 안녕만으로 만족해서는 안 된다는 것을 말해두고 싶을 따름이다. 자기 나라 정부에 질서유지만을 요구하는 국민이 있다면, 그 국민은 이미 마음속 깊이 노예나 다름없다. 자기를 사슬로 묶어 구속해줄 주인을 기다리는, 안락에 길든 노예 말이다.

여기서는 당파의 전제정치도 개인 한 사람의 전제정치 못지않게 혹독한 결과를 가져온다. 다수 시민이 개인적인 업무에만 전념하길 원할 때는, 아무리 작은 군소 당파들이라도 공무를 통제하는 주역이 되려는 희망을 포기할 필요가 없다. 이런 시대에는 극장 무대에서와 마찬가지로 세상이라는 거대한 무대에서, 몇몇 등장인물로 대변되는 다수를 보는 일이 드물지 않다. 몇몇 사람들만이 현장에 없거나 있어도 무관심한 군중의 이름으로 말을 한다. 누구도 움직이려 하지 않는 가운데 이들만 움직인다. 이들만이 자기들 마음대로 일을 처리한다. 이들이 법제를 바꾸며, 이들이 내키는 대로 습속을 단속한다. 이렇게 다수의 국민이 어떻게 연약하고 보잘것없는 소수의 수중에 떨어지고 마는지 정말 놀라울 따름이다.

지금까지 아메리카인들은 내가 방금 지적한 여러 가지 암초들을 다행스럽게도 잘 피해왔다. 이런 점에서 그들은 충분히 찬사를 받을 만하다.

아마도 이 세상에서 아메리카만큼 한가한 사람들을 만나기 힘든 나라도 없을 것이다. 그리고 아메리카만큼 모든 사람이 자신의 안락을 추구하며 땀 흘려 일하는 나라도 없을 것이다. 하지만 물질적 향유를 위한 아메리카인들의 열정이 격렬하기는 하지만 적어도 그리 맹목적인 것은 아니다. 그리고 이성이 그 열정을 제어하지는 못할지라도 적어도 이끌어준다.

아메리카인은 마치 이 세상에 혼자 존재하는 것처럼 자신의 개인적인 이익에만 관심을 둔다. 그리고 나서 다음 순간에는 마치 자신의 개인적인 이익을 모두 잊었다는 듯이 공적인 일에 몰두한다. 어떤 때는 가장 이기적인 탐욕에 사로잡힌 듯하고, 어떤 때는 가장 열렬한 애국심에 사로잡힌 듯하다. 인간의 마음이 이런 식으로 나누어지기는 정말 힘들 것이다. 합중국의 주민들은 자기의 안락과 자기의 자유를 위한 이토록 강렬하고 이토록 엇비슷한 열정을 나란히 드러내는 까닭에, 이 두 가지 열정이 이들의 마음속 어느 곳에서 하나로 합쳐지고 뒤섞인다고 생각될 정도이다. 사실상 아메리카인들은 자신이 누리는 자유에서 자신이 누리는 안락에 대한 최선의 보장책을 보고 있는 것이다. 그들은 하나에 의해서 다른 하나를, 그래서 둘 모두를 아끼고 사랑하는 것이다. 따라서 그들은 공공 업무가 자신들의 일이 아니라고는 결코 생각하지 않는다. 이와 반대로 그들은 그들이 원하는 이익들을 얻을 수 있도록 해주는 정부, 얻은 이익들을 그들이 평화롭게 누리는 것을 막지 않는 정부를 확보하는 것이야말로 그들에게 가장 중요한 일이라고 생각한다.

제15장

어떻게 신앙심이 이따금 아메리카인들의 영혼을 물질적 안락에서 벗어나게 이끄는가

합중국에서 매주 일곱 번째 날이 오면 국민의 상공업 활동이 완전히 정지되는 것 같다. 모든 소음은 사라지고 깊은 휴식, 일종의 장엄한 명상이 그 뒤를 잇는다. 영혼은 마침내 원기를 되찾고 성찰에 들어간다.

이날이 오면 교통 요충지는 텅텅 비고 시민들은 아이들을 데리고 교회로 간다. 여기서 이들은 자기들 귀에 적합하지도 않을 것 같은 낯선 이야기에 귀를 기울인다. 교만과 탐욕이 부른 수많은 악행에 대한 설교를 듣는 것이다. 욕망을 자제할 필요성과 덕성에만 결부된 섬세한 향유, 그리고 이에 수반된 진정한 행복에 대해 생각할 시간을 갖는다.

집에 돌아와서는 거래 장부 따위에 매달리지 않고 성경을 펴든다. 그리고 성경책에서 창조주의 위대함과 선함, 하느님의 무한하고 장엄한 역사(役事), 인간에게 마련된 숭고한 운명, 인간에게 주어진 의무와 영생의 특권 따위에 대한 장엄하고 감동적인 구절을 마주하게 된다.

이렇게 이따금 아메리카인은 말하자면 자기 자신에게서 몰래 빠져나온다. 생활을 어지럽히는 사소한 열정이나 일시적인 이해관계에서 잠시 벗어나서 돌연 만물이 위대하고 순수하며 영원한 이상 세계 속으로 들어간다.

이 책의 다른 부분에서 나는 아메리카인들의 정치제도들을 유지시켜주는 요인들에 대해 살펴보았는데, 그 주요 요인들 중 하나가 바로 종교였다. 나는 지금 제도가 아니라 개인의 문제를 다루고 있는데, 여기서도 종교의 중요성을 발견하게 된다. 나는 종교가 국가 전체에 유용할 뿐만 아니라 개개 시민에게도 유용하다고 생각한다.

아메리카인들은 그들이 종교를 통해 민주주의 체제에 도덕성을 불어넣어 줄 필요를 인식하고 있음을 그들 자신의 실천을 통해 보여준다. 이 점에서 아메리카인들이 그들 자신에 대해 생각하고 있는 것은 모든 민주 국가의 국민들이 마음에 새겨둘 만한 진실이다.

어떤 한 나라의 정치적·사회적 구성이 사람들을 특정한 신앙이나 특정한 취향으로 이끄는 경향이 있다는 것을, 그리고 바로 이 요인들로 인해 사람들이 아무 애도 쓰지 않고 심지어 알지도 못한 채 특정한 의견이나 특정한 성향을 멀리하게 된다는 것을 믿어 의심하지 않는다.

입법자의 기술이라는 것은 어느 지점에서 시민들의 활동을 고무해야 하고 어느 지점에서 저지해야 하는지를 알기 위해서 인간 사회의 자연적 성향을 미리 식별해내는 데에 있다. 이러한 입법자의 의무는 시대에 따라 달라진다. 변하지 않는 유일한 것은 인류가 지향해야 할 목표이다. 그 목표에 도달하는 방법은 끊임없이 달라진다.

만일 내가 귀족 시대에 태어났다면, 달리 말하자면 세습적인 부와 고칠 수 없는 빈곤이 공존함으로써 사람들이 현세에서의 생활 개선을 꿈꾸지도 못하며 내세에의 성찰에 빠져들게 만드는 그런 나라에서 태어났다면, 나는 이 사람들에게 우선 자기들의 욕구가 무엇인지를 깨닫게 해주고 싶었을 것이다. 나는 내가 일깨워준 그 새로운 욕구들을 충족시킬 수 있는 가장 빠르고 가장 쉬운 수단을 찾는 데 집중했을 것이다. 나는 인간 정신의 가장 숭고한 노력을 물질적인 추구로 향하게 하면서 사람들이 안락의 추구로 나아가도록 촉구했을 것이다.

만일 몇몇 사람들이 지나치게 부의 추구에만 집착하고 물질적 향유에 과다한 애착을 보인다고 해도, 나는 그리 놀라지 않을 것이다. 이러한 특이한 광경은 전체의 윤곽 속에서 곧 사라져버릴 것이기 때문이다.

민주 사회의 입법자들은 이와는 다른 관심을 갖는다. 민주 사회의 시민들에게 지식과 자유를 가져다주고 원하는 대로 하도록 내버려 둬보자. 이들은 이 세상이 제공한 모든 이득을 별 어려움 없이 끌어낼 것이고, 각자 유용한 기술을 터득함으로써 매일같이 생활을 안락하고 더욱 편리하며 더욱 온화하게 가꿀 것이다. 이들이 처한 사회 상태가 이들을 자연스럽게 이 방향으로 이끄는 것이다. 이들이 이 방향에서 벗어나지 않으리라는 것을 나는 의심하지 않는다.

하지만 비록 인간이 이렇게 정직하고 합법적으로 안락을 추구하는 데에 기꺼이 동참한다고 할지라도, 인간이 결국은 자신의 가장 숭고한 능력들을 어떻게 사용해야 할지 잊을 수도 있다고 우려할 만한 이유가 있다. 자기 주변의 모든 것을 향상시키려고 바쁘게 다니면서, 그는 결국 자기 자신을 저하시키는 것이다. 다른 곳도 아닌 바로 여기에서 위험이 생긴다.

따라서 민주 사회의 입법자들과 민주 사회에 사는 모든 건실하고 식견 있는 사람들은 인간의 영혼을 고양하고 하늘로 향하게 하는 데 줄기차게 매진해야만 한다. 민주 사회의 미래에 관심을 가진 사람들은 모두 서로 힘을 합칠 필요가 있으며, 무한성에 대한 취향, 원대함의 감정, 정신적 향유에 대한 애착 따위를 이 사회 안에 보급하기 위해서 모두가 협력해서 끊임없이 노력해야 할 필요가 있다.

따라서 만일 민주 사회에 으레 등장하는 여러 교리들 중에서 육체가 죽으면 모든 것이 끝난다고 가르치는 사악한 교리들을 만나게 되면, 이러한 교리를 설파하는 사람들을 국민의 당연한 적으로 간주해야 할 것이다.

물질론자들의 견해에는 나로서는 동의하기 힘든 내용들이 많이 있다. 그들의 주장은 내게는 위험해 보이며 그들의 오만은 나를 흥분시킬 정도이다. 만일 그들의 이론 체계가 인간에게 어떤 유용성을 가지려면, 그 이론이 인간에게 인간 자신에 대한 순수한 관념을 불어넣어 주어야 할 것이다. 하지만 그들은 오히려 그렇지 않다는 것을 보여준다. 그리고 그들은 그들이 짐승에 지나지 않는다고 여기기에 충분한 행동을 해놓고도, 마치 그들이 신이었다는 사실을 입증해냈다는 듯이 자랑스러워한다.

어떤 나라에서나 물질주의(matérialisme)는 인간 정신의 위험한 질병이다. 하지만 민주 국가에서는 특히 이 물질주의를 두려워해야 하는데, 왜냐하면 그것은 민주 시대의 사람들에게 가장 친숙한 마음의 악덕과 놀라울 만치 잘 결합하기 때문이다.

민주주의는 물질적 향유의 취향을 북돋는다. 이 취향은 지나칠 경우 인간으로 하여금 모든 것이 물질뿐이라고 믿게 만든다. 그 다음에 물질주의는 인간이 이 향유를 향해서 이성을 잃고 달려들게 만든다. 민주 국가들이 빠져든 운명의 수레바퀴가 바로 이런 것이다. 이들이 이 위험을 알고 뒤로 물러선다면 그나마 다행스러운 일이다.

대부분의 종교는 인간에게 영혼의 불멸성을 가르치는 일반적이고 단순하며 실제적인 수단일 뿐이다. 민주 시대의 사람들이 종교에서 끌어내는 가장 큰 장점이 바로 이것이다. 그러므로 신앙심은 다른 어떤 사람들보다도 바로 이 민주 시대의 사람들에게 가장 필요하다.

그러므로 어떤 종교가 민주 사회 안에 단단하게 뿌리를 내렸을 때, 그 종교를 해치지 않도록 주의해야 하며 차라리 귀족 시대의 가장 값진 유산으로 주의 깊게 보존해야 한다. 사람들에게서 낡은 종교적 신념을 제거하고 그것을 새로운 종교적 신념으로 대체하려 해서는 안 된다. 한 종교에서 다른 종교로 갈아탈 때 한순간이라도 신앙심을 잃게 되면 물질적 향유에 대한 애착이 곧 되살아나서 인간의 영혼을 완전히 점령해버릴 것이기 때문이다.

윤회설이 물질주의만큼이나 합리적이지 못하다는 것은 말할 나위도 없다. 그럼에도 불구하고 만일 민주주의가 이 둘 중 하나를 어쩔 수 없이 선택해야만 한다면, 나로서는 민주 사회의 시민들이 인간의 영혼이 완전히 사라진다고 믿기보다 인간의 영혼이 돼지의 몸속으로 들어간다고 믿음으로써 그나마 덜 멍청해져야 한다고 서슴없이 생각한다.

일정한 순간 동안 물질과 결합하기도 하는 이 초월적인 영생의 원리에 대한 믿음은 인간의 존엄성에 너무도 필요한 요인이다. 따라서 이러한 믿음은, 그것이 인과응보의 논리와 결합하지 않을 때조차도, 그리고 인간이 죽은 후에는 인간에 내재한 신성한 원리가 신에게 흡수되거나 아니면 다른 피조물에게 전이된다고 단순하게 믿을 때조차도, 여전히 놀라운 효과를 발휘한다.

이러한 믿음을 가진 사람들조차도 육체를 인간 본성의 부차적이고 열등한 부분으로 간주하며, 육체의 영향을 받고 있을 때조차도 육체를 경멸한다. 반면에 이들은 인간이 가진 비물질적인 요소에 대해서는, 비록 이따금 그것의 영향력에 복종하기를 거부하기도 하지만, 본능적인 존중심을 가지고 있으며 내면적인 찬사를 감추지 않는다. 이것은 이들의 견해나 취향에 일종의 고상한 품격을 부여해주기에 충분하며, 이들로 하여금 어떤 이해관계에도 구애

되지 않고 마치 자발적으로 움직이듯이 순수한 감정과 원대한 사상을 향해 나아가도록 하기에 충분하다.

소크라테스와 그의 제자들이 내세에서 인간에게 일어날 일에 대해서 어떤 정해진 견해를 가지고 있었는지는 확실하지 않다. 하지만 그들이 굳게 고수했던 한 가지 믿음, 즉 영혼은 육체와 아무런 공통점이 없으며 영혼이 육체보다 오래 산다는 믿음은 플라톤 철학에 특유의 활기를 불어넣기에 충분했다.

플라톤의 저작을 읽어보면, 플라톤보다 앞선 시대나 그의 동시대에는 물질주의를 표방하는 저술가들이 꽤 많음을 알 수 있다. 이들의 저작은 훗날 살아남지 못했으며 기껏해야 아주 단편적으로만 남아 있다. 어느 시대나 마찬가지였다. 위대한 문학작품들의 대부분은 정신주의(spiritualisme)와 관련된 것들이다. 인류의 본능과 취향은 정신주의 경향을 지지한다. 문학작품들은 때로 인간 자신에 맞서 이 정신주의를 지켜왔으며 정신주의와 연결된 작가들의 이름을 망각 속에서 구해냈다. 따라서 어떤 시대에나 어떤 정치체제에서든 물질적 향유의 열정과 그것에 수반된 견해가 국민 전체를 만족시킬 수 있을 것이라고 생각해서는 안 된다. 인간의 마음은 생각하는 것보다 훨씬 폭이 넓다. 인간의 마음은 지상의 이익에 대한 취향과 천상의 이익에 대한 애착을 한꺼번에 품을 수 있다. 이따금 어느 한쪽에만 치우치기도 하지만 이내 다른 한쪽도 돌보게 된다.

특히 민주 시대에는 이러한 정신주의적 견해가 우세해야 할 필요가 있다는 것은 쉽사리 납득할 수 있다고 할지라도, 그러한 견해가 우세하게 하기 위해서 민주 사회를 통치하는 자들이 무엇을 어떻게 해야 할지는 정작 말하기 쉽지 않다.

나는 이른바 관제 철학들이 발전할 것이라거나 오래 지속될 것이라고 믿지 않는다.

그리고 국가 종교에 대해서 말하자면, 비록 그것이 이따금 정치권력의 이익에 일시적으로 봉사할 수 있다고 할지라도 조만간 교회에 치명적인 타격을 주기 마련이라고 나는 생각한다. 나는 또한 국민의 종교적 믿음을 고양하기 위해서나 그 종교가 설파하는 정신주의 덕목을 선양하기 위해서라면 성직자들에게 법률이 금지한 정치적 영향력을 행사하도록 하는 것이 바람직하다고 생각하는 사람들에게 동의하지 않는다.

성직자들이 공공 업무에 관여하게 될 때 종교에 닥쳐올 불가피한 위험들을 나는 너무나 잘 알고 있다. 그리고 나는 어떤 일이 있어도 기독교가 이 새로운 민주 사회들 내부에서 제 기능을 발휘해야 한다고 확신하는 까닭에, 성직자들이 성당 밖으로 나가기보다 성당 안에 머무는 것이 더 좋다고 생각한다.

그렇다면 정부 당국으로서는 사람들로 하여금 정신주의적 견해를 되찾게 하거나 그러한 정신주의적 요소를 지닌 종교를 받아들이도록 하기 위해서 과연 어떤 수단을 강구할 수 있는가?

내가 여기서 말하려고 하는 것은 정치인들의 눈높이에는 전혀 맞지 않을 것이다. 영혼 불멸설을 북돋우기 위해서 정부 당국들이 이용할 수 있는 유일한 효과적인 수단은 정부 자체가 그것을 믿고 있는 것처럼 매일같이 행동하는 것이라고 나는 생각한다. 그리고 정부 스스로가 국가의 중요 업무들에서 종교적 도덕성을 엄격하게 준수해야만, 정부는 시민들에게 잡다한 일상생활에서 그 종교적 도덕성을 배우고 사랑하며 존중하는 법을 가르쳐주었다고 자부할 수 있을 것으로 나는 생각한다.

제16장

어떻게 안락에 대한 지나친 애착이 안락 자체를 해칠 수 있는가

　정신을 도야하는 것과 신체의 안락을 개선하는 것 사이에는 우리가 생각하는 것 이상의 밀접한 관계가 있다. 물론 이 두 가지를 따로 분리해서 별개로 생각할 수도 있다. 하지만 이 두 가지를 완전히 분리해버린다면, 두 가지 모두 알 수 없게 될 것이다.

　동물도 우리와 같은 감각을 지니고 있으며 거의 같은 시기심을 갖고 있다. 동물이든 인간이든 모두 공통된 물질적 애착을 지니고 있으며, 이러한 물질에 대한 욕구의 씨앗은 개에게서와 마찬가지로 우리 인간에게서도 발견된다.

　그런데 동물이 그들의 일차적이고 아주 거친 욕구들을 충족하는 방법만을 아는 반면에, 우리 인간은 향락의 종류와 수를 끝없이 늘리는 연유가 어디에 있는가?

　동물은 본능에 의해서 물질적 이득으로 이끌리는 반면에, 인간은 정신을 활용해서 물질적 이득을 찾는다는 점에서 우리 인간은 동물보다 우수한 존재라고 할 수 있다. 인간의 마음속에 있는 천사가 야수에게 욕망 충족의 기술을 가르쳐주는 셈이다. 인간이 동물들로서는 생각조차 할 수 없을 정도로 이익을 증대시킬 줄 알게 된 것은 인간이 육체의 이익을 초월하고 심지어 생명까지도 가벼이 여기는 일, 즉 동물로서는 도저히 생각해볼 수 없는 일을 해낼 수 있기 때문이다.

영혼을 높이고 넓히며 확장하는 어떤 것이든 그 영혼이 모든 일에서, 심지어 스스로 관여하지 않은 모든 일에서 성공할 수 있도록 해준다. 이와 반대로 중요한 일이든 사소한 일이든 모든 일에서 영혼을 약화시키고 무기력하게 만드는 어떤 것이든 그 영혼을 이 모든 일에서 무기력하게 만들 우려가 있다. 그러므로 영혼은 설사 그 힘을 때로 육체에 봉사하는 데 쏟아버린다고 할지라도 강건하게 남아 있어야 한다.

만일 인간이 물질적 이득에 만족하는 것으로 그친다면, 인간은 점차 그 물질적 이득을 생산하는 기술을 잃어버릴 것이며, 마침내 동물처럼 아무런 인식이나 아무런 발전도 없이 그것을 즐기기만 하게 될 것이다.

제17장
평등과 회의의 시대에는 인간 행동의 목표를 멀리 설정해야 하는 이유는 무엇인가

신앙의 시대에는 삶의 최종 목적이 삶 이후에 있었다. 따라서 이러한 시대의 사람들은 그들이 오랫동안 찾아 나선 어떤 불변의 목표를 마음에 품는 데 자연스럽게, 그리고 어떤 의미에서는 무의식적으로 익숙해져 있다. 따라서 그들은 뇌리를 짓누르는 이 원대하고 항구적인 욕구를 완전히 충족시키기 위해서 수천 가지 사소한 일시적인 욕구들을 알게 모르게 억제하는 것을 배운다. 이러한 사람들은 세속적인 일들에 종사할 때에도 이와 같은 방식으로 행동한다. 그들은 기꺼이 여기 이 땅에서의 그들의 행동에 어떤 일반적이고 확실한 목표를 설정하고 그 목표를 향해 모든 노력을 기울인다. 그들은 매일같이 어떤 새로운 모험을 시도하지는 않으며, 지칠 줄 모르고 추구할 수 있는 확고한 계획들을 세운다.

이것은 종교적인 국민들이 왜 흔히 무언가 아주 지속적인 일들을 성취해낼 수 있는가를 설명해준다. 왜냐하면 저세상에 대해 생각하면서 이들은 이 세상에서 성공할 수 있는 중요한 비결을 찾아냈기 때문이다.

종교는 인간에게 미래를 염두에 두고 행동하는 일반적인 습성을 부여해준다. 이러한 관점에서 종교는 내세에서의 지복에 유용한 만큼 현세에서의 행복에도 유용하다. 이것이야말로 종교의 가장 중요한 정치적 측면 중 하나이다.

하지만 신앙의 빛이 희미해짐에 따라, 인간의 시야는 점점 협소해진다. 인간 행동의 목표가 매일같이 한 걸음씩 더 가까이 다가오는 듯이 보일 정도이다.

죽은 후 저승에서 어떤 일이 일어날까에 대해 더 이상 관심을 두지 않게 될 때, 사람들은 인간의 본능 자체를 고스란히 반영할 뿐인 미래에 대해 완전하고 조야한 무관심에 빠지게 된다. 자신의 주요한 희망을 미래에 두는 습관을 잃어버리자마자, 사람들은 지체 없이 그들의 자잘한 희망을 실현하는 쪽으로 자연스럽게 끌려가게 된다. 영생에 대한 희망을 잃자마자 사람들은 마치 단 하루만 살고 끝나는 것처럼 행동하게 된다.

따라서 신앙심이 사라진 시대에는 인간이 끊임없이 그들 욕구의 일상적인 변덕에 좌우될 것이라고, 끈질긴 노력 없이 얻을 수 없는 것들은 완전히 포기함으로써 위대한 것, 평화적인 것, 항구적인 것은 아무것도 이룩할 수 없을 것이라고 우려할 충분한 이유가 있다. 바로 이러한 나라에서 사회 상태가 민주화된다면 내가 여기서 지적한 위험은 더욱 커질 것이다.

모든 사람이 끊임없이 자리를 바꾸고자 할 때, 누구에게나 경쟁의 기회가 주어질 때, 민주 사회의 번잡함 속에서 한순간에 재산이 쌓였다가 없어질 때에는, 갑자기 쉽게 얻은 횡재, 쉽게 얻고 쉽게 잃는 재산에 대한 생각, 그리고 온갖 형태로 다가오는 행운의 이미지 따위가 사람들의 정신을 가득 채운다. 사회 상태의 불안정성이 욕구의 자연적 불안전성을 더욱 조장한다. 운명의 이 끊임없는 요동 속에서 현재는 인간에게 더욱 확대되어 보인다. 현재가 미래를 가리고 미래는 희미해진다. 그래서 인간은 내일을 넘어서는 생각을 하려 하지 않는다.

유감스럽게도 불신앙과 민주주의가 공존하는 나라에서는 철학자들과 통치자들은 인간 행동의 목표를 사람들의 눈에서 멀리 떼어놓으려고 끊임없이 노력해야만 한다. 이것이야말로 그들이 해야 할 중요한 일이다.

모럴리스트는 자기가 사는 시대와 나라의 정신적 분위기에서 빠져나올 수 없다면 그 상황에서 자신의 입장을 지키는 방법을 배워야 한다. 그는 자기의 동시대인들에게 주변을 둘러싸고 있는 이 항구적인 변동 속에서도 장기적인 일들을 기획하고 실행하는 것이 더욱 쉽다는 것을 보여줄 수 있도록 항상 애써야 한다. 인류의 모습이 변할지라도 인간들이 이 세상의 번영을 일구는 데 사용할 수 있는 방법은 항상 동일하다는 것을 알려주어야 한다. 그리고 어느 다른 곳에서와 마찬가지로 민주 사회에서도 일상생활에서의 수천 가지 자잘한 열정들을 물리침으로써만 비로소 인간의 마음을 좀먹는 이 행복에의 일반적인 열정을 만족시킬 수 있다는 것을 알려주어야 한다.

통치자의 책무는 그 윤곽이 확실하게 정해져 있다. 어느 시대에든 국가를 다스리는 자는 미래를 향해 나아갈 줄 알아야 한다. 하지만 이것은 어느 시대보다도 민주주의와 불신앙의 시대에 더욱 필요한 일이다. 이런 식으로 행동함으로써 민주 국가의 지도자들은 공공 업무를 발전시킬 수 있을 뿐만 아니라 본보기를 통해서 시민 개개인에게 사적 업무를 관리하는 기술을 가르칠 수 있다.

통치자들은 무엇보다도 가능한 한 정치 세계에서의 우연을 제거하도록 애써야 할 것이다. 귀족 국가에서 어떤 신하가 갑작스럽고 마뜩찮게 승진한다고 해도 그것은 단지 일시적인 인상을 줄 뿐인데, 이는 그 나라에서 제도와 신앙의 전반적인 운용이 사람들로 하여금 일반적으로 가야 할 길을 가도록 안내하기 때문이다.

하지만 민주 국가의 국민들에게 이와 유사한 혜택의 사례를 제시하는 것만큼 유해한 일은 없을 것이다. 왜냐하면 이러한 사례들은 사람들의 영혼을 모두가 떠밀어대는 그 언덕으로 마지막까지 밀어붙일 것이기 때문이다. 따라서 특히 회의주의와 평등의 시대에는 인민의 호의나 군주의 호의가 성취와 노력의 자리를 대신 차지하지 않도록 세심한 주의를 기울여야 할 것이다. 여기서는 매 순간의 성취가 노력의 결실로 나타나는 것이 바람직하다. 어떤 위대성도 어려움 없이 도달될 수 없으며 아무리 야망이 큰 사람도 목표에 도달하기 전에 오랜 준비의 시기를 거쳐야만 한다는 것을 보여주기 위해서라도 말이다.

정부들은 종교나 사회 상태에 의해 더 이상 고무되지 않는 이 미래에 대한 취향을 사람들에게 고취하는 데 전념해야 한다. 그리고 정부들은 실제로 매일같이 시민들에게 부나 명예나 권력 따위는 노력의 대가라는 것을, 위대한 성공은 오랜 소망 끝에 이루어진다는 것을, 노력으로 얻지 않은 것은 오래가지 못한다는 것을, 말로만 하는 것이 아니라 직접 가르쳐야 한다.

사람들이 바로 이 자리에서 그들에게 일어날 일을 미리부터 예견하고 거기에 희망을 거는 데 익숙해질 때, 그들로서는 생활의 좁은 테두리 안에 자신의 정신을 가두어두기가 어려울 것이다. 그래서 그들은 경계선을 넘어서 저 먼 곳을 보게 된다.

시민들에게 이 세상에서의 미래에 대해 생각하는 습성을 가르치게 되면, 시민들은 조금씩 마음이 움직여서 자신도 모르는 사이에 종교적 믿음으로 가까이 가리라고 나는 믿어 의심하지 않는다.

이렇게 사람들이 어느 정도까지는 종교 없이 살도록 허용해주는 수단은 아마도 비록 긴 우회로를 거치더라도 인류를 궁극적으로 신앙으로 인도하기 위해 우리에게 남은 유일한 수단일 것이다.

제18장
왜 아메리카에서 버젓한 직업은
다 명예로운 직업인가

민주 국가에서는 세습재산이 없는 까닭에 누구나 생계를 위해서 일을 하거나 아니면 일을 한 적이 있으며 또 일을 하는 부모에게서 태어난다. 따라서 인간의 필요하고 당연하며 정직한 조건으로서의 노동이라는 관념이 모든 측면에서 인간 정신에 주어져 있다.

이러한 사람들에게 노동은 결코 불명예가 아니라 아주 명예로운 것이다. 노동에 대한 편견조차도 노동을 반대하기보다 옹호하는 쪽이다. 합중국에서 부자들이 자신의 여가를 상공업 활동이나 몇몇 공적 업무에 바치는 것은 여론의 눈을 의식해서라고 생각한다. 그는 만약 자신이 아무 일도 안 하고 살면 나쁜 평판을 얻게 될 것이라고 생각한다. 꽤 많은 부유한 아메리카인들이 유럽으로 건너오는 것은 이러한 노동의 부담을 피하기 위해서이다. 여기서 그들은 한가한 생활이 여전히 존중받는 귀족 사회의 잔재를 발견한다.

평등은 노동의 관념을 복권시킬 뿐만 아니라 이윤을 낳는 노동이라는 관념을 고양한다. 귀족 사회에서는 노동 자체가 경멸의 대상이 되는 것이 아니라 이윤을 낳는 노동이 경멸의 대상이 된다. 어떤 야망이나 순수한 덕성에 의해 고무되는 노동, 그러한 노동은 영광스러운 것이다. 물론 귀족 사회에서도 명예를 위해 노동하는 사람이 이윤의 매력에 무관심하지 않은 때가 항상 있었다. 하지만 이 경우 이 두 가지 욕망은 그의 영혼 속 아주 깊은 곳에서만 서로 합해질 뿐이다. 그는 용의주도하게 이 두 가지가 합해지는 장소를 누구의 눈에도 안 띄게 숨긴다. 심지어 자기 자신도 모르게 감춘다. 귀족 국가에서는 어떤 이익도 바라지 않고 국가에 봉사하는 체하지 않는 공무원들을 찾아보기 힘들다. 공직자의 보수도 그들이 때로는 거의 생각해보지 않은, 아니면 항상 거의 생각해보지 않은 척하는 아주 사소한 문제일 뿐이다.

이렇게 이윤의 관념은 노동의 관념과 뚜렷이 구별된다. 이 두 가지가 행위 속에서 결합되어 있다고 할지라도, 지나온 길이 그것들을 갈라놓는다.

이와 반대로 민주주의 사회에서는 이 두 가지 관념이 분명하게 서로 결합되어 있다. 안락의 욕구는 보편적인 까닭에, 재산은 별볼일 없고 언제든 얻기도 하고 잃기도 하는 까닭에, 누구나 자기 재산을 늘릴 필요가 있거나 자녀에게 물려줄 재산을 모아야 하는 까닭에, 이윤이야말로 전적으로는 아니더라도 적어도 부분적으로는 자기가 노동하는 동기라는 것은 누구나 잘 알고 있다. 주로 명예를 얻으려 움직이는 사람들조차 자기가 단지 명예만을 노리고 움직이는 것은 아니라는 생각에 어쩔 수 없이 길들여져 있다. 그래서 그들은 그들 자신이 무엇을 원하든 간에 생활의 욕구가 명예의 욕구와 뒤섞인다는 것을 알게 된다. 그리고 그들은 그들 자신이 어떻게 생각하든 간에 그들의 마음속에는 생존의 욕구와 명예의 욕구가 뒤섞여 있다는 것을 알게 된다.

한편으로 노동이 모든 시민에게 인간 조건의 명예로운 필요로 보이고, 다른 한편으로 노동이 항상 전체적으로든 부분적으로든 보수를 얻기 위해 행해지는 바로 그 순간부터, 귀족 사회에서 여러 직업들을 갈라놓던 거대한 간극이 사라지게 된다. 이 직업들은 전부 똑같아지지는 않더라도 적어도 비슷한 특징을 갖게 된다. 돈을 위해서 일하지 않는 직업이란 있을 수 없다. 따라서 모든 직업에 공통된 보수라는 문제는 모든 직업에 닮은 모습을 부여한다.

이것은 여러 직업에 대한 아메리카인들의 견해를 알아보는 데 도움을 준다. 아메리카에서 하인들은 일을 하기 때문에 자신의 품위가 저하된다고 생각하지는 않는다. 그도 그럴 것이 주변에 모든 이가 일을 하고 있기 때문이다. 보수를 받는다는 생각 때문에 의기소침하는 일도 없다. 합중국 대통령도 보수를 받고 일하기 때문이다. 대통령이 다스리는 대가로 보수를 받듯이, 하인은 봉사하는 대가로 보수를 받는다.

합중국에서는 다소 힘든 직업도 있고 다소 보수가 많은 직업도 있지만, 귀한 직업이나 천한 직업은 없다. 버젓한 직업이라면 다 명예로운 직업이다.

제19장

거의 모든 아메리카인이
제조업으로 기우는 이유

민주 국가에서 농업은 아마도 모든 실용적인 기술 중에서 가장 더디게 발전하는 분야일 것이다. 농업은 심지어 정체되어 있는 듯 보이는데, 이는 다른 기술들이 빠르게 발전하기 때문이다.

이와 반대로 조건의 평등으로 생겨난 모든 취향과 습성은 자연적으로 사람들을 상업과 공업으로 인도한다. 활동적이고 식견이 풍부하며 자유롭고 넉넉하며 욕망으로 가득 차 있는 사람을 생각해보자. 그는 한가하게 살 정도로 부자인 것은 아니지만 그렇다고 당장의 결핍을 겁낼 정도로 가난한 것도 아니다. 그래서 그는 어떻게 하면 형편을 개선할 수 있을까 생각한다. 이 사람은 수많은 사람들이 물질적 안락의 취향에 빠져드는 것을 보아온 까닭에 자신도 자연스레 그런 취향을 몸에 익혔다. 그 자신도 물질적 안락에 빠져들기 시작했으며 자신의 욕망을 더 확실하게 만족시킬 수단을 찾기에 여념이 없다. 하지만 세월은 흐르고 시간은 촉박하다.

그가 무슨 일을 할 수 있겠는가?

땅의 경작은 노고에 값하는 확실한 결실을 약속하기는 하지만 그 보답이 너무 늦게 돌아온다. 노력에 노력을 더해서 아주 조금씩 부유해질 수 있을 따름이다. 따라서 농업은 이미 상당한 잉여를 소유하고 있는 부자들이나 생계유지 정도만을 원하는 가난한 사람들에게 꼭 알맞다. 이제 그는 선택을 한다. 그는 땅을 팔고 집을 떠나 위험하더라도 돈벌이가 되는 직업을 찾아 나선다.

그런데 민주 사회에는 이런 사람들이 아주 많다. 조건의 평등이 진척될수록 이런 사람들의 수가 늘어난다.

민주주의는 일하는 사람들의 수를 늘릴 뿐만 아니라 사람들로 하여금 이 직업이 아닌 저 직업을 선택하도록 이끈다. 요컨대 민주주의는 사람들이 농업을 떠나 상업이나 공업으로 향하게 만드는 것이다.[1]

---

1) 상공업자들은 물질적 향유에 대한 무절제한 취향을 지니고 있다고 흔히 지적하곤 한다. 그리고 그것을 상업과 공업의 속성 탓으로 돌린다. 하지만 결과를 원인으로 혼동한 것이라고 나는 생각한다. 상업과 공업이 사람들에게 물질적인 향유에 대한 취향을 불어넣어 주는 것이 아니라 오히려 이러한 취향이 사람들을 더욱 신속하고 완벽하게 만족을 얻을 수 있는 분야인 상공업 직업들로 몰고 가는 것이다. 만일 상업과 공업이 안락의 욕망을 증대시킨다면, 그것은 무릇 열정이란 사람들이 그것에 몰두하면 할수록 강화되고 그것을 충족시키려는 노력에 의해 오히려 더 커지기 때문이다. 인간의 마음속에서 현세의 이득에 대한 애착이 흘러넘치게 만드는 모든 원인은 상공업의 발전에 도움이 된다. 평등은 그런 원인들 중 하나이다. 평등은 사람들에게 거래의 취향을 불러일으키는 식의 직접적인 방법을 통해서가 아니라 사람들의 영혼 속에 안락에 대한 애착을 강화하고 일반화하는 식의 간접적인 방법으로 상공업의 발전을 돕는다.

이러한 상황은 가장 부유한 시민들 사이에서도 나타난다. 민주 국가에서 사람들은 아무리 유복하더라도 거의 언제나 자신의 재산에 대해 불만을 갖는데, 이는 그가 자기 아버지보다 덜 부유하다고 생각하기 때문이며 자기 자손이 자기보다 더 가난해지지나 않을까 걱정하기 때문이다. 따라서 민주 국가의 부자들 대다수는 어떻게 하면 부를 얻을 수 있을까 끊임없이 골몰한다. 그들은 부를 획득할 수 있는 가장 빠르고 가장 강력한 수단으로 보이는 상업과 공업으로 자연스럽게 눈을 돌린다. 이 점에서 그들은 가난한 자들의 다급한 욕구는 공유하지 않으면서 가난한 자들의 본능은 공유하는 셈이다. 아니, 차라리 그들은 모든 욕구 중에서 가장 절박한 욕구, 즉 나락으로 떨어지지 않으려는 욕구에 의해 내몰리는 것이다.

귀족 국가에서 부자는 곧 통치자이기도 하다. 막중한 공무에 줄곧 관심을 둬야 하는 까닭에 그들은 상공업에 세세한 관심마저 기울일 여유가 없다. 만일 부자들 가운데 어떤 한 개인이 상거래에 관심을 두려고 한다면, 부자들 전체가 그를 막아선다. 항의해봤자 소용없는 일이다. 숫자의 힘에서 나오는 압력을 피할 길이 없으니 말이다. 이렇게 국민 다수의 권리는 아주 완고하게 인정하지 않는 이 귀족 집단 내부에 특별한 다수가 형성되어 군림하는 것이다. (A)

돈을 가진 사람이 돈 덕에 정치권력을 장악하는 것이 아니라 오히려 돈 때문에 권력에서 밀려나야 하는 민주 국가에서, 부자들은 그들의 여가로 무엇을 해야 할지 알지 못한다. 그들의 욕망에 따른 불안과 그 욕망의 크기, 그들이 지닌 자원의 규모, 그리고 어떻게 해서라도 대중들 위로 올라서려는 사람들이 항상 마음에 지니게 되는 무언가 놀라운 일에 대한 취향 따위가 그들을 행동으로 몰고 간다. 상업만이 그들에게 열려 있는 길이다. 민주 사회에서 상업만큼 위대하고 화려한 것은 없다. 상업은 대중의 관심을 사로잡고 군중의 상상력을 채운다. 모든 타오르는 열정이 상업으로 향한다. 부자들 자신의 편견도, 아니면 다른 사람들의 편견도 그들이 상업에 종사하는 것을 막지 못한다. 민주 사회의 부자들은 자기들만의 습속과 규범을 지닌 집단을 결코 형성하지 못한다. 그들 계급만의 특별한 사상은 그들을 막지 못하며 그들 나라의 일반적인 여론은 그들을 격려한다. 게다가 민주 국가에서 생겨난 대규모 재산들은 거의 언제나 상업에 의해 얻어진 것인 까닭에, 재산 소유자들이 상거래 습성을 완전히 잃어버리려면 아마도 여러 세대를 기다려야 할 것이다.

정치가 그들을 위해 남겨둔 자리가 별로 많지 않은 까닭에, 민주 국가의 부자들은 각양각색의 상업의 모험에 뛰어든다. 여기서 그들은 영향력을 확대할 수 있으며 그들의 타고난 장점을 십분 발휘할 수 있다. 그들의 상업적 모험의 대담성과 규모는 만일 그들이 귀족 사회에서 태어났더라면 그들이 제대로 일구어내지 못했을 사업적 성과를 판단하는 데 근거가 되어야 할 것이다.

이와 같은 언급은 부자이든 가난한 사람이든 민주 사회에 사는 사람들에게 더욱 잘 적용될 것이다. 민주 사회의 들뜨고 동요하는 분위기에서 사는 사람들은 끊임없이 어떤 행운이라는 것을 꿈꾼다. 그리고 그들은 행운이 일정한 역할을 하는 사업들을 좋아하는 경향이 있다. 따라서 그들은 모두 상업으로 이끌리게 되는데, 이 것은 상업이 그들에게 가져다주는 이윤 때문이라기보다는 상업이 그들에게 가져다주는 정서적 감흥에 대한 애착 때문이라고 할 수 있다.

아메리카 합중국이 대영제국으로부터 독립한 지는 불과 반세기 밖에 안 되었다. 그래서 대자산가들이 많지 않았으며 자본도 아직 빈약했다. 하지만 이 세상에 어떤 국민도 아메리카인들만큼 상공 업에서 빠른 성장을 이룩하지 못했다. 아메리카는 오늘날 세계 제 2위의 해상국가이다. 그리고 아메리카의 제조업은 거의 극복하기 어려운 자연적 장애물과 맞싸워야 하기는 하지만 날마다 지칠 줄 모르고 발전을 거듭하고 있다.

합중국에서는 아무리 대규모 사업 계획이라도 별 어려움 없이 집행된다. 국민 전체가 생산업에 관여할 뿐만 아니라 가장 부유 한 사람이든 가장 가난한 사람이든 기꺼이 여기에 힘을 합치기 때 문이다. 따라서 어떤 의미에서는 부자라고는 거의 없는 나라에서 이 거대한 사업들을 아무 어려움 없이 거뜬히 해치우는 것은 정말 놀라운 일이기도 하다. 아메리카인들은 지금 살고 있는 땅에 불 과 엊그제 도착했는데, 어느새 모든 주변 환경을 자기들에게 유리 하게 바꾸어놓았다. 그들은 허드슨강을 미시시피강과 연결시켰으 며, 500리으 이상의 육로를 가로질러서 대서양과 멕시코만을 연 결해놓았다. 지금까지 만들어진 가장 긴 철도는 아메리카에 있다.

하지만 아메리카에서 내가 놀란 것은 몇몇 기업들의 엄청난 규 모가 아니라 수많은 작은 기업들이다. 합중국의 거의 모든 농업

경영인들은 상업과 농업을 연결시킨다. 그들 대다수는 일종의 상업적 농업을 경영한다. 아메리카의 농경인은 지금 살고 있는 땅에 오래 머무르는 경우가 아주 드물다. 주로 서부의 새로운 개척지에서 그는 수확하기 위해서가 아니라 되팔기 위해서 땅을 경작한다. 그는 농장을 짓기도 하는데, 이는 주민 수가 늘어서 상태가 나아질 경우 땅값을 올려 받기 위해서이다.

해마다 북부의 많은 주민들이 남부로 내려와서 면화와 사탕수수를 경작하는 땅에 정착한다. 이 사람들은 몇 년 안에 부자가 되기 위해서 그 땅을 경작하는 것이다. 그리고 그들은 벌써 여기서 번 돈으로 고향에 돌아가 여유 있게 살 날을 꿈꾼다. 이렇게 아메리카인들은 농업에 상업 마인드를 들여왔으며, 그들의 상업적 열정은 다른 곳에서와 마찬가지로 여기서도 나타난다.

아메리카인들은 생산업에서 엄청난 발전을 이룩했는데, 이것은 그들 모두가 한꺼번에 생산업에 종사하기 때문이다. 그리고 바로 이런 이유로 해서 그들은 전혀 예기치 못한 엄청난 산업공황(crise industrielle)을 겪기도 한다.

그들 모두가 상업에 종사하는 까닭에 상업은 아주 다양하고 복합적인 요인들의 영향을 받기 때문에, 어떤 곤경이 몰아닥칠지 미리 예측하기가 거의 불가능하다. 그들 각자가 많든 적든 생산업에 종사하기 때문에, 사업에 수반되기 마련인 아주 작은 충격에도 모든 사기업이 한꺼번에 흔들리고 국가 전체가 뒤뚱거리게 된다.

이러한 산업공황의 반복은 오늘날 민주 국가에서 나타나는 만성적인 질병이라고 나는 생각한다. 이것을 덜 위험스럽게 만들 수는 있겠지만 완전히 치유할 수는 없을 것이다. 왜냐하면 산업공황은 단순한 우발적인 사고가 아니라 민주 국가의 기질 자체에서 비롯되기 때문이다.

제20장
어떻게 공업에서 귀족주의 체제가 발전할 수 있을까

나는 앞에서 민주주의가 어떻게 공업의 발전을 촉진하고 기업가의 수를 무한정 늘리는가를 보여주었다. 이제 공업이 어떤 경로를 통해 사람들을 귀족주의로 이끌게 되는 것인지 살펴보자.

직공이 매일같이 같은 부속품을 만드는 일에 종사하게 될 때 완제품은 더 쉽고 더 빨리 그리고 더 저렴하게 만들어낼 수 있다는 것은 널리 인정된 사실이다. 마찬가지로 기업의 규모가 클수록 투자한 자본과 신용이 대규모일수록 생산비가 절감되고 생산품의 단가가 싸진다는 것도 잘 알려진 사실이다.

이러한 사실은 오래전부터 알려졌지만 우리 시대에 와서 확실하게 입증되었다. 이미 이 원리는 몇몇 대기업들에서 채택되고 있으며 군소 기업들도 점차 이 원리를 적용하고 있다.

나로서는 입법자들이 산업공학의 이 두 가지 새로운 공리보다 더 많은 관심을 집중해야 할 곳이 정치 세계 말고도 또 있을지 모르겠다.

기능공이 한 가지 제품의 제조에만 계속 전념하게 되면, 그는 아주 능숙한 솜씨로 일을 해내게 된다. 하지만 그와 동시에 그는 노동 과정에 자기의 참신한 생각을 적용할 일반적인 능력을 잃게 된다. 그는 날이 갈수록 더 숙달되지만 기업가적 소양에서 더 멀어진다. 그에게서 직공으로서의 자질이 완벽해짐에 따라서 인간으로서의 품격은 저하되는 것이다.

핀 머리를 만드는 데만 20년 인생을 바친 사람에게 무엇을 기대할 수 있겠는가? 종종 세상을 뒤흔들어놓았던 이러한 막강한 인간 지성을 핀 머리를 만드는 가장 좋은 방법을 발명하는 데가 아니면 어디에다 쓸 수 있다는 말인가!

노동자가 자기 시간의 대부분을 이런 식으로 보내게 될 때, 그의 사고방식은 그가 매일같이 힘들여 만드는 물건 주위에 영원히 고정될 것이다. 어떤 고정된 습성이 몸에 배어서 앞으로도 줄곧 붙어 다닐 것이다. 한마디로 말하자면 그는 더 이상 자기 자신에 속하지 않고 그가 선택한 직업에 속하는 셈이다. 법률과 습속이 바뀌어서 이 사람 주변에 있는 모든 장벽이 허물어지고 그에게 재산을 축적할 수 있는 수많은 다른 길을 열어준다고 해도 소용없는 일이다. 법률이나 습속보다 더 강한 일종의 산업 논리가 그를 결코 떠날 수 없는 한 가지 직업에, 흔히는 한 장소에 붙들어놓았으니 말이다. 이 산업 논리가 노동자에게 사회에서 그가 벗어날 수 없는 일정한 위치를 할당해버리는 것이다. 사회의 전반적인 변화 속에서도 그는 변할 줄을 모른다.

분업의 원리가 더욱 완벽하게 적용됨에 따라서, 노동자는 더 허약해지고 더 근시안적이 되며 더 종속적이 된다. 기술은 진보하지만 기술자는 퇴보하는 것이다. 다른 한편으로 공장 규모가 더욱 커지고 투자 자본이 더욱 많아질수록 산업 생산품의 품질이 더 좋아지고 가격이 더 싸진다는 사실이 명백하게 입증됨에 따라서, 부유하고 교육받은 사람들이 지금까지는 가난하고 무지한 기술자들에게 내맡겼던 공업 분야에 투신하기 시작한다. 그들은 엄청난 투자와 막대한 수입에 이끌리는 것이다.

이런 식으로 산업 논리는 노동자 계급의 지위를 끊임없이 저하시키는 동시에 고용주 계급의 지위를 향상시키는 것이다.

노동자가 점점 더 어떤 한 가지 부품을 연구하는 데에 그의 지성을 집중하는 반면에, 고용주는 언제나 더 넓은 전반적인 상황으로 눈을 돌린다. 노동자의 안목이 좁아지는 것에 비례해서 고용주의 안목은 넓어진다. 조만간 노동자에게는 지성이 없어지고 육체적 힘만 남게 될 것이며, 고용주는 학식과 성공하기 위한 재능을 필요로 할 것이다. 고용주는 점점 더 거대한 제국의 행정관리를 닮아가며, 노동자는 짐승을 닮아간다.

따라서 노동자와 고용주 사이에는 비슷함 점이라곤 없으며, 이들은 매일 서로 달라진다. 이들은 긴 사슬 양끝에 있는 두 개의 고리처럼 연결되어 있을 뿐이다. 각자가 자신에게 마련된 자리를 차지하고 있으며 거기서 빠져나오지 못한다. 한쪽은 다른 한쪽에 항구적으로 밀접하게 그리고 필연적으로 종속되어 있다. 한쪽은 복종하기 위해서, 다른 한쪽은 통솔하기 위해서 태어난 듯하다.

이것이 귀족주의 체제가 아니면 무엇이란 말인가?

국가 공동체 안에서 조건이 더욱더 평준화됨에 따라서, 제조품에 대한 욕구는 일반화되고 증대하며 저렴한 상품 가격은 사업 성공의 가장 중요한 요인이 된다. 따라서 돈이 많고 학식이 높은 사람들이 그들의 재산과 학식을 공업 생산에 쏟아붓는 일이 날마다 벌어진다. 이들은 대단위 작업장을 열고 철저하게 분업을 시행함으로써 사방에서 밀려오는 모든 새로운 욕구를 충족시키고자 애쓴다.

이렇게 국민 대중이 민주주의로 전환함에 따라서 공업에 종사하는 특별한 계급은 점점 더 귀족주의적으로 변한다. 인간들은 한 측면에서는 점점 더 서로 닮아가면서, 다른 한 측면에서는 점점 더 서로 달라진다. 큰 공간에서 불평등이 줄어드는 데 비례해서 작은 공간에서는 불평등이 증가한다.

따라서 근본 원인으로 거슬러 올라가 살펴본다면, 민주주의의 품 안에서 자연적인 추동력에 의해 귀족주의가 나온다고 할 수 있을 것이다. 하지만 이런 종류의 귀족주의는 이전 시대의 귀족주의와 전혀 닮지 않았다. 우선 이러한 귀족주의는 공업 분야나 몇몇 제조업 직종에만 나타나는 현상으로, 전체적인 사회 상태 안에서 보면 하나의 예외이자 기괴한 사건이라는 점을 염두에 두자.

오늘날 거대한 민주 사회 한복판에서 몇몇 공업 분야에 세워진 이 작은 귀족 사회들은 이전 시대의 거대한 귀족 사회와 마찬가지로 그 안에 소수의 부자들과 다수의 가난한 자들을 모두 지니고 있다.

이 가난한 사람들은 그들의 처지에서 벗어나 부자가 될 수 있는 방법이 거의 없다. 하지만 부자들은 끊임없이 가난해지고 있거나 아니면 재산을 모은 후 사업을 그만둔다. 이렇게 가난뱅이 계급을 구성하는 요소는 거의 확정되어 있지만, 부자 계급을 구성하는 요소는 정해져 있지 않다. 정확하게 말하자면, 부자는 존재하지만 부자 계급은 존재하지 않는다. 부자들에게는 어떤 공통된 정신이나 목표도, 어떤 공통된 전통이나 욕구도 없기 때문이다. 부유한 개개인은 있지만 부자 집단은 없는 것이다.

부자들은 자기들끼리 서로 긴밀한 유대를 형성하고 있지 않을 뿐만 아니라, 부자와 가난한 자 사이에는 어떤 진실한 유대도 없다고 말할 수 있다. 부자와 가난한 자의 상대적인 위치가 영원히 고정되어 있는 것은 아니다. 이들은 매 순간 이해관계에 따라 가까워지기도 하고 멀어지기도 한다. 노동자는 특정한 고용주에 종속되어 있는 것이 아니라 고용주들 일반에 종속되어 있다. 이들은 공장에서는 서로 만나지만 공장 밖에서는 서로 알아보지도 못한다. 이들은 어떤 한 가지 점에서는 서로 접촉한다고 할지라도, 다른 모든 점에서는 서로 아주 멀리 떨어져 있다. 공장주는 노동자에게 노동만을 요구하고 노동자는 공장주에게 봉급만을 기대한다. 한쪽이 다른 한쪽을 보호해주어야 할 의무도 없고 지켜주어야 할 의무도 없다. 이들은 습성에 의해서도 의무에 의해서도 서로 항구적으로 연결되어 있지 않다.

상공업에 토대를 둔 귀족주의는 자신이 다스리는 상공업 주민들 한가운데에 결코 확고하게 뿌리를 내리지 않는다. 여기서 귀족주의의 목표는 주민을 통치하는 것이 아니라 주민을 이용하는 것일 따름이기 때문이다.

이렇게 만들어진 귀족주의는 자신이 고용하는 사람들을 완전하게 장악하지 못한다. 어쩌다가 잠시 장악하더라도 사람들은 이내 내빼버린다. 귀족주의는 어떻게 헤쳐 나가야 할지를 알지 못하며 행동할 줄도 모른다.

지난 시대의 영토 귀족주의는 법률에 의해서든 때로는 습속에 의해서든 농노들을 보호해주어야 했으며 그들의 곤궁을 해결해주어야 했다. 하지만 오늘날의 제조업 귀족주의는 자기들에게 봉사하는 사람들을 궁핍하고 피폐하게 만들고는 불황 때에는 이들의 구제를 자선단체에 내맡겨버린다. 이것은 내가 앞에서 말한 것의 당연한 귀결이다. 노동자와 고용주 사이에 교류는 빈번하지만 진정한 유대는 없다.

종합적으로 생각해볼 때 지금 우리 눈앞에 떠오르고 있는 이 제조업 귀족주의는 아마도 이 지구상에 나타난 가장 냉혹한 체제 중 하나일 것이다. 하지만 그와 동시에 그것은 가장 제한적이고 가장 덜 위험한 체제 중 하나이기도 하다.

그럼에도 불구하고 민주 시대의 사람들이 우려 섞인 마음으로 끊임없이 돌아봐야 하는 것이 바로 이러한 측면이다. 행여나 조건의 항구적인 불평등과 귀족주의가 다시 이 세상에 침투한다면, 바로 이 문을 통해 들어올 것으로 충분히 예상할 수 있기 때문이다.

제3부
민주주의가 고유한 의미의
습속에 미치는 영향

제1장

어떻게 조건들이 평등해짐에
따라서 습속은 순화되는가

지난 수 세기 동안 조건들이 평등해짐에 따라서 그와 동시에 습속도 순화되어왔음을 우리는 알 수 있다. 이 두 가지 사실은 단지 동시적으로 일어난 일일 따름인가, 아니면 이 둘 사이에는 어느 하나가 진전되면 다른 하나도 반드시 진전될 정도로 어떤 내밀한 연관성이 있는가?

한 나라의 습속이 부드럽게 순화되는 데에는 여러 원인이 작용하겠지만, 내가 보기에 가장 강력한 원인은 아마도 조건들의 평등일 것이다. 따라서 조건의 평등과 습속의 순화는 동시적으로 일어나는 사건일 뿐만 아니라 서로 연관되어 있는 사실로 보인다.

동물의 행동이 독자들의 흥미를 끌도록 하기 위해서 우화 작가들은 마치 동물들이 인간의 생각과 열정을 가지고 행동하는 듯이 꾸민다. 영혼과 천사에 대해서 말하는 시인들도 마찬가지이다. 이렇게 어떤 것이든 우리 자신과 관련된 형식을 띠고 우리에게 다가

오지 않는다면, 어떤 심각한 비참함도 어떤 순수한 기쁨도 우리의 이목을 끌고 우리의 마음을 사로잡을 수 없을 것이다. 이러한 사실은 우리가 지금 다루는 주제에 아주 잘 적용된다.

귀족 사회에서 모든 사람이 자신의 직업, 재산, 출생에 따라 아주 엄격하게 나누어질 때, 각 계급의 구성원들은 자신을 한 가족의 일원으로 생각하며 서로에 대해 민주 사회의 사람들로서는 결코 느끼지 못할 정도의 지속적이고 생동하는 연대감을 품고 있다. 하지만 이러한 감정은 계급과 계급 사이에서는 찾아보기 힘들다.

귀족 국가에서 각 신분은 자체의 독자적인 견해, 감정, 권리, 습속, 생활양식 따위를 갖고 있다. 그래서 한 신분에 속하는 사람들은 다른 신분에 속하는 사람들과 전혀 닮아 보이지 않는다. 그들은 같은 방식으로 생각하거나 느끼지도 않으며 서로 같은 부류의 인간이라고 여기지도 않는다.

따라서 그들은 다른 사람들이 느끼는 것을 제대로 이해하지 못하며 자신들의 경험에 비추어 판단하지도 못한다. 물론 그들은 이따금 진심으로 서로에게 도움의 손길을 내밀기도 한다. 하지만 이 사실이 앞에서 내가 말한 것과 상반되는 것은 아니다.

이러한 귀족주의 제도들은 같은 종에 속하는 존재들을 이토록 서로 이질적인 부류로 만들었지만, 그와 동시에 아주 긴밀한 정치적 유대로 이들을 한데 묶어놓았다.

물론 농노는 귀족들의 운명에 생래적인 관심을 갖지는 않지만, 그럼에도 불구하고 자기의 주인이라고 할 수 있는 이 귀족에게 진심으로 봉사하는 것이 자신의 의무라고 믿는다. 그리고 귀족은 자기가 농노들과는 전혀 다른 존재라고 생각하면서도 영지 안에 사는 농노들을 목숨을 걸고라도 보호하는 것이 자신의 의무이자 명예라고 믿는다.

이러한 상호 의무의 관계는 자연의 법칙에서 나온 것이 아니라 사회의 법칙에서 나온 것이며 인간의 타고난 속성보다 사회적 관계가 더 큰 구속력을 지닌다는 것은 명백한 사실이다. 요컨대 이러한 쌍무적인 관계는 인간과 인간 사이보다 농노와 영주 사이에서, 또는 봉신과 주군 사이에서 더 자주 발생하는 것이다. 따라서 봉건시대의 제도들은 인류 자체가 겪는 비참함에 대해서 어떤 반응을 유도하도록 만들어진 것이 특정한 인간들이 겪는 고통에 대해서 일정한 공감을 보이도록 만들어진 것이라고 할 수 있다. 요컨대 이 제도들은 당시 사회의 습속 전반을 순화시켰다기보다 군데군데 아량을 보여준 셈이다. 그리고 이 제도들은 사람들이 헌신적인 위대한 행동을 하도록 부추기기는 하지만 진실한 동정심을 베풀도록 만들지는 못한다. 그도 그럴 것이 진정한 동정심은 자기와 같은 부류들 안에서만 존재하는데 귀족 시대에는 자기가 속한 계급 안에서만 이러한 부류들을 만날 수 있기 때문이다.

태생으로나 습성으로나 귀족계급에 속하는 중세의 연대기 작가들은 귀족의 비극적인 종말을 서술할 때 정말이지 격렬한 슬픔을 내보인다. 하지만 이 작가들은 평범한 하층민들이 당한 대학살과 고문에 대해서는 전혀 머뭇거리지 않고 단숨에 이야기한다.

이것은 이 작가들이 일반 민중에 대해서 습관적인 증오심이나 철저한 경멸감을 갖고 있었기 때문이 아니다. 사실 국가 내의 여러 계급들 사이에 아직 노골적인 전쟁이 벌어진 것도 아니었다. 요컨대 이 작가들은 열정보다는 본능에 의해서 움직인 것이며 가난한 사람들의 고통이 과연 어떤 것인지 확실히 알지도 못했던 까닭에 그들의 운명에 대해서도 별로 관심이 없었던 것이다.

일단 봉건적 유대가 깨어지게 되면, 일반 민중도 마찬가지로 이러한 현상을 내보인다. 봉신들이 자기가 모시는 주군들을 위해 그토록 영웅적인 헌신을 보여주었던 바로 이 시대에 하층계급들은 이따금 상층계급들에 대해 전대미문의 잔학한 행위를 서슴지 않았다.

이러한 서로 간의 무감각적인 잔인성이 질서와 지식이 결핍된 시대의 산물이라고 생각해서는 안 된다. 왜냐하면 여전히 귀족주의 체제이기는 하지만 규율과 계몽으로 충만한 그 다음 시대에서도 이러한 자취를 찾아볼 수 있기 때문이다.

1675년 브르타뉴 지방에서 하층계급이 새로운 세금의 부과에 항의해 반란을 일으켰다. 이러한 소요는 전례 없이 혹독하게 진압되었다. 이 공포의 현장을 목격한 세비녜(Sévigné) 부인이 자기의 딸에게 보낸 편지를 살펴보자.

레로셰(Les Rochers), 1675년 10월 30일

"사랑하는 딸아! 액스(Aix)에서 보낸 네 편지들은 정말 재미있구나. 편지를 부치기 전에 너도 여러 번 읽어보려무나. 얼마나 멋진 글인지 너 스스로 살펴보고 이렇게 많은 분량을 힘들여 쓴 데 대해 위안을

삼으려무나. 그런데 너는 프로방스(Provence)에 입맞춤했지? 포도주 향기를 좋아하지 않는다면 브르타뉴(Bretagne)에 입맞춤하는 것은 별로 만족스럽지 않을 것 같다. 렌(Rennes)네 집에서 들려오는 소문을 알고 싶니? 세금 수십만 에퀴(écus)가 부과되었는데, 이 액수를 24시간 안에 납부하지 않으면 두 배로 늘고 군인들이 강제로 징수한다는구나. 집을 뒤지고 큰길에서 주민들을 내쫓고 이들을 숨겨주는 사람은 사형에 처한다는구나. 임신부, 노인네, 어린애 할 것 없이 이 모든 가련한 사람들이 어디로 가야 할지, 무엇을 먹어야 할지, 어디서 자야 할지, 아무것도 모른 채 도시를 떠나며 울부짖고 있구나. 엊그제는 깡깡이 켜는 광대가 거리에서 춤을 추고 납세증서 몇 장을 훔친 죄로 체포되어 마차 바퀴에 치여 죽는 형벌을 받았다. 그의 몸은 완전히 절단되고 절단된 사지는 사방 네 모퉁이에 전시되었다. 도시 주민 60여 명이 체포되었는데, 이들은 내일 처형한다는구나. 이 지방은 총독과 총독 부인을 존경해야 하고 그들의 정원에 절대로 돌을 던져서는 안 된다는 것[1]을 가르치는 좋은 본보기가 될 거야. 어제는 타랑트(Tarente) 부인이 마침 좋은 날씨 덕에 그녀의 농장에 왔단다. 침구도 음식도 전혀 준비하지 않은 채 말이야. 그녀는 도시 정문으로 들어왔다가 다시 그리로 나가 돌아갔단다."

다른 편지에서 세비녜 부인은 다음과 같이 덧붙인다.

---

1) 이 농담조 구절을 제대로 이해하려면 당시에 그리냥(Grignan) 부인이 프로방스의 총독 부인이었다는 것을 상기하도록 하자.

"너는 우리가 겪는 비참한 상황에 대해 즐기듯이 얘기하는구나. 이제 사람을 마차 바퀴에 치어 죽이는 형벌은 볼 수 없지만 일주일에 한 번꼴로 재판이 열린단다. 솔직히 말하자면 교수형은 내게 일종의 기분 전환용 청량제와 같단다. 이 지방에 온 후부터 나는 재판에 대해 전혀 다른 생각을 갖게 되었단다. 그곳 갤리선에서 노 젓는 노예들은 편안한 생활을 하기 위해서 세상사에서 은퇴한 선량한 사람들처럼 내게 보인단다."

이 구절을 쓴 세비녜 부인이 정말 이기적이고 잔인한 사람이라고 생각하면 잘못이다. 그녀는 진심으로 자기 자녀들을 사랑하고 친구들의 슬픔에 진심 어린 동정심을 보인다. 그리고 이 편지로 짐작해볼 때, 그녀는 자기의 가신과 하인들에게도 아주 친절하고 관대하게 대할 것으로 보인다. 하지만 세비녜 부인은 귀족이 아닌 다른 사람들이 겪는 고통에 대해서는 그것이 과연 어떤 것인지 명확하게 알지 못하고 있다.

오늘날 가장 냉혹한 사람이라도, 자기가 알고 있는 가장 무감각한 사람에게 편지를 쓸지라도 앞에서 내가 말한 잔인한 익살을 감히 무덤덤하게 즐기지는 않을 것이다. 자신의 개인적 습성에 따라 그렇게 할 수 있을지는 몰라도, 국가의 일반적인 습속이 그렇게 하는 것을 막을 것이다.

왜 이렇게 됐을까? 우리가 우리 조상들보다 더 감수성이 풍부해서 그런가? 잘 알 수 없는 노릇이지만, 우리의 감수성이 옛날보다는 더 많은 대상에 확대된 것만은 분명하다.

사회에서 계층들이 서로 균등해지고 모든 사람이 거의 똑같은 방식으로 생각하고 느끼게 될 때, 이들 각자는 다른 모든 사람의 감성을 단 한순간에 판단할 수 있을 것이다. 왜냐하면 그가 자기 자신의 모습을 힐끗 보기만 하면 되기 때문이다. 이제 각자는 주위 사람들의 어떤 절박한 처지라도 마치 어떤 내밀한 본능에 의해서인 듯 쉽게 알아챌 수 있게 된다. 이방인이나 적군에 대해서도 마찬가지이다. 상상력을 통해서 그들의 입장을 헤아릴 수 있으니 말이다. 사람들의 동정심이 상상력을 통해 어떤 특정 개인에게로 전이되는 까닭에, 누군가 그의 동료의 사지가 찢겨 나갈 때 그 자신이 고통을 느끼게 되는 것이다.

민주 시대에 사람들은 서로를 위해서 희생하는 일이 거의 없다. 하지만 이들은 인간들 모두에게 일반적인 동정심을 드러낸다. 이들은 불필요하게 남에게 피해를 끼치지 않는다. 그리고 자기 자신에게 큰 손해가 되지 않는 한 다른 사람들의 아픔을 덜어줄 수 있을 때 큰 만족감을 느낀다. 요컨대 이들의 마음은 사리사욕에서 완전히 벗어난 것은 아니지만 아주 순화된 것이다.

아메리카인들이 굳이 말하자면 이기주의를 일종의 사회적 · 철학적 이론으로 바꾸어놓기는 했지만, 그들은 여전히 동정심에 아주 민감하다. 아마도 합중국만큼 형사재판이 관대하게 운영되는 나라는 없을 것이다. 영국인이 그들의 형법에 중세기의 유혈의 흔적을 조심스럽게 보존하는 데 반해서, 아메리카인들은 그들의 법전에서 사형제를 완전히 삭제해버렸다. 내가 알기에, 북아메리카는 지난 50년 동안 단 한 명도 정치범죄로 사형당하지 않은 유일한 나라이다.

아메리카인들의 이러한 보기 드문 온유한 자세가 주로 그들의 사회 상태에서 연유한다는 사실을 입증해주는 마지막 사례는 바로 그들이 노예를 대하는 태도에서 나타난다.

종합적으로 살펴볼 때 신세계에서 합중국보다 흑인들의 육체적 조건이 덜 가혹한 유럽 식민지는 아마 없을 것이다. 그럼에도 불구하고 합중국에서 흑인 노예들은 아주 끔찍한 고통을 감수하고 있으며 끊임없이 잔인한 처벌에 노출되어 있다.

이 불행한 사람들의 운명이 그들의 주인들에게 동정심을 거의 불러일으키지 못하고 있다는 점, 그리고 이들이 노예제도를 자기들에게 이익을 가져다주는 제도로 볼 뿐만 아니라 자기들과 전혀 관련이 없는 악행으로 본다는 점은 아주 쉽게 알아챌 수 있다. 이렇게 자기와 대등한 처지에 있는 주변 동료들에게 아주 인간적으로 대하던 바로 그 사람이 자기와 대등하지 않은 처지에 있는 사람들의 고통에 대해서는 아주 무감각해지는 것이다. 이렇게 인간의 온유함은 문명이나 지식에서 나온다기보다는 평등이라는 사회 상태에서 나온다고 할 수 있다.

여기서 내가 개개인에 대해서 말한 것은 어느 정도까지는 국가 단위에도 적용될 수 있다. 각 국가가 자기 나름의 여론, 신앙, 법제, 관습 따위를 갖고 있을 때, 그 국가는 자신이 마치 인류 전체를 포괄하는 것처럼 여기며, 자기 자신 안에서 겪는 고통에만 민감하게 반응하고 외부에서 어떤 절박한 일들이 일어나든 무감각해질 것이다. 그래서 이런 식으로 갈라선 두 나라 사이에서 전쟁이 벌어진다면, 그것은 정말 아주 잔인한 전쟁이 될 것이다.

문명이 최고로 발달한 전성기에도 로마인들은 전쟁에서 승리한 후 적장들을 개선 마차에 묶어 끌고 와서 로마 시민들 앞에서 목을 잘랐으며 시민들의 여흥거리로 포로들을 맹수들에게 던져주었다. 십자가에 못 박혀 죽은 로마 시민 한 사람을 생각하고 그토록 슬피 울었던 키케로도 개선장군을 축하하는 이토록 끔찍한 행사에 대해서는 아무 말도 하지 않았다. 그가 보기에 이방인은 전혀 로마인과 같은 종류의 인간이 아니었던 것이다.

이와 반대로 세월이 지나서 국가들은 서로 엇비슷해짐에 따라서, 국가들은 서로의 절박한 처지에 대해 더욱더 동정심을 발휘하게 될 것이며, 만국공법은 부드럽게 순화될 것이다.

제2장

어떻게 민주주의가 아메리카인들의 일상적인 관계를 더 단순하고 더 쉽게 만드는가

민주주의는 사람들을 서로 밀접하게 결합시키지는 않지만 사람들의 일상적인 관계를 더욱 쉽게 만든다.

영국인 두 명이 아주 멀리 떨어진 곳에서 우연히 만난다. 그들은 언어와 습속이 전혀 다른 이방인들에게 둘러싸여 있다. 우선 이 두 사람은 궁금해하면서 약간 불안한 시선으로 서로를 살펴볼 것이다. 다음에 그들은 서로 외면하거나 아니면 서로 다가가서 어색하고 산만한 태도로 별로 중요하지도 않은 문제에 대해 대화를 나눈다.

하지만 그들 사이에는 적대감이라고는 전혀 없다. 그들은 여태껏 서로 만나본 적도 없으며 상대방을 존경받을 만한 신사로 대접해주기 때문이다. 그렇다면 그들은 왜 조심스럽게 서로 거리를 두는가?

그 이유를 알기 위해서는 영국으로 되돌아가 보아야 한다. 인간이 자신이 가진 부와 관계없이 단지 자신의 출생에 의해서만 분류될 때, 인간은 누구나 사회의 사다리에서 자신이 차지하는 위치에 대해 아주 잘 알게 되며 위로 올라가려고 그리 애쓰지도 않고 아래로 내려갈까 걱정하지도 않는다. 이렇게 조직화된 사회에서 신분적으로 서로 다른 사람들은 서로 교류하는 일이 거의 없다. 하지만 우연히도 서로 만나게 되면, 이들은 서로 뒤섞이지나 않을까 희망하지도 걱정하지도 않으면서 기꺼이 서로 어울려 지낸다. 이들 사이의 관계는 평등에 기반을 둔 것이 아니지만 그렇다고 이들의 태도가 부자연스러운 것도 아니다.

하지만 출생 귀족주의가 금전 귀족주의로 바뀔 때, 사정은 달라진다. 몇몇 사람들이 누리는 특권은 아직도 매우 크지만, 이러한 특권을 획득할 가능성은 누구에게나 열려 있다. 그래서 특권을 소유한 사람들은 끊임없이 그 특권을 빼앗기거나 다른 사람들과 나누어야 할지도 모른다는 걱정에 사로잡혀 있다. 반면에 아직 특권을 얻지 못한 사람들은 어떻게 해서든 그것을 얻으려 하거나, 얻어내는 데 실패할 경우 그 특권을 소유하고 있는 척하는데, 이는 사실 불가능한 일이 아니다. 인간의 사회적 가치가 더 이상 혈통에 의해서 확고하고 항구적으로 고정되지 않고 재산에 따라 무한히 달라질 때, 이때에도 물론 계급적 차이는 존재하겠지만 언뜻 보아서는 사람들이 어떤 계급에 속하는지를 더 이상 구별할 수 없게 될 것이다.

그 직접적인 결과가 바로 모든 시민 사이에 겉으로는 드러나지 않는 어떤 갈등과 적대감이 싹튼다는 사실이다. 어떤 부류의 사람들은 수많은 교묘한 수단을 동원해서 자기들보다 상층에 있는 사람들 속으로 실질적으로든 단지 외관상으로든 침투해 들어가려고 애쓰는 반면에, 또 다른 부류의 사람들은 자기들의 권리를 빼앗아 가려는 사람들을 물리치기 위해서 끊임없이 싸우고 있다. 그렇지 않으면 똑같은 사람이 이 두 가지를 동시에 하기도 한다. 요컨대 그는 상층부로 침투해 들어가려 애쓰는 한편, 하층부에서 올라오려는 움직임은 가차 없이 내치는 것이다.

오늘날 영국의 상태가 바로 이러하다. 내가 앞에서 묘사한 상황은 바로 영국의 이러한 사회 상태와 깊은 관련이 있다고 나는 생각한다.

영국인들 사이에는 아직도 귀족주의에 대한 자부심이 대단한 반면 귀족계급의 테두리는 아주 모호해진 까닭에, 사람들은 누구나 자신의 친소 관계가 뒤집히지나 않을까 매일같이 걱정하며 지낸다. 만나는 사람들의 사회적 지위가 어떤지를 한눈에 알아볼 수 없기 때문에, 관계를 맺고 사귀는 일을 신중하게 피한다. 사소한 친절을 베풀었을 뿐인데 그로 인해 원치 않게 어색한 친분을 맺게 되지나 않을까 걱정한다. 누군가의 친절에 대해서도 우려의 눈으로 대하고, 낯선 사람들에게서 질시를 받는 것만큼이나 그들에게서 허물없는 환대를 받는 것도 꺼린다.

많은 사람들이 영국인들의 이러한 특이한 비사교적인 성향과 과묵하고 신중한 기질을 순수하게 생래적인 원인들과 연결시켜 설명하고 있다. 영국인들의 경우 핏줄이 사실상 많은 것을 설명해준다는 데 나로서도 기꺼이 동의한다. 하지만 나는 영국인들의 사회 상태에서 훨씬 더 중요한 원인들을 찾을 수 있을 것이라고 믿는다. 이러한 사실은 아메리카인들의 사례에서도 잘 입증된다.

출생에 따른 특권이 전혀 존재하지 않고 부자라고 해서 어떤 특별한 권리를 누리지도 못하는 아메리카에서는 서로 일면식도 없는 사람들이 흔쾌히 한 장소에 모이게 되며, 어떤 이득도 부담도 없이 자유롭게 자신들의 생각을 교환한다. 이들은 서로 우연히 만나게 되면 굳이 사귀려고 달려들지는 않지만 절대로 서로 피하지도 않는다. 이들의 만남은 아주 자연스럽고 솔직하며 개방적이다. 이들은 상대방에게 원하는 것도 우려하는 것도 거의 없으며, 자기의 사회적 지위를 내보이려 하지 않는 만큼 감추려 하지도 않는다. 이들의 태도는 때로 냉담하고 진지하지만 결코 거만하거나 부자연스럽지 않다. 그리고 그들이 입을 떼지 않는다면, 그것은 말할 기분이 나지 않기 때문이지, 침묵을 지키는 것이 이득이 되기 때문이 아니다.

외국에서 아메리카인 두 사람이 만난다면 그들이 아메리카인이라는 바로 그 이유만으로 곧 친구가 된다. 편견에 사로잡혀 서로 배척하지 않고 동포라는 사실만으로 서로 모인다. 하지만 영국인 두 사람이 서로 어울리려면, 같은 혈통만으로는 충분하지 않고 같은 계급에 속해야 한다.

영국인들의 이러한 비사교적 기질에 대해서 아메리카인들은 우리 프랑스인들이 아는 것만큼이나 잘 알며, 또 우리만큼이나 놀라고 있다. 하지만 아메리카인들은 그들의 기원, 종교, 언어 그리고 부분적으로는 습속에 의해 영국과 연결되어 있다. 그들은 단지 사회 상태에서만 영국인들과 다를 뿐이다. 따라서 영국인들의 이러한 신중하고 내성적인 성격은 국민의 기질보다 나라의 체질에서 나오는 것이라고 말할 수 있을 것이다.

제3장

왜 아메리카인들은 자기 나라에 대해서는 과민하지 않으면서 유럽에 대해서 과민 반응을 보이는가

아메리카인들은 모든 진지하고 신중한 국민이 그렇듯이, 당한 만큼 꼭 갚아주는 그런 기질을 지니고 있다. 그들은 당한 일을 결코 잊지 않는다. 하지만 그들의 감정을 건드린다는 것은 쉬운 일이 아니며, 그들은 화를 낼 때에도 오래 걸리고 화를 풀 때에도 오래 걸린다.

몇몇 개인들이 모든 일을 처리하는 귀족 사회에서는 사람들이 외부 사람들과 교제를 맺을 때에는 일정하게 정해진 규범 같은 것에 따르게 되어 있다. 그래서 누구나 어떤 식으로 존경을 표현해야 하며 겸손하게 처신해야 하는지를 아주 정확하게 알고 있다고 믿는다. 예의범절이야말로 누구도 모르는 체할 수 없는 생활의 지식인 것이다.

사회의 최상류층의 이러한 관습은 다른 모든 계급에게 일종의 모델 구실을 하게 되며, 따라서 하층계급들은 저마다 별도의 규약을 만들고 구성원들은 그것을 준수한다.

이렇게 예의범절의 규범이 완전히 숙달하기도 어렵고 무시하고 지내기도 어려운 일종의 복잡한 법률 체계를 구성하게 되는 까닭에, 사람들은 매일같이 자신의 의지와 달리 심각한 상처를 남에게 주거나 남에게서 받을 처지에 놓이게 된다.

그러나 신분의 장벽이 희미해지고 교육 수준도 출생 신분도 다른 사람들이 같은 장소에서 서로 만나고 뒤섞이게 됨에 따라서, 예의범절 규범이 과연 어떤 것인가에 대한 합의 자체가 거의 불가능하게 되었다. 규약 자체가 불확실해졌기 때문에, 그것을 어기는 일은 그것을 지키는 사람들의 눈에조차도 범죄행위로 보이지 않았다. 달리 말하자면 사람들은 이제 외형보다 행동의 본질을 더 중요시하게 되었다. 예의범절을 따지는 성격이 줄어든 동시에 걸핏하면 싸우는 성격도 줄어들었다.

사회생활 속에는 아메리카인들이 별로 개의치 않는 자잘한 배려들이 아주 많다. 이러한 배려를 응당 받아야 한다고 자기 스스로 생각하지 않기 때문이든, 아니면 이 점에 대해 다른 이들이 무관심한 것을 스스로 용납하기 때문이든, 그들은 그냥 넘기곤 한다. 그렇기 때문에 그들은 남에게 무시당해도 알아채지 못하거나 남의 실례를 쉽사리 용서해주곤 한다. 요컨대 그들의 태도는 예법에서 더 멀어지고, 그들의 습속은 더 단순해지고 더 남성다워진 것이다.

아메리카인들이 내보이는 이러한 상대방에 대한 관용과 이러한 남성다운 신뢰는 아주 일반적이고 아주 뿌리 깊은 한 가지 원인에서 나오는 것이다. 이 점에 대해서 나는 이미 앞에서 충분히 거론했다.

합중국에서 계급 간의 차별이 시민사회에서는 거의 없으며 정치 세계에서는 전혀 없다고 말할 수 있다. 따라서 아메리카인은 동료 시민들 중 누구에게도 특별한 배려를 베풀 필요가 없다고 생각하며, 자기가 이들에게서 특별한 배려를 받는다는 것은 생각조차 하지 않는다. 몇몇 동료 시민들과 진지하게 교제하는 것이 자신에게 유익하다고 생각하지 않는 까닭에, 그는 누군가가 자신과의 교제를 거부할 수도 있다는 사실을 알아차리는 데 많은 시간이 걸린다. 조건을 이유로 누구를 깔보지 않기 때문에, 그는 누군가가 같은 이유로 자신을 깔볼 수 있다는 사실을 생각하지 못한다. 그리고 그는 어떤 모욕을 확실히 느끼기 전까지는 누군가가 자신을 욕보이려 한다는 사실을 생각하지 못한다.

합중국의 사회 상태는 자연스럽게 아메리카인들이 사소한 일들 때문에 쉽사리 남에게 상처를 주지 않도록 유도한다. 그리고 다른 한편으로 그들이 누리는 민주주의적 자유는 마침내 이러한 관대한 태도를 국민들의 습속에 심어주었다.

합중국의 정치제도들은 모든 계급의 시민이 끊임없이 서로 접촉하게끔 만들며, 중대한 사업들을 함께 수행하도록 이끈다. 이렇게 일에 몰두하는 사람들은 자잘한 예의범절에 신경을 쓸 시간이 거의 없으며, 서로 화합하며 지내는 데 우선적인 관심을 두는 만큼 그런 자잘한 일들에는 매달리려고 하지 않는다. 그래서 이들은 자기들이 만나는 사람들의 태도보다 그들의 감정과 생각을 더 고려하는 습관을 지니게 되며 사소한 일들에 쉽사리 동요하지 않는다.

합중국에서 어떤 사람에게 그의 처신이 다른 이에게 성가실 수도 있다는 사실을 납득시킨다는 것은 정말 쉬운 일이 아니라고 나는 종종 지적했다. 이 사실을 납득시키기 위해서는 에둘러 말하는 것만으로는 충분하지 않다.

아메리카인과 대화를 나누면서 그의 말이 정말 따분하고 재미없다는 것을 일깨워줄 요량으로 그의 말 한마디마다 내가 토를 달면, 그는 나를 이해시키기 위해 또다시 열심히 말을 한다. 내가 묵묵부답 말을 하지 않고 있으면, 그는 그가 말해준 사실을 내가 진지하게 되새기고 있다고 생각한다. 그리고 내가 그의 눈을 피해 갑자기 자리를 뜨면, 그는 아주 급한 일이 내게 생겼나보다 하고 생각한다. 정말이지 이 사람은 그가 나를 얼마나 성가시게 하는지를 내가 그에게 말해주기 전까지는 깨닫지 못할 것이다. 그에게서 벗어나는 유일한 방법은 내가 그의 영원한 숙적이 되는 길밖에 없을 정도이다.

얼핏 보아도 놀라운 것은 바로 이러한 사람이 유럽에 오게 되면 갑자기 세심해지고 까다로워지는 까닭에 나로서는 합중국에서는 이 사람의 기분을 상하게 하기가 어려웠다면 유럽에서는 그의 기분을 상하지 않게 하기가 어려울 정도라는 사실이다. 이 두 가지 상반된 결과는 같은 원인에서 나오는 것이다.

민주주의 제도들은 일반적으로 사람들에게 자기 조국과 자기 자신에 대한 고고한 관념을 심어준다. 아메리카인은 부푼 자부심을 안고 자기 나라를 떠나 유럽에 도착한다. 그는 곧 합중국과 합중국에 사는 위대한 국민에 대해서 그가 생각했던 것만큼 유럽에서는 별로 관심을 두지 않는다는 사실을 깨닫는다. 이것이 그를 곤혹스럽게 만든다.

그는 유럽에서는 조건들이 평등하지 않다는 말을 들었다. 그리고 그는 유럽의 여러 나라에서는 계급의 흔적이 아직도 완전히 지워지지 않았다는 것과, 유럽에서는 재산과 출생이 그로서는 인정하기도 부정하기도 힘든 불확실한 특권들이 여전히 유지되고 있다는 것을 깨닫는다. 이러한 광경은 그에게 전적으로 새로운 것인 까닭에 그는 놀라고 우려하게 된다. 그가 자기 나라에서 본 그 어떤 것도 여기 유럽의 상황을 이해하는 데 도움이 되지 않는다. 따라서 그는 이 반쯤 파괴된 사회 계서제 안에서, 달리 말하자면 서로 미워하고 경멸할 정도로 뚜렷이 갈라서 있는 동시에 언제든 서로 뒤섞일 수 있을 정도로 가까이 접근해 있는 이 계급들 가운데에서, 어떤 위치를 차지하는 것이 적당할지 알지 못하고 쩔쩔맨다. 그는 높은 위치에 서게 되면 어쩌나 우려하지만, 특히 낮은 위치에 서게 되지나 않을까 더 우려한다. 이 이중의 위험이 그를 항상 긴장시키며 끊임없이 그의 말과 행동을 어지럽힌다.

유럽에서는 의례의 준수가 계급이나 신분의 조건에 따라 아주 다양했다는 사실을 역사에서 배운 적이 있다. 이러한 옛 시절의 회상이 그의 머리를 더욱 복잡하게 만든다. 그리고 그는 그가 받아 마땅한 대접을 받지 못하지나 않을까 속으로 근심하는데, 이러한 근심은 그 대접이라는 것이 과연 어떤 것인지를 모르는 까닭에 더 커질 수밖에 없다. 따라서 그는 항상 함정에 둘러싸인 사람처럼 행동한다. 사회는 그에게 편안한 휴식처라기보다 힘든 작업장으로 보인다. 그는 당신의 아주 사소한 거동이라도 요리조리 훑어보고, 당신의 표정을 꼼꼼히 살펴보며, 혹시나 자기에게 상처를 주는 내용이 숨겨져 있지나 않은지 당신의 말을 면밀하게 검토한다. 예의범절이라는 것에 대해 이 아메리카인보다 꼼꼼하고 까다로운 시골 귀족나리를 본 적이 있는지 나로서도 의심스러울 정도이다. 그는 아주 사소한 예의범절 규범도 준수하려 애쓰며 어느 누구라도 자신에게 무례하게 구는 것을 참으려 하지 않는다. 그는 자기 스스로에게 꼼꼼한 만큼 남에게도 까다로운 것이다. 그는 충분하게 하는 것은 좋아하지만 지나치게 하는 것은 우려한다. 그리고 충분한 것과 지나친 것 사이의 경계가 어디인지 잘 모르는 까닭에, 그는 난처해하면서도 거만해 보이는 신중한 태도를 보이곤 한다.

하지만 이것이 전부가 아니다. 여기에는 인간 마음의 또 다른 측면이 나타난다. 아메리카인은 합중국에 널리 퍼진 그 놀라운 평등 상태를 매일같이 이야기한다. 그는 그것이야말로 아메리카의 자랑이라고 목청껏 이야기하지만 정작 남몰래는 그것을 유감스럽게 여긴다. 그리고 그가 자랑으로 내세우는 그러한 일반적인 질서에서 자기만은 예외라는 사실을 보여주려고 애쓴다.

아메리카 대륙에 식민지를 개척한 초기 정착민들과 조금이라도 혈통으로 연결되어 있다고 내세우지 않는 아메리카인을 찾아보기 힘들 것이다. 그리고 영국의 대귀족 가문의 후예들에 대해 말하자면, 아메리카는 내가 보기에 그런 후예들로 온통 뒤덮여 있는 듯했다.

유복한 아메리카인이 유럽에 도착하면 제일 먼저 하는 일은 재산을 과시하기 위해 온통 사치품으로 자기 주변을 둘러싸는 것이다. 그는 민주 국가의 그저 평범한 시민으로 취급받지나 않을까 두려워한 나머지 매일같이 당신 눈앞에 새로운 부를 과시하기 위해 수백 가지 기이한 방법을 동원한다. 그는 도시에서 가장 눈에 띄는 지역에 저택을 마련할 것이며 항상 여러 명의 하인을 거느릴 것이다.

나는 한 아메리카인이 파리의 유명한 사교 모임에 여러 계층들이 뒤섞여 있다고 불평하는 것을 들은 적이 있다. 파리 사교계의 취향이 그에게는 충분히 순수해 보이지 않았으며, 그는 파리 사교계가 이 점에서 세련미가 떨어진다고 은근히 내비치려 한 것이다. 가꾸어지지 않은 형태 속에 깃들어 있는 세련된 기품을 알아보는 데 그는 익숙하지 않았던 것이다.

이러한 대조적인 장면은 그리 놀랄 만한 것은 아니다.

합중국에서 옛 귀족주의적 기품들의 흔적이 완전히 지워지지 않았다면, 아메리카인들은 자기 나라에서는 덜 단순해지고 덜 너그러워졌을 것이며, 유럽에서는 덜 까다로워지고 덜 부자연스러웠을 것이다.

제4장

앞 세 장에서 말한
내용의 결론

상대방이 겪는 고통에 대해 사람들이 자연스런 동정심을 갖게 될 때, 그리고 감수성의 차이로 서로 갈라서지 않고 이러한 빈번하고 수월한 교류를 통해 서로 매일같이 접촉할 때, 사람들이 필요한 경우 서로 도움을 주고받을 것이라는 사실은 쉽게 이해할 수 있다. 아메리카인은 자기 동료들에게 도움을 요청할 때 거절당하는 경우가 거의 없다. 그리고 나는 이들이 기꺼이 자발적으로 도움의 손길을 내미는 것을 자주 보아왔다.

도로에서 예기치 않게 사고가 발생하면, 사방에서 사람들이 희생자를 도우려고 몰려든다. 한 가정에 예기치 않은 큰 불행이 닥치면, 이름 모를 수많은 사람들이 기꺼이 지갑을 열며, 수많은 소액 기부금이 재난을 도우려 답지한다.

지구상의 가장 문명화된 국가들에서도 불행을 당한 사람이 마치 숲속에 홀로 서 있는 미개인처럼 군중 한가운데서 홀로 서 있는 경우가 흔히 발생한다. 하지만 합중국에서는 이러한 일을 거의 볼 수 없다. 아메리카인들은 항상 냉담하고 때로 거칠기까지 하지만 남의 일에 거의 무관심하지 않다. 그들은 봉사를 서두르지는 않지만 절대로 봉사를 거절하지 않는다.

이러한 이야기는 내가 앞에서 개인주의에 대해 말한 것과 모순되지 않는다. 내가 보기에 이 두 가지는 서로 상충된다기보다 서로 화합한다.

조건의 평등은 인간에게 독립심을 심어주는 동시에 인간의 취약성을 드러내 보여준다. 인간은 자유로운 반면 수많은 우발적인 사건들에 노출되어 있는 것이다. 따라서 사람들은 자기가 일상적으로 남의 도움을 필요로 하지는 않지만 남의 도움 없이 지낼 수 없는 순간이 항상 있기 마련이라는 것을 경험을 통해 알고 있다.

유럽에서는 같은 직업을 가진 사람들이 항상 기꺼이 서로 도움을 주고받는다. 그들은 모두 같은 폐단에 노출되어 있는데, 이 사실은 그들이 아무리 냉담하고 이기적이라 할지라도 서로가 서로를 보호해야 한다는 것을 일깨워주기에는 충분하다. 따라서 그들 중 한 사람이 위험에 처해 있고 다른 사람들이 약간의 희생을 무릅쓰고 손을 내밀면 그를 구할 수 있는 경우라면, 그들은 언제든 그렇게 한다. 이것은 그들이 그 한 사람의 운명에 관심을 갖고 있기 때문이 아니다. 왜냐하면 그를 돕기 위해 그들이 벌인 노고가 우연히도 헛일이 되면, 그들은 곧 그 일을 잊어버리고 자기의 일로 돌아갈 것이니 말이다. 하지만 그들 사이에 일종의 암묵적이고 거의 무의식적인 합의가 이루어진 셈이므로, 각자는 자기가 상대방에게 요구할 수 있는 즉각적인 도움을 상대방에게 주어야만 할 것이다.

여기서 내가 한 계급에 대해서 한 말을 한 국민에게 확장시켜보자. 그러면 나의 생각을 더 잘 이해할 수 있을 것이다.

사실상 한 민주 국가의 모든 시민 사이에는 내가 앞에서 말한 것과 유사한 협약이 존재한다. 즉 모든 사람이 누구나 동일한 취약성과 동일한 위험에 노출되어 있다고 느끼고, 그들의 동정심뿐만 아니라 그들의 이해관계로 인해 필요할 때마다 서로 도움을 주고받는 일을 당연하게 여기는 것이다.

조건들이 유사해질수록, 이러한 서로를 돕는 기질은 더욱더 강화되는 것을 알 수 있다. 민주 사회에서는 엄청난 선행을 거의 보기 힘들지만 작은 호의는 끊임없이 주어진다. 누구든 자신을 완전히 희생할 채비가 되어 있지는 않지만, 누구나 도움의 손길을 내밀 채비는 되어 있는 것이다.

제5장
어떻게 민주주의는 하인과 상전 사이의 관계에 영향을 미치는가

유럽에 오랫동안 여행한 한 아메리카인이 언젠가 나에게 다음과 같이 말했다. "영국인들이 그들의 하인을 아주 거만하게 그리고 우리가 놀랄 정도로 위압적으로 다루는 반면, 프랑스인들은 이따금 그들의 하인을 아주 정중하게 대하며 우리가 이해할 수 없을 정도의 친절을 보여준다. 프랑스인들은 마치 지시하는 것을 두려워하는 듯 보일 정도이다. 그들은 윗사람과 아랫사람 사이의 관계를 유지하는 데 서투르다."

이것은 정확한 평가이며, 나도 몇 차례 이렇게 말한 적이 있다. 오늘날 세계 여러 나라들 중에서 영국은 하인에 대한 관계가 가장 엄격한 나라이고 프랑스는 가장 느슨한 나라일 것이라고 나는 늘 생각해왔다. 내가 보기에 이 두 나라만큼 상전이 고자세이거나 저자세인 나라는 어디에도 없을 것이다. 아메리카인들은 아마도 이 양극단 사이 어딘가에 위치할 것이다.

겉으로 드러나는 명백한 사실은 바로 이것이다. 하지만 그 원인을 찾아보려면 멀리 거슬러 올라가 보아야 할 것이다.

조건들이 아주 평등하고 부자도 가난한 사람도 없는, 따라서 상전도 하인도 없는 그런 사회는 여태껏 본 적이 없다. 민주주의는 이 두 계급이 존재하는 것을 결코 막지 않으며, 다만 두 계급의 성향을 바꾸어놓고 두 계급 사이의 관계를 수정한다.

귀족 국가에서 하인들은 상전 계급만큼이나 그 구성이 단조로운 하나의 특별한 계급을 형성한다. 하나의 고정된 질서가 곧 나타난다. 요컨대 상전 계급에서든 하인 계급에서든 일종의 계서제가 형성되어 그 안에서 여러 계층과 뚜렷한 서열이 생기고 서로 간의 위치는 변하지 않으면서 세대에서 세대로 이어지는 것이다. 항상 뚜렷이 구분되지만 동일한 원리에 의해 움직이는 두 개의 사회가 위아래로 포개져 있는 것이다.

이러한 귀족주의적 구조물은 상전의 생각과 습속만큼이나 하인의 생각과 습속에도 상당한 영향을 미친다. 그리고 그 결과는 다를지라도 그 원인은 같다는 사실은 어렵지 않게 알 수 있다.

하인 계급과 상전 계급은 커다란 나라 한복판에 있는 작은 나라들과 같다. 여기에서 옳음과 그름에 대한 어떤 항구적인 관념이 마침내 형성되며, 인간 행동의 다양한 측면들을 변하지 않는 어떤 특별한 각도에서 바라볼 수 있게 된다. 상전 사회에서와 마찬가지로 하인 사회에서도 사람들은 서로에게 커다란 영향력을 행사한다. 사람들은 확립된 규범을 인정하고 법률이 없으면 여론의 안내를 따르게 된다. 질서 잡힌 습성, 말하자면 일종의 규율 같은 것이 생기는 것이다.

복종하는 것이 곧 운명이기도 한 이 사람들은 물론 그들의 상전들과 똑같은 방식으로 영광, 미덕, 정직, 명예 따위를 이해하고 있지는 않다. 하지만 이들은 자기들 나름의 영광, 미덕, 정직 등의 관념을 가지고 있으며, 이런 표현이 가능할지 모르겠지만 굳이 말하자면 일종의 하인의 체면(honneur servile)[1]을 지니고 있다.

어느 한 계급이 비천하다고 해서 그 계급에 속한 구성원 모두가 비천한 속성을 가졌다고 생각해서는 안 된다. 그렇게 생각한다면 큰 오류이다. 아무리 열등한 계급이라고 하더라도 그 계급에서 으뜸가는 지위를 차지하며 그 계급을 떠날 생각을 전혀 하지 않는 사람은 일종의 귀족주의적 지위를 차지하고 있는 셈인데, 이 지위는 커다란 미덕을 발휘하고 비범한 행동을 하도록 해주는 자기만족감과 자긍심 등 고양된 감정을 그에게 불어넣어 준다.

귀족 국가에서는 고귀하고 당당한 영혼의 소유자가 고관대작에게 봉사하는 것을 흔하게 볼 수 있다. 이들은 상전을 받드는 일을 비천한 처지로 여기지 않으며 상전의 노여움을 사지나 않을까 하는 염려 없이 상전의 뜻을 받든다.

하지만 이런 일은 하인 계급의 하층부에서는 전혀 볼 수 없다.

---

1) 귀족 사회에서 하인들의 행동 지침이 되는 주요 의견들을 면밀하게 검토해보면, 유사한 점이 현저하게 드러난다. 봉건적 위계제의 가장 도도한 구성원들에 게서와 마찬가지로 이들 하인에게서도 혈통에 대한 자부심, 조상과 후손들에 대한 존중심, 아랫사람들에 대한 경멸, 교제 생활의 기피, 예의범절, 전통, 고풍에 대한 취향 등을 찾아볼 수 있다는 것은 정말 놀라운 일이다.

하인 계급의 가장 밑바닥에 있는 사람은 사실상 비천하다고 짐작할 수 있다. 프랑스인들은 귀족 사회의 하인 계급의 가장 밑바닥에 있는 이런 사람들을 위한 단어를 만들어냈다. 그들은 천출(laquais)이라고 불렸다.

천출이라는 단어는 인간의 저열함을 표현하는 다른 말이 없을 때 사용하는 가장 극단적인 용어이다. 옛 군주정 아래서 천박하고 비열한 존재를 한순간에 지칭하고자 할 때, '천출의 영혼'이라는 표현을 사용했다. 이 단어의 의미를 이해하는 데, 이 사례 하나로 충분할 것이다.

조건의 항구적인 불평등은 하인들에게 어떤 특정한 미덕과 악덕을 심어줄 뿐만 아니라, 상전과의 관계에서 특별한 위치를 부여해준다. 귀족 국가에서 가난한 사람들은 항상 지시에 따라 움직인다는 생각에 어려서부터 젖어 있다. 어느 쪽으로 눈길을 돌리든, 그는 즉시로 위계 서열과 복종의 모습들을 접하게 된다.

그러므로 조건의 항구적인 불평등이 만연된 나라에서는 하인들이 자신의 상전에 대한 봉사를 통해서 상전 한 사람에 대한 존중심을 체득한다기보다 상전 계급 전체에 대한 존중심을 체득하게 되는 까닭에, 상전은 하인들로부터 신속하고 완벽하며 손쉽고 존경심 어린 복종을 아주 쉽게 받아낸다. 상전은 귀족주의 전체의 무게를 가지고 하인들의 의지를 내리누르는 것이다.

상전은 하인들의 행동거지를 규율하며 어느 정도까지는 그들의 사고방식도 통제한다. 귀족 사회에서 상전은 흔히 자신도 깨닫지 못하는 사이에 하인들의 생각, 습성, 습속 따위에 엄청난 영향력을 행사한다. 상전은 자신이 지닌 권위의 한계를 훌쩍 넘어서는 상당한 영향력을 행사하는 것이다.

귀족 사회에서는 상전의 가문은 물론이거니와 하인의 가문도 대대손손 이어질 뿐만 아니라, 여러 세대에 걸쳐 같은 상전 집안의 곁에 같은 하인 집안이 (마치 서로 만나지도 않고 멀어지지도 않는 평행선처럼) 자리를 잡는다. 이러한 사실은 이 두 부류의 인간 집단 사이의 상호 관계를 엄청나게 바꾸어놓는다.

따라서 귀족 사회에서 상전과 하인이 서로 어떠한 생래적인 유사성도 없다고 할지라도, 그리고 재산, 교육, 의견, 권리 따위로 인해 두 부류가 인간존재의 사다리에서 양극단으로 갈라서 있다고 할지라도, 시간이 지나면 그들은 마침내 서로 한꺼번에 묶이게 된다.

조건의 평등으로 인해 사람들이 자연적으로 서로 엇비슷해진 민주 사회에서 사람들은 언제나 서로에게 낯선 존재로 남아 있는 반면에, 오히려 귀족 사회에서는 공유하는 역사 전통이 상전이든 하인이든 하나로 묶어주는 까닭에 아무리 서로 별개의 집단처럼 존재한다고 할지라도 서로 조금씩 닮아간다.

따라서 귀족 국가에서 상전은 하인들을 자기 자신의 열등하고 부차적인 부분으로 간주하게 되며, 이기심의 궁극적인 발현으로서 이들의 운명에 자주 관심을 갖게 된다.

하인들로서도 사실 바로 이러한 관점에서 자기 자신을 바라보게 되며, 심지어 이따금 자기 자신을 상전과 동일시하기도 한다. 하인은 결국 자기 자신의 눈으로 보든 상전의 눈으로 보든 상전의 부속물처럼 되어버리는 것이다.

귀족 사회에서 하인은 벗어나기 힘든 종속적인 위치를 차지한다. 그의 위에는 그로서는 마음에서 떨쳐내기 힘든 높은 지위를 차지하고 있는 다른 사람이 자리 잡고 있다. 한편에는 미천, 빈곤, 영원한 복종이 있고, 다른 한편에는 영예, 부, 영원한 통솔이 있다. 이 두 조건은 항상 서로 떨어져 있는 동시에 붙어 있으며, 이 두 조건을 이어주는 관계는 조건 자체만큼이나 항구적이다.

이러한 극단적인 상황에서 하인은 마침내 자기 자신의 이해관계에서 벗어나 버린다. 굳이 말하자면 그는 자기 자신으로부터 분리된다. 요컨대 그는 자기 자신으로부터 벗어나서 주인에게로 온전히 전이된다. 그래서 그는 일종의 가상의 인격체가 되어버린다. 그는 자기를 부리는 상전의 부를 자기 것인 양 기꺼이 지키게 되고, 상전의 영예를 자기의 영예로 삼으며, 상전의 귀족 서품 속에서 자기의 품위를 높인다. 요컨대 그는 항상 다른 사람의 성취를 자기의 성취인 양 기뻐하고, 그 성취를 당사자보다 더 높이 평가한다.

이 두 가지 존재의 기묘한 혼합 속에는 측은하면서도 우스꽝스러운 그 무엇이 있다. 상전의 열정이 하인의 영혼 속으로 옮겨지게 되면, 상전의 열정은 거기서 차지한 자리에 걸맞은 모양새로, 요컨대 위축되고 저열한 형태로 바뀌게 된다. 달리 말하자면 상전에게서는 자긍심이었던 것이 하인에게서는 부질없는 허영과 천박한 허세로 나타난다. 예컨대 어느 대영주의 하인들은 대개의 경우 자신의 영주가 응당 받아야 할 평판에 대해 영주 자신보다 더 꼼꼼하게 따지고 들며 영주가 누리는 자잘한 특권들에 대해 영주 자신보다 더 집착한다.

아직도 프랑스에서는 이따금 이러한 귀족 시대의 나이 많은 하인들 한두 명을 만날 수 있다. 이들은 그 부류들 중에 가장 오래 살아남았지만 곧 사라질 것이다.

합중국에서는 이런 부류의 사람들을 결코 만날 수 없다. 아메리카인들은 이런 부류의 사람을 만나본 적이 없을 뿐만 아니라 그런 사람이 있을 수 있다는 사실 자체를 잘 이해하지 못한다. 우리가 로마 시대의 노예나 중세의 농노가 과연 어떠했는지 상상하기 어려운 것만큼이나 아메리카인들이 이런 부류의 사람이 과연 어떠한지를 깨닫기도 쉽지 않다. 노예든 농노든 이 모든 인간이 비록 수준은 서로 다를지라도 사실상 같은 원인에서 나온 결과이다. 그들은 모두 우리의 시선으로부터 저 멀리 떨어져 있으며 그들을 생겨나게 한 사회 상태와 더불어 매일같이 과거의 어둠속으로 사라져가고 있다.

조건의 평등은 하인과 상전을 새로운 존재로 만들어주며 그들 사이에 새로운 관계를 확립해준다. 조건들이 거의 대등하게 될 때, 사람들은 자신의 처지를 끊임없이 바꾸어 나간다. 따라서 하인 계급과 상전 계급이 여전히 존재하지만 이 계급들이 항상 동일한 개인들, 하물며 동일한 가문들로 구성되는 것은 아니다. 그리고 지시하는 자도 복종하는 자도 더 이상 자기 자리를 영원히 지키지 못한다.

하인들은 별개의 집단을 형성하지 못하는 까닭에 그들만의 고유한 관습이나 편견, 습속 등을 가지고 있지 않다. 그들에게선 어떤 특이한 정신적 면모나 감정적 기질도 찾아볼 수 없다. 그들은 그들의 사회적 상태에 고유한 악덕이나 미덕을 전혀 알지 못하지만, 자기와 동시대 사람들이 지닌 식견, 생각, 감정, 미덕, 악덕 따위를 두루 지니고 있다. 그리고 그들은 상전과 마찬가지로 정직하기도 하고 교활하기도 하다.

상전들 사이에서와 마찬가지로 하인들 사이에서도 개개인이 지닌 조건들은 대등하다. 이렇게 하인 계급 속에서 어떤 뚜렷한 등급이나 항구적인 서열을 찾아볼 수 없다면, 귀족 사회에서라면 하인들에게서 으레 나타나는 천박함과 고상함을 여기서도 찾아볼 수 있을 것으로 기대할 수는 없다.

나로서는 유럽에 아직도 그 기억이 남아 있는 품격 높은 하인의 이미지를 연상시키는 그 어떤 사람도, 마찬가지로 천박한 하인의 이미지를 풍기는 그 어떤 사람도 합중국에서 본 적이 없다. 상류층 하인의 흔적도 하류층 하인의 흔적도 모두 사라져버렸다.

민주 사회에서 하인들은 그들 사이에서 평등할 뿐만 아니라 어떤 의미에서는 상전들과도 평등하다고 말할 수 있다. 이 사실을 제대로 이해하려면 약간의 설명이 필요하다.

하인은 언제든 상전이 될 수 있으며 또 그렇게 되기를 열망한다. 따라서 하인은 상전과 별개인 존재가 아니라고 할 수 있다. 그렇다면 무엇이 상전에게 지시할 권리를 주고 하인에게 복종하게 하는가? 그것은 바로 두 당사자 사이의 일시적이고 자유로운 합의이다. 이들 중 어느 쪽도 상대방보다 본질적으로 열등하지 않으며, 단지 계약에 의해서만 일시적으로 열등한 처지에 놓이게 된다.

이러한 계약 관계 안에서 한쪽은 하인이고 다른 한쪽은 상전인 것이다. 계약을 벗어나면 이들은 국가의 두 시민이자 세상의 두 인간일 따름이다.

이것이 단지 하인들이 자신의 사회적 상태에 대해 그들 스스로 지니고 있는 관념일 따름이라고 생각해서는 안 된다는 점에 주의하도록 하자. 상전들도 하인들의 봉사를 마찬가지 관점에서 바라본다. 지시와 복종의 정확한 경계는 하인의 마음속에든 상전의 마음속에든 똑같이 뚜렷하게 그어져 있다.

대다수 시민들이 오래전부터 거의 엇비슷한 조건을 달성했을 때, 그리고 평등이 이미 누구나 인정하는 기정사실이 되었을 때, 예외적인 상황에 흔들리는 일이 없는 일반 대중의 마음은 일반적으로 인간의 가치에 대해서 어떤 한계를 설정하기 마련이다. 위쪽으로든 아래쪽으로든 넘어서서는 인간이 오래 버티기 힘든 그런 한계 말이다.

따라서 부와 빈곤, 지시와 복종으로 인해 이 두 부류의 사람들 사이에 우연찮게 상당한 간극이 벌어지더라도 그러한 거리감은 오래 가지 못한다. 사물의 일상적인 질서에 토대를 둔 여론이 이들을 이내 공통의 수준으로 접근시키며, 이들이 처한 사회적 조건의 현실적인 불평등에도 불구하고 이들 사이에 일종의 가상적인 평등을 만들어내기 때문이다. 사회 저변에 팽배한 여론이 마침내 그 여론을 거스르려 하는 사람들의 영혼 속까지 침투해 들어가며 이들의 판단을 바꾸어놓는 동시에 이들의 의지마저 억누른다.

사람들의 마음속에서 상전과 하인은 이제 서로 별다른 차이점을 지니지 못하며 상대방을 부러워하거나 두려워하는 형색을 내비치지도 않는다. 상전과 하인은 서로에 대해 경멸하지도 분개하지도 않으며 상대방을 쳐다보면서 스스로 비천한 생각을 갖지도 거만한 생각을 갖지도 않는다.

상전은 자신이 누리는 권력의 유일한 근거가 바로 계약에 있다고 판단하며, 하인 역시 자신이 복종해야 하는 유일한 근거를 계약에서 찾는다. 상전과 하인은 그들이 차지하고 있는 상호적인 위치에 대해 서로 다투지 않으며 각자가 자신의 위치를 쉽사리 알아보고 지켜 나간다.

프랑스 군대에서 사병은 대개 장교와 같은 계급 출신이며 장교와 같은 직무를 맡을 수 있다. 병영을 벗어나면, 사병은 자신이 자신의 상사와 완전히 대등하다고 생각하며 또 사실 대등하다. 하지만 일단 군복을 입으면 사병은 즉시 명령을 따르는데, 그의 복종은 의도적이고 정해진 것이기는 하지만 아주 신속하고 순수하며 거리낌 없다.

이 사례는 민주 사회에서 상전과 하인 사이에 일어나는 일에 대해 엿볼 수 있게 해준다. 귀족 시대에 이따금 하인들의 마음속에서 타오르던 상전에 대한 그 뜨겁고 깊은 애정이 민주 사회에서 상전과 하인 사이에서도 생겨날 것이라거나 민주 사회에서는 자기 헌신의 놀라운 사례들이 등장할 것이라고 생각하는 것은 정말 어리석은 일이다. 귀족 사회에서 하인과 상전은 서로 멀찌감치 물러서서 바라보며 흔히 중계자를 통해 서로 이야기를 나눈다. 하지만 일반적으로 이들은 아주 강하게 서로 연결되어 있다.

민주 국가에서 하인과 상전은 서로 아주 가까이 있다. 이들의 육체는 끊임없이 서로 접촉하고 있으나 이들의 영혼은 결코 서로 뒤섞이지 않는다. 이들은 서로 같은 일에 종사하지만 결코 이해관계를 같이하지 않는 것이다.

이러한 민주 국가에서 하인은 항상 자신을 상전의 집에 잠시 거주하는 나그네로 여긴다. 그는 상전의 조상에 대해서도 후손들에 대해서도 아무것도 알지 못하며 상전에게 기대하는 것도 별로 없다. 그가 왜 자신의 운명을 상전의 운명 속에 뒤섞겠으며, 왜 남다른 자기 헌신을 과시할 필요가 있겠는가? 그의 상대적인 위치가 달라진 만큼, 서로의 관계도 달라져야 할 것이다.

여기서 내가 내세운 주장들은 주로 아메리카인들의 사례를 통해 충분히 입증될 수 있을 것이다. 그렇기는 하지만 좀 더 구체적으로 사람들과 장소들을 구분해서 설명해보도록 하자.

합중국의 남부에는 노예제가 존속한다. 따라서 내가 지금까지 이야기한 내용이 여기서는 적용될 수 없다. 반면에 북부에서는 하인들의 대다수가 해방된 노예들이거나 이들의 후손들이다. 이들에 대한 세상 사람들의 평가는 엇갈린다. 이들은 법적으로는 상전과 동일한 지위에 올라서지만 사회적 습속에 의해 상전으로부터 여전히 멀리 떨어져 있다. 이들 스스로도 자기 자신의 지위에 대해 명확히 알지 못하며 이들은 으레 불손하거나 비굴하다.

하지만 바로 이 북부의 지역들, 특히 뉴잉글랜드에서는 봉급을 매개로 동료 시민들의 처분에 일시적으로 복종하는 데 동의하는 상당수의 백인들을 볼 수 있다. 이런 하인들은 일반적으로 자신에게 주어진 사명을 아주 꼼꼼하게 이행한다고 하며 자신에게 지시를 내리는 사람보다 자신이 열등하다고 생각하지 않으면서 아무 거리낌 없이 복종한다고 한다.

내가 보기에 이들은 독립심과 평등이 낳은 씩씩한 습성들 중 몇 가지를 하인의 일거리에 옮겨놓은 듯했다. 일단 힘든 생활 조건을 선택한 후 이들은 우회적인 수단을 써서 거기서 벗어나려 하지 않았으며, 자신의 처지에 대해 자부심을 잃지 않았고, 자신이 기꺼이 동의한 만큼 서슴지 않고 상전에게 복종했다.

상전 측에서도 하인들에게 계약을 성실하고 엄격하게 준수하는 것 외에는 달리 아무것도 요구하지 않는다. 하인들에게 존경을 요구하지도 않고 사랑과 헌신을 요구하지도 않는다. 하인들이 정확하고 정직한 것만으로 충분하다.

그런데 민주 사회에서 상전과 하인 사이의 관계가 뒤죽박죽이라고 말하는 것은 옳지 않다. 단지 그 관계는 다른 방식으로 정리되어 있을 뿐이다. 규범이 다르기는 하지만 아무튼 규범이 있는 것이다.

여기서 나의 목적은 내가 지금 설명한 이 새로운 상태가 그에 앞선 상태보다 못한 것인지 아니면 단지 다른 상태일 뿐인지를 밝혀내는 데 있지 않다. 여기서는 단지 이 새로운 상태가 잘 정돈되고 확정되어 있다고 말해두는 것으로 충분하다. 왜냐하면 사회적 관계에서 포착해야 할 가장 중요한 것은 사람들 사이에 어떤 질서가 있는가가 아니라 질서 자체가 있는가의 여부이기 때문이다.

하지만 사회 상태가 평등화된 이후에도 민주주의가 낡은 편견과 습속에 맞서 어렵게 싸우는 이때에, 달리 말하자면 혁명의 소용돌이 속에서 평등이 확립된 이 서글프고 험난한 시대에 대해 과연 무어라고 이야기할 수 있을까?

하인과 상전 사이에는 어떤 선천적이고 항구적인 열등 관계가 성립하지 않는다고 이미 법과 부분적으로 여론은 선언하고 있다. 하지만 이러한 새로운 신념은 아직 상전의 마음속 깊이 침투하지 못하고 있으며 상전은 그러한 신념을 뿌리친다. 상전은 마음속으로 여전히 자신이 특별하고 우월한 존재라고 생각한다. 그는 자신이 같은 수준으로 떨어지지나 않을까 하는 생각에 몸서리친다. 하인에 대한 그의 태도는 소심해지는 동시에 가혹해진다. 그는 더 이상 하인들에게 오랫동안 길들여진 상하 관계에서 생겨난 후견인 또는 시혜자로서의 감정을 느끼지 않는다. 그는 자신이 변함에 따라 하인도 변하는 것을 보고 놀란다. 그는 하인이 잠깐 동안만 상전 집안일을 하더라도 정규적이고 지속적인 습성을 갖추는 것을, 하인이 얼마 후 벗어날 예속적인 지위에 만족하고 자부심을 가지는 것을, 하인들이 자신을 보호해줄 힘도 해칠 힘도 없는 한 사람을 위해 헌신하는 것을 원한다. 요컨대 그는 어느 모로 보나 자신과 거의 다르지 않으며 자신보다 더 오래 살지도 않을 존재들과 어떤 영속적인 유대로 연결되기를 원하는 것이다.

귀족 국가에서는 주종 관계로 인해 하인의 품성이 저하되는 일이 거의 일어나지 않는다. 왜냐하면 정작 하인들이 자신의 처지에 대해 잘 깨닫지 못할 뿐만 아니라 자신의 처지와 다른 상태를 쉽게 상상하지도 못하기 때문이다. 그들과 상전 사이에 나타나는 엄청난 불평등이 오히려 자연의 섭리에서 나오는 불가피한 결과로 보이는 것이다.

민주 국가에서는 주종 관계로 인해 하인의 품성이 결코 저하되지 않는다. 왜냐하면 하인 신분이 자유롭게 선택되고 일시적으로 채택된 것이고 여론의 무시를 당하는 것도 아니며 하인과 상전 사이에 불평등을 항구화시키는 것이 결코 아니기 때문이다.

그러나 하나의 사회적 조건에서 다른 사회적 조건으로 이행하는 도중에는 인간의 정신이 예종의 귀족주의적 관념과 복종의 민주주의적 관념 사이를 오락가락하는 순간이 닥쳐오기 마련이다. 그러면 복종은 복종하는 사람이 보기에 그 도덕적 의미를 상실하게 된다. 말하자면 그는 더 이상 복종을 어떤 숭고한 의무로 간주하지 않으며 그렇다고 아직은 순수하게 인간적인 측면에서 보지도 않는다. 그가 보기에 복종은 신성한 것도 정당한 것도 아니다. 저속하지만 이익을 가져다주는 그 무엇에 순응하듯이 그는 그것에 순응할 따름이다.

이 순간에는 평등이라는 혼란스럽고 불완전한 이미지가 하인들의 머릿속을 괴롭힌다. 이들은 자신들이 누려야 할 평등이 주종 관계 자체의 내부에 있는지 아니면 외부에 있는지를 곧바로 알아차리지 못하며, 지금껏 복종해오면서도 사실상 이득을 얻어온 그러한 열등 상태에 대해 마음속 깊이 저항한다. 그들은 복종하기로 동의하는 동시에 복종하는 것에 수치심을 느낀다. 그들은 하인 처지에서 얻는 이득은 반기지만 상전은 결코 반기지 않는다. 아니, 굳이 말하자면 그들은 그들 자신이 주인이 되어서는 안 된다고는 결코 생각하지 않으며, 그들에게 지시를 하는 자는 그들의 권리를 부당하게 찬탈하는 자라고 기꺼이 생각한다.

그런데 시민들의 거처에서 우리는 정치사회가 내보이는 우울한 장면과 유사한 그 어떤 정경을 볼 수 있다. 여기에서는 항상 서로 다투고 의심하는 세력들 사이에 겉으로는 드러나지 않는 내밀한 투쟁이 끊임없이 벌어진다. 상전은 심술궂고 유연한 반면, 하인은 심술궂고 거칠다. 상전은 부정직한 조치를 취해서라도, 보호해 주고 보수를 주어야 하는 의무를 끊임없이 회피하려 하며, 하인은 복종해야 할 의무를 회피하려 한다. 서로 잡아채려고 애쓰는 내부 관계의 고삐가 이들 사이에서 오락가락한다. 이들이 보기에 권위와 억압을, 자유와 방종을, 권리와 완력을 가르는 경계선들이 뒤엉키고 겹쳐져 있는 까닭에, 그 누구도 현재의 처지와 미래의 상태에 대해 정확하게 알지 못한다.

이와 같은 상태는 민주주의라기보다는 혁명이다.

어떻게 민주주의적인 제도와 습속이 가격을 올리고 임대차 기간을 줄이는 경향이 있는가

지금까지 하인과 상전에 대해 말한 것은 어느 정도까지는 토지 소유자와 소작인들에게도 적용될 수 있다. 하지만 이 주제는 좀 더 자세히 다루어보도록 하자.

굳이 말하자면 아메리카에는 소작인이 없다. 사람들은 누구나 자신이 경작하는 토지의 소유자이다.

민주주의 법제가 토지 소유자의 수를 늘리고 소작인의 수를 줄이는 경향이 있다는 사실은 인정해야 할 것이다. 그렇기는 하지만 합중국에서 일어나는 일은 나라의 제도보다는 나라 자체에서 그 원인을 찾아야 할 것이다. 아메리카에서는 땅은 헐값이고 누구나 쉽사리 토지 소유자가 될 수 있다. 토지에서 나오는 수익은 변변찮으며, 수확은 토지 소유자와 소작인 사이에 나눌 만큼 충분하지도 않다.

따라서 아메리카는 다른 점에서와 마찬가지로 이 점에서도 정말 독특하다. 아메리카는 어떤 문제에서든 전형적인 사례로 들기에는 적합하지 않다.

물론 귀족 국가에서든 민주 국가에서든 토지 소유자와 소작인이 존재한다. 하지만 토지 소유자와 소작인 사이의 관계는 이 두 경우에 전혀 다르다. 귀족 국가에서 토지를 임차하는 대가는 현금으로 지불될 뿐만 아니라 존경과 애정 그리고 봉사로 지불될 수 있다. 반면에 민주 국가에서는 현금으로만 지불된다. 자산이 분할되어 이 사람에서 저 사람에게로 넘어가고 가문과 토지 사이의 지속적인 관계가 해체될 때, 토지 소유자와 소작인은 단지 일시적으로만 관련을 맺게 된다. 이들은 계약 조건을 따지기 위해 잠시 만났다가 이내 헤어진다. 이해관계로 인해 서로 만나서 돈 버는 문제를 놓고 깐깐하게 말다툼하는 두 명의 이방인인 것이다.

토지 재산이 분할되고 부가 온 나라에 여기저기 분산됨에 따라, 사회는 한때 유복했으나 지금은 쇠락하는 사람들과, 한순간에 재산을 모았지만 자산보다 욕망이 더 큰 사람들로 가득 차게 된다. 이런 사람들에게는 아주 사소한 금전상의 이득도 중요한 문제가 되며, 누구도 자기의 이득을 포기하려 하지 않으며 자기 수입의 작은 일부라도 잃으려 하지 않는다.

계급들이 서로 뒤섞이고 아주 큰 재산을 가진 사람은 물론 아주 작은 재산을 가진 사람도 드물어짐에 따라서, 토지 소유자의 사회적 조건은 날이 갈수록 소작인의 사회적 조건과 가까워진다. 전자는 더 이상 후자에 대해 논박할 여지없는 우월성을 당연한 듯 내세우지 못하게 된다. 그러니 서로 대등하지만 별로 유복하지 않은 이 두 부류의 사람들 사이에 현금이 아니라면 무엇으로 임대차 계약을 맺을 수 있겠는가?

지역의 땅 거의 전부와 백여 개 농장을 소유한 지주라면 한꺼번에 수천 명의 마음을 얻는 것이 중요하다는 사실을 이해할 것이다. 그는 이것이 애써볼 만한 가치가 있는 문제라고 생각하고 목표를 달성하기 위해 온갖 노력을 다 기울인다.

하지만 수백 에이커 정도의 땅을 소유하고 있는 사람은 그러한 수고를 무릅쓰려 하지 않을 것이다. 소작인에게서 남다른 호의를 얻는다는 것이 그에게는 그리 중요한 문제가 아닌 것이다.

귀족주의는 인간이 죽는 것처럼 단 하루 만에 사라지지 않는다. 귀족주의의 원칙은 사람들의 마음속에서 아주 서서히 사그라진 이후에야 마침내 법제에 의해 와해된다. 따라서 지금껏 상층계급과 하층계급을 연결시켜온 유대가 귀족주의에 맞선 공개적인 투쟁이 벌어지기 훨씬 이전부터 조금씩 와해되는 것을 볼 수 있다. 한편에서는 무관심과 경멸을 내보이고, 다른 한편에서는 시기와 증오를 내보인다. 부유한 자와 가난한 자 사이의 관계는 점점 뜸해지고 더욱 거칠어지며, 임차료는 인상된다. 이것은 아직은 민주주의 혁명의 결과라고 할 수는 없지만 아마도 혁명의 전조라고 할 수 있을 것이다. 그도 그럴 것이 국민의 마음이 완전히 떠나버린 귀족주의는 가지가 높게 뻗을수록 바람에 더 쉽게 뽑히는, 뿌리가 죽은 나무와도 같으니 말이다.

지난 50년 동안 프랑스뿐만 아니라 유럽 대다수 지역에서 소작료가 엄청나게 올랐다. 내가 보기에 이 기간 동안에 농업과 공업에서 이룩한 발전으로는 이러한 현상을 설명하는 데 충분하지 않다. 더 강력하지만 잘 드러나지 않는 다른 원인을 찾아야 한다. 몇몇 유럽 국가들이 채택한 민주주의 제도들에서 그리고 그 외의 다른 모든 국가에서 어느 정도 용솟음친 민주주의적 열정에서 그 원인을 찾아야 한다고 나는 생각한다.

영국의 대지주들이 오늘날 자기들의 영지에서 옛날 조상들보다 더 많은 수입을 얻는 것을 자축하고 있다고들 흔히 이야기한다. 그들은 아마도 기뻐할 만한 이유를 갖고 있겠지만 확실하게 말하자면, 그들은 무엇을 기뻐해야 하는지 모르고 있다. 그들은 큰 이윤을 남긴다고 생각하겠지만 실제로는 주고받기를 하고 있을 따름이다. 그들은 돈에서 번 것을 곧 권력에서 잃는 셈이다.

거대한 민주주의 혁명이 진행 중이거나 아니면 다가오고 있다는 것을 알려주는 또 다른 징후가 있다.

중세에는 거의 모든 토지가 종신으로 아니면 적어도 아주 긴 기간으로 임대되었다. 당시의 가내 경제를 들여다보면, 99년 임대차계약이 오늘날의 12년 임대차계약보다 더 흔했다는 것을 알 수 있다. 당시에 사람들은 가문이 영속할 것으로 믿었으며 사회적 조건들은 영구히 고정된 것으로 보였다. 사회 전체가 별로 유동적이지 않았던 까닭에 어떤 격변이 일어날 것이라고는 아무도 생각하지 않았다.

평등의 시대에는 인간의 마음이 전혀 다른 방향으로 움직인다. 사람들은 변하지 않는 것은 아무것도 없다는 사실을 알게 되며 불안정이라는 관념에 사로잡힌다. 이러한 분위기 속에서 토지 소유자와 소작인은 장기 의무 계약을 체결하는 것을 본능적으로 꺼리게 되며 오늘 이익을 본 계약에 의해 내일 속박을 받는 것을 두려워하게 된다. 이들은 자기들의 상태에 무언가 예기치 못한 갑작스러운 변화가 생길지도 모른다고 막연하게 예상한다. 이들은 자기 자신을 불안해한다. 이들은 설혹 자신들의 취향이 변하더라도 자신들이 한때 그토록 갈망했던 것들에서 자유로워질 수 없게 되면 어쩌나 마음을 졸인다. 이들이 이러한 우려를 느끼는 것은 어쩌면 당연한 일이다. 왜냐하면 민주 시대에는 모든 것이 유동적인 이 환경에서 가장 유동적인 것은 바로 인간의 마음이기 때문이다.

제7장

민주주의가 임금에
미치는 영향

상전과 하인에 대해서 앞에서 언급한 내용의 대부분은 상전과 노동자에게도 적용될 수 있다. 계서제적인 사회 질서가 제대로 준수되기 힘들어짐에 따라서 강자들은 가라앉고 약자들은 올라서며 부는 물론 가난도 더 이상 대물림되지 않는 반면에, 상전과 노동자 사이를 실제적으로 그리고 이론적으로 갈라놓던 거리는 하루가 다르게 좁아지고 있다.

노동자는 자신의 권리와 자신의 미래에 대해, 그리고 자기 자신에 대해 아주 당당하게 생각한다. 그는 새로운 야망과 새로운 희망을 품고 있으며 새로운 욕구로 마음을 졸인다. 매 순간 그는 자기를 고용하는 사람이 얻는 이윤을 부러운 눈으로 바라보며, 그 이윤을 함께 나누기 위해서 자신의 노동력의 가치를 높이려고 애쓰며 대개는 성공적으로 임금 인상을 끌어낸다.

다른 데에서와 마찬가지로 민주 국가에서는 대부분의 생산 업체들이 거기에 고용된 사람들보다 재산이 더 많고 지식수준이 더 높다고는 할 수 없는 사람들에 의해 적은 비용으로 운영되고 있다. 이러한 기업가들은 그 수가 아주 많고 이해관계가 다양하기 때문에 서로 뜻을 합치기도 행동을 통일하기도 쉽지 않다.

다른 한편, 노동자들은 노동에 대한 정당한 대가라고 여기는 것을 받지 못할 때 노동을 거부할 만큼의 확실한 자산을 가지고 있다.

이 두 계급은 임금을 놓고 벌이는 끝없는 투쟁에서 우세와 열세, 승리와 패배를 줄곧 반복하는 줄다리기를 벌인다. 마침내는 노동자의 이익이 더 우세해질 것이라고 예상해볼 수도 있다. 노동자들이 이미 받고 있는 높은 임금이 날마다 고용주에 대한 의존도를 줄이게 만들 것이며 의존도가 줄어듦에 따라 더 높은 임금을 더 쉽게 얻어낼 수 있을 것이기 때문이다.

오늘날 프랑스뿐만 아니라 전 세계 모든 나라에서 가장 많이 채택하는 산업인 토지 경작을 예로 들어보자. 프랑스에서 토지 경작을 위해 고용되어 일하는 사람들의 대부분은 크지는 않지만 자기 몫의 땅을 소유하는 까닭에 만일의 경우 남을 위해 노동을 하지 않고서도 그럭저럭 생계를 유지할 수 있다. 만일 대지주나 이웃의 농장주에게 노동력을 제공하고도 임금을 받지 못할 경우, 이들은 자기의 작은 땅뙈기에서 농사지으면서 달리 일할 기회를 기다릴 수 있는 것이다.

전반적으로 고려해본다면 임금이 더디고 점진적으로 인상되는 것이 민주 사회의 일반 법칙들 중 하나라고 말할 수 있을 것이다. 조건들이 더욱 평등해짐에 따라서 임금은 오른다. 그리고 임금이 올라감에 따라서 조건들은 더욱 평등해진다.

하지만 오늘날 아주 유감스러운 예외적인 현상이 나타나고 있다. 앞 장에서 나는 정치 분야에서 힘을 잃은 귀족주의가 어떻게 일부 산업 분야에 침투해서 다른 형태로 여전히 영향력을 행사하고 있는가를 보여주었다. 이러한 것은 임금의 결정에 상당한 영향을 미친다.

내가 말하는 대기업들을 경영하기 위해서는 엄청난 자본금이 필요하기 때문에 이 분야에 뛰어드는 사람들은 극히 소수일 수밖에 없다. 수가 많지 않기 때문에 이들은 서로 쉽게 담합할 수 있고 자기들이 원하는 대로 임금을 책정할 수 있다.

이와 반대로 노동자들은 아주 수가 많으며 계속 늘어난다. 이따금 눈부신 번영기가 오면 임금이 지나치게 오르고 그만큼 제조업 분야에 인근 주민들이 더 많이 몰려들기 때문이다. 그런데 사람들은 일단 어떤 한 분야에 들어서게 되면 다른 곳에서 일하기에는 부적절할 정도의 신체적이고 정신적인 습성이 몸에 배어버리기 때문에 거기에서 다시 빠져나오기가 쉽지 않다. 이런 사람들은 일반적으로 지식수준이 낮고 근면하지도 않으며 재산도 별로 없다. 따라서 이들은 고용주의 처분에 거의 내맡겨진다. 경쟁이 심해지거나 뜻밖의 상황이 닥쳐서 수입이 줄어들게 되면, 고용주는 마음대로 노동자의 임금을 줄일 수 있으며 손실을 쉽사리 노동자들에게 전가할 수 있다.

노동자들이 단결해서 파업을 한다고 가정해보자. 그러면 부자인 고용주는 파산하지 않고도 별로 어려움 없이 굶주린 노동자들이 다시 공장에 되돌아올 때까지 기다리면 될 것이다. 하지만 노동자들은 굶어죽지 않으려면 매일매일 일을 해야만 한다. 노동력만이 유일한 재산이기 때문이다. 오랫동안 억압을 받아 가난해진 노동자들은 이제 가난해짐에 따라서 억압에 더 잘 노출된다. 도저히 빠져나가기 힘든 악순환에 갇힌 것이다.

따라서 다른 직업들에서는 노동의 대가가 조금씩이기는 하지만 그래도 꾸준히 증가하는 반면에, 여기서는 임금이 이따금 갑자기 올랐다가 꾸준히 하락하는 것은 사실 그리 놀라운 일이 아니다.

오늘날 제조업에서 일하는 일부 노동자들이 처해 있는 이러한 종속과 가난의 상태는 주변 다른 분야의 상태와 아주 다른 예외적인 현상이다. 하지만 바로 이러한 이유 때문에 이 문제는 더 진지하게 다루어져야 하며 입법자들의 더 많은 관심을 받아야 한다. 사회 전체가 움직이고 있을 때 어느 한 계급만 제자리에 머물러 있기가 어렵고, 대다수 사람들이 돈을 버는 새로운 길을 끊임없이 찾아 나설 때 몇몇 소수만이 자기의 필요와 욕구를 가만히 참고 견디기가 어려울 테니 말이다.

제8장

민주주의가 가족에 미치는 영향

앞에서 민주 국가, 특히 아메리카에서 어떻게 조건의 평등이 사회 구성원들 사이의 관계를 변화시키는가를 살펴보았다. 여기서는 더 깊이 들어가서 가족의 유대에 대해 살펴보도록 하자. 우리의 목표는 새로운 진리들을 찾아내는 데 있지 않고 이미 알려진 사실들이 어떤 식으로 우리의 주제와 연결되어 있는가를 밝히는 데 있다.

오늘날 가족의 구성원들이 옛날과 달리 전혀 새로운 기반 위에 서 있다는 사실은 누구나 잘 알고 있다. 한때는 멀었던 아버지와 아들 사이의 거리는 훌쩍 가까워졌으며 아버지의 권위는 완전히 파괴되지는 않았지만 상당히 손상되었다.

이와 유사한 동시에 더욱 현저한 현상이 합중국에서 벌어지고 있다. 아메리카에는 로마적이고 귀족주의적인 의미에서의 가족은 존재하지 않는다. 아이가 태어난 후 몇 년 동안만 그러한 기미를 약간 찾아볼 수 있을 뿐이다. 자식들이 어릴 때에는 아버지는 아무런 반대에 부닥치지 않은 채 가부장적인 권위를 행사하게 되는데, 이러한 위엄은 아이들이 약하기 때문에 필요하기도 하거니와, 아이들에게도 이롭고 아버지의 확고한 우월성을 보장해야 한다는 이유에서 정당화되었다.

하지만 아메리카에서 젊은이들이 어른이 되는 순간부터 부모에 대한 복종 관계는 날이 갈수록 느슨해진다. 젊은이들은 스스로 생각하고 얼마 후 스스로 행동하는 것이다. 엄밀하게 말하자면 아메리카에서는 청년기가 없는 셈이다. 소년기가 끝나고 나면 남자는 자립을 해서 자신의 길을 걸어가기 시작한다.

아들이 일종의 정신적 폭력을 사용해서 아버지로부터 자유를 쟁취해내는 식의 가족 안의 투쟁을 치른 이후에야 이러한 현상이 나타난다고 생각하는 것은 아마도 잘못일 것이다. 아들에게 독립성을 쟁취하도록 유도하는 바로 그 습성과 원칙이 아버지에게 그러한 독립성의 활용을 당연한 권리로 여기도록 이끄는 것이다.

따라서 아들로서는 인간이 기존 권력의 압제에서 빠져나온 후에도 오랫동안 마음속에 품고 사는 그러한 증오에 차고 무질서한 열정들을 조금도 드러내지 않는다. 마찬가지로 아버지로서는 인간이 권력을 잃은 후에 일반적으로 마음속에 담아두는 그러한 쓰라린 앙금이나 분노를 전혀 내보이지 않는다. 아버지는 일찍부터 자신의 권위가 미치는 한계를 알아보고 때가 다가오면 별 고통 없이 권위를 내놓는다. 아들은 자기의 의지대로 살 수 있는 정확한 시기를 미리 예측하고, 마치 당연히 자기 몫인 재산을 얻듯이 전혀

서두르지 않고 별 노력도 기울이지 않으면서 자유를 얻게 된다.[1]

가족 안에서 일어나는 이러한 변화가 우리 눈앞에서 지금 완료되고 있는 정치적·사회적 혁명과 어떻게 밀접하게 연관되어 있는가를 탐색하는 것은 아마도 그리 쓸모없는 일은 아닐 것이다.

어떤 한 국민이 생활의 모든 면에서 완벽하게 받아들이거나 아니면 완전히 근절해버리는 몇몇 중요한 사회적 원칙들이 있다.

귀족주의적으로 짜이고 계서제적으로 조직된 나라에서 권력은 결코 피치자 대중 모두를 직접적으로 상대하지 않는다. 사람들이 서로 위아래로 연결되어 있는 까닭에, 통치자는 사다리의 맨 위층

---

1) 그러나 프랑스에서처럼 죽은 후 자신의 재산을 처분할 권리를 폐지함으로써 아버지들에게서 아버지 권위의 주요 원천 중 하나를 빼앗는 일은 아직 아메리카인들이 생각하고 있지 않다. 합중국에서는 유언의 법률적 효력에 제한이 없다.

다른 부분에서와 마찬가지로 이 부분에서도 아메리카인의 정치 법제가 프랑스인들의 그것보다 훨씬 민주주의적이고 프랑스의 민사 법제가 아메리카인들의 그것보다 훨씬 민주주의적이라는 사실은 쉽사리 알아볼 수 있다. 이것은 별 어려움 없이 납득할 수 있다.

프랑스의 민사법은 단 한 인물[나폴레옹 황제를 가리킨다—옮긴이]의 작품인데, 그는 자신의 권력에 직접적으로 그리고 즉각적으로 적대적이지 않은 모든 일에서 동료들의 민주주의적 열정을 충족시켜주는 것이 자신에게 유리하다는 사실을 잘 알고 있었다. 그는 인민주권에서 나오는 몇 가지 원칙들이 국가의 운영에 도입되는 것은 단호하게 차단했지만 그 원칙들에 따라 재산을 분배하고 가족을 규율하는 것은 기꺼이 허용했다. 민주주의의 격랑이 민사 법제들을 덮치는 반면에, 그는 정치 법제들의 뒤편으로 조용히 몸을 피하려 한 것이다. 이것은 아주 능숙하면서도 이기적인 정책이었다. 하지만 이러한 종류의 타협책은 오래갈 수 없었다. 그도 그럴 것이 정치사회가 종국에는 시민사회의 표현이자 형상이 되기 마련이기 때문이다. 한 나라에서 민사 법제만큼 정치적인 것은 없다고 말할 수 있는 것은 바로 이런 의미에서이다.

을 차지한 사람들만을 다스리는 것으로 충분하다. 나머지는 따라오기 마련이다. 이것은 한 명의 우두머리를 둔 모든 결사체뿐만 아니라 가정에도 적용된다. 귀족 국가에서 사회는 굳이 말하자면 아버지만을 상대하며 아들은 아버지의 품 안에 있다고 여긴다. 요컨대 사회가 아버지를 다스리고, 아버지가 아들을 다스린다. 따라서 아버지는 자연적인 권리뿐만 아니라 남을 다스리는 정치적인 권리를 누린다. 아버지는 가정의 창시자이자 부양자이며 더 나아가 통치자인 것이다.

정부가 시민들 한명 한명을 군중 속에서 떼어 상대하고 이들을 개개인별로 국가의 공통법에 순응하도록 만드는 민주 국가에서는 앞에서와 같은 중간 매개자가 필요하지 않다. 법률의 눈으로 볼 때, 아버지는 아들보다 더 나이 들고 더 부유한 시민일 뿐이다.

대다수 조건들이 아주 불평등하고 이러한 조건의 불평등이 항구적으로 자리를 잡을 때, 사람들의 상상력 속에 상전이라는 관념이 생기게 된다. 물론 법률이 이 상전에게 어떤 특권을 부여하는 것은 아니지만 그는 관습과 여론에 의해 특권적인 지위를 누린다. 반면에 사람들이 서로 엇비슷하며 항상 서로 다르지만은 않을 때에는, 상전이라는 일반적인 관념은 약화되고 어렴풋해진다. 이런 시기에는 복종하는 자를 명령하는 자의 아래에 위치시키려는 법률적 의지는 헛일이 되기 마련이다. 습속이 이 두 사람을 서로 접근시키고 매일같이 동일한 수준으로 끌어당기기 때문이다.

따라서 귀족 국가의 법제가 가장에게 특별한 특권을 부여하지 않는다고 할지라도, 귀족 사회에서의 가장은 민주 사회에서의 가장

보다 더 존중받고 더 많은 권위를 누린다는 것을 나는 확신할 수 있다. 왜냐하면 내가 알기에 법률적으로는 어떻든 간에 귀족 국가에서 민주 국가보다 우월한 것은 언제나 더 높아 보이고 열등한 것은 더 낮아 보이기 때문이다.

사람들이 현재에 관심을 두기보다 과거를 회상하면서 살고 스스로 생각하려 애쓰기보다 조상들이 생각한 것에 더 집착을 할 때, 아버지는 과거와 현재를 잇는 자연스럽고 긴요한 끈이자 이 두 사슬이 만나서 연결되는 고리이기도 하다. 따라서 귀족 사회에서 아버지는 단지 가족의 정치적 우두머리에 그치지 않는다. 아버지는 전통의 담지자이자 관습의 해석자이며 습속의 중계자이다. 가족은 공손하게 아버지의 말씀을 듣고 존경심을 갖고 아버지를 대하며 아버지에 대한 사랑에는 언제나 어느 정도 아버지에 대한 경외심이 배어 있다.

사회 상태가 민주적이 되고 사람들이 과거의 믿음들을 규범이 아니라 정보로 받아들이면서 매사를 자기 스스로 판단하는 것이 좋고 올바르다는 사실을 일반적인 원칙으로 받아들이게 됨에 따라서, 아버지가 아들에게 행사하는 정신적인 권위는 그의 법률적인 힘과 함께 약화되었다.

민주주의로 인해 생겨난 토지 재산의 분할은 아마도 그 어느 것보다도 아버지와 아이들 사이의 관계를 변화시키는 데 기여하고 있다. 가정 내에서 아버지의 재산이 얼마 되지 않을 때, 그의 아들과 그 자신은 언제나 같은 장소에서 살게 되며 함께 같은 일에 종사하게 된다. 습성과 필요에 의해 서로 손을 잡게 되며 언제든 서로 소통하게 된다. 아버지와 아들 사이에는 겉으로 나타내는 존경의 표현과는 다른 내면적인 친밀감이 형성되고, 따라서 아버지의 절대적 권위는 약화된다.

그런데 민주 국가에서는 이렇게 재산을 적게 가진 계급이 바로 사상을 혁신하고 습속을 쇄신하는 계급이 된다. 이 계급이 어디에서나 자기의 의지와 자기의 견해를 압도적으로 펼쳐 나가게 되자, 이 계급의 위세에 가장 많은 거부감을 보이던 사람들조차도 마침내 이 계급의 생활양식을 본뜨게 된다. 민주주의를 광적으로 반대하던 사람들조차 자기 아이들이 존칭어 없이 부모와 이야기를 나누는 것을 나는 본 적이 있다.

이렇게 귀족주의의 힘이 쇠퇴하는 것과 때를 같이해서 엄격하고 인습적이며 법률적인 성격을 띤 가부장제의 요소들은 사라져 버리고 가정에는 일종의 평등이 감돌게 된다.

전반적으로 고려해볼 때 이러한 변화로 인해 사회가 과연 무엇을 잃게 되는가를 나로서는 잘 알 수 없는 노릇이지만, 개인은 무언가 얻게 된다는 것을 확신한다. 습속과 법제가 더욱 민주화됨에 따라서 아버지와 아들의 관계는 더욱 친밀해지고 더욱 부드러워진다. 규범과 권위는 드물어지고 신뢰와 애정은 더욱 돋보인다. 사회적 유대가 이완되는 만큼 자연적 유대가 긴밀해지는 것처럼 보인다.

민주주의적인 가정에서 아버지는 일반적으로 연장자의 다정다감과 경륜에 대해 기꺼이 부여되는 권위 이외의 어떤 힘도 행사하지 못한다. 그의 명령은 무시되곤 하겠지만 그의 조언은 힘을 갖는다. 자식들에게서 의례적인 존경까지는 받지 못하겠지만 적어도 신뢰를 얻는다. 아버지에게 말을 거는 정해진 형식은 없지만 그래도 자식들은 끊임없이 말을 걸고 언제든 기꺼이 조언을 구한다. 요컨대 이렇게 상전과 통치자로서의 아버지는 사라지고 그냥 아버지만 남는 것이다.

이 점에서 두 가지 사회 상태 사이의 차이를 판단하는 데에는 귀족 사회가 우리에게 남겨준 가족 간의 서신을 훑어보는 것으로 충분하다. 문체는 항상 꼼꼼하고 의례적이고 딱딱하며 때로는 아주 냉혹해서 말 속에서 따스한 온정을 거의 느낄 수 없다.

이와 달리 민주 국가에서 아들이 아버지에게 건네는 말 속에는 무언가 자유롭고 친숙하며 부드러운 기운이 넘친다. 가족 사이에 새로운 관계가 싹트고 있다는 것을 한눈에 보아도 알 수 있다.

이와 유사한 혁신적인 변화가 아이들 사이의 상호 관계에서도 나타난다. 귀족 사회에서와 마찬가지로 귀족주의 가정에서는 모든 위치가 이미 정해져 있다. 아버지는 별개의 지위를 차지하고 막대한 특권을 누리며, 아이들조차 서로 평등하지 않다. 각자에게 연령과 성별에 따라 돌이킬 수 없는 위치가 주어지며 그에 따른 특전이 주어진다. 하지만 민주주의는 이러한 차별들의 대부분을 허물거나 약화시킨다.

귀족주의 가정에서 재산의 대부분과 거의 모든 권리를 상속받는 장남은 가족의 우두머리가 되며 어느 정도까지는 형제들의 상전이 된다. 영예와 권력은 장남에게, 평범과 종속은 그의 형제들에게 돌아간다. 그렇다고 귀족 국가에서 장남의 특권이 오직 장남에게만 이득을 가져다주고 다른 형제들은 장남을 시기하고 증오하기만 한다고 생각하는 것은 잘못이다.

가문의 일반적인 영예가 그 가문을 대표하는 사람에게 돌아가는 까닭에 장남은 일반적으로 형제들에게 부와 권력을 마련해주려 애써야만 한다. 마찬가지로 힘과 영예를 지닌 가장만이 후손들을 잘 보살필 수 있는 까닭에 형제들은 장남이 하는 모든 일을 애써 도우려 한다.

이렇게 귀족주의 가정의 여러 구성원들은 서로 긴밀하게 연결되어 있다. 그들의 이해관계는 맞물려 있으며 그들의 정신은 흔히 합의를 이루지만 그들의 마음이 일치하는 경우는 드물다.

민주주의도 마찬가지로 형제들을 서로 결합시키지만 다른 방식으로 그렇게 한다. 민주주의 법제 아래에서는 아이들이 완전히 평등하고 따라서 독립적이다. 아무것도 아이들을 강하게 결합시키지 않으며 아무것도 아이들을 떼어놓지 않는다. 그리고 아이들은 같은 혈통을 지니고 있으며 한 지붕 아래서 자라고 똑같은 배려를 받고 어떤 남다른 특권도 차별도 받지 않기 때문에, 아이들 사이에는 어려서부터 부드럽고 씩씩한 친밀감이 자연스럽게 생긴다. 어린 시절에 이렇게 생긴 유대감이 훼손되는 경우는 거의 없을 것이다. 형제애가 발휘되어 이들을 떼어놓지 않고 하나로 묶어주기 때문이다.

따라서 민주주의가 형제들을 서로 묶어주게 되는 것은 이들이 이해관계를 같이하기 때문이 아니라 이들이 기억뿐만 아니라 의견과 취향의 자유로운 공감을 같이하기 때문이다. 민주주의는 집안

재산을 이들 각각에게 나누지만 그 대신 이들의 영혼을 하나로 합쳐놓는 것이다.

민주주의의 습속이 주는 매력이 이렇게 크기 때문에 귀족주의의 주창자들조차도 부러워하며, 일단 얼마간이라도 그것을 맛본 후에는 귀족주의 가정의 정중하고 차가운 관계로 되돌아가려 하지 않는다. 그들은 귀족주의적 사회 상태와 법제를 떨쳐낼 수만 있다면 기꺼이 민주주의의 가정 습성을 따를 것이다. 하지만 이러한 것들은 서로 뒤엉켜 있어서 하나를 떨쳐내고 다른 하나만 간직한다는 것은 불가능할 것이다.

자식의 사랑과 형제의 우애에 대해 지금까지 말한 것은 자연 그 자체에서 자생적으로 생겨나는 모든 열정에도 적용될 수 있을 것이다.

생각하고 느끼는 방식이 인류의 어떤 특정한 상태의 산물이라고 한다면, 이러한 상태가 변한다면 그러한 사고와 감정은 그대로 남아 있을 수 없을 것이다. 예컨대 법률은 시민 두 사람을 아주 긴밀하게 결합시킬 수 있다. 하지만 법률이 폐지되면 이들은 갈라선다. 봉건시대에 가신을 주군에게 연결시켜준 유대보다 더 견고한 유대는 찾아볼 수 없을 것이다. 하지만 오늘날 이 두 사람은 서로 알지도 못한다. 한때 이들을 결합시켜준 두려움과 인정과 애정은 모두 사라진 지 오래이다. 흔적조차 남아 있지 않다.

하지만 인간의 자연적인 감성의 경우에는 그렇지 않다. 법률이 이 감성을 어떤 특정한 형식으로 규제하려 하다가 결국은 그 감성을 고갈시키고 마는 일이 드물지 않게 발생한다. 그 감성에 무엇인가 덧붙이려 하다가 결국은 무언가 떼어내고 마는 일이 벌어진다. 감성이란 원래대로 남아 있을 때 가장 강력한 힘을 발휘하는데도 말이다.

민주주의는 사회의 거의 모든 낡은 규범을 폐기하거나 약화시키는 동시에 사람들이 새로운 규범들에 쉽사리 정착하지 못하도록 막곤 한다. 따라서 민주주의는 이러한 규범들에서 생긴 대부분의 감성들을 완전히 지워버린다. 하지만 민주주의는 다른 감성들을 그저 약간 수정할 뿐이며 때로는 그 감성들에 전에는 없었던 활력과 부드러움을 불어넣기도 한다.

이 장과 앞선 여러 장들에서 언급한 내용들을 단 한 구절로 압축하는 것이 불가능하지는 않을 듯하다. 민주주의는 사회적인 유대는 이완시키지만 자연적인 유대는 강화한다. 요컨대 민주주의는 가족들을 묶어주는 동시에 시민들은 갈라놓는 것이다.

제9장

합중국에서의
젊은 여성의 교육

지금까지 습속 없이 자유로운 사회가 존속한 적이 없었다. 그리고 내가 이 책의 앞부분에서 말했듯이, 습속을 만드는 것은 바로 여성이다. 따라서 내가 보기에, 여성의 조건, 여성의 습성 그리고 견해에 영향을 주는 모든 것이 상당한 정치적 중요성을 갖게 되었다.

거의 모든 프로테스탄트 국가에서 젊은 여성들은 가톨릭 국가에서보다 훨씬 더 주체적으로 행동한다.

이러한 독립성은 영국과 같이 자치의 권리를 유지했거나 획득한 프로테스탄트 국가들에서 훨씬 두드러지게 나타난다. 이렇게 자유가 정치적 습성에 의해서든 종교적 신앙에 의해서든 가정 안에 뿌리를 내리는 것이다.

합중국에서 프로테스탄티즘의 교리는 아주 자유로운 헌법 및 아주 민주적인 사회 상태와 결합했다. 젊은 여성들이 이토록 신속하고 이토록 완벽하게 주체성을 얻은 곳은 달리 어디에도 없을 것이다.

아메리카의 소녀는 결혼 적령기에 이르기 훨씬 전부터 어머니의 규제에서 조금씩 벗어나기 시작한다. 어린 시절이 완전히 끝나기 전부터 그녀는 벌써 자기 스스로 생각하고 자유롭게 말하며 홀로 행동한다. 세상이라는 거대한 광경이 끊임없이 그녀 앞에 나타난다. 세상은 그녀의 시야에서 벗어나기는커녕 시간이 지날수록 더 크게 그녀의 눈앞에 펼쳐지며, 그녀는 마침내 세상을 확고하고 침착하게 바라보는 법을 익히게 된다. 따라서 현 사회의 악습과 위험도 서슴없이 그녀의 눈앞에 드러난다. 그녀는 그것들을 정확하게 관찰하고 환상을 갖지 않고 판단하며 두려움 없이 맞선다. 그녀는 자기 자신의 힘을 확신하며 주위의 모든 사람이 그녀의 확신을 공유하는 것처럼 보이기 때문이다.

따라서 아메리카의 젊은 여성에게서 그녀들의 풋풋한 욕구들한가운데서 어떤 처녀다운 순진함을 찾아볼 수 있을 것으로 기대해서는 안 되며, 더구나 유년기에서 청년기로 접어드는 유럽 여성들이 으레 내보이는 순박하고 꾸밈없는 우아함을 기대해서도 안 된다. 나이를 막론하고 아메리카의 여성이 어린아이 같은 수줍음과 무지를 드러내는 일은 아주 드물다. 그녀도 유럽의 젊은 여성처럼 즐거움을 찾지만 그 대가를 잘 알고 있다. 그녀는 악덕에 빠지지는 않지만 적어도 그 악덕이 무엇인지는 잘 알고 있다. 요컨대 그녀는 순결한 정신보다 순수한 습속을 가지고 있는 것이다.

자연스레 흐르는 대화의 틈새에 어떻게 자신의 말과 생각을 끼워 넣는지를 잘 알고 있는 아메리카의 젊은 여성들이 보여주는 특이한 재간과 유쾌한 대담성에 나는 가끔 놀라기도 하고 거의 대경실색하기도 한다. 그녀들이 아무 사고 없이 아주 쉽게 지나간 이 좁은 길을 철학자가 지나간다면 수백 번 걸려 넘어질 것이다.

아메리카의 여성들은 아주 젊은 나이에 독립적으로 꾸려 나가야 할 때에도 언제나 완벽하게 자기 자신의 주인으로서 행동한다는 사실은 쉽게 알 수 있다. 그녀는 모든 허용된 즐거움을 즐기지만 빠져들지 않으며, 이따금 자제력을 잃기는 하지만 결코 이성의 고삐를 놓지 않는다.

사람들의 생각과 취향 속에 지난 옛 시절들의 잔재가 이상하리만치 뒤섞여 있는 프랑스에서는, 여성들이 때로 아직도 귀족 시대처럼 소심하고 낙후되고 거의 수도원적인 교육을 받고 있다. 그러고는 여성들은 갑자기 아무런 안내자도 대비책도 없이 민주 사회의 어쩔 수 없는 무질서 속에 방치되어버린다.

아메리카인들은 일관성이 있다. 그들은 민주 사회에서는 개인의 독자성이 필요 불가결하다는 사실을, 젊은이는 조숙하고 취향은 제지하기 힘들며 관행은 달라지기 마련이고 여론은 자주 불확실하고 무기력하며 가부장의 권위는 허약하고 남편의 힘은 흔들린다는 사실을 보아왔다.

이러한 상태에서 아메리카인들은 여성들이 인간 마음의 가장 독단적인 열정들을 겪게 되지 않을 가능성이 거의 없다고 판단했으며 가장 확실한 방법은 여성들에게 그러한 열정들에 스스로 대처하는 방법을 가르치는 것이라고 믿었다. 그들은 여성의 덕성이 자주 위험에 처하는 것을 막을 수는 없었기 때문에 여성 스스로 자신의 덕성을 지킬 역량을 함양하기를 원했다. 그들은 해지고 손상된 방어 장치보다 활력에 찬 여성의 자유로운 의지를 더 신뢰했던 것이다. 따라서 아메리카인들은 여성을 자신에 대한 불신 속에 묶어두기는커녕 줄곧 여성에게 자신의 힘에 대한 신뢰를 북돋아주려 애쓴다. 젊은 여성을 언제까지나 완전한 무지 속에 묶어두는 것은 가능하지도 바람직하지도 않은 까닭에, 그들은 여성이 세상만사를 일찌감치 깨닫게 하려고 서둘렀다. 그들은 세상의 타락상을 여성에게 감추기는커녕 여성이 그것을 직접 눈으로 보고 거기서 벗어날 방안을 스스로 찾도록 인도했다. 요컨대 아메리카인들은 여성의 순진성을 지나치게 북돋아주기보다 여성의 품위 있는 행실을 지켜주는 것을 택했다.

아메리카인들은 아주 신앙심이 깊은 사람들이기는 하지만, 그래도 그들은 여성의 덕성을 보호하는 데 종교에만 의존하지 않고 여성의 이성을 강화시키고자 했다. 다른 경우에서와 마찬가지로 이 경우에도 그들은 동일한 방법을 써왔다. 우선 개인이 독자적으로 스스로를 규율할 수 있는 역량을 지니도록 줄기찬 노력을 기울여왔으며 인간 능력의 마지막 한계에 이르러서야 비로소 종교의 도움을 요청했다.

이런 종류의 교육에 위험이 따른다는 것을 나도 잘 알고 있다. 이런 식의 교육이 판단력을 기르는 반면 상상력을 고갈시키며 남성의 상냥한 배우자나 사랑스런 동반자보다는 품위 있고 쌀쌀맞은 여인을 만들어낼 수 있다는 것을 나는 모르지 않는다. 사회는 더욱 평온해지고 더욱 잘 규제될 수 있는 반면에 가정생활은 매력이 적어질 것이다. 하지만 이것은 더 큰 이득으로 갚을 수 있는 부차적인 폐단에 지나지 않는다. 우리가 지금 서 있는 이 단계에서는 선택의 여지가 거의 없다. 요컨대 민주주의의 제도와 습속이 여성들에게 부과하는 여러 위험들로부터 여성들을 지켜주기 위해서는 민주주의 교육이 반드시 필요하다.

제10장

미혼 여성이
아내가 될 때

아메리카에서 여성의 독립성은 결혼의 굴레 속에서 돌이킬 수 없을 정도로 상실된다. 미혼 여성은 다른 나라에서보다 아메리카에서 덜 속박당하는 반면에, 아내는 더 엄격한 의무에 얽매인다. 미혼 여성은 자기 아버지의 집을 자유와 즐거움의 처소로 만들고 있지만, 아내는 마치 수도원에 사는 것처럼 자기 남편의 집에서 살고 있다.

하지만 이 두 가지 다른 상태는 생각하는 것만큼 그리 상반되는 것이 아니다. 미혼 상태에서 결혼 상태로 이런 식으로 나아가는 것은 아메리카 여성으로서는 너무나 당연한 일이다.

신앙심 두터운 국민과 산업 활동에 종사하는 국민은 결혼에 대해서 아주 진지한 생각을 갖고 있다. 전자는 여성의 반듯한 생활을 여성 모럴의 가장 좋은 보장이자 가장 확실한 징표로 여기며, 후자는 가정의 질서와 번영을 위한 안전한 담보라고 생각한다.

아메리카인들은 청교도적인 국민인 동시에 상거래에 종사하는 국민이다. 따라서 아메리카인들은 자신들의 종교적 믿음과 상거래 관행으로 인해 여성들에게 자기 헌신뿐만 아니라 일을 위해서 자신의 즐거움을 끊임없이 희생할 것을 요구한다. 유럽에서는 거의 찾아보기 힘든 현상이다. 이렇게 합중국에서는 여성을 가정의 이익과 의무라는 좁은 테두리 안에 가두고 거기서 빠져나오지 못하게 하는 아주 완고한 여론이 널리 퍼져 있다.

세상에 발을 딛는 순간에 아메리카의 젊은 여성들은 이러한 생각들이 널리 퍼져 있다는 것을 알게 된다. 그녀는 이러한 생각들에서 나오는 규범들을 잘 알고 있다. 그녀는 잠시라도 동시대인들의 관행에서 벗어나기만 하면 즉시 마음의 평온과 명예와 심지어 사회생활까지도 위태롭게 된다는 사실을 곧바로 깨닫게 된다. 그리고 그녀는 자신의 확고부동한 이해력과 자라나면서 얻은 강인한 습성으로부터 기존 관습에 순응하는 에너지를 얻게 된다. 따라서 감내해야 할 때가 되었을 때 여성이 다투거나 머뭇거리지 않고 희생을 감내하는 용기는 바로 여성의 독립적인 삶의 관행에서 나온 것이라고도 말할 수 있을 것이다.

그런데 아메리카의 여성은 자신의 단순함과 무지에 드리워놓은 함정에 빠지듯이 결혼이라는 속박에 빠지는 것이 아니다. 그녀는 결혼 생활이 여성에게 무엇을 의미하는지를 이미 배워서 알고 있으며 자발적으로 그리고 자유롭게 이러한 속박 속으로 들어가는 것이다. 그녀는 자기가 일단 선택한 만큼 용기를 가지고 새로운 조건을 감내해 나간다.

아메리카에서 가부장제 규율은 아주 느슨한 반면 부부 사이는 아주 엄밀한 까닭에, 젊은 여성들은 신중하고 조심스럽게 결혼 관계에 들어간다. 조혼은 흔하지 않다. 다른 나라들에서 대다수 여성들이 결혼한 후에야 분별력 있고 성숙하게 행동하는 반면에, 아메리카 여성들은 사리를 분별할 만큼 성숙한 후에야 결혼한다.

그런데 나로서는 합중국의 여성들이 결혼하자마자 그녀들의 모든 습성에서 이렇게 커다란 변화가 일어나는 것이 전적으로 여론과 사회규범 탓이라고 생각하지는 않는다. 대개의 경우 여성은 이러한 변화를 기꺼이 받아들인다.

남편을 선택해야 할 시기가 오면, 그때까지 자유로운 세상 경험에서 얻어진 냉철하고 엄격한 분별력을 통해 아메리카의 여성은 결혼이라는 결합 속에서의 가볍고 독립적인 마음가짐은 즐거움이 아니라 끊임없는 말썽의 소지가 된다는 사실을 알게 된다. 처녀 시절의 오락이 아내의 오락거리가 될 수 없으며 여성에게 행복의 원천은 바로 부부의 거처에 있다는 사실을 알게 되는 것이다. 가정의 행복에 이르는 유일한 길을 미리 명확하게 보는 까닭에, 그녀는 곧바로 그 길로 접어들어 뒤돌아보지 않고 끝까지 앞으로 나아가는 것이다.

아메리카의 젊은 아내들이 그녀들의 새로운 상태를 곧바로 아무 불평 없이 받아들이면서 보여주는 강한 의지는 그녀들이 살아가면서 겪을 모든 커다란 시련 속에서도 똑같이 나타난다.

개인의 운명이 합중국보다 더 불안정한 나라는 이 세상에 어디에도 없을 것이다. 한 사람이 한평생 살아가면서 풍요에서 빈곤에 이르는 모든 계단을 오르락내리락하는 것은 드문 일이 아니다.

아메리카 여성들은 이러한 격변들을 침착하게 그리고 정말로 흔쾌히 받아들이고 있다. 그녀들의 욕망은 늘어나기도 쉽지만 그만큼 그녀들의 운명에 맞추어 줄어든다고 말할 수 있을 것이다.

내가 첫째 권에서 이미 밝혔듯이, 서부 황무지로 매년 이주해오는 모험가의 대다수는 북아메리카에 일찍이 정착한 영국계 아메리카인들이다. 부를 찾아 대담하게 나선 이런 사람들 대부분은 처음 터를 잡은 곳에서 이미 유복하게 살던 사람들이다. 그들은 자기 아내를 데리고 떠났으며 이러한 모험을 시작할 때 으레 수반되는 수많은 위험과 궁핍을 아내와 함께 나누었다. 황무지 언저리에서 젊은 여성들을 종종 만날 수 있는데, 이 여성들은 뉴잉글랜드의 큰 도회지의 세련된 분위기에서 자라난 후에 자기 부모의 부유한 처소에서 살다가 거의 아무런 중간 단계도 거치지 않고 숲속의 허술한 통나무집으로 들어간 것이었다. 하지만 열병, 고독 그리고 지루한 삶이 결코 그녀들의 활력과 용기를 꺾지 못했다. 그녀들의 용모는 단정하지 못하고 시들어 보였지만 눈매는 꼿꼿했다. 그녀들은 슬프면서도 단호해 보였다. (B)

아메리카의 젊은 여성들이 보여주는 이러한 내적인 힘은 그녀들이 어릴 때에 받은 교육에서 나오는 것이라고 나는 믿어 의심하지 않는다. 따라서 합중국에서는 아내의 모습에서 처녀 때의 젊은 여성의 모습을 찾아낼 수 있다. 역할이 바뀌고 습성이 달라졌지만 그녀의 성품은 그대로인 것이다.

제11장

어떻게 아메리카에서
조건의 평등이 건전한 모럴을
유지하는 데 기여하는가 (C)

여성에게 요구되는 모럴이 얼마나 엄격한가는 그녀가 사는 지역이 적도로부터 얼마나 멀리 떨어져 있는가에 달렸다고 말하고 또 그렇게 암시한 철학자와 역사가들이 있었다. 이런 식의 말은 아주 안이하게 문제에 답변하는 것인데, 만일 그러한 견해를 따른다면 우리는 지구의와 나침반만 있으면 인간사의 가장 어려운 문제들 중 하나를 한순간에 풀어낼 수 있을 것이다.

이러한 물질주의적 이론이 사실과 부합하리라고 나는 생각하지 않는다. 동일한 국민들이라 할지라도 역사의 여러 시기에 따라 정숙한 모습을 보여주기도 했고 방종한 모습을 보여주기도 했다. 따라서 국민이 도덕적으로 엄격한가 해이한가의 문제는 단순히 그 나라의 변하지 않는 자연적 특성이 아니라 가변적인 여러 원인들에 달려 있었다.

양성 간의 상호 매력에서 나오는 열정이 특정 기후 지역에서 특히 강할 수도 있다는 사실을 나는 부정하지 않는다. 하지만 이러한 자연적으로 우러나는 정열은 항상 사회 상태나 정치제도들에 의해 고양되기도 하고 억제되기도 한다는 것이 나의 생각이다.

북아메리카를 방문했던 여행자들이 여러 면에서 서로 의견을 달리할지라도, 그들은 누구나 다른 어느 곳보다 북아메리카에서 습속이 아주 엄격하다는 점에 동의한다. 이 점에서 아메리카인들이 그들의 조상인 영국인들보다 더 우월하다는 사실은 명백하다. 이 두 민족을 얼핏 살펴만 보아도 이 사실을 알 수 있다.

유럽의 다른 모든 나라에서와 마찬가지로 영국에서도 여성들의 나약함은 끊임없이 사람들의 입방아에 오르내린다. 철학자와 정치인들은 습속이 충분히 엄격하지 못하다는 점을 개탄하며, 간행물들도 정말 걱정할 일이라는 듯이 매일같이 맞장구를 친다.

아메리카에서는 소설을 포함해서 거의 모든 책에서 여성들이 정숙하게 그려지며 어느 누구도 남녀 간의 연애 잡담에 대해 글을 쓰지 않는다.

아메리카인 습속의 이러한 대단한 엄격성은 물론 부분적으로 국가, 종족, 종교의 특성에서 나오는 것이다. 하지만 다른 곳에서도 찾아볼 수 있는 이러한 요인들로는 이 문제를 해명하기에 충분하지 않다. 무언가 특별한 이유를 찾아봐야 한다.

내가 보기에 그 이유는 평등의 원리와 평등에서 나오는 제도들에서 찾을 수 있다. 조건의 평등은 그 자체로는 엄격한 습속을 만들어내지 못할 것이다. 하지만 그러한 엄격한 습속을 촉진하고 증진시킨다는 것은 의심할 나위가 없다.

귀족 국가에서는 출생과 재산으로 인해 남성과 여성이 항상 서로 너무도 다른 존재로 결정되는 까닭에 이들 사이의 성공적인 결합이란 사실상 거의 불가능하다. 이들의 열정이 이들을 서로 접근시키기는 하지만 사회 상태와 여기서 생기는 관념들이 이들이 항구적으로 그리고 남들 보라는 듯이 결합하는 것을 막는다. 따라서 일시적이며 은밀한 관계들이 어쩔 수 없이 만연한다. 법제로 인해 여성들에게 부과된 강요에 대해 자연이 내밀하게 보상을 하고 있는 셈이다.

조건의 평등이 가상적이든 실제적이든 남성과 여성을 갈라놓던 모든 장벽을 일소해버릴 때, 사정은 확연히 달라질 것이다. 처녀가 자기를 사랑하는 남성의 아내가 될 수 없을 것이라고 생각하는 일은 이제 없어진다. 그러면 결혼 전의 불건전한 행실은 아주 드물어질 수밖에 없다. 그도 그럴 것이 상대방의 사랑을 아무리 확신한다고 할지라도 여성은 자기 애인이 자신과 결혼할지 말지 자유롭게 결정할 수 있게 될 때도 정말로 자신을 계속 사랑하는지를 스스로 확신할 방안이 없을 것이기 때문이다.

다소 간접적인 방식이긴 하지만 이와 같은 이유는 결혼에도 작용한다. 당사자들이나 세상의 구경꾼들이 볼 때, 부정한 사랑을 정당화해주는 데에서 강요된 결합이나 우연에 의한 결합보다 더 나은 것은 아무것도 없다.[1]

---

1) 유럽의 문학을 들추어보면 이런 사실을 쉽사리 이해할 수 있다. 유럽의 한 작가가 우리 사회에서 아주 자주 일어나는 결혼의 커다란 파경들 중 몇 가지를 소설

여성이 항상 자유롭게 선택을 하고 또 올바르게 선택할 수 있도록 교육을 받은 나라에서는 잘못을 저지른 여성에 대해서 일반 대중의 생각은 아주 냉담해진다.

아메리카인들의 엄격한 잣대는 부분적으로 여기서 나온다. 당사자들이 결혼에 딸린 모든 사항을 미리 알 수 있었으며 결혼 선택 여부는 당사자의 자유로운 결정에 달려 있었다는 점에서 결혼이란 비록 때로 많은 값을 치르더라도 응당 그에 수반된 모든 사항을 엄격하게 이행해야 마땅한 계약이라고 그들은 생각한다. 결혼의 충실성을 강요하는 바로 그 상황이 또한 결혼의 충실성이 더욱 쉽게 유지되도록 만드는 것이다.

귀족 국가에서 결혼의 목적은 사람보다 차라리 재산을 결합시키는 데 있다. 그러다 보니 약혼했을 때 남편은 여전히 취학 중이고 아내는 여전히 보육 중인 경우도 생긴다. 두 배우자의 재산을

속에 그려내려 할 때, 그는 잘못 짝지어졌거나 어쩔 수 없이 강제로 결혼한 커플의 사례를 들고 나와 미리 독자들의 심금을 울리려 한다. 오랜 관용의 세월 속에서 우리의 모럴도 어느 정도 이완되기는 했지만, 만일 작가가 작중인물들의 도덕적 이완의 연유를 제대로 설명해내지 못한다면 독자들로 하여금 작중인물들의 불행에 공감하도록 이끌기 어려울 것이다. 이러한 이야기 구성은 항상 성공을 거둔다. 우리가 일상적으로 접하는 장면들이 미리 우리의 이해의 폭을 넓혀주는 것이다.

하지만 아메리카의 작가들은 독자들에게 이와 비슷한 설명을 늘어놓을 수 없다. 아메리카인들의 관례와 법제는 그러한 것에 어울리지 않는다. 작가들은 무절제한 연애 행각을 솔깃한 이야깃거리로 다듬어내려는 구상을 포기하고 아예 그런 내용은 묘사하려 하지 않는다. 합중국에서 소설이 별로 출판되지 않는 것은 아마도 바로 이런 이유에서일 것이다.

하나로 합쳐놓는 부부관계가 이들의 마음은 딴눈을 팔게 만드는 것은 그리 놀라운 일이 아니다. 이것은 계약의 취지에서 나오는 당연한 결과일 따름이다.

반면에 각자가 외부의 어떤 간섭이나 인도 없이 스스로 자신의 배우자를 선택할 때, 남자와 여자가 결합하는 것은 취향이나 생각이 서로 유사하기 때문이다. 바로 이 유사성이 이들을 하나로 묶어주고 서로 곁에 머물게 해준다.

우리의 조상들은 결혼에 대해 색다른 생각을 가지고 있었다. 그들은 당시에 있었던 몇 안 되는 연애결혼들이 대개의 경우 바람직하지 않은 결과를 가져왔다는 것을 알고 있었던 까닭에, 이러한 문제에서 감정의 움직임에만 따르는 것은 위험한 일이라고 단호하게 결론지었다. 그들이 보기에는 우연에 따른 결정이 선택에 따른 결정보다 더 바람직했다.

그렇지만 그들이 보았다는 바로 그 사례들이 사실상 아무것도 입증하지 못한다는 사실을 알아차리는 것은 그리 어려운 일이 아니다.

민주 국가에서 여성들이 자유롭게 남편을 선택할 권리를 얻게 된다면, 여성들에게는 응당 그것에 필요한 지식이 사전에 제공될 것이며 여성들은 그러한 선택을 하는 데 필요한 힘과 의지를 얻게 될 것이라는 점을 우선 지적할 수 있다. 반면에 귀족 국가에서 가부장의 권위로부터 빠져나와 남자를 사귈 시간이나 판단할 능력도 없는 채로 남자의 팔에 몸을 내맡기게 되는 젊은 여성들은 결국 이러한 모든 보장책을 누리지 못한다. 그녀들이 처음으로 선택의 자유를 행사하게 될 때 그 자유를 제대로 활용하지 못한다는 것은 그리 놀라운 일이 아니며, 민주주의 교육을 받지 못한 까닭에 그녀들이 민주주의의 관습에 따라 결혼을 하고자 할 때 아주 끔찍한 오류에 빠지곤 하는 것도 그리 놀라운 일이 아니다.

하지만 이것으로 전부가 아니다. 한 남성과 한 여성이 귀족주의적 사회 상태에서 오는 불평등을 무릅쓰고 서로 함께하고자 할 때, 이들이 극복해야 할 장애물은 엄청나게 많다. 부모에 대한 복종의 굴레에서 벗어난 다음에도 이들은 관습의 지배력과 여론의 횡포에서 벗어나기 위해 마지막까지 힘을 다해야만 한다. 그리고 마침내 이러한 힘든 일을 이겨냈을 때에는, 이들은 본래의 친구들과 친지들로부터 따돌림을 받는 처지가 된다. 편견의 장벽이 여전히 이들을 주위로부터 갈라놓는 것이다. 이러한 상황은 이내 이들의 용기를 꺾어버리고 이들의 마음에 쓰라린 상처를 입힌다.

그러므로 만일 이런 식으로 결합한 부부가 불행의 나락으로 떨어지거나 마침내 범죄행위를 저지르는 일이 생긴다면, 그 원인은 이들이 자유롭게 서로를 선택했다는 데에서 찾아서는 안 되며 오히려 이들이 그러한 자유로운 선택이 허용되지 않는 사회에서 살고 있다는 데에서 찾아야 할 것이다.

더구나 어느 한 사람이 일상적인 오류를 세차게 떨쳐내게 만드는 바로 그 정력이 그를 거의 언제나 이성의 한계를 넘어서도록 이끈다는 사실을 잊어서는 안 된다. 그리고 아무리 정당하다고 할지라도 그가 사는 시대와 향토에서 유래하는 일반적인 견해에 맞서 감히 전쟁을 선포하기 위해서는 아주 격렬하고 모험적인 마음가짐이 필요하다는 사실을, 그리고 이런 성격을 지닌 사람들은 어떤 길을 따라가든 행복이나 미덕에 이르는 경우가 거의 없다는 사실을 잊어서는 안 된다. 그런데 지나가는 말로 한마디 하자면, 가장 필요하고 가장 신성한 혁명들에서 정중하고 온건한 혁명가들을 거의 찾아보기 힘든 이유가 바로 여기에 있다.

그러므로 귀족 시대에 어느 한 남성이 대담하게도 오직 자기 자신의 견해와 취향에만 의존해 배우자를 선택했다면, 어떤 무질서한 습속과 천박한 품행이 어느새 그 가정에 스며들게 되는 것은 그리 놀라운 일이 아닐 것이다. 하지만 이와 같은 행동 방식이 자연스럽고 일상적인 질서의 일부분일 때, 사회 상태가 그러한 행동을 촉진하고, 부모의 권위가 그것을 용인하며, 일반적인 여론이 그것을 고무할 때, 바로 그런 때라면 가정 내의 평화가 그로 인해 더욱 커질 것이며 부부간의 신뢰가 더욱 돈독해지리라는 것은 의심할 나위가 없는 사실이다.

민주 사회에서 거의 모든 사람은 일정한 정치적인 경력을 거치거나 아니면 어떤 전문적인 직업을 영위한다. 그런데 다른 한편으로 한정된 소득으로 인해 여성은 몸소 그리고 아주 면밀하게 가정 경제를 꾸리기 위해 매일같이 집 안에 틀어박히게 된다.

이 모든 차별적이고 강요된 업무는 남성과 여성을 갈라놓는 수많은 본원적인 장벽으로 되어버려서, 한쪽 편의 간청은 더욱 드물고 나약하게 만들며, 다른 한쪽 편의 저항은 더욱 용이하게 만들게 된다.

민주 시대에 조건들이 평등해짐으로써 인간이 도덕적으로 더욱 정숙해지는 것은 물론 아니라고 할지라도, 도덕적 해이에 대해서 그만큼 더욱 관대해지는 것은 사실이다. 나름대로 사연과 곡절이 있기 마련인 인생들에 대해 이러쿵저러쿵 시비를 걸 만큼 누군들 충분한 여유와 기회를 누리는 것이 아닌 까닭에, 고급 매춘부도 많을 것이며 동시에 정숙한 여인도 많을 것이다.

이와 같은 상황은 개개인을 개탄스러운 절망 상태에 빠트릴지는 몰라도 사회 전체가 활력에 차고 강인해지는 것을 막지는 않는다. 즉 가정의 유대를 파괴하거나 국민의 습속을 약화시키지는 않는 것이다. 사회를 위험에 빠트리는 것은 소수 몇몇의 엄청난 타락이 아니라 모든 사람의 도덕적인 해이이다. 입법자가 보기에는, 매춘이 차라리 방탕한 애정 행각보다 덜 위험한 것이다.

평등이 가져다준 이러한 격정적이고 끊임없이 동요하는 삶은 사람들에게 사랑에 빠져들 여유를 주지 않음으로써 사람들이 사랑의 정열에 집중하지 못하도록 할 뿐만 아니라, 더욱 은밀하지만 더욱 확실한 방법으로 사랑에서 벗어나도록 이끈다.

민주 시대에 사는 모든 사람은 어느 정도 상공업 계급들의 지적 관행을 지니고 있다. 그들의 사고방식은 진지하고 타산적이며 실용적인 방향으로 선회한다. 그들은 기꺼이 이상을 포기하고 자신의 욕구의 자연적이고 필수적인 목표로 보이는 어떤 가시적이고 실현 가능한 목적을 향해 나아가는 경향이 있다. 요컨대 평등은 상상력의 날개를 완전히 파괴해버리지는 않지만 현실의 토양을 스치며 날도록 상상력의 고도를 제한하는 것이다.

민주 사회의 시민들만큼 쉽사리 공상에 빠져들곤 하지 않는 사람은 아마 없을 것이다. 그리고 결국은 커다란 마음의 격동을 낳을 정도로까지 어떤 일을 앞두고는 흔히 한가하게 외로이 명상에 빠져들곤 하는 사람도 보기 힘들 것이다.

민주 시대에 사람들이 어떤 심원하고 규칙적이며 평온한 심정 상태를 확보하는 일을 아주 중요하게 생각한다는 것은 사실이다. 하지만 이들은 결코 그러한 심정 상태를 교란하거나 단축할 수도 있을 격렬하고 변덕스러운 감정의 흥분을 일부러 추구하려 하지는 않는다.

이러한 모든 사실이 단지 아메리카에만 완벽하게 적용될 수 있을 뿐 현재로서는 유럽에까지 확대 적용될 수 없을 것이라고 나는 생각한다.

법제와 관습이 유례없는 힘을 발휘하면서 유럽의 몇몇 국가들을 민주주의로 밀어붙인 지난 반세기 동안에, 하지만 이들 나라에서 남자와 여자의 관계가 더욱 규칙적이 되고 더욱 정숙해졌다는 징후는 어디에도 보이지 않는다. 몇몇 지역에서는 오히려 이와 반대되는 양상을 찾아볼 수 있다. 몇몇 계급들의 기준은 더욱 엄격해진 반면에, 사회 전반의 도덕성은 더욱 느슨해진 것이다. 나로서는 나와 함께 사는 동시대인들에게 아부하려는 생각도 비판하려는 생각도 없는 까닭에, 이렇게 거침없이 나의 생각을 말한다.

이러한 광경은 우리의 마음을 아프게 하겠지만 우리를 충격에 빠트리지는 않을 것이다. 민주주의적인 사회 상태가 습성의 순화에 미치는 우호적인 영향력은 일정한 시간이 지나야만 드러날 수 있는 사실들 중 하나이다. 조건의 평등이 품행의 순화에 유리하다고 할지라도, 조건을 평등하게 만드는 사회적 과업 자체는 오히려 품행의 순화를 저해하는 효과를 지닌다.

지난 50여 년 동안 프랑스는 이러한 과정을 겪어왔는데, 자유는 거의 없었고 항상 무질서만 있었다. 사고방식의 이러한 전반적인 혼란과 여론의 이러한 일반적인 동요 속에서, 정당과 부당, 진실과 거짓, 주장과 실재가 마구 혼재된 한복판에서, 공적인 미덕은 불확실해졌고 사적인 도덕성은 흔들렸다.

하지만 모든 혁명은, 그 목표와 주창자들이 어떤 성격을 지녔든 간에, 애초에는 유사한 효과를 낳았다. 결국에는 도덕성의 끈을 바짝 조이게 된 혁명들도 처음에는 이완시켰다.

따라서 우리가 종종 목도하게 되는 무질서는 내가 보기에 항구적인 사실이 아니다. 이미 여러 진기한 징후들이 이것을 미리 보여준다.

권력을 잃고도 재산을 보유하고 있으며 통속적인 놀이마당 정도로 전락했으면서도 여전히 엄청난 여가 시간을 누리는 귀족주의 체제만큼 가련할 정도로 타락한 것은 아마 없을 것이다. 지금까지 귀족주의에 활력을 불어넣던 활기찬 열정과 원대한 사상은 어느새 사라져버리고, 마치 시체에 붙은 벌레처럼 달라붙어 있는 수많은 자잘한 악덕들만이 남았다.

지난 세기 프랑스에서 귀족주의 체제가 정말로 문란했던 반면에, 오랜 습성과 낡은 신념들 덕에 사회의 다른 계급들에서는 여전히 도덕성의 존중이 유지되었다는 사실은 아무도 부정할 수 없을 것이다.

마찬가지로 오늘날 무질서한 품행이 사회의 중간층과 하층에까지 확장된 듯 보이는 반면에, 바로 이 귀족주의 체제의 파편 속에서 무언가 엄격한 원칙 같은 것이 눈에 띄기 시작한다는 사실에 누구나 어렵지 않게 동의할 것이다. 따라서 50년 전에 가장 방탕해 보였던 바로 그 가문이 오늘날에는 가장 모범적으로 보이기도 한다. 마치 민주주의가 귀족계급들의 도덕심만을 강화한 것처럼 보일 정도이다.

프랑스혁명은 귀족들의 재산을 나누고, 귀족들이 자신의 업무와 가족들의 일에 열심히 매진하도록 몰아붙이며, 귀족들이 아이들과 함께 한 지붕 아래 살도록 만들고, 마침내 귀족들의 사유 체계에 더욱 합리적이고 진지한 기운을 불어넣어 주는 효과를 발휘했다. 따라서 프랑스혁명은 귀족들 스스로도 미처 깨닫지 못하는 사이에, 그들에게 신앙심에 대한 존중, 질서와 차분한 평온에 대한 애착, 가정생활의 즐거움과 안락 따위를 심어주게 되었다. 반면에 국민의 나머지 부분은, 바로 이와 같은 취향을 당연히 지녔음에도 불구하고, 정치 법제와 관행을 뒤바꾸어놓기 위해 해야만 했던 바로 그 노고에 의해 무질서 속으로 휩쓸려 들어갔다.

프랑스의 낡은 귀족주의 체제는 프랑스혁명의 결과를 몸소 겪었지만, 혁명적 열정은 조금도 맛보지 않았으며 혁명을 낳은 때로는 무정부적인 흥분에 빠지지도 않았다. 이 귀족주의 체제가 혁명을 직접 도모한 사람들에 앞서서 그 혁명의 건전한 영향력을 자신들의 습속 안에 받아들였다는 사실은 어렵지 않게 알아볼 수가 있다.

그러므로 얼핏 뜻밖으로 보이기도 하지만, 오늘날 이 나라에서 가장 반민주주의적인 계급들이 민주주의에서 당연히 예상 가능한 그런 종류의 도덕성을 가장 잘 드러내고 있다고 말할 수 있을 것이다.

혁명으로 야기된 모든 소요가 가라앉고 난 후에 민주주의 혁명의 모든 결과가 완벽하게 드러나게 될 때, 오늘날 몇몇 사람들에게만 진실인 것이 점차로 모든 사람에게 진실로 받아들여질 것이라고 나는 서슴없이 말할 수 있다.

제12장

아메리카인들은 남성과 여성의
평등을 어떻게 이해하는가

나는 앞에서 사회가 낳은 여러 다양한 불평등들을 어떻게 민주주의가 소멸시키거나 수정하는가를 보여주었다. 그런데 이것이 전부인가? 아니면 오늘날에도 영원한 자연적 질서처럼 여겨지는 남성과 여성 사이의 이 거대한 불평등에 민주주의가 마침내 영향을 미치지나 않을까?

자식과 아버지, 하인과 상전 그리고 일반적으로 열등한 자와 우월한 자를 같은 수준으로 접근시키는 사회적 변동이 여성을 격상시켜서 점점 더 남성과 대등한 지위로 올려줌에 틀림이 없다고 나는 생각한다.

하지만 나는 그 어느 때보다도 바로 지금 나 자신의 견해를 분명하게 밝혀두려 한다. 이 주제만큼 오늘날 조야하고 무원칙적인 상상력이 마음껏 활개를 치는 주제가 달리 없기 때문이다.

유럽에는 남성과 여성의 다양한 특성들을 뒤섞어놓고 남성과 여성을 서로 평등할 뿐만 아니라 엇비슷한 존재로 만든다고 주장하는 사람들이 있다. 이들은 남성과 여성 모두에게 같은 기능을 부여하며 같은 의무와 같은 권리를 부과한다. 이들은 일, 여흥, 업무 등 모든 면에서 남성과 여성을 뒤섞는다. 이렇게 한쪽의 성을 다른 한쪽의 성과 서로 대등하게 만들고자 함으로써 양쪽 모두가 질적 저하를 겪게 된다는 것은 어렵지 않게 알아챌 수 있을 것이다. 그리고 자연의 작품을 이렇게 거칠게 뒤섞는 데서는 허약한 남성과 파렴치한 여성 외에는 아무것도 기대할 수 없으리라는 것도 쉽게 알 수 있을 것이다.

아메리카인들이 여성과 남성 사이에 확립될 수 있는 민주주의적 평등의 형태를 이해하는 방식은 이와 같지 않다. 자연이 남성과 여성의 신체 구성과 정신 구조를 사뭇 다르게 만들어놓았다는 점으로 미루어볼 때 양성의 상이한 역량에 따라 다양한 임무를 부여하는 것이 자연의 분명한 의도라고 그들은 생각했다. 그리고 발전이란 서로 다른 존재들에게 거의 동일한 일을 하게 만드는 데 있는 것이 아니라 각자가 자신의 책무를 최선을 다해서 완수하는 데 있다고 판단했다. 아메리카인들은 오늘날 상공업을 지배하는 정치 경제학의 위대한 원칙을 양성 모두에게 적용했다. 그들은 사회의 원대한 일들이 잘 이루어지도록 하기 위해서 남성의 역할과 여성의 역할을 조심스럽게 구분했던 것이다.

아메리카는 서로 뚜렷하게 구분되는 활동 반경을 양성 모두에게 그어주기 위해 지속적인 노력을 게을리하지 않은 나라인 동시에 양성 모두가 서로 대등한 발걸음으로, 하지만 언제든 다른 길로 나아가기를 바란 나라이다. 아메리카의 여성들은 가정의 외부 일을 떠맡는다거나 사업을 운영한다거나 더구나 정치 영역에 뛰어드는 일이 거의 없다. 여성들은 거친 농사일에 내몰리지도 않으며 강한 신체적 노력을 요구하는 힘겨운 막노동에 내몰리지도 않는다. 아무리 빈한한 가정이라고 할지라도 이러한 규칙에서 예외가 될 수는 없다.

아메리카의 여성들이 가사 노동의 평온한 테두리를 벗어날 수 없기는 하지만, 다른 한편으로 그녀들은 거기서 벗어나도록 강요받는 것도 아니다. 바로 이러한 이유에서 아메리카 여성들은 때로 남성다운 이해력과 정력을 드러내면서도 대체로 아주 우아한 외모를 보존하며, 비록 머리와 가슴으로는 이따금 남성다움을 보여주기는 하지만 매너에서는 여성다움을 잃지 않는다.

아메리카인들은 민주주의 원칙들의 결과가 남편의 권위를 전복시키거나 가정 안에서의 권위에 혼란을 도입하는 것이라고 생각해본 적이 없다. 그들은 어떤 결사체든 견실하게 유지되려면 우두머리가 필요하기 마련이며 결혼 생활에서 당연한 우두머리는 응당 남자라고 생각했다. 따라서 그들은 배우자를 이끌 수 있는 남편의 권리를 부정하지 않는다. 그리고 그들은 커다란 정치사회에서와 마찬가지로 남편과 아내로 구성된 작은 사회에서도 민주주의의 목적은 필요한 권력들을 조율하고 정당화하는 데 있는 것이지 권력 자체를 파괴하는 데 있는 것이 아니라고 믿는다. 이러한 견해는 어느 한쪽 성별에만 국한되지 않으며 다른 한쪽 성별에 의해 무시되는 것도 아니다.

나는 아메리카 여성들이 배우자의 권위를 자신들의 권력에 대한 일종의 강탈로 여긴다거나 배우자의 권위에 복종함으로써 자신의 인격이 손상된다고 생각하는 것을 한 번도 본 적이 없다. 그러기는커녕 그녀들은 자신의 의지를 자발적으로 포기하는 일 자체를 일종의 긍지로 여기는 것처럼 보였다. 그러한 속박을 떨쳐버리는 것이 아니라 스스로 받아들이는 것에 오히려 더 큰 가치를 부여하는 듯했다. 아무튼 바로 이것이 가장 덕망 높은 여성들이 표현하는 감정이다. 다른 이들은 침묵을 지키고 있다. 그래서 합중국에서는 떳떳지 못한 아내가 자신의 가장 신성한 의무들을 내팽개친 채 떠들썩하게 여성의 권리를 요구하는 일은 보기 힘들다.

　유럽에서는 남성들이 여성들에게 아낌없이 늘어놓는 상냥한 속삭임 속에 어떤 경멸감 같은 것이 숨어 있다고들 말하곤 한다. 유럽인 남성이 이따금 여성을 상전처럼 모시는 듯 보이지만, 그가 진정으로 여성이 자기와 동등하다고 생각하는 것 같지는 않다. 합중국에서는 남성들이 여성들을 떠받들지는 않는다. 하지만 그들은 자신들이 얼마나 여성들을 존중하는지를 매일같이 보여준다.

　아메리카의 남성들은 항상 배우자의 이성에 대해 완전한 신뢰를 내보이며 그녀의 자유의사를 진정으로 존중한다. 그들은 있는 그대로의 진리를 발견하고 따르는 데에 여성의 머리와 가슴이 남성의 그것만큼이나 적절하고 확고하다고 판단한다. 그래서 그들은 자기들의 덕성과 마찬가지로 여성들의 덕성을 어떤 편견과 무지와 우려의 장막 뒤로 굳이 숨기려 하지 않았다.

　유럽에서는 여성들의 전제적인 위압을 기꺼이 감내하면서도 인류의 가장 위대한 속성들 중 몇 가지를 여성들에게는 인정하지 않는 듯하다. 여성이란 매력적이지만 불완전한 존재라고 생각하는 것이다. 그리고 정말로 놀라운 것은 여성들 스스로도 마침내 자기 자신을 이와 같은 관점에서 보게 되며 자기들이 변변찮고 연약하며 겁 많은 존재로 보이는 것을 일종의 특권처럼 여긴다는 사실이다. 아메리카의 여성들은 결코 이러한 권리를 요구하지 않는다.

더구나 모럴이라는 것에 대해서 말하자면, 유럽에서는 남자에게 일종의 특별한 면책권을 인정해온 까닭에 남편에게는 이만큼의 덕성을 요구한다면 아내에게는 저만큼의 덕성을 요구하는 듯이 보인다. 일반인의 눈에는 동일한 행위가 일종의 범죄로 보일 수도 있고 그저 단순한 과실로 보일 수도 있듯이 말이다.

아메리카인들은 의무와 권리의 이러한 불공정한 할당에 익숙하지 않다. 그들이 보기에 유혹자나 희생자나 불명예스럽기는 매한가지이다.

아메리카의 남성들이 유럽에서 흔히 볼 수 있는 것과 같이 여성들에게 열렬한 눈길을 던지는 일이 거의 없다는 것은 사실이다. 하지만 그들은 언제나 여성들을 덕성과 품위를 지닌 존재로 여기고 있음을 직접 행동으로 보여준다. 그리고 그들은 여성들의 도덕적 자유의사를 아주 높이 평가하는 까닭에 행여나 거친 말투로 마음에 상처를 주지나 않을까 하는 우려에서 누구나 여성들의 앞에서는 말 한마디 한마디에 신경을 쓸 정도이다. 아메리카에서는 젊은 미혼 여성이 혼자서 그리고 아무런 두려움 없이 긴 여행을 떠날 수 있다.

아메리카의 입법자들은 형법의 거의 모든 조항을 관대하게 적용하지만, 강간죄는 사형으로 처벌한다. 강간만큼 여론에서 가혹한 처벌을 받는 범죄는 없을 것이다. 이것은 다음과 같이 설명된다. 요컨대 아메리카인들은 여성의 명예만큼 소중한 것은 없으며 여성의 독립성만큼 존중받아야 할 것은 없다고 생각하는 까닭에 여성의 뜻에 반해서 그러한 명예와 독립성을 여성에게서 빼앗는 사람에 대해서는 아무리 가혹한 형벌을 내려도 좋다고 생각하는 것이다.

프랑스에서는 같은 범죄가 훨씬 더 가벼운 형벌로 처벌되며, 때로는 이러한 범죄에 대해 유죄 평결을 내려줄 배심원조차 찾기 어려울 정도이다. 이것은 정절에 대한 경시 풍조에서 나오는 것인가 아니면 여성에 대한 경시 풍조에서 나오는 것인가? 나로서는 이두 가지 모두라고 생각하지 않을 수 없다.

이와 같이 아메리카인들은 남성과 여성이 같은 일을 수행해야할 의무나 권리를 지닌다고는 생각하지 않는다. 하지만 그들은 남성과 여성 각자의 역할에 동등한 가치를 부여한다. 남성과 여성은 서로 가는 길이 다르지만 목적지는 같은 존재라고 생각하는 것이다. 아메리카인들은 여성의 담력에 대해 남성의 담력에 대한 것과 똑같은 형태와 방향을 부여하지 않는다. 하지만 그들은 결코 여성의 담력 자체를 의심하지 않는다. 그리고 그들은 남성과 여성이 그들의 지성과 이해력을 언제나 같은 방식으로 사용해서는 안 된다고 주장하기는 하지만, 적어도 여성의 지성과 이해력이 남성의 그것만큼이나 확실하고 명쾌하다고 판단하고 있다.

이렇게 아메리카인들은 여성의 사회적 열등성이 지속되도록 내버려 두기는 했지만, 그럼에도 불구하고 여성을 지적으로나 도덕적으로 남성과 동등한 수준으로 끌어올리기 위해서 가능한 모든 힘을 다했다. 바로 이러한 점에서 이들은 내가 보기에 민주주의적 진보의 진정한 개념을 정말 놀라울 정도로 잘 이해했다고 할 수 있을 것이다.

합중국에서 여성은 비록 가정의 울타리에서 거의 벗어나지 못하며 몇 가지 점에서 아주 의존적이라고 할지라도 이 세상 어디에서보다 더 높은 지위를 확보하고 있다고 나로서는 서슴없이 단언할 수 있다. 그리고 아메리카인들이 이룩한 상당한 일들을 죽 열거해놓은 이 책을 마무리하는 지금 이 마당에서 누군가가 내게 아메리카 국민의 놀라운 번영과 성장하는 힘이 주로 어디에서 나오는 것이냐고 묻는다면, 그것은 바로 아메리카 여성들의 우월성에서 나오는 것이라고 나는 답할 것이다.

제13장
어떻게 평등이 으레 아메리카인들을
수많은 개별 소집단들로 나누는가

민주주의 제도들의 최종적인 결과이자 필연적인 효과는 공공 생활뿐만 아니라 사적 생활에서도 시민들을 뒤섞어놓는 것이며 시민 모두가 어떤 일률적인 생활을 영위하지 않을 수 없도록 만드는 것이라고 생각할 수 있을지도 모르겠다. 하지만 이것은 민주주의에서 생겨나는 평등을 아주 조야하고 강압적인 방식으로 이해하는 것이다.

사회 상태나 법제가 아무리 사람들을 서로 엇비슷하게 만들어놓는다고 할지라도, 사람들은 자신의 교육 및 재산 수준과 취향에 따라 어느 정도 달라지기 마련이다. 그리고 여러 다양한 사람들이 동일한 일들을 함께하는 데에 이따금 큰 관심을 표명한다고 할지라도 이들이 사실상 거기서 큰 즐거움을 찾지는 못할 것이라고 말할 수 있을 것이다. 따라서 입법자가 어떤 법률을 만들어내든, 이들은 항상 입법자의 손에서 빠져나갈 것이다. 이런저런 방식으로

이들은 자신들을 가두어두려는 어떤 법률적인 범위에서 빠져나와
서, 거대한 정치집단과는 별도로 조건이나 습성 또는 습속의 유사
성에 따라 서로 결집하는 작은 사적 집단들을 만들어낼 것이다.

합중국에서 시민들은 서로에 대해 어떤 우월성도 갖지 않는다.
서로 상대방에 대해 어떤 복종심도 존중심도 내보이지 않는다. 이
들은 재판 업무와 국가 운영을 함께 떠맡으며 일반적으로 모두가
공동의 미래와 관련된 업무들을 처리하기 위해 함께 모인다. 하지
만 나는 누군가가 모두 같은 방식으로 여흥을 즐기자고 아니면 모
두 함께 같은 장소에 모여서 먹고 마시며 놀자고 제안하는 것을
들어본 적이 없다.

정치 집회나 법정에서는 그토록 쉽사리 서로 잘 뒤섞이는 아메
리카인들이 따로 떨어져서 사생활의 즐거움을 누리기 위해서 뚜
렷이 구별되는 아주 작은 결사들로 용의주도하게 분열되는 것이
다. 아메리카인들 각자는 동료 시민들을 기꺼이 자신과 동등한 자
로 인정하지만 정작 이들 중 아주 소수만을 친구이자 손님으로 받
아들인다.

이것은 내가 보기에 아주 당연한 일이다. 공적 사회의 테두리가
넓어지는 것에 비례해서 사적 관계의 영역은 그만큼 좁아진다고
짐작할 수 있을 것이다. 새로 생겨난 사회들에 사는 구성원들이
결국은 다 함께 생활하게 될 것이라고 상상하기는커녕, 나는 이들
이 마침내 아주 작은 무리들로 분열되지나 않을까 우려하지 않을
수 없다.

귀족 국가에서 여러 계급들은 밖으로 빠져나올 수도 없고 안으

로 들어갈 수도 없는 거대한 울타리와도 같다. 계급과 계급 사이에는 서로 소통이 전혀 없지만 각 계급 안에서는 사람들이 거의 매일같이 교류를 주고받는다. 서로 자연스럽게 어울리지 못할 때라도, 조건의 동일성에 따른 일반적인 유사성으로 인해 사람들은 서로 가까이 지내게 되는 것이다.

그러나 특정한 사람들 사이의 빈번하고 상례적인 관계가 법제나 관습에 의해 확립되지 않을 때에는, 의견이나 성향의 우연한 유사성으로 인해 이러한 관계들이 만들어지기 마련이다. 따라서 개개 단체들은 무한히 많아진다.

민주 국가에서는 구성원들이 서로 그리 다르지 않으며 본래 서로 아주 가까운 까닭에 언제든 모두가 어떤 공통의 커다란 집합체 안에서 뒤섞일 수 있다. 이러한 민주 사회에서는 수많은 인위적이고 독단적인 분류들이 생겨나는데, 이 잡다한 집단들을 통해서 개개 구성원들은 자신도 모르는 사이에 군중들 속으로 휩쓸려 들어가지 않도록 따로 떨어져 지낼 수 있다.

이런 상황은 늘 생겨나기 마련인데, 그도 그럴 것이 인간의 제도는 바뀌어도 인간 자체는 바뀔 수 없기 때문이다. 한 사회가 그 구성원들을 서로 대등하고 엇비슷하게 만들기 위해 전반적으로 어떤 노력을 기울이든 간에, 구성원 개개인의 자존심은 언제나 그 일반적인 수준을 넘어서려 하며 자신에게 이로운 불평등 구조를 여기저기에 만들어놓으려 한다.

귀족 사회에서 사람들은 움직이지 않는 높은 장벽들에 의해 서로 분리되어 있다. 반면에 민주 사회에서 사람들은 잘 보이지 않는 수많은 실들, 자주 끊어지기도 하고 여기저기 흩어지기도 하는 아주 작은 실들에 의해 서로 분리되어 있다.

따라서 민주 국가에서는 평등이 아무리 널리 진척되더라도 수많은 소규모 사적 집단들이 거대한 정치단체의 한복판에서 항상 생겨날 것이다. 하지만 적어도 매너에 관한 한, 이들 단체 중 어떤 것도 귀족 국가의 상류계급을 닮게 되지는 않을 것이다.

제14장

아메리카인의 매너에 대한
몇 가지 고찰

얼핏 보아 인간 행동의 외면적 형태는 그리 중요하지 않은 것처럼 여겨지지만 사실상 사람들은 여기에 더 많은 가치를 부여하기 마련이다. 사람들은 자신의 매너가 받아들여지지 않는 사회에서 사는 것 외에는 어떤 것에도 쉽게 적응한다. 따라서 한 나라의 사회적·정치적 상태가 매너에 미치는 영향은 진지하게 검토해볼 만한 가치가 있다.

사람들의 행동 격식, 즉 매너는 일반적으로 밑동에 깔린 습속에서 나오는 것이다. 하지만 여기에 더해서 매너는 이따금 사람들 사이의 거리낌 없는 접촉의 결과이기도 하다. 요컨대 매너는 선천적이기도 하고 후천적이기도 하다.

땀 흘려 노력하지 않아도 자기가 항상 으뜸이라는 것을 아는 사람들, 사소한 일들은 다른 사람들에게 내맡기고 항상 큰 목표에만 관심을 두는 사람들, 그리고 자기가 일구지도 않았으며 또 잃을까 걱정할 필요도 없는 재산을 누리며 살아가는 사람들이 있다. 이런 사람들은 생활의 사소한 이해관계나 실제적인 근심 걱정에 대해서 일종의 시건방진 경멸감을 품으며 어투나 매너에서처럼 사고방식에서도 생래적인 위엄을 내보인다고 우리는 짐작해볼 수 있다.

민주 국가에서 사생활이란 대개 아주 사소한 것으로 여겨지는 까닭에, 매너는 일반적으로 별로 큰 위엄을 갖지 못한다. 매너는 대개 통속적이기 마련인데, 이는 사람들의 사고방식이 가정 내의 이해관계를 넘어설 기회를 별로 갖지 못하기 때문이다.

매너의 진정한 위엄이란 너무 높지도 않고 너무 낮지도 않게 항상 자기가 있어야 할 위치에 있는 데서 생기는 것이다. 농민도 매너를 가질 수 있으며 군주도 매너를 가질 수 있다. 그런데 민주 사회에서는 모든 위치가 다 의혹의 눈길을 받는다. 그렇기 때문에 민주 사회에서 매너는 흔히 오만하게 비치며 대개는 위엄을 간직하지 못한다. 뿐만 아니라 제대로 다듬어져 있지도 잘 갖추어져 있지도 않다.

민주 시대에 사는 사람들은 너무도 부산하게 움직이며 사는 까닭에 생활의 일정한 요령을 확립하기 힘들며 하물며 그것을 실천하도록 강요하기도 어렵다. 따라서 사람들은 저마다 자기 방식대로 행동하기 마련이다. 그리고 매너라는 것도 누구나 배울 수 있도록 미리 주어진 이상적인 모델에 따라 형성되기보다는 개개인의 감정과 생각에 따라 형성되는 까닭에, 언제나 제각각이기 마련이다. 하지만 이러한 사정은 귀족주의가 오래전에 소멸된 경우보다 이제 막 무너진 경우에 훨씬 현저하게 드러난다.

그런데 새로운 정치제도와 새로운 습속은 교육 수준과 생활 습성이 엄청나게 다른 사람들을 같은 장소에 함께 모아놓고 흔히 함께 살도록 강요한다. 그래서 항상 불협화음이 생긴다. 물론 예의범절의 상세한 준칙이 있었던 시절을 우리는 기억한다. 하지만 그 준칙이 어떤 것인지 또 그것을 어디에서 찾을 수 있는지 이제 아무도 알지 못한다. 사람들은 매너의 일반적인 준칙을 잃어버렸지만 아직은 그것 없이 지낼 엄두를 내지 못한다. 단지 누구나 낡은 관례의 잔재들을 가지고 자의적이고 가변적인 어떤 규범을 만들어내려고 애쓰는 까닭에, 매너라는 것은 귀족 사회에서 자주 드러나는 규칙성과 위엄을 갖추지 못하고 또 민주 사회에서 이따금 나타나는 단순하고 꾸밈없는 모양새도 갖추지 못한다. 매너는 규율을 받기도 하고 규율에서 벗어나 있기도 한 것이다.

하지만 이것은 정상적인 상태가 아니다. 평등이 오래전에 확립되어서 완벽할 때에는 모든 사람이 거의 같은 생각을 가지고 거의 같은 행동을 하는 까닭에, 이들은 굳이 같은 방식으로 말하고 행동하기 위해 서로 합의하거나 서로 모방할 필요가 없다. 이들의 매너에는 수많은 아주 자잘한 차이점들이 끊임없이 나타나지만 어떤 커다란 차이점들이 드러나지는 않는다. 이들은 동일한 형태를 모방하지는 않기 때문에 완전히 서로 똑같을 수는 없다. 그리고 이들은 조건이 동일하지 않기 때문에 전혀 서로 다를 수도 없다. 언뜻 보면 아메리카인들은 누구나 똑같은 매너를 지닌 것 같다. 하지만 아주 가까이서 들여다보면 아메리카인들의 매너의 차이가 드러날 것이다.

영국인들은 아메리카인들의 매너를 놀림감으로 삼곤 한다. 그런데 정말 특이한 점은 이렇게 우스꽝스러운 묘사를 즐기는 사람들 대부분이 영국에서 중산계급에 속하는데, 이러한 묘사가 바로 이들 중산계급에게 잘 어울린다는 사실이다. 이 비정한 비평가들은 대체로 합중국에서 그들이 비난하는 바로 그 사례를 몸소 보여주고 있는 것이다. 그들은 자신들이 스스로를 우롱하는 셈이라는 것조차 깨닫지 못하는데, 자기 나라 귀족들에게 커다란 웃음거리가 될 정도이다.

민주주의적 습속의 겉으로 드러난 모습보다 더 민주주의에 해로운 것은 없을 것이다. 많은 사람들이 민주주의의 폐단은 기꺼이 감내할지 몰라도 민주 시대의 매너는 선뜻 받아들이려 하지 않는 것이다. 하지만 나는 민주 국가에 사는 사람들의 매너에 훌륭한 점이라곤 전혀 없다는 주장에는 절대 동의하지 않는다.

귀족주의 국가에서는 사회의 지도 계급 언저리에 사는 사람들이 누구나 일반적으로 지도 계급을 닮으려 애쓰는 까닭에 아주 우스꽝스럽고 싱거운 모조품들만이 생겨난다. 민주 국가의 사람들은 어떤 최상급 매너의 모델을 갖고 있지 않기 때문에 적어도 서투른 모조품들이 매일같이 생겨나는 것을 굳이 보지 않아도 된다.

민주 국가에서는 귀족 국가에서만큼 매너가 세련되어 있지는 않지만 그렇다고 그만큼 조잡하지도 않다. 여기서는 하층민의 거친 말투도 대영주들의 우아하고 선택된 표현도 들리지 않는다. 여기서는 생활습속에서 흔히 저속함이 드러나기는 하지만 야만성이나 비열함이 나타나지는 않는다.

나는 앞에서 민주 국가에서는 예의범절에 관한 어떤 상세한 준칙 같은 것이 만들어질 수 없다고 말했다. 여기에는 난처한 점이 있는 반면 편리한 점도 있다. 귀족 국가에서 예의범절 규범은 모든 사람에게 동일한 겉모습을 요구한다. 같은 계급의 구성원들 모두가 각자의 개별적 취향에도 불구하고 같아 보이게 만드는 것이다. 자연스러운 모습에 치장을 하거나 그것을 숨긴다. 민주 국가에서 매너는 귀족 국가의 매너만큼 풍부한 교양을 지니지도 세련되지도 않았지만 그만큼 더욱 진솔하다. 민주 시대의 매너는 말하자면 가늘고 엷게 짠 너울과 같아서, 그것을 통해 개개인의 진솔한 감정과 각별한 생각이 쉽사리 다 들여다보인다. 따라서 여기서는 인간 행동의 형식과 내용이 종종 밀접한 연관을 맺게 되며 여기서 드러나는 인간성의 원대한 영상은 화려하지는 않지만 그만큼 꾸밈이 없고 진솔하다. 따라서 어떤 의미에서 민주주의의 효과는 사람들에게 어떤 매너를 부과하는 것이 아니라 사람들이 정해진 매너를 갖지 않도록 하는 것이라고 말할 수 있을 것이다.

민주주의에서도 귀족주의의 감정과 열정, 미덕과 폐단은 이따금 다시 찾아볼 수 있지만 귀족주의의 매너는 찾아볼 수 없다. 그것은 민주주의 혁명이 완수될 때, 이미 영원히 사라져버렸다.

귀족계급의 매너만큼 오래 지속되는 것은 달리 없을 듯한데, 그도 그럴 것이 귀족계급은 재산과 권력을 잃은 후에도 일정 기간 동안 자신의 매너를 유지하기 때문이다. 반면에 귀족계급의 매너만큼 허약한 것도 달리 없을 듯한데, 그도 그럴 것이 일단 매너가 사라지고 나면 어디서도 그 흔적을 찾기 힘들어지고 매너가 어떠했었는지조차 말하기 어렵게 되기 때문이다. 사회 상태의 변화는 바로 이러한 기적적인 일을 발생시키는데, 단 몇 세대 만에 이런 일이 생길 수 있다.

귀족주의의 주요 특징들은 귀족주의가 패망하고 난 후에도 역사 속에 각인되어 남아 있지만, 귀족주의의 습속들의 미묘하고 가벼운 형태들은 귀족주의가 몰락한 직후 곧 사람들의 기억에서 사라진다. 그 형태들이 눈앞에서 사라지자마자 그것이 어떠한 것이었는지를 더 이상 머릿속에 그려보기조차 힘들게 된다. 사람들이 보고 느끼기도 전에 어느새 사라져버린다. 그도 그럴 것이 탁월하고 세련된 매너를 갖춘 데서 나오는 이러한 종류의 고상한 기쁨을 맛보기 위해서는 습성과 교육을 통해 사람들의 마음이 준비를 갖추어야만 하기 때문이다. 그렇지 않다 보니 누구나 아주 쉽사리 그러한 취향을 잃어버리는 것이다.

그러므로 민주 시대의 사람들이 귀족주의의 매너를 갖춘다는 것은 불가능할 뿐만 아니라, 이들이 그러한 매너가 과연 무엇인가를 머릿속에 그려본다거나 그러한 매너를 꿈꾼다는 것 역시 불가능하다. 민주 시대의 사람들은 결코 귀족 시대의 매너를 상상해볼 수 없다. 그러한 매너는 이들에게 존재조차 하지 않았던 셈이다. 이러한 매너의 상실이라는 것은 물론 아주 중요하게 여길 필요는 없겠지만 그래도 아무튼 유감스러운 일이기는 하다.

동일한 사람이 아주 탁월한 매너와 아주 저속한 감정을 동시에 지니고 있는 경우가 드물지 않다는 것을 나는 안다. 궁정 생활을 속속들이 잘 아는 사람이라면 누구든 아주 거창한 외관이 흔히 아주 비루한 심성을 감추고 있다는 것을 잘 알 수 있을 것이다. 하지만 귀족주의의 매너는 결코 미덕을 만들어내지는 못하지만, 이따금 미덕 자체를 멋지게 장식하곤 한다. 외부로 드러나는 모든 행동거지가 언제나 본원적으로 고양된 사상과 감정, 정교하고 우아한 취향, 세련된 매너 따위를 내보이는 듯한 이 다수의 막강한 계급의 광경은 일상적으로 볼 수 있는 장면이 아니다.

귀족주의의 매너는 인간성에 대해 매혹적인 환상을 불어넣어 주었다. 그래서 그 겉모습이 비록 흔히 거짓된 것이라 할지라도, 그것을 보게 되면 고상한 만족감을 느끼게 되는 것이다.

제15장

아메리카인들의 근엄함에 대해, 그리고 어째서 근엄한 아메리카인들이 자주 경솔하게 행동하는가

민주 국가에 사는 사람들은 귀족 국가에 사는 사람들이 즐겨 찾는 소란스럽고 단순하며 조야한 유형의 여흥거리를 결코 높이 평가하지 않는다. 그러한 여흥거리는 유치하고 싱겁다고 생각한다. 그들은 귀족계급들이 즐기는 지적이고 세련된 오락에는 별로 흥미를 느끼지 못한다. 그들은 무언가 생산적이고 실질적인 오락거리를 찾으며 즐기는 동시에 성취하기를 원하는 것이다.

귀족 사회에서 사람들은 기꺼이 시끌벅적한 여흥에 빠져들곤 하는데, 이러한 여흥을 즐기면서 자기의 궁색한 처지에 대한 근심을 금방 날려버릴 수 있다. 반면에 민주 사회에 사는 사람들은 넋이 나갈 정도로 무언가에 지나치게 빠져드는 것을 좋아하지 않으며, 방향감각을 상실하는 것을 항상 유감으로 생각한다. 이러한 경박한 흥분거리 대신에 그들은 일거리와 연관되어 있고 업무를 완전히 잊어버리게 하지는 않는 진중하고 조용한 휴식거리를 더 좋아한다.

아메리카인은 자기와 같은 부류의 유럽 사람들처럼 공공장소에서 즐겁게 춤을 추면서 여가 시간을 보내는 대신, 혼자 집으로 와서 술을 마신다. 이 사람은 두 가지 즐거움을 동시에 즐기는 셈이다. 그는 자기의 사업에 대해 계속 생각하면서 집 안에서 버젓이 취할 수 있는 것이다.

나는 영국인들이야말로 이 세상에서 가장 진지한 국민이라고 생각했다. 하지만 아메리카인들을 만나본 후 생각이 바뀌었다. 나는 합중국에 사는 주민들의 성격을 결정짓는 데 체질이 중요한 영향을 미치지 않는다고는 말하고 싶지 않다. 하지만 합중국에서는 정치제도들이 더 큰 영향을 미친다고 생각한다.

아메리카인들의 근엄함은 부분적으로 그들의 자부심에서 나온다고 나는 생각한다. 민주 국가에서는 가난한 사람들조차도 자신의 개인적인 가치에 대해서는 고매한 생각을 가지고 있다. 그들은 여유 있는 표정으로 자기 자신을 응시하며 다른 사람들이 자기를 바라보는 시선에 신경을 쓴다. 이러한 자세로 그들은 말과 행동에 주의를 하고 무심결에라도 허점이 드러나지 않도록 조심스럽게 행동한다. 위엄을 유지하기 위해서는 항상 근엄하게 처신해야 한다고 생각하는 것이다.

하지만 나는 아메리카인들이 이러한 놀랄 만한 근엄함을 본능적으로 드러내게 만드는 더 내밀하고 더 강력한 또 다른 요인을 간파하고 있다.

전제정치 아래서 사람들은 이따금 광적인 쾌락에 빠져들곤 하지만, 일반적으로 이들은 두려움을 갖고 있는 까닭에 우울하고 과묵해 보인다. 관습과 습속이 어느 정도 순화된 절대군주정 아래서 사람들은 어느 정도의 자유와 상당한 정도의 안전 덕분에 생활의 근심 걱정에서 벗어나 있는 까닭에, 종종 덤덤하고도 쾌활한 기질을 내보인다. 하지만 모든 자유로운 나라의 국민들은 앞날에 대한 무언가 위험하고 어려운 전망에 습관적으로 몰두해 있는 까닭에, 늘 근엄해 보인다.

민주주의 체제를 갖춘 자유로운 나라의 국민들의 경우가 특히 그러하다. 여기서는 국가 경영이라는 진지한 업무에 끊임없이 몰두하는 셀 수 없이 많은 사람들을 모든 계급에서 만날 수 있다. 그리고 여기서는 공공의 업무를 이끄는 데 전혀 관심이 없는 사람들은 자신의 사적인 이득을 늘리는 데 전적으로 몰두한다. 이러한 나라에서 근엄함은 몇몇 사람들에게만 해당하는 특성이 아니라 국민적인 습성이라고 할 만하다.

고대의 아주 작은 민주 국가들에서는 시민들이 장미꽃 화환을 들고 공공장소로 나갔으며 거의 대부분의 시간을 가무와 극장에서 소비했다고 말하고들 한다. 나는 플라톤의 공화국을 믿지 않는 것처럼 이러한 공화국들도 믿지 않는다. 만일 우리가 들은 이야기들이 거기서 정말로 일어났다면, 이른바 이 민주주의 공화국이라는 것이 오늘날의 민주 사회와 전혀 다른 요소들로 구성되어 있으며 명칭 외에는 공통점이 전혀 없다고 서슴없이 단언할 수 있다.

더구나 민주주의 제도 아래 사는 사람들은 항상 온갖 노고에 시달려야 하는 까닭에 자기 자신을 동정받아 마땅한 존재로 여기고 있다고 생각해서는 안 된다. 전혀 그렇지 않다. 이들만큼 자신의 처지를 기꺼이 받아들이는 사람은 없다. 근심 걱정에서 해방된다면 그만큼 인생은 재미가 없을 것이라고 이들은 생각한다. 이들이 근심에 집착하는 수준은 귀족 사회에 사는 사람들이 쾌락에 집착하는 수준을 넘어선다.

민주 국가에 사는 이렇게 근엄한 사람들이 왜 이따금 그토록 무분별하게 처신을 하는가를 살펴보자. 아메리카인들은 거의 언제나 정제된 태도와 냉정한 표정을 유지하지만, 그럼에도 불구하고 종종 이성의 한계를 넘어서 갑작스런 열정이나 성급한 견해에 사로잡히기도 한다. 이들은 이상해 보일 정도로 엉터리 같은 일을 진지하게 해내곤 하는 것이다.

이러한 모순적인 현상은 놀라운 일이 아니다. 널리 알려지다 보니 오히려 잘 알지 못하는 일들이 있기 마련이다. 전제정치 국가에서 사람들은 아무것도 들을 수 없기 때문에 어떻게 행동해야 할지를 모를 수 있다. 민주 국가에서 사람들은 오히려 너무나 많은 것을 들었기 때문에 흔히 제멋대로 행동한다. 전자의 경우는 모르는 것이며, 후자의 경우는 잊는 것이다. 마치 개개 장면들의 굵직한 윤곽선이 수많은 자잘한 묘사에 묻혀버리는 것처럼 말이다.

자유가 보장된 국가체제, 특히 민주주의적인 국가체제에서는 공적인 인물이 이따금 정말로 거칠기 짝이 없는 말을 마구 지껄이고도 어떤 비난도 손실도 받지 않는다는 사실에 우리는 놀라곤 한다. 반면에 절대군주정에서는 무심코 뱉은 몇 마디 말로 진면목이 완전히 노출되고 대책 없이 망가지게 되는 일이 흔하다.

이러한 현상은 앞에서 말한 것으로 설명된다. 군중의 한복판에서 말할 때에는, 많은 말들이 전혀 들리지 않거나 설혹 들리더라도 뇌리에서 곧 사라져버린다. 하지만 말 없는 다수의 고요한 침묵 속에서라면 아주 작은 속삭임이라도 귀청을 울린다.

민주 국가에서 사람들은 절대로 한군데 머물러 있지 않는다. 수천 가지 일들로 인해 끊임없이 자리를 바꾼다. 거의 언제나 예상치 못한 돌발사가 일어나기 마련이며 인생에는 즉흥적인 일들로 가득하다. 따라서 사람들은 흔히 잘 알지도 못하는 일을 해야 하며, 이해하기도 힘든 것을 말해야 하고, 오랜 숙련을 쌓아도 감당하기 쉽지 않은 업무를 떠맡아야 한다.

귀족 국가에서 사람들은 누구나 한 가지 단일한 목적만을 가지고 있으며 그것만을 끊임없이 추구한다. 하지만 민주 국가에서 인간의 존재는 더욱 복잡하다. 같은 사람이 여러 목표들을, 그것도 서로 동질성이 전혀 없는 목표들을 동시에 추구하는 일이 드물지 않다. 여기서는 모든 것을 다 잘 알 수는 없기 때문에, 사물에 대한 불완전한 개념만으로 만족해버린다.

민주 국가에 사는 사람은 비록 자신의 결핍에 쫓기지는 않을지라도 적어도 자신의 욕망에 쫓긴다. 그도 그럴 것이 그를 둘러싸고 있는 모든 재산 중에서 그의 손이 닿을 수 없는 것은 없기 때문이다. 따라서 그는 모든 일을 급하게 해치우고는 어중간한 상태로 만족해버리며 자신의 행위를 돌이켜보기 위해 한순간이라도 머뭇거리는 일이 없다.

민주 국가에 사는 사람의 호기심은 끝이 없기도 하지만 쉽사리 충족되기도 한다. 그도 그럴 것이 그는 잘 알고자 하기보다 많은 것을 빨리 알고자 하기 때문이다. 그는 무엇이든 깊이 천착할 시간이 없으며 또 그럴 의향도 곧 잃어버린다.

따라서 민주 국가에 사는 사람들은 그들이 처한 정치적·사회적 상태로 인해 끊임없이 진지한 일에 전념해야 하는 까닭에 근엄할 수밖에 없는 반면에, 이러한 업무들에 시간과 관심을 별로 쏟을 수 없는 까닭에 경솔하게 행동하는 것이다. 부주의(inattention)의 습성이야말로 민주주의 정신의 가장 큰 폐단으로 간주되어야 마땅할 것이다.

제16장

왜 아메리카인들은 영국인들보다 더 자만심이 강하고 더 성마른가

자유로운 나라의 국민들은 모두 자부심이 강하지만 이러한 국민적 자부심이 같은 방식으로 나타나는 것은 아니다. (D)

아메리카인들은 낯선 사람들과의 교류에서 아무리 작은 비난이라도 참고 넘기지 못하는 듯하며 칭찬을 무척 좋아하는 듯하다. 가장 작은 칭송에도 기꺼이 즐거워하며 가장 큰 칭송에도 거의 기뻐하지 않는다. 그들은 상대방이 자신을 칭찬하도록 끊임없이 억지로 부추긴다. 상대방이 이러한 간청을 거절이라도 한다면, 그들은 자화자찬도 마다하지 않는다. 그들은 자신의 장점에 대해 확신이 없는 까닭에 언제나 눈앞에 그 장점들을 죽 펼쳐놓아야 마음이 놓이는 사람들처럼 행동한다. 그들의 자만심은 탐욕스러울 뿐 아니라 성마르고 시샘으로 가득하다. 그것은 모든 것을 끝없이 요구하면서도 아무것도 내주지 않으며, 간청하는 동시에 시비를 건다.

내가 어떤 아메리카인에게 그가 사는 나라가 정말 아름답다고 말을 건네면, 그는 "그럼요, 이 세상에 우리나라 같은 데가 없지요!"라고 대답한다. 내가 합중국 주민들이 누리는 자유를 찬양하면, 그는 나에게 "자유란 정말 소중한 자산이지요! 하지만 자유를 누릴 자격이 있는 나라는 그리 많지 않습니다"라고 대답한다. 내가 합중국에서 볼 수 있는 습속의 순수성에 대해 언급하면, 그는 "다른 나라들에서 흔한 부패와 타락에 충격을 받은 이방인들이라면 이러한 광경을 보고 놀랄 것이라고 생각합니다"라고 대꾸한다. 그에게 혼자 생각할 여유를 주려고 내가 뒤로 물러서면, 그는 나에게로 냉큼 다가와서 내가 지금까지 말한 것을 다시 한 번 말할 때까지 내 곁을 떠나지 않을 것이다. 이보다 더 어색하고 수다스러운 애국심은 상상하기조차 힘들 것이다. 이러한 애국심은 그것을 존중해주려는 사람들조차 지치게 만든다.

영국인들은 그렇지 않다. 영국인은 자기 나라가 소유하고 있다고 여겨지는 실제적이거나 가상의 장점들을 조용히 향유한다. 그가 다른 나라 사람들에게 아무것도 내주지 않는다면, 그는 그만큼 아무것도 요구하지도 않는다. 그는 외국인들의 비난에 별로 기분이 상하지도 않으며, 칭찬에 별로 우쭐대지도 않는다. 세상 사람들에 대해 그는 무시와 무지로 가득 찬 진중한 태도로 맞선다. 그의 자부심은 영양제를 필요로 하지 않는다. 그것은 스스로의 힘으로 자란다.

같은 줄기에서 바로 얼마 전에 분리된 두 나라가 감정을 드러내고 의사를 전달하는 방식에서 이렇게 서로 정반대의 길을 간다는 것은 정말로 놀라운 일이다.

귀족 국가에서 세도가들은 막대한 특권을 소유하고 있다. 그들의 자부심은 바로 이 특권에서 나오며, 따라서 그들은 자신들의 지위에 의해 주어지는 사소한 이득(avantages)을 굳이 챙기지 않아도 된다. 이 특권은 상속에 의해 그들에게 주어지는 까닭에, 그들은 어떤 의미에서 그 특권을 자신의 일부로 간주하거나 아니면 적어도 자신에게 속한 어떤 천부적인 권리로 간주한다. 따라서 그들은 그들 자신의 우월성을 아주 덤덤하게 만끽한다. 그들은 모두가 인정하고 누구도 부정하지 않는 그들의 특권을 대놓고 자랑할 필요를 느끼지 않는 것이다. 굳이 새삼스럽게 이야깃거리로 삼을 일도 아닌 것이다. 그들은 장엄한 고독 한가운데에 아무런 동요도 없이 서 있다. 굳이 드러내지 않아도 세상 사람들이 자신을 알아볼 것이라는 점과 어느 누구도 자신을 거기서 끌어내리지 않을 것이라는 점을 확신하면서 말이다.

귀족계급이 공공 업무를 이끌어 나갈 때, 귀족의 국민적 자부심은 자연스럽게 이러한 내면적이고 무덤덤하며 거만한 자세를 취한다. 그리고 이 나라의 모든 다른 계급이 바로 이러한 자세를 모방한다.

반면에 사회의 조건들이 별로 차이가 나지 않을 때, 아주 사소한 이득도 커다란 중요성을 발휘한다. 누구나 자기 주변에서 똑같거나 유사한 이득을 소유한 수많은 사람들을 보게 되기 때문에, 자부심은 어느새 시샘이 되고 질투로 변한다. 사소한 일에도 집착하고 고집스럽게 지키려 한다.

민주 국가에서는 사회의 조건들이 아주 유동적이기 때문에, 사람들이 가진 이득들은 거의 언제나 아주 최근에 얻은 것들이다. 따라서 사람들은 자기들이 그 이득을 누리고 있다는 것을 다른 사람들에게 보여주고 또 자기 스스로 확인하기 위해서, 그 이득을 대놓고 과시하는 데에 큰 기쁨을 느끼게 된다. 그리고 어느 한순간에 그 이득이 사라질 수 있기 때문에 항상 경계심을 풀지 않으며, 여전히 자기가 이득을 차지하고 있다는 사실을 과시하려 한다. 민주 국가에 사는 사람들은 자기 자신을 사랑하는 것과 똑같은 방식으로 자기 나라를 사랑한다. 그래서 그들은 자신의 개인적 자만심의 습성을 국민 전체의 자만심 속으로 고스란히 옮겨놓는다.

민주 국가에 사는 사람들의 성마르고 허기진 자만심은 조건들의 평등과 취약성의 산물이다. 바로 그렇기 때문에, 가장 자부심이 강한 귀족계급의 구성원들조차도 불안정하고 위협받는 그들의 삶의 작은 부분들 속에서는 바로 이러한 열정을 내보이지 않을 수 없을 것이다.

귀족계급은 그들이 지닌 특권의 크기와 항구성에 의해 다른 계급들과 언제나 분명하게 구별된다. 하지만 귀족계급의 구성원들은 단지 매일같이 얻기도 하고 잃기도 하는 아주 사소한 일시적인 이득들에 의해서 서로 구별되는 일이 이따금 발생한다.

수도나 궁정에 몰려 있는 귀족 세도가들이 변덕스러운 유행이나 군주의 자의에 따라 마구 달라지는 변변찮은 특권들을 놓고 볼썽사납게 서로 다투는 광경을 우리는 많이 보아왔다. 이들 귀족은 민주 국가에 사는 사람들을 움직이는 바로 그 유치한 시기심, 자기 동료들과 다투며 사소한 이득이라도 차지하려는 바로 그 열의,

자기들이 누리는 이득을 주변 사람들에게 과시하려는 바로 그 욕구를 서로서로 똑같이 드러내고 있다. 만일 궁신(宮臣)들이 행여나 국민적 자부심을 마음에 품게 된다면, 그것은 바로 민주 국가에 사는 사람들에게서 볼 수 있는 자부심에 다름 아닐 것이라고 나는 믿어 의심치 않는다.

제17장

어떻게 합중국에서는 사회 모습이 들떠 있기도 하고 단조롭기도 한가

합중국의 사회 모습만큼 여행자의 호기심을 크게 자극하는 것도 없을 것이다. 여기서는 재산, 생각, 법률 따위가 매일같이 변한다. 영고 불변으로 보이던 자연도 변하며 인간의 손 안에서 매일같이 모양이 달라질 정도이다.

그렇지만 이토록 동요하는 사회의 광경이 마침내는 단조롭게 보이게 되는데, 이것은 움직이는 장면을 한동안 바라다본 관객이 이내 지루함을 느끼게 되는 것과 흡사하다.

귀족 사회에서 사람들은 누구나 자기 영역 안에서 붙박이처럼 거의 움직이지 않지만, 놀라울 정도로 서로 다르다. 그들은 기본적으로 아주 다양한 열정, 생각, 습성 그리고 취향을 지니고 있다. 변하는 것은 아무것도 없지만, 같은 것도 아무것도 없다.

이와 반대로 민주 사회에서는 모든 사람이 서로 엇비슷하며 거의 비슷한 일들을 한다. 이들이 거대한 영고성쇠에 줄곧 노출되어 있는 것은 사실이기는 하지만, 동일한 성공과 동일한 실패가 계속 반복되는 까닭에 배우의 이름이 바뀔 뿐 연극은 언제나 동일하다. 아메리카 사회의 모습은 인간과 사물이 끊임없이 바뀐다는 점에서 들떠 있다고 할 수 있으며, 이 모든 변화가 거의 매한가지라는 점에서 단조롭다고 할 수 있다.

민주 시대에 사는 사람들은 많은 열정을 지니고 있지만, 이 열정의 대부분은 부에 대한 애착에서 끝나거나 거기서부터 나온다. 이것은 이들의 인품이 더욱 쩨쩨하기 때문이 아니라 돈의 중요성이 그 어느 때보다 정말로 더욱 크기 때문이다.

사회의 구성원들이 모두 독립적이고 서로 무관심할 때, 구성원들 사이의 협력은 그에 대한 보상이 있어야만 이루어진다. 그렇기 때문에 돈의 쓰임새는 다양해지고 그 가치는 높아진다.

옛것에 대한 존중심이 사라져갈 때, 사람들은 더 이상 출생이나 신분, 직업 따위에 의해 구별되지 않는다. 돈만이 인간들 사이에 현격한 차이를 만들어낼 수 있으며, 돈만이 인간을 더 높이 출세시킬 수 있다. 재산에 따른 구분선은 모든 다른 구분선이 옅어지고 사라지는 것에 비례해서 오히려 짙어진다.

귀족 사회에서 돈은 인간 욕망의 거대한 덩어리에서 단지 몇 군데만을 자극한다. 하지만 민주 사회에서 돈은 어디에나 간여한다.

따라서 일반적으로 부에 대한 애착은 주된 동기로서든 부수적인 동기로서든 아메리카인들의 행동의 근저에 깔려 있다. 그렇기 때문에 아메리카인들의 모든 열정은 다 엇비슷한 색조를 띠게 되며 단조로운 그림판을 만들어낼 수밖에 없다.

합중국처럼 헌정에 입각한 평화로운 민주 국가에서 사람들은 전쟁이나 관직에 의해서든 정치적 몰수에 의해서든 부자가 될 수 없는 까닭에, 부에 대한 애착이 사람들을 주로 상공업으로 이끌게 된다. 그런데 상공업은 흔히 커다란 무질서와 엄청난 동요를 가져오기도 하지만, 아주 규칙적인 습성에 의해서만 그리고 오랫동안 이어지는 아주 일률적인 작은 행동들에 의해서만 발전할 수 있다. 열정이 강하면 강할수록 습성은 더욱 규칙적이 되고 행동은 더욱 일률적이 된다. 아메리카인들을 질서 있고 조리 있게 행동하는 사람으로 만들어주는 것은 바로 역설적이게도 그들의 욕구의 강렬함이라고 할 수 있을 것이다. 열정은 인간의 영혼을 들쑤셔놓지만, 인간의 생활을 정돈해놓는다.

내가 여기서 아메리카에 대해서 말한 것은 우리 시대에 사는 모든 사람에게 적용된다. 인류에게서 다양성이 사라진다. 동일한 사고방식과 동일한 행동 양식이 이 세상 모든 곳에서 나타난다. 이것은 여러 나라의 사람들이 서로 더 많이 접촉하고 더 충실하게 서로를 모방하기 때문이기도 하지만, 다른 한편으로 각 나라에서 사람들이 자기의 신분, 직업, 가문에 따른 생각과 감정을 멀리하고 세계 어디에서나 동일한 인간성 자체에 더욱 가깝게 그것도 동시적으로 다가가기 때문이다. 이렇게 사람들은 서로를 모방하지 않아도 서로 엇비슷해진다. 이들은 마치 모든 길이 한 지점에 이르는 거대한 숲속에 흩어져 있는 여행객들과도 같다. 만일 이들 모두가 중심 지점을 알아보고 그리로 발걸음을 돌리기만 하면, 이들은 서로 찾지도 않고 서로 알지도 못하며 서로 보지도 못하면서 어느새 서로 다가갈 것이며, 마침내 모두가 한 지점에 모인 것을 보고 놀랄 것이다. 특정 인간이 아니라 인간 그 자체를 연구와 모방의 대상으로 삼은 모든 사람은 결국 동일한 습속의 울타리 안에서 만나게 될 것이다. 한 지점에 모인 여행객들처럼 말이다.

제18장

합중국에서 그리고 민주 사회에서의 명예에 대해서[1]

인간은 주변 동료들의 행동을 공식적으로 평가하는 데 두 가지 아주 다른 방법을 사용하는 듯하다. 어떤 때에는 세상에 널리 퍼져 있는 정당함과 부당함이라는 단순한 관념에 따라 판단하고, 어떤 때에는 특정한 지역과 시대에만 국한된 아주 특별한 관념의 도움을 받아 판단한다. 이 두 가지 준칙은 대개의 경우 서로 다르고 이따금 서로 충돌하기도 하지만, 결코 서로 완전히 뒤섞이지도 서로를 배제하지도 않는다.

---

1) 명예(honneur)라는 단어는 프랑스에서 항상 같은 의미로 사용되지는 않는다. (1) 이 말은 우선 주변 동료들로부터 얻는 존중, 영광 또는 고려를 뜻한다. '명예를 얻는다'라는 표현은 바로 이런 의미에서이다. (2) 명예는 또한 이러한 영광, 존중 또는 고려를 얻는 데 도움을 주는 규범들의 총체를 뜻한다. 따라서 "그는 항상 명예의 법칙을 확고하게 준수했다", "그가 그의 명예를 잃었다"라고 말할 수 있다. 여기서 나는 '명예'라는 단어를 항상 첫 번째 의미로 사용한다.

명예심은 한창 무르익을 때면 인간의 신념보다 의지를 지배한다. 그리고 사람들은 아무런 주저나 불평 없이 그 명예심이 요구하는 바에 따를 때조차도, 자신이 때때로 복종하지 않으면서도 항상 인정하지 않을 수 없는 아주 오래되고 신성한 어떤 일반적인 법칙이 존재한다는 것을 희미하지만 그래도 강력한 본능에 의해 느끼게 된다. 그래서 정당하다고 판단되는 동시에 불명예스럽다고 판단되는 행동들이 있기 마련이다. 결투의 거부가 흔히 이러한 사례에 해당했다.

이러한 현상은 지금까지 그랬던 것처럼 특정 개인이나 국민의 변덕스러운 성벽 탓으로 설명하지 않고 어떤 다른 방식으로 설명할 수 있다고 나는 생각한다.

인류는 어떤 항구적이고 일반적인 필요들을 경험해왔는데, 바로 이러한 필요들이 도덕률을 만들어냈다. 사람들은 누구나 이러한 도덕률을 위반하는 일을 어느 때 어느 장소에서든 자연스럽게 비난과 치욕의 관념에 결부시켰다. 요컨대 이 도덕률을 어기는 것은 '잘못한 일(faire mal)'이며, 준수하는 것은 '잘한 일(faire bien)'이라고 불렀다.

인류라는 거대한 집단의 내부에 국가라고 불리는 보다 한정된 집단이 형성되었으며, 이 국가의 내부에 계급 또는 신분이라고 불리는 더 작은 집단이 형성되었다. 이들 집단 각각은 인류 안에서 하나의 종(種)을 구성한다. 이 개개 집단들은 인류 전체와 본질적으로 다르지는 않지만 어느 정도 별도의 존재를 구성하며 자기만의 고유한 필요를 지니고 있다. 인간의 행동을 파악하고 판단하는 방식이 때와 장소에 따라 어느 정도 달라지는 것은 바로 이러한, 그 집단에 고유한 필요들 탓이라고 할 수 있다.

살인을 저지르지 말아야 한다는 것은 인간의 항구적이고 일반적인 이해관계와 합치한다. 하지만 살인을 정당화하거나 심지어 명예로운 일로 간주하는 것이 어떤 국민 또는 어떤 계급에게는 일시적이고 특별한 이해관계와 합치하는 경우가 생긴다.

명예라는 것은 어떤 특별한 상태에 기반을 둔 어떤 특별한 규범에 다름 아니다. 바로 이 규범에 의거해서 국민이나 계급은 상대방에 대해서 비난이든 칭송이든 일정한 평가를 내리기도 하는 것이다.

추상적인 관념만큼 인간의 정신에 비생산적인 것은 없을 것이다. 그래서 나는 곧바로 사실들을 바탕으로 사례를 통해서 논의하려 한다. 나는 지금까지 세상에 알려져 있으며 또 우리가 가장 잘 알고 있기도 한 아주 특별한 유형의 명예, 즉 봉건사회의 한복판에서 나온 귀족적 명예를 사례로 들고자 한다. 나는 내가 앞에서 말한 내용을 근거로 이 사례를 설명할 것이며, 또 내가 앞에서 말한 내용을 이 사례로 뒷받침할 것이다.

중세에 귀족계급이 언제 그리고 어떻게 탄생했는가, 왜 귀족계급은 나머지 국민들과 그토록 깊게 분리되었는가, 무엇이 귀족계급의 권력을 확립하고 강화해주는가 등등에 대해 여기서 굳이 논의할 필요는 없을 것이다. 나는 귀족계급을 그 상태 그대로 관찰할 것이며, 왜 귀족계급이 대부분의 인간 행동을 그렇게도 특별한 시각에서 바라보았는가를 구명해보려 한다.

우선 눈에 띄는 사실은 중세 봉건사회에서는 인간의 행위가 그 내재적 가치에 따라 칭찬받거나 비난받는 것이 아니라 오로지 행위의 당사자 또는 상대방과의 관계 여하에 따라 평가되곤 한다는 점이다. 이것은 인간성 일반에 대한 이해와 어울리지 않는 방식이다. 따라서 귀족이 저질렀다면 불명예가 될 어떤 행동들이 평민이 저지른다면 이도저도 아닌 평범한 행동일 수 있다. 어떤 행동들은 그것을 감내해야 하는 상대방이 귀족계급에 속하느냐 그렇지 않느냐에 따라 그 성격이 달라지기도 한다.

이러한 상이한 관념들이 처음 생겨났을 때, 귀족계급은 국민 가운데 별도의 집단을 형성했으며 자기만의 은신처처럼 아주 높고 접근하기 힘든 위치에서 국민을 다스렸다. 권력의 원천이기도 한 이러한 특별한 지위를 유지하기 위해 귀족은 정치적인 특권들뿐만 아니라 덕성과 악덕에 대한 자기 나름의 기준을 필요로 했다.

이런 덕성 또는 저런 악덕은 평민보다 귀족에게 속한다는 것, 이런저런 행동은 당사자가 농부일 경우에는 별 상관없지만 귀족일 경우에는 비난의 여지가 있다는 것 등등, 이러한 판단들은 대개 자의적으로 이루어지기 마련이었다. 하지만 한 인간의 행동이 그가 처한 사회적 조건에 따라 명예로 평가되기도 하고 수치로 평가되기도 한다는 것은 귀족 사회 자체의 본질적 구성에서 기인하는 것이다. 귀족계급이 존재했던 모든 나라에서 사실상 이러한 현상이 나타났다. 이러한 흔적이 아직껏 남아 있는 곳에서는 특이한 장면들을 다시 찾아볼 수 있다. 예컨대 유색인 처녀를 범하는 것은 아메리카인의 평판을 별로 훼손하지 않지만, 그녀와 결혼하는 것은 명예를 더럽히는 일이다.

어떤 경우에는 보복 행위를 권장하는 것, 모욕에 대한 용서를 질책하는 것이 봉건적 명예에 해당했다. 또 어떤 경우에는 자신의 열정을 다스리는 것, 자신의 이익을 희생하는 것이 봉건적 명예에 해당했다. 봉건적 명예는 인간성이나 예의범절에 대한 어떤 규범을 만들어내지는 않았지만 관대함을 높이 평가했으며, 남모르는 자선보다 눈에 띄는 기부를 권장했다. 도박이나 전쟁에 의해서 돈을 모으는 것은 봉건적 명예일 수 있었지만 육체노동으로 돈을 모으는 것은 그렇지 않았다. 자잘한 벌이보다 큰 범죄가 차라리 봉건적 명예에 더 가까웠고, 물질적 탐욕보다 성적인 욕망이 봉건적 명예에 더 잘 어울렸다. 사기 행각이나 배신행위는 결코 명예일 수 없는 반면에, 폭력은 이따금 명예일 수 있었다. 이러한 기묘한 관념들은 그러한 관념을 마음속에 품은 사람들 개개인의 변덕스러운 성격에서 생겨난 것이 아니었다.

다른 모든 사람의 위에 군림하면서 이러한 정상급 지위를 유지하기 위해 줄기찬 노력을 기울이는 계급은 찬란한 영광을 간직한 덕성들, 권력의 자부심이나 애착과 쉽사리 잘 어울릴 수 있는 덕성들에 각별히 명예를 부여해야만 할 것이다. 그래서 이 계급은 이 덕성을 저 덕성들보다 앞세우기 위해서 양심의 자연적인 질서마저 아무런 주저 없이 흩뜨리곤 한다. 심지어 평온하고 수수한 덕성들 위에 대담하고 눈부신 몇 가지 악덕들을 의도적으로 올려놓기도 한다. 이 계급은 어느 정도 자신이 처한 사회적 조건으로 인해 그렇게 할 수밖에 없는 것이다.

중세의 귀족들은 수많은 덕성들 중에서도 특히 군인의 용기를 높이 평가했다. 이것은 사회 상태의 특이한 성격에서 직접적으로 연유하는 특이한 견해였다. 봉건 귀족계급은 전쟁에 의해서 그리고 전쟁을 위해서 존재했다. 귀족은 무기에 의해서 권력을 확립했으며 또 무기에 의해서 권력을 유지했다. 무엇보다 필요한 것은 군사적 용맹이었던 만큼, 귀족이 다른 어느 것보다 군사적 용맹에 더 많은 영예를 부여한 것은 당연한 일이었다. 따라서 귀족계급은 군사적 용맹을 겉으로 드러내는 행위는 무엇이건, 비록 그것이 이성과 인간성을 해친다고 할지라도, 승인하고 또 권장했다. 따라서 개개인의 변덕은 단지 아주 세부적인 사항에만 영향을 미칠 뿐이었으며, 귀족계급의 일반적인 심성은 바로 이런 식이었다.

어떤 한 인간이 뺨을 맞은 것을 참을 수 없는 모욕으로 간주해서 그를 그저 가볍게 때린 가해자를 특별한 결투에서 죽여야만 한다는 것은 정말로 자의적인 일이다. 하지만 귀족이 모욕을 덤덤하게 받아넘긴다거나 싸우지 않고 얻어맞기만 하는 것은 불명예에 해당한다는 것은 바로 이 군사 귀족계급의 욕구와 원칙 그 자체에서 나오는 문제이다.

이와 같이 명예라는 것이 상황에 따라 달라지는 변덕스러운 면모를 가지고 있었다는 것은 어느 정도 사실이다. 하지만 명예의 이러한 변덕스러움은 항상 어떤 제한된 범위 안에서만 나타났다. 우리 선조들이 명예라고 불렀던 이 특이한 규범은 내가 보기에 결코 자의적인 법칙이 아닌 까닭에, 나는 그 가장 일관성이 없고 가장 기묘한 규정들이 봉건사회에 내재하는 몇 가지 고정불변의 욕구들에서 기인한다고 별 어려움 없이 말할 수 있다.

봉건적 명예를 정치 영역에서 추적해본다면, 이 경우에도 그것이 작동하는 방식을 별 어려움 없이 살펴볼 수 있을 것이다.

중세의 사회 상태나 정치제도들의 특성상 전국 단위의 국가권력이 시민들을 직접적으로 다스리는 것이 결코 아니었다. 중앙 권력은 굳이 말하자면 시민들의 눈에 보이지 않았다. 개개 시민은 자기가 복종해야 할 특정한 개인만을 알고 있었다. 그래서 사람들은 바로 이 개인을 통해서 자기도 알지 못하는 사이에 다른 사람들과 관련을 맺고 있었다. 이와 같이 봉건사회에서는 모든 공공의 질서가 영주 개인에 대한 충성심에 의존했으며, 이 충성심이 파괴되면 곧 걷잡을 수 없는 혼란에 빠졌다.

정치적 우두머리에 대한 충성심은 귀족계급의 구성원 모두가 매일같이 그 중요성을 깨닫게 되는 감정이었다. 귀족들 각자는 주군인 동시에 봉신이었으며, 따라서 명령하는 위치에 있는 동시에 복종하는 위치에 있었기 때문이다.

주군에게 늘 충성하는 것, 필요하다면 주군을 위해 자신을 희생하는 것, 길흉화복을 주군과 함께하는 것, 어떤 난관에서도 주군을 돕는 것, 바로 이러한 것이 정치 영역에서 봉건적 명예의 으뜸가는 규약이었다. 봉신의 배신은 주변 사람들로부터 아주 가혹한 질타를 받았다. 이 경우를 부르는 특별히 불명예스러운 명칭이 생겼는데, '불충죄(félonie)'가 바로 그것이다.

이와 달리 고대사회에서 널리 번졌던 열정이 중세에 들어 흔적조차 찾아보기 힘든 경우도 있다. 애국심(patriotisme)이 바로 그러

하다. 사실 우리가 애국심이라는 단어를 사용한 것은 그리 오래된 일이 아니다.[2)]

봉건제도들은 그 본질상 조국(patrie)이라는 것이 주민들의 눈에 띄지 않게 만들었다. 조국에 대한 애착은 그리 본질적인 것도 필수적인 것도 아니었다. 특정 개인을 향한 열렬한 충성 속에서 국가(nation)가 잊힌 것이다. 그래서 자기의 나라에 충성을 바친다는 것은 봉건적 명예의 엄격한 율법이 되지 못했다.

우리 선조들의 마음속에 조국에 대한 사랑이 존재하지 않았던 것은 아니다. 하지만 그것은 아주 허약하고 희미한 본능으로만 남아 있었을 따름이며 계급이 파괴되고 권력이 중앙에 집중되면서 조금씩 강해지고 뚜렷해졌을 따름이다.

이러한 사실은 유럽의 국민들이 그들 역사의 여러 사건들에 대해서 그 사건들을 판단했던 시대에 따라 엇갈린 판단을 내놓았다는 점에서 명확하게 드러난다. 부르봉 왕조의 총사령관에게 가장 불명예스러운 일은, 당시 사람들이 볼 때 그가 국왕에 맞서 반역의 무기를 드는 것이었다. 하지만 우리 시대 사람들이 볼 때, 그에게 가장 불명예스러운 일은 그가 자기 조국을 배반한 것이었다. 우리는 우리 선조들만큼이나 그의 행동을 비난하지만, 비난의 이유는 서로 같지 않다.

나의 생각을 명료하게 밝히기 위해서 나는 봉건적 명예를 사례

---

2) '조국(patrie)'이라는 단어는 16세기에 접어들어 처음으로 프랑스 작가들에 의해 사용되었다.

로 들었다. 봉건적 명예는 다른 어떤 것보다 그 뚜렷한 특징을 잘 드러내기 때문이다. 하지만 다른 사례를 들었더라도 나는 똑같은 결론에 도달했을 것이다.

우리가 비록 로마인들에 대해서 우리 선조들보다 덜 알고 있기는 하지만, 그들에게는 선과 악에 대한 일반적인 개념에서만 나오지는 않는 어떤 특이한 영예와 불명예의 관념이 존재했었다는 것을 우리는 알고 있다. 인간 행위 중에서 많은 것들이 그 행위자가 로마 시민이냐 아니면 이방인이냐, 또는 자유민이냐 노예냐에 따라서 다르게 평가되었다. 몇몇 악덕들은 명예롭게 여겨지기도 했으며, 어떤 덕성들은 다른 덕성들보다 더 높이 평가되기도 했다.

플루타르코스는 코리올라누스(Gaius Marcius Coriolanus, 기원전 5세기경 로마의 전설적인 장군, 플루타르코스의 『영웅전』에 등장한다―옮긴이)의 생애에 대해 다음과 같이 썼다. "그런데 그 당시에 로마에서는 어떤 다른 덕성들에 앞서 우선 용맹이 명예로 여겨졌으며 칭송받았다. 이러한 사실은 총칭에 해당하는 명칭을 개체 명칭에 적용해서 용맹을 '비르투스(virtus)'라고 불렀다는 데에서 잘 나타난다. 라틴어로 덕성(vertu)이라고 말하는 것은 용맹이라고 말하는 것과 마찬가지였다." 여기에서 세계를 정복할 운명을 지닌 이 특이한 공동체의 특별한 필요를 누군들 알아보지 못하겠는가?

이와 유사한 내용을 어느 나라에서나 관찰할 수 있을 것이다. 그도 그럴 것이 내가 앞에서 말했듯이, 인간이 함께 모여서 공동체를 구성할 때는 언제나 그들 사이에는 즉시로 명예에 대한 관념이, 달리 말하자면 무엇이 비난받을 일이며 무엇이 칭송받을 일인지에 대한 그들 나름대로의 가치 체계가 형성되기 때문이다. 그런데 이러한 특이한 규범은 해당 공동체의 특별한 습성과 이해관계에 그 근거를 두게 된다.

이러한 사실은 여느 공동체들과 마찬가지로 민주 사회들에도 적용되는데, 여기서는 아메리카인들의 사례를 살펴보도록 하자.[3]

아메리카인들의 사고방식 안에는 낡은 귀족적 명예에서 나온 몇 가지 관념들이 여전히 드문드문 남아 있다. 하지만 이러한 전통적인 사유 체계는 그 수가 얼마 되지 않으며 뿌리를 내리지 못하고 영향력도 미미하다. 그것은 신도는 이미 다 없어졌는데 사원만 몇 채 남아 있는 종교와 같다.

이러한 이색적인 명예심에 대한 점점 희미해져 가는 관념들 속에서 오늘날 우리가 아메리카인의 명예심이라고 부를 수 있는 어떤 새로운 사고방식들이 생겨나고 있다. 앞에서 나는 어떻게 아메리카인들이 끊임없이 상업과 공업에 매달리게 되었는가를 설명했다. 그들의 출신, 사회 상태, 정치제도 그리고 그들이 살고 있는 지역 여건까지도 그들을 이 방향으로 줄기차게 밀어붙였다. 그래서 그들은 오늘날 상공업만을 위해 매진하는 공동체를 형성하고 있으며 앞으로 개발하고 활용해야 할 거대한 새로운 나라의 한복판에 위치하고 있다. 오늘날 아메리카 국민을 다른 모든 국민과 구별시켜주는 가장 뚜렷한 특징이 바로 이것이다.

---

3) 여기서 나는 노예제가 존재하지 않는 고장에 사는 아메리카인들을 말한다. 이들만이 민주 사회의 완벽한 이미지를 보여줄 수 있다.

따라서 사회생활에 일정한 규칙성을 부여하고 상거래를 촉진하는 경향이 있는 모든 덕성은 아메리카에서 특별한 명예로 간주될 것이며 그러한 덕성을 소홀히 하는 자는 여론의 지탄을 받게 될 것이다. 반면에 이따금 화려한 광채를 자랑하기는 하지만 그만큼 사회를 소란스럽게 만드는 모든 떠들썩한 덕성은 아메리카 국민의 여론에서 부차적인 지위를 차지하게 될 것이다.

아메리카인들은 인간의 악덕에 대해 귀족 국가들에 못지않게 자의적인 분류를 하고 있다. 인류의 일반적 이성이나 보편적 양심의 눈으로 볼 때 충분히 비난받을 만하지만 아메리카 사회의 특별하고 일시적인 필요에 부합하는 어떤 성향들이 있다. 아메리카인들은 이 성향들을 가볍게 비난하기도 하지만 때로는 장려하기도 한다. 부에 대한 애착 및 그것과 결부된 부수적인 성향들을 여기서 특별히 지적할 수 있다. 자기의 소유가 된 이 거대한 미개척 대륙을 개간하고 옥토로 만들고 개발하기 위해서 아메리카인은 끓어 넘치는 열정의 뒷받침을 언제나 필요로 한다. 그런데 부에 대한 애착만이 그러한 열정을 보증한다. 따라서 아메리카에서 부에 대한 열정은 비난의 대상이 되지 않으며, 공공질서의 한계를 넘어서지 않는 한 일종의 명예로 간주된다. 아메리카인은 중세의 우리 선조들이 비열한 탐욕이라고 부른 것을 고상하고 칭송할 만한 야망이라고 부른다. 마찬가지로 날마다 새로운 전투에 뛰어들곤 하던 우리 선조들의 정복열과 호전성을 맹목적이고 야만적인 격분이라고 부른다.

합중국에서 재산은 쉽게 잃을 수도 있고 다시 얻을 수도 있다.

국토는 무한하고 자원은 고갈될 염려가 없다. 국민은 성장하는 한 인간으로서의 모든 욕구와 모든 욕망을 다 지니고 있다. 그리고 아무리 노력을 다하더라도 그들이 움켜쥘 수 있는 것보다 더 많은 부가 그들 주변에 널려 있다. 이런 나라에서 치명적인 것은 쉽게 회복될 수 있는, 몇몇 개인의 파산이 아니라 국민 모두의 게으름과 무기력이다. 상공업 활동에서의 대담성은 이 나라의 급속한 발전과 영향력과 위대함의 주요 원인이다. 이 나라에서 상공업은 말하자면 거대한 복권 추첨과도 같은 것인데, 이 운수에 따라 소수의 개인은 매일같이 돈을 잃지만 국가는 언제나 돈을 번다. 그래서 이와 같은 국민은 상공업 분야에서의 대담성에 호의적인 눈길을 보내며 명예를 부여하는 것이다. 그런데 이 대담한 사업은 사업을 벌이는 사람의 재산과 그를 믿고 따르는 사람들의 재산에 항상 위험을 수반한다. 사업상의 대담성을 일종의 덕성으로 간주하는 아메리카인들로서는 어떤 경우에도 그러한 무모함을 일삼는 사람들에 대해 불명예의 낙인을 찍지 않는다.

합중국에서 사람들이 파산한 사업가에 대해 두드러질 정도로 관용적인 자세로 대하는 것은 바로 이런 이유에서이다. 파산을 하더라도 파산자의 명예는 결코 손상되지 않는 것이다. 이 점에서 아메리카인들은 우리 유럽인들과 다를 뿐만 아니라 오늘날의 다른 모든 상공업 국민들과도 다르다. 아메리카인들은 그들의 처지에서든 욕구에서든 다른 어떤 국민도 닮지 않았다.

아메리카에서는 습속의 순수성을 해치고 부부간의 유대를 파괴하는 모든 악덕을 다른 나라들에서는 이해하기 힘들 정도로 아주 혹독하게 취급한다. 얼핏 보아 이것은 아메리카인들이 다른 모든 문제에서 보여주는 관용과 이상야릇하게 배치되는 듯하다. 같은 국민에게서 이토록 느슨한 동시에 가혹한 윤리가 나타난다는 것은 실로 놀라운 일이다.

하지만 이러한 일은 생각하는 것만큼 일관성이 없는 것이 아니다. 합중국에서 여론은 상공업의 융성과 국가의 번영에 기여하는 부에 대한 애착을 아주 유연하게 억제하지만, 행복의 추구가 아닌 다른 데에 정신을 팔게 만들고 사업의 성공에 그토록 긴요한 가정생활의 질서를 교란시키는 나쁜 습속은 특별히 비난한다. 따라서 아메리카인들은 주변 동료들의 존경을 받기 위해서는 올바른 습성에 순응하지 않으면 안 된다. 이 점에서 아메리카인은 정숙한 것을 자신의 명예로 삼는다고 말할 수 있을 것이다.

아메리카인의 명예 관념은 한 가지 점에서 유럽의 해묵은 명예 관념과 일치한다. 즉 용기를 최고의 덕성으로 간주하며 인간에게 가장 필요한 도덕률로 삼는다. 하지만 아메리카인은 바로 그 용기를 유럽인과 다른 각도에서 바라본다.

합중국에서 군인의 덕목은 별로 인정받지 못한다. 널리 인정되고 가장 존경받는 용기는 항구에 일찍 도달하기 위해서 대양의 파도를 무릅쓰는 것, 황무지에서의 비참한 생활과 정말 끔찍한 고독을 아무 불평 없이 견디어내는 것, 힘들여 모은 재산을 잃고도 별로 상심하지 않으면서 즉시 다른 사업을 위해 또다시 노력을 기울이는 것 따위이다. 이러한 종류의 용기야말로 아메리카 공동체의 유지와 번영에 가장 필요한 것이며, 아메리카에서 특히 명예롭게 간주된다. 이러한 용기를 잃는다는 것은 바로 명예를 잃는 일일 것이다.

이 장의 주제를 좀 더 명확히 부각시키기 위해서 마지막으로 한 가지 특징을 더 들어보자. 합중국과 같은 민주 사회에서는 가진 재산이 그리 많지 않고 불안정하기 때문에 누구나 일을 하며 또 일은 모든 길을 열어준다. 이것은 명예의 기준을 완전히 바꾸어놓았으며 명예를 나태와 완전히 상반되는 것으로 만들어놓았다.

나는 아메리카에서 기질적으로 힘든 일을 싫어하면서도 마지못해 직업을 가지고 있는 부유한 젊은이들을 종종 보곤 했다. 성향이나 재산으로 보아 그들은 일을 하지 않고 지낼 수 있다. 하지만 세간의 여론이 이렇게 놀고먹는 일을 그대로 놔두지 않았으며 그들은 일을 하지 않을 수 없었다. 이와 반대로 나는 귀족주의가 여전히 밀어닥치는 홍수에 맞서 분투하는 유럽의 여러 나라들에서, 끊임없이 그들의 욕구와 욕망에 쫓기면서도 주위 사람들의 존경심을 잃지 않기 위해서 나태하게 지내는 사람들, 곧 일을 하기보다는 차라리 권태와 궁핍을 택하는 사람들을 자주 보곤 했다.

이토록 상반되는 두 가지 행동 양식이 명예와 관련된 두 가지 상이한 규범에서 유래한다는 것은 의심할 나위가 없다. 우리 선조들이 특히 명예라고 불렀던 것은 말하자면 명예의 여러 형태들 중 하나일 따름이다. 그들은 단위 요소에 지나지 않는 것에 총칭을 부여했던 것이다. 따라서 명예는 귀족 시대뿐 아니라 민주 시대에도 찾아볼 수 있다. 하지만 민주 시대에 명예가 다른 모양을 띤다는 것은 그리 어렵지 않게 알아볼 수 있다. 명예에 대한 규정들이

다를 뿐만 아니라, 앞으로 살펴보듯이, 그 규정들은 수적으로 줄어들고 불명확해지며, 그것을 따르려는 사람들도 점점 줄어든다.

신분 집단의 지위는 국민 일반의 지위보다 언제나 특별한 상황에 놓여 있다. 지식과 부와 권력을 배타적이고 세습적으로 자기 계급 안에서만 보유하는 목표로 삼는 엇비슷한 가문들로 항상 구성되는 소단위 사회(예컨대 중세의 귀족계급)만큼 이 세상에서 특별한 존재는 달리 없을 것이다.

그런데 어떤 한 사회의 지위가 특별하면 할수록, 그 사회의 특별한 욕구들은 더 많아지며 그 욕구에 부합하는 명예의 관념들은 더 늘어난다. 따라서 명예에 대한 규정들은 신분 집단으로 나뉘지 않은 국민의 경우에는 항상 그 수가 훨씬 적을 것이다. 계급 장벽들을 찾아보기 힘든 나라에서는 명예가 단지 몇 가지 규범들로 축소될 것이며 이러한 규범들과 인류 일반의 도덕률 사이의 간격은 점점 더 줄어들 것이다.

이렇게 명예에 대한 규정들은 귀족 사회보다 민주 사회에서 덜 특수하고 또 덜 다양화되어 있을 것이다. 이 규정들은 또한 훨씬 더 막연해질 것인데, 이는 앞에서 말한 내용의 필연적인 귀결이기도 하다.

명예를 구성하는 표징들이 그 수가 더 줄어들고 특이성을 더 잃은 까닭에, 이제는 그 표징들을 구분하기가 더 힘들 수밖에 없다. 이렇게 된 데에는 또 다른 이유들이 있다.

중세 귀족 국가들에서는 세대와 세대가 별 의미 없이 이어졌다. 개개 가문은 영원히 죽지 않는 인간과 같았으며 언제든 변함이 없었다. 여기서는 조건이 거의 변하지 않듯이, 관념도 거의 변하지 않았다.

따라서 사람들은 언제나 눈앞에 동일한 목표를 가졌으며 이 목표를 항상 동일한 관점에서 사고했다. 그의 눈은 점점 세밀한 곳까지 파고들었으며, 그의 판단력은 마침내 아주 명확하고 분명해지지 않을 수 없었다. 그래서 봉건시대의 사람들은 명예의 문제에 대해 아주 특별한 견해를 가졌을 뿐만 아니라, 이 견해 하나하나가 뚜렷하고 상세하게 그들의 뇌리 속에 박히게 되었다.

하지만 시민들이 부단히 오가며 사회가 거의 매일같이 변모를 거듭하면서 그 필요에 맞추어 견해를 바꾸는 나라, 예컨대 아메리카에서는 사정이 전혀 이와 같지 않을 것이다. 이러한 나라에서는 사람들이 명예의 규범을 잠시 곁눈질하듯 볼 뿐 면밀하게 들여다볼 만한 여유를 누리지 못한다.

그런데 움직임이 적은 사회라고 할지라도 그 사회에서 명예라는 단어가 갖는 정확한 의미를 파악하는 것은 쉬운 일이 아니다. 중세에는 각 계급이 명예에 대한 저마다의 개념을 지니고 있었으며 많은 수의 사람들이 한꺼번에 한 가지 동일한 견해를 갖기가 매우 어려웠는데, 이로 인해 명예의 개념은 더욱 확정적이고 상세한 형태를 띠었다. 동일한 견해를 지니는 사람들은 사실상 똑같은 지위를, 그것도 아주 높은 지위를 차지하던 사람들이었던 까닭에, 이들은 자신들에게만 마련된 법률 규정에 충분히 동의할 만한 천부적인 기질을 갖고 태어난 셈이었다.

이렇게 명예는 모든 것이 조율되고 미리 정돈된 완벽하고 상세한 일종의 규범 코드가 되었는데, 바로 이 코드가 인간 행동에 대한 확정되고 가시적인 규범을 제시했다. 하지만 계급들이 뒤섞여 있고 전체 사회가 완전히 똑같지는 않지만 서로 엇비슷한 요소들로 구성된 거대한 덩어리를 형성하고 있는 아메리카와 같은 민주 국가에서는 명예의 규범에 합당한 것은 무엇이고 합당하지 않은 것은 무엇인지에 대해 미리 합의한다는 것은 불가능할 것이다.

물론 아메리카인들 사이에도 명예에 관한 공통의 견해를 만들어낼 수 있는 어떤 범국민적인 욕구가 존재한다. 하지만 이러한 동일한 견해가 같은 시간에 같은 방식으로 그리고 같은 강도로 시민 모두의 뇌리에 전달되는 것은 아니다. 명예의 법칙은 있지만 그것을 전달할 매체가 없는 것이다.

프랑스와 같은 민주 국가에서는 혼란이 더욱 심하다. 여기서는 낡은 사회를 구성하던 여러 계급들이 서로 뒤섞이지 못한 채 뒤죽박죽으로 포개져버렸는데, 이들 계급은 저마다 명예에 대한 다양하고 때로는 상충되는 개념들을 날마다 들여온다. 여기서는 각 개인이 기분 내키는 대로 선조들의 견해들 중 어떤 것은 내버리고 어떤 것은 간직한다. 이렇게 자의적인 조처들이 남발되다 보니 어떤 공통의 규범이라는 것이 생길 수가 없다. 그렇기 때문에 어떤 행동이 명예로운 행동이며 어떤 행동이 비난받을 행동인지 미리 말한다는 것은 거의 불가능하다. 이러한 시대는 정말 가련한 시대이지만 잠시에 지나지 않을 것이다.

민주 국가에서 명예는 제대로 정의될 수 없는 까닭에 그 영향력 또한 그리 강하지 않다. 왜냐하면 완벽하게 이해되지도 않은 준칙을 단호하고 확실하게 실행하기는 어렵기 때문이다. 명예의 준칙에 대한 최상위 유권해석자인 여론은 어느 쪽을 비난하고 어느 쪽을 칭찬해야 할지 명확하게 알지 못하는 까닭에 엉거주춤하게 판단을 내릴 수밖에 없다. 이따금 여론은 자가당착에 빠지기도 한다. 흔히 여론은 뒷짐 지고 아무 일도 안 하거나 내버려 둔다.

민주 사회에서 명예의 관념이 상대적으로 취약한 것은 여러 다른 요인들에서도 기인한다. 귀족 국가에서는 몇몇 부류의 사람들만이 명예에 대해 동일한 관념을 지니는데, 이들은 수적으로 아주 제한되어 있으며 항상 주변 사람들로부터 분리되어 있다. 그래서 이들의 뇌리 속에서 명예는 이들을 별개의 독보적인 존재로 만들어주는 모든 관념과 쉽사리 뒤섞이고 합쳐진다. 이들에게 명예는 외형적 품격을 드러내는 뚜렷한 표징처럼 보인다. 이들은 명예의 여러 준칙들을 개인적인 관심이 가미된 열의를 가지고 따르고자 하며, 약간 과장해서 표현하자면 그 준칙들에 복종하는 남다른 열정을 과시할 정도이다.

이러한 사실은 중세의 관습법 판례집에서 사법적 결투에 대한 조항을 보면 아주 명확하게 나타난다. 결투에서 귀족은 창이나 칼을 사용하는 반면에 평민은, 판례집에 따른다면 "'평민에게는 명예가 없다'는 점을 고려해서," 곤봉을 들고 싸우도록 규정하고 있다. 이것은 오늘날 우리가 생각하듯이 평민이 경멸받아 마땅한 존재였다는 것을 의미하지 않는다. 이것은 단지 평민의 행위는 귀족의 행위와는 다른 규범에 따라 판단되었다는 것을 의미한다.

명예심이라는 것이 아주 막강한 영향력을 행사할 때 명예에 대한 규정들이 일반적으로 기묘한 내용을 갖게 된다는 것, 따라서 그 규정들이 이성에서 멀어질수록 더 잘 준수된다는 것은 얼핏 보아 놀라운 일이다. 이런 이유에서 명예의 규범은 그것이 터무니없이 과장되어 있기 때문에 더욱더 막강해진다고 때로는 결론지을 수 있다.

이 두 가지 사항은 사실상 같은 연원을 지니지만 그렇다고 어느하나가 다른 하나의 원인이 되는 것은 아니다. 명예심은 그것이 더 적은 수의 사람들이 느끼는 더 특별한 욕구들을 반영할수록 더욱더 기묘한 내용을 갖게 된다. 명예가 막강한 영향력을 행사하는 것은 바로 그것이 이러한 종류의 욕구를 반영하기 때문이다. 따라서 명예심은 그것이 기묘한 내용을 가졌기 때문에 막강한 것이 아니라 바로 같은 이유 때문에 기묘한 내용을 갖는 동시에 막강한 것이다.

한 가지 다른 내용을 덧붙여보자. 귀족 국가에서 모든 계급은 뚜렷이 서로 구분되는 동시에 고정되어 있다. 각 개인은 빠져나오기 힘든 자리를 자기 영역 안에서 차지하고 있으며 그의 주변에서 마찬가지로 엮여 있는 다른 사람들과 함께 살아간다. 따라서 이런 나라에서는 다른 사람들의 눈에 띄지 않기를 희망할 수도 걱정할 필요도 없다. 자기 무대를 갖지 못할 정도로 지위가 낮은 사람도 없고 비난과 칭찬마저 비켜갈 정도로 잘 안 알려진 인물도 없다.

이와 반대로 민주주의적인 국가체제 아래서는 모든 시민이 한 덩어리로 뒤섞여 있고 끊임없이 움직이는 까닭에, 여론은 시민들을 제대로 장악하지 못한다. 여론의 목표물은 순간순간 사라지고 여론을 피해 다닌다. 따라서 여기에서 명예심은 영향력을 발휘하지도 못하고 막강하지도 않다. 그도 그럴 것이 명예심이란 주위 대중을 염두에 둘 때에만 발휘되는 덕성이기 때문이다. 이 점에서 명예는 그 자체로 존재 이유를 갖는 자기 충족적인 단순한 덕성과는 사뭇 다르다.

지금까지 말한 내용을 잘 이해한 독자라면 조건의 불평등과 우리가 명예라고 부르는 것 사이에 어떤 필연적이고 밀접한 관계가 존재한다는 점을 이해할 수 있을 것이다. 그런데 내가 알기로는 여태껏 이 관계가 명쾌하게 분석된 적이 없다. 마지막으로 이 점에 대해 살펴보자.

무릇 한 나라는 전체 인류 안에서 별개의 부분으로 자리 잡고 있다. 이 나라는 인류 공통의 어떤 일반적인 욕구들과는 별도로 자체의 특별한 이해관계와 욕구를 지니고 있다. 비난과 칭송의 문제에 관하여 이 나라 안에서 즉시로 시민들이 명예라고 부르는, 이 나라에만 고유한 어떤 견해들이 생겨난다.

바로 이 나라 안에서 다른 모든 계급과 분리되어 있는 한 신분 집단이 생겨나는데, 이 집단은 자체의 고유한 욕구를 지니고 있다. 이 특별한 욕구들로 인해 이 집단에만 고유한 특별한 견해들이 생겨난다. 이 집단이 생각하는 명예 규범은 그 나라의 특별한 관념과 그 신분 집단의 더 특별한 관념이 기묘하게 혼합되어 있는 까닭에 인류의 단순하고 일반적인 견해로부터 최대한도로 멀어지게 될 것이다. 한쪽 편 극단에서 다른 편으로 넘어가보자.

신분들이 뒤섞이고 특권이 폐지된다. 나라를 구성하는 사람들이 서로 엇비슷해지고 대등해짐에 따라서 그들의 이해관계와 욕구도 뒤섞여 구분할 수 없게 된다. 그래서 개개 신분 집단이 명예라고 불렀던 모든 특별한 관념이 하나둘씩 사라지게 된다. 명예 규범은 이제 한 나라 국민 전체의 특별한 욕구에서만 나온다. 명예는 국민 개개인의 표상이 되는 것이다.

마지막으로, 만일 모든 인종이 서로 뒤섞이고 이 세상의 모든 족속이 더 이상 어떤 특별한 표징에 의해 서로 구분되지 않고 동일한 이해관계와 동일한 욕구를 갖게 되는 날이 온다면, 이제 사람들은 인간의 행동에 어떤 인습적인 가치를 부여하는 일을 그만두게 될 것이다. 모두가 인간의 행동을 동일한 관점에서 파악하게 될 것이다. 양식 있는 개개인 누구나 느끼는 인류의 일반적 욕구가 공통의 표준이 될 것이다. 이렇게 되면 이 세상에는 선과 악에 대한 단순하고 일반적인 관념만이 남게 될 것이며, 이에 따라 자연스럽게 칭찬과 비난의 관념이 생겨날 것이다.

이제 내가 생각하는 바를 단 한 가지 명제로 함축해서 말해보겠다. 명예의 규범을 만들어낸 것은 바로 인간들 사이의 차이와 불평등인데, 명예 규범은 이러한 차이들이 희미해짐에 따라 약화되어 마침내 사라질 것이다.

제19장

어째서 아메리카에서는 야심가는 많지만 원대한 야망은 찾아보기 힘든가

합중국에서 첫 번째로 눈에 띄는 것은 자기들의 현재 상태에서 벗어나려 애쓰는 사람들이 무수히 많다는 사실이다. 그리고 두 번째는 이러한 야망의 움직임이 어디서나 드러나지만 원대한 야망은 찾아보기 힘들다는 사실이다. 아메리카에서는 출세하려는 간절한 욕망을 드러내지 않는 사람이 별로 없지만, 웅장한 희망을 품은 듯 보이거나 높은 목표를 추구하는 듯 보이는 사람은 찾아보기 힘들다. 모든 사람이 끊임없이 재산과 명성과 권력을 얻으려 애쓴다. 하지만 이 모든 것을 원대한 구상 속에서 추구하는 사람은 거의 없다. 얼핏 보아 이것은, 아메리카의 습속이나 법제에 사람들의 욕망이 지나치게 분출되지 않도록 제한을 가하는 어떤 규율도 들어 있지 않다는 점을 염두에 둘 때, 정말 놀라운 일이라고 할 수 있다.

이러한 특이한 사정의 원인을 조건들의 평등에서만 찾기는 어려울 것이다. 프랑스에서는 바로 이 평등이 확립되자마자 야망이 비약적으로 고양되었다는 사실을 염두에 둔다면 말이다. 그럼에도 불구하고 나는 이러한 사정의 주요 원인을 아메리카인들의 민주주의적인 사회 상태와 습속에서 찾아야만 한다고 믿는다.

혁명이란 인간의 야망을 확장하기 마련이다. 귀족 체제를 타도한 혁명의 경우에는 더욱 그러하다. 명성이나 권력으로부터 대중을 떼어놓던 낡은 장벽들이 갑자기 낮아지게 되면, 오랫동안 갈망해온 끝에 마침내 누릴 수 있게 된 이 원대한 성취를 향한 격렬하고도 전면적인 상승 운동이 나타난다. 처음 맛보는 이 성공의 고양된 분위기 속에서 누구에게도 불가능이란 없을 듯하다. 욕망이 무한할 뿐만 아니라 그 욕망을 충족시키는 힘도 무한한 것처럼 보인다. 관습과 법제의 이 갑작스럽고 전면적인 쇄신 속에서, 모든 인간과 모든 규범의 이 엄청난 혼란 속에서, 사회의 구성원들은 갑작스럽게 상승하기도 하고 몰락하기도 한다. 그리고 권력이 손에서 손으로 너무도 재빨리 이동하는 까닭에, 누구도 그 권력을 잡지 못할까 낙담할 필요가 없다.

그런데 귀족 체제를 타도한 사람들이 바로 이 귀족 체제의 법제 아래에서 살았었다는 사실을 염두에 두도록 하자. 사람들은 귀족 체제의 화려함을 눈으로 보았으며 귀족 체제가 북돋았던 감정과 관념들을 자기도 모르는 사이에 몸에 흡수했다. 따라서 귀족 체제가 해체되는 순간에 귀족주의의 정신은 여전히 일반 대중에게 유포되며, 귀족 체제가 완전히 타도된 이후에도 귀족주의적 성향은 오래 유지된다.

따라서 민주주의 혁명이 지속되는 한, 원대한 야망은 여전히 나타날 것이며, 심지어 민주주의 혁명이 완수된 이후에도 얼마 동안 사라지지 않을 것이다.

사람들이 겪은 특별한 사건들에 대한 기억은 하루아침에 사람들의 뇌리에서 지워지지 않는 법이다. 혁명이 불러일으킨 열정은 혁명이 끝났다고 해서 금방 사라지지 않는다. 불안정성이 질서정연함 속에서도 지속된다. 누구든 성공할 수 있다는 생각은 그러한 생각을 불러일으킨 우여곡절의 사건들보다 오래 살아남는다. 욕망을 충족시킬 수단은 날마다 줄어드는데도 욕망 자체는 줄어들지 않는다. 큰 재산을 벌 수 있는 기회는 점점 줄어드는데도 불구하고 부자가 되려는 욕심은 여전하다. 그래서 우리는 남몰래 헛되이 타오르는 과도하고 욕구불만으로 가득 찬 야망들을 여기저기에서 보게 된다.

그러나 투쟁의 마지막 흔적들이 조금씩 희미해지고 귀족주의의 잔재가 마침내 사라진다. 귀족 체제의 몰락을 재촉했던 커다란 사건들은 잊힌다. 전쟁 후에 휴식이 찾아오고 새로운 세계에 질서가 자리 잡는다. 욕망은 그 욕망을 충족할 수 있는 수단에 맞추어 조절되며, 욕구, 관념, 감정 등이 그 뒤를 잇는다. 사람들은 드디어 평준화되고 민주 사회가 마침내 확립된다.

이러한 항구적이고 정상적인 상태에 도달한 민주 사회는 우리가 앞에서 살펴본 사회와 아주 다른 모습을 나타낼 것이다. 그리고 우리는 만일 조건들의 평준화가 진행되는 시기에는 여전히 원대한 야망을 찾아볼 수 있지만 조건들의 평등이 기정사실화된 이후에는 야망의 수준이 그만큼 낮아져버린다고 어렵지 않게 결론내릴 수 있을 것이다.

재부가 분할되고 지식이 확산되는 때에는, 어느 누구도 교육과 재산으로부터 완전히 소외되지 않을 것이다. 계급적 특권과 자질 부족이 사라지고 인간을 얽어매던 속박이 완전히 부서져버렸기 때문에, 사람들은 누구나 더 잘살 수 있다는 생각을 품게 되고 출세하려는 욕망으로 마음을 졸이게 된다. 누구나 자기가 지금 서 있는 위치에서 한 단계 뛰어오르기를 바란다. 야망은 누구나 품는 보편적인 감정이 되는 것이다.

하지만 조건들의 평등이 확립되어 사회 구성원 모두에게 어느 정도씩 제몫이 돌아가게 된다면, 어느 누구든 아주 큰 몫을 독차지할 수 없게 된다. 이로 인해 사람들의 욕망이 필연적으로 아주 협소한 한계 안에 한정될 수밖에 없다. 그래서 민주 사회에서는 야망이 여전히 활력과 지속력을 유지하기는 하지만, 더 이상 원대한 목표를 향하지 않는다. 사람들은 손에 넣을 수 있는 그저 자잘한 목표들을 열심히 탐내면서 한평생을 보내기 마련이다.

민주 시대의 사람들이 원대한 야망을 품지 못하는 주요 원인은 그들의 재산이 너무 적다는 데 있는 것이 아니라 재산을 늘리기 위해서 그들이 매일같이 너무나 분투노력한다는 데에 있다. 그들은 얼마 되지 않는 것들을 얻어내기 위해서 온갖 힘을 다 소비하는데, 이로 인해 그들의 시야는 어느새 아주 협소해지며 그들의 역량도 대폭 줄어들 수밖에 없다. 그들은 비록 재산이 더 줄더라도 여전히 더 큰 야망을 가질 수 있을 텐데도 말이다.

민주 사회의 한복판에서 사는 몇몇 부유한 시민들도 이 법칙에서 예외가 될 수는 없다. 부와 권력을 향해 한 걸음 한 걸음씩 나아간 사람은 이 길고 힘든 여정 속에서 앞으로 그가 떨쳐낼 수 없는 신중성과 자제의 습성을 몸에 익히게 된다. 집의 크기를 늘리듯이 마음의 크기를 늘릴 수는 없는 일이다.

이러한 사정은 이 사람의 자손에게도 적용될 수 있다. 자식들이 유복한 처지에서 태어난 것은 사실이지만 부모는 가난했다. 자식들은 나이가 든 후에도 떨쳐내기가 힘든 부모 세대의 생각과 관념 속에서 성장한 것이다. 이들은 부모로부터 재산뿐만 아니라 성격과 생각까지도 상속받은 것이다.

이와 반대로, 막강한 귀족계급의 가장 가난한 자손이라 할지라도 원대한 야심을 드러내는 경우가 종종 있는데, 이것은 그의 종족이 가졌던 전통적인 견해나 그의 신분이 지녔던 일반적인 정신이 일정 기간 동안 그의 재산 수준을 넘어서까지 그를 지탱해주기 때문이다.

민주 시대의 사람들이 무언가 원대한 일에 매진하기 어렵게 만드는 또 다른 요인은 바로 그들이 그 일을 성취하기까지 너무나 많은 시간이 걸린다는 데에 있다. "출생 성분은 가장 큰 이점이다. 보통 사람이 50세가 돼서야 해내는 일을 상류층은 18세 내지 20세에 해낼 수 있으니 말이다. 30년만큼 이득을 보는 셈이다"라고 파스칼은 말했다. 민주 시대에 사는 사람들에게는 일반적으로 이 30년이 부족하다. 평등의 원리는 누구에게나 무엇이든 해낼 수 있는 능력을 부여해주지만, 그와 동시에 누구든 너무 빨리 성장하지 못하도록 가로막는다.

　다른 곳에서와 마찬가지로 민주 사회에서도 큰 돈벌이는 그리 많지 않을 것이다. 그런데 이렇게 큰 재산을 만들 수 있는 길이 시민 모두에게 아무 차별 없이 열려 있기 때문에, 모두가 목표를 향해 함께 출발하다 보면 발걸음이 늦어질 수밖에 없다. 후보자들이 모두 엇비슷해 보이기 때문에, 그리고 민주 사회의 최고 규범인 평등의 원리를 위배하지 않고 이들 사이에서 누군가를 선택한다는 것은 정말로 어렵기 때문에, 머리에 떠오르는 첫 번째 생각은 모두가 같은 속도로 앞으로 나아가게 하고 모두가 같은 시련을 겪게 하는 것이다.

　이렇게 인간들이 서로 더욱 엇비슷해지고 평등의 원리가 제도와 습속에 더욱 평온하고 깊숙하게 침투해 들어감에 따라서, 승진의 규범은 더욱 융통성이 없어지고 승진 자체는 더욱 더뎌진다. 일정한 수준의 원대한 목표에 남보다 빨리 도달하기가 더욱 어려워지는 것이다.

　특권에 대한 거부감 때문에 그리고 선택의 폭이 너무 크기 때문에, 이제 사람들은 자신의 지위에 상관없이 누구나 동일한 선발 과정을 거치지 않을 수 없게 된다. 요컨대 누구나 수많은 크고 작은 예행연습을 거쳐야만 하는데, 이 과정에서 그들의 젊음은 소진되고 상상력은 고갈되어 그들에게 주어지는 기회들을 완전히 누리는 일도 단념하게 된다. 그래서 마침내 무언가 놀랍고 원대한 일을 성취할 수 있는 단계에 이르게 될 무렵이면, 그들은 이미 그럴 의욕을 상실한 지 오래이다.

조건의 평등이 아주 오래전부터 널리 확대되어 있는 중국에서는, 경쟁시험을 거치지 않고서는 공직을 옮길 수 없다. 관직에 오르려면 매 단계마다 시험을 거친다. 이러한 관념이 사회의 습속으로 완전히 정착해 있어서, 나는 어떤 중국 소설에서 한 영웅이 무수한 시련을 겪은 후에야 마침내 과거시험에 합격해서 연인의 마음을 움직일 수 있었다는 이야기를 읽은 적이 있다. 이러한 환경에서는 원대한 야망 따위가 자라나기 힘들지 않겠는가.

내가 정치에 대해서 언급한 내용들은 다른 것에도 적용된다. 평등은 어디서나 같은 효과를 낳는다. 법률이 인간의 이동을 규제하거나 늦추는 기능을 갖지 않는 곳에서는, 경쟁으로 충분하다. 따라서 제대로 자리 잡은 민주 사회에서는 엄청나고 신속한 승진이 드물 수밖에 없다. 이러한 승진은 정말 일반적인 규칙에서 예외이다. 너무 예외적이고 특이한 현상이다 보니, 오히려 사람들이 그것이 정말 드문 일이라는 사실을 잊는 것이다.

민주 사회에 사는 사람들은 마침내 이러한 사실들을 깨닫게 된다. 즉 그들은 자기 나라의 법률이 모두가 쉽사리 앞으로 나아갈 수 있는 어떤 끝없는 영역을 자기들에게 제공해주기는 하지만 누구도 거기서 더 빨리 앞서간다고 우쭐댈 수 없다는 사실을 결국은 깨닫게 된다. 그들 욕망의 거대한 최종 목표와 그들 자신 사이에는 곧 맞부딪힐 고만고만한 장애들, 하지만 천천히 건너야 할 장애들이 수없이 많다는 사실을 그들은 알아차린다. 이러한 전망으로 인해 그들의 야망은 미리 풀이 죽는다. 그래서 그들은 이러한 저 멀리에 있는 의심스러운 희망을 포기하고 비록 덜 고상하지만 그래도 더 쉬운 즐거움을 가까이서 찾는다. 법률이 그들의 시야를 협소하게 만든 것이 아니다. 오히려 그들 자신이 자신의 시야를 협소하게 만드는 것이다.

앞에서 나는 원대한 야망이 귀족 시대보다 민주 시대에 더 드물어진다고 말했다. 민주 시대에 자연스럽게 생겨나는 이러한 장애 요소들에도 불구하고 만일 민주 시대에 어떤 야망이 싹튼다면, 그 야망은 아마도 귀족 시대의 그것과 다른 형태를 띠게 될 것이라고 여기서 덧붙여 말해둔다.

귀족 사회에서 야망은 아주 넓은 무대에서 펼쳐지지만 무대의 한계가 정해져 있다. 민주 사회에서 야망이 펼쳐지는 무대는 일반적으로 아주 좁지만, 일단 그 범위를 벗어나게 되면 야망은 무한히 뻗어 나가게 된다. 사람들이 아주 무기력하고 서로 분리되어 있으며 끊임없이 움직이는 까닭에, 그리고 앞선 사례들이 별로 권위를 갖지 못하고 법률도 단명한 까닭에, 민주 시대에는 무언가 새로운 것에 대한 거부감이 미약해지고 전체 사회의 구성과 기능이 빈틈없이 짜이지도 견고하게 다져지지도 못하게 된다. 그래서 일단 어떤 야심가들이 권력을 거머쥐게 되면, 그들은 자기가 못할 일이 없다고 믿는다. 권력을 내놓아야 할 때가 오면, 그들은 권력을 다시 차지하기 위해서 서슴지 않고 국가를 전복할 생각까지 한다. 어떤 원대한 정치적 야망이 이따금 아주 폭력적이고 혁명적인 성격을 띠게 되는 것은 바로 이 때문인데, 귀족 사회에서는 정치적 야망이 이런 정도까지 발전하는 일이 아주 드물다.

온당하지만 아주 자잘한 무수한 야망들이 있으며, 이 야망들 한

가운데에서 아주 이따금 거칠지만 원대한 약간의 야망들이 불거져 나온다. 민주 국가들이 내보이는 일반적인 풍경이 바로 이것이다. 여기서는 적절하면서도 절제와 규모를 갖춘 야망은 정말 찾아보기 힘들다.

나는 앞에서 평등이 어떤 내밀한 작용을 통해 사람들의 마음속에 물질적 향유에 대한 열정과 현재에 대한 배타적인 애착을 심어 주는가를 보여주었다. 이러한 여러 본능적인 감정들이 야망의 감정과 뒤섞이고, 굳이 말하자면 야망에 저마다의 색채를 입히는 것이다.

민주 사회의 야심가들은 앞날의 이해관계와 판단에 별로 괘념하지 않는다고 나는 생각한다. 현재의 순간만이 이들의 관심사이다. 이들은 어떤 영구적인 기념비를 세우기보다 차라리 많은 사업을 신속하게 해치우려 한다. 이들은 영예보다 성공을 원한다. 이들이 인간에게 우선 요구하는 것은 복종이며, 무엇보다 우선 원하는 것은 지배이다. 이들의 품성이 이들의 사회적 지위에 못 미친다. 그래서 이들은 너무도 자주 아주 저속한 취미에 엄청난 재산을 쏟아붓기도 하며, 그저 조잡하고 하찮은 쾌락을 더 쉽게 얻어내려고 높은 자리에 오르려 하는 듯이 보이기도 한다.

오늘날 야망의 감정을 순화하고 제어하며 적절하게 조절할 필요가 있다고 나는 생각한다. 하지만 그것을 왜소하게 만들고 지나치게 억압하려 하는 것은 아주 위험한 일이 될 것이다. 그 야망이 벗어나서는 안 되는 한계를 미리 설정하는 것은 필요한 일이다. 하지만 정해진 범위 안에서의 야망의 움직임을 지나치게 통제해서는 안 될 것이다.

솔직하게 말하자면 나로서는 민주 사회의 경우 대담한 욕망들보다는 오히려 사소한 욕망들에 대해서 더 우려한다. 내가 가장 우려하는 것은 일상생활에서 끊임없이 이어지는 자잘한 관심사에 묻혀서 야망이 활력과 원대한 품격을 잃어버리는 것이다. 인간의 열정이 가라앉고 줄어들어서 하루하루 시간이 지나면서 사회가 점점 생동감을 잃고 정체되지나 않을까 두려운 것이다.

따라서 나는 이 새로운 사회의 지도자들이 시민들을 너무나도 획일적이고 평온한 안락의 상태에서 편히 쉬게 만들려 하는 것은 잘못된 생각이라고 믿는다. 지도자들이 이따금 시민들에게 어렵고 위험한 일들을 마련해줌으로써 야망을 북돋우고 활동 무대를 넓혀주는 것이 좋다고 나는 생각한다.

모럴리스트들은 우리 시대의 지배적인 악덕이 바로 자부심이라고 끊임없이 불평한다. 이것은 어떤 의미에서 맞는 말이다. 왜냐하면 자기가 자기 이웃보다 못하다고 생각하거나 윗사람에게 기꺼이 복종해야 한다고 생각하는 사람은 아무도 없기 때문이다. 하지만 이것은 다른 의미에서는 전혀 틀린 말일 수 있다. 그도 그럴 것이 복종도 평등도 참아낼 수 없는 바로 그 사람이 자기 자신을 너무나 낮게 평가한 나머지 자기는 그저 저속한 쾌락만을 위해서 태어났을 뿐이라고 생각하기 때문이다. 이런 사람은 선뜻 사소한 욕망에 사로잡혀서 어떤 고매한 기획도 감히 도모하지 못한다. 원대한 야망을 품지 못하는 것이다.

따라서 나는 우리 현대인들에게 어떤 겸손을 갖도록 고무해야 한다고는 생각하지 않으며, 자기 자신과 자기 종족에 대한 보다 원대한 생각을 심어주도록 노력해야 한다고 생각한다. 겸손은 현대인에게 별로 도움이 되지 않는다. 내가 생각하기에 현대인에게 가장 필요한 것은 바로 자부심이다. 나로서는 우리가 가진 몇몇 자잘한 덕성을 포기하고서도 이 악덕을 갖는 것이 더 나으리라고 생각한다.

제20장

몇몇 민주 국가에서의
엽관 현상에 대해

합중국에서는 누구든 어느 정도 교육을 받고 약간이라도 자금을 지니게 되면 즉시 상업이나 공업에 뛰어들어서 돈을 벌려 하거나 아니면 미개척지의 토지를 구입해서 개척자가 된다. 그가 국가에 요구하는 것은 그가 일하는 데 간섭하지 말라는 것과 그가 땀 흘려 일군 결실을 보장해달라는 것뿐이다.

대다수 유럽 국가들에서는 누구든 자기 힘이 꽤 세다는 것을 느끼고 자기의 욕망을 펼치기 시작할 때 그에게 우선 떠오르는 생각은 공직을 얻는 것이다. 같은 원인에서 나오는 이 두 가지 상이한 결과는 여기서 잠시 검토해볼 만한 가치가 있다.

공직이 수적으로 제한되어 있으며 그 보수가 형편없고 그 자리가 불안정한 반면에 상공업 관련 일자리들은 수도 많고 벌이도 괜찮을 때, 평등한 사회 상태에서 매일같이 새롭게 생겨나는 식을 줄 모르는 욕망들은 관직이 아니라 상공업으로 쏠리게 된다.

그러나 신분과 지위가 평등화되기는 하지만 교육의 보급이 여전히 불완전하고 진취적인 기백이 부족할 때, 상공업의 발전이 지지부진해서 돈을 벌 수 있는 쉽고 빠른 길이 눈에 잘 띄지 않을 때, 이럴 경우에는 사람들이 스스로 자기 운명을 개선하려는 노력을 포기하고 투덜거리며 국가 지도자에게 달려가 국가의 지원을 요구할 것이다. 공공재정의 지원을 받아서 더 안락한 생활을 마련하는 것이 그에게는 비록 만족스럽지 않은 처지에서 벗어나기 위한 유일한 길은 아닐지라도, 적어도 모두에게 개방된 가장 손쉽고 가장 개방된 길로 보일 것이다. 누구나 관직을 구하는 것에, 즉 엽관(獵官) 운동에 매달리게 될 것이다.

중앙집권적인 커다란 왕국들의 경우 특히 그러할 것이다. 이들 나라에서는 보수를 지급받는 공직의 수가 엄청나게 많고 공직자들이 꽤나 안정된 생활을 영위하는 까닭에, 누구도 여기서 공직을 획득해서 세습재산처럼 아무 방해도 받지 않고 누리는 데 별로 걱정을 하지 않는다.

관직에 대한 이러한 일반적이고 과도한 욕망이 하나의 커다란 사회악이라는 사실은 굳이 말하지 않아도 될 것이다. 그리고 그러한 욕망이 시민들 개개인에게서 독립 정신을 훼손하고 국민들에게 돈이면 다 된다는 비열한 기질을 심어주며 강건한 정신을 좀먹는다는 사실을 굳이 말할 필요가 없을 것이다. 이러한 종류의 거래가 비생산적인 활동만 조장할 뿐이며 사회를 살찌게 하기보다는 뒤흔들어놓을 것이라는 사실도 애써 거론하고 싶지 않다. 하지만 나는 이러한 경향을 조장하는 정부가 자체의 안정성을 해칠 뿐만 아니라 자신의 존립마저 위태롭게 할 것이라는 사실을 지적해두고자 한다.

우리가 살고 있는 시대와 같이 권력에 대한 애착과 존중이 점차 사라져가는 시대에는, 시민 개개인을 각자의 이해관계의 동아줄로 단단히 묶어버리는 것이 필요하며, 더 나아가 시민들을 질서와 침묵 속에 가두어두기 위해서 시민들 자신의 열정을 이용하는 것이 편리하다고 통치자는 생각한다. 나는 이러한 사실을 잘 알고 있다. 하지만 이러한 방책은 오래가지 못할 것이다. 일정 기간 동안 활력의 원천으로 보이는 것이 나중에는 곤경과 침체의 주요 요인이 되기 마련이다.

다른 곳에서와 마찬가지로 민주 사회에서도 공직의 수에는 결국 일정한 한계가 있다. 그런데 그 자리를 노리는 후보자는 거의 무한정이다. 사회의 조건들이 평준화되어감에 따라서 일자리를 찾는 사람들의 숫자는 점진적이기는 하지만 저항할 수 없는 물결로 끊임없이 늘어난다. 전체 인구의 수가 줄어야만 구직자의 수도 줄어들 것이다.

따라서 공직이 야망의 유일한 출구일 때, 정부는 반드시 지속적인 반대에 부딪히게 된다. 정부로서는 제한된 수단으로 무한히 늘어나는 욕망을 충족시켜야 하기 때문이다. 이 세상의 모든 국민 중에서 제어하기도 통치하기도 가장 어려운 국민이 바로 끊임없이 무언가 청원하는 국민이라는 사실은 아무튼 부정하기 어려울 것이다. 지도자가 아무리 노력을 기울여도 국민은 만족할 줄을 모른다. 단지 정부 부처에 일자리를 만들어내려고 국민이 나라의 헌법을 뒤집고 국가의 구성을 바꾸어버리지나 않을까 걱정해야 할 처지이다.

내 생각이 틀리지 않다면, 조건의 평등으로 인해 생겨난 모든 새로운 욕망을 자기 한 사람에게 집중시켜서 그 모든 것을 충족시켜주려 애쓰는 우리 시대의 군주들은 결국 이러한 정책을 채택한 것에 대해 후회할 것이다. 그들이 이러한 정책을 고집함으로써 자신의 권력을 스스로 위태롭게 했다는 사실과 가장 정직하고 가장 확실한 길은 국민 개개인에게 스스로 자립하는 기술을 가르치는 데 있다는 사실을 언젠가 그들 스스로 깨달을 날이 올 것이다.

제21장

어째서 거대한 혁명들이
드물어지는가

수백 년 동안 신분제도와 계급 체제 아래서 살아온 국민은 분투 노력한 덕에 다소간 고통스러운 변화 과정을 오랫동안 거치면서 비로소 민주적인 사회 상태에 도달할 수 있다. 재산과 여론과 권력이 한곳에서 다른 한곳으로 급속하게 이동하는 수많은 유위전변을 겪은 후에야 민주주의가 확립되는 것이다.

이 거대한 혁명이 끝난 이후에도 혁명이 만들어낸 습성은 오랫동안 지속되며, 혁명의 여파 속에서 심각한 동요가 뒤를 잇는다. 이 모든 현상이 사회의 조건들이 평등화되는 순간에 발생하는 까닭에, 평등의 원리와 혁명 사이에는 어떤 내밀한 관계가 존재한다고, 따라서 이 두 가지 중 어느 하나가 없으면 다른 하나도 있을 수 없다고 결론을 내릴 수 있을 것이다.

이 점에 대해서는 이성적 추론이 역사적 경험과 합치된다. 신분 서열이 거의 없어지고 평등한 사회에서는 어떤 확고한 유대도 사람들을 결합시키지 못하며 지금 있는 자리에 묶어두지도 못한다. 그들 중 누구도 항구적인 권리나 명령할 권한을 가질 수 없으며, 누구도 복종할 처지에 머물러 있지 않다. 그러기는커녕 자신이 어느 정도 지식과 재산을 소유하고 있다고 여기는 사람들은 누구나 자신만의 길을 택할 수 있으며 이웃 동료들과는 다른 길로 행진할 수 있다.

사회 구성원들이 서로서로 독립성을 유지하게 만드는 바로 그 요인이 이들을 매일같이 새롭고 변화무쌍한 욕망들로 이끌어가고 끊임없이 몰아붙이는 것이다. 따라서 민주 사회에서는 인간도 사물도 생각도 영원히 그 형태와 위치를 바꾼다고 믿는 것은 자연스러운 일이다. 민주 시대는 모든 것이 끊임없이 급속하게 변하는 시대인 것이다.

이것이 실제로 그러한가? 조건들의 평등은 사람들을 습관적으로 그리고 항구적으로 혁명으로 나아가게 이끄는가? 평등해진 사회 상태는 사회가 평온하게 자리 잡는 것을 막고 사회 구성원들이 끊임없이 법제와 습속과 준칙들을 바꾸게 만드는 어떤 선동의 원리라도 지니고 있는가? 나는 그렇다고 생각하지 않는다. 이것은 중요한 주제이니 자세하게 검토해보자.

나라의 면모를 뒤바꾸어놓은 거의 모든 혁명은 사회의 불평등을 강화하기 위해 아니면 타도하기 위해 발생했다. 엄청난 동요와 격변을 몰고 오는 여러 요인들 중에서 부차적인 요인들을 떼어내고 나면 거기서 우리는 언제나 한 가지 핵심 요인, 즉 불평등을 볼 수 있다. 가난한 자들은 부자들의 재산을 강탈하려 하고 부자들은 가난한 자들을 쇠사슬로 묶어두려 하지 않았는가. 따라서 만일 모든 사람이 무언가 지킬 것은 있지만 다른 사람들로부터 빼앗을 것은 별로 없는 그러한 사회가 건설된다면, 그것은 실로 세계 평화에 널리 이바지하게 될 것이다.

커다란 민주 국가에는 언제나 아주 가난한 사람들과 아주 부유한 사람들이 있기 마련이라는 것을 나는 잘 안다. 하지만 가난한 사람들은 귀족 사회에서 늘 그러한 것처럼 국민의 대다수를 차지하기는커녕 그 수가 얼마 되지 않는다. 그리고 법제도 이 가난한 사람들을 어떤 세습적이고 치유 불가능한 가난이라는 유대감으로 한곳에 묶어놓지 않는다.

부자들 또한 그 수가 많지 않으며 힘도 없다. 부자들은 주변의 관심을 끌 만한 특권들을 가지고 있지도 않다. 그들의 재산이라는 것이 더 이상 토지와 연결된 부동산이 아닌 까닭에 손으로 만져볼 수도 없거니와 눈에 잘 띄지도 않는다. 가난한 부류들이 없는 것과 마찬가지로 부유한 부류들도 없는 것이다. 부자들은 매일같이 군중 속에서 나타났다가 다시 군중 속으로 사라져버린다. 따라서 부자들은 뚜렷하게 눈에 띄고 쉽사리 포착할 수 있는 별도의 계급을 형성하지 못한다. 그리고 부자들이 눈에 보이지 않는 수천 가지가는 끈으로 주변 동료 시민들과 연결되어 있는 까닭에, 시민들은 자기 자신을 건드리지 않고는 부자들을 건드릴 수 없다. 민주 사회의 이 양극단 사이에 부유하지도 가난하지도 않은 사람들, 현상 유지를 원할 정도의 재산을 갖고 있으나 이웃이 부러워할 정도로 넉넉하게 갖지는 못한 서로 엇비슷한 수많은 사람들이 존재한다.

이러한 부류는 기본적으로 급격한 변화를 바라지 않는 사람들이다. 변화보다 안정으로 기우는 이들의 처신은 위에 있는 상류층과 아래에 있는 하류층에게 편안한 잠자리를 마련해주며 사회 전체에 안전한 지반을 확보해준다.

　그렇다고 이들이 자신의 현재 처지에 만족하고 있는 것은 아니며, 또 자신이 그 폐단은 겪지 않으면서 그 유산은 나눠 가지게 될 혁명에 대한 생래적인 혐오감을 가지고 있는 것도 아니다. 이와 반대로 이들은 그 어느 때보다도 더 열렬하게 부자가 되기를 원하지만, 문제는 그 부를 누구로부터 얻어낼 수 있을지 알지 못한다는 데에 있다. 이들에게 끊임없이 욕망을 자극하는 바로 그 사회 상태가 이 욕망을 필연적인 한계 안에 가두어버린다. 사람들은 변화의 자유를 더 많이 누리지만 정작 변화에 대한 관심은 별로 없는 것이다.

　민주 시대에 사는 사람들은 당연하게도 혁명을 원하지 않을 뿐만 아니라 혁명을 두려워한다. 모든 혁명은 어느 정도 기존 재산을 위협하기 마련이다. 민주 국가에 사는 대다수 사람들은 재산 소유자이다. 이들은 재산을 소유할 뿐만 아니라 재산에 가장 큰 가치를 두는 사회 조건 아래 살고 있다. 사회를 구성하는 각 계급들을 자세히 관찰해보면, 재산에 대한 열정이 중간계급에게서 가장 열렬하고 집요하게 나타난다는 사실을 쉽사리 알 수 있다.

　대개의 경우 가난한 사람들은 자신이 소유하는 것에 대해 별로 관심을 두지 않는데, 이것은 그들에게는 가지지 못한 데서 오는 고통이 그저 조금 가진 데서 오는 여유보다 훨씬 크기 때문이다.

부유한 사람들에게는 재산에 대한 열정 외에도 충족시켜야 할 다른 여러 열정들이 있다. 그래서 많은 재산을 일구는 오래고 고된 생활 끝에 마침내는 이따금 재산의 매혹에 둔감해지기도 한다.

하지만 풍요를 누릴 정도도 아니고 빈곤에 허덕일 정도도 아닌 그저 적당한 여유 속에 사는 사람들은 자기가 가진 재산에 대해 상당한 가치를 부여한다. 아직 가난을 완전히 벗어난 것은 아니기 때문에, 그들은 가난이 얼마나 가혹한지를 잘 알고 있으며 가난에 빠지면 어쩌나 걱정한다. 그들 자신과 가난 사이에는 정말 얼마 안 되는 재산이 있을 뿐이라서, 그들은 그 적은 재산에 대해 불안을 느끼기도 하고 희망을 걸기도 한다. 매 순간 돈벌이에 연연하다 보니 머릿속에는 온통 재산에 대한 생각뿐이다. 재산을 늘리려고 매일매일 애태우다 보니 재산에 완전히 얽매어버린다. 조금이라도 재산을 잃어버린다는 것은 생각조차 하기 싫은 일이며, 재산을 전부 잃어버린다는 것은 가장 불행한 일이다. 그런데 사회의 조건들이 평등화됨에 따라서, 이 초조해하고 불안해하는 소자산가들의 수가 끊임없이 증가한다.

그러므로 민주 사회에서 대다수 구성원들은 그들이 혁명에서 무엇을 얻을 수 있는가를 명확하게 보지 못한다. 오히려 그들은 매일매일 이러저러한 방식으로 그들이 무엇을 잃고 있는가를 알게 된다.

이 책의 앞부분에서 나는 사회적 조건들의 평등이 어떻게 사람들을 자연스럽게 상업과 공업으로 이끄는지에 대해, 그리고 어떻게 토지 재산을 증대시키고 다각화하는지에 대해 설명했다. 나는 또한 이러한 평등화의 진전이 어떻게 사람들에게 자기 재산을 늘리려는 열정적이고 항구적인 욕망을 불어넣는가를 보여주었다. 아마도 이러한 사실들보다 혁명의 열기에 더 반대되는 것은 없을 것이다.

물론 최종적인 결과에서는 혁명이 상업이나 공업에 도움이 될 수 있을 것이다. 하지만 혁명으로 인해 소비의 전반적인 상태가 교란되고 생산과 필요 사이의 균형이 일시적으로 파괴된다는 점에서, 혁명의 우선적인 효과는 거의 언제나 상업이나 공업에 종사하는 사람들에게 심각한 타격을 안겨주는 것이다.

정말이지 상인의 습속만큼 혁명의 습속에 반대되는 것이 있겠는가. 상업은 본래부터 모든 격렬한 열정과 정반대이다. 상업은 절제를 좋아하고 타협을 즐기며 애써 성급함을 피한다. 상업은 참을성과 유연함과 융통성을 중요시하며 절대적으로 필요한 경우를 제외하고는 극단적인 수단에 의존하지 않는다. 상업은 사람들로 하여금 서로서로 독립심을 갖게 만들고, 그들 개개인의 가치에 대해 색다른 의미를 부여하며, 자기의 일은 자기가 스스로 하게 이끌고 거기서 성공하는 방법을 가르쳐준다. 요컨대 상업은 사람들을 자유로 이끌기는 하지만 그와 동시에 혁명으로부터 떼어놓는다.

혁명이 일어나면, 동산(動産) 소유자들은 어느 누구보다 두려워해야 할 것이 많다. 이들이 가진 자산은 얻기도 쉽지만 다른 한편으로 단 한순간에 잃기도 쉽기 때문이다. 부동산 소유자라면 이러한 문제에 대해서 별로 걱정을 하지 않을 것이다. 그도 그럴 것이 이들은 비록 토지에서 나오는 수입을 잃기는 하지만 어떤 유위

전변을 겪더라도 토지 자체는 보존할 수 있기 때문이다. 그러므로 동산 소유자가 부동산 소유자보다 혁명적 소요의 물결에 훨씬 더 두려움을 갖는다고 할 수 있다. 따라서 동산이 증대하고 다각화됨에 따라서, 동산을 소유한 사람들의 숫자가 더 늘어남에 따라서, 사람들은 더욱더 혁명에서 멀어지게 되는 것이다.

그런데 사람들이 어떤 직업을 영위하든, 그리고 어떤 종류의 재산을 소유하든, 모두에게 공통된 한 가지 특징이 있다. 즉 어느 누구도 현재의 재산에 완전히 만족하지 않으며 누구나 매일같이 수천 가지 방법으로 재산을 불리려 애쓴다. 어떤 한 사람을 골라 그의 인생의 어느 시기든 들여다보라. 그러면 그가 재산을 늘리려고 온갖 새로운 수단에 골몰하는 것이 드러날 것이다. 이런 사람에게 인류 전체의 이익이나 권리 따위에 대해 말하는 것은 아무 소용없는 짓이다. 당장은 가정의 자잘한 관심사가 그의 모든 생각을 지배하고 있으며 공적인 논란거리 따위는 한가한 때로 넘겨두게 만든다.

이것은 혁명적 행위를 가로막을 뿐만 아니라 혁명에 대한 소망마저 단념시킨다. 급격한 정치적 열정은 자신의 복리를 추구하는 데 온 정신을 다 쏟는 사람들에게는 거의 영향력을 미치지 못한다. 이들이 사소한 일에 쏟는 열의가 중요한 일에 대한 열의를 식혀버리는 것이다.

일상적인 관례에 따라서는 자기의 무한한 욕구를 충족시킬 수 없는 진취적이고 야망에 불타는 사람들이 민주 사회에 이따금 나타난다는 것은 사실이다. 이런 사람들은 혁명을 좋아하며 혁명을 기다린다. 하지만 예기치 못한 놀라운 사건들에 의해 도움을 받지 않는 한, 혁명을 일으키는 데에는 큰 어려움이 따른다.

어느 누구도 자기가 사는 시대나 자기가 사는 나라의 전반적인 풍조를 거스르면서까지 싸움을 유리하게 끌고 나가지 못한다. 아무리 그가 영향력이 세다고 할지라도 그 시대를 사는 보통 사람들의 일반적인 기준과 다른 감정이나 사상을 그 사람들에게 심어준다는 것은 정말로 어려운 일일 것이다. 따라서 일단 조건의 평등이 기정사실이 되고 사회의 습속 안에 자리를 잡은 후에는 사람들이 어떤 성급한 지도자나 대담한 개혁가가 안내하는 길을 따라서 쉽사리 위험 속에 뛰어들 것이라고 생각하는 것은 잘못이다.

물론 사람들이 어떤 현명한 방책이나 심지어 잘 짜인 저항 계획에 따라 공개적으로 지도자에게 저항하지는 않는다. 몸과 마음을 다해 싸우지는 않으며 심지어 때로는 박수갈채를 보내기도 한다. 그러나 절대로 그를 따르지는 않는다. 그의 혈기에 대해서 사람들은 은근히 그들의 타성으로 맞선다. 그리고 혁명적 기질에 대해서는 보수적 이해관계로, 모험적 열정에 대해서는 가정적 취향으로, 천재성의 비약에 대해서는 건전한 상식으로, 시적 발랄함에 대해서는 산문적 평범함으로 맞선다. 그는 온갖 노력을 다해 잠시 동안 그들을 술렁이게 만든다. 하지만 그들은 이내 그의 영향권에서 내빼며 마치 제 무게에 겨운 물건들처럼 가라앉아 버린다. 지도자는 이 무관심하고 산만한 군중에게 활력을 불어넣으려고 안간힘을 다하지만 결국 역부족이라기보다는 자기 혼자라는 것을 깨닫고 무기력에 빠져버린다.

나는 민주 사회에 사는 사람들이 생래적으로 변화에 둔감하다고 주장하지는 않는다. 오히려 나는 이러한 사회에는 끊임없는 움직임이 팽배해 있으며 휴식이란 찾아보기 힘들다고 믿는다. 하지만 나는 여기에서는 사람들이 어떤 일정한 한계 안에서만 움직이며 그 범위를 벗어나지 않는다고 생각한다. 그들은 매일매일 사소한 일들을 만들고 꾸미고 바꾼다. 하지만 중요한 일들은 건드리지 않으려고 아주 조심한다. 이들은 변화는 좋아하지만 혁명은 두려워하는 것이다.

아메리카인들은 끊임없이 그들의 법률 중 일부를 수정하거나 폐기하곤 하지만, 혁명적 열정을 드러내는 일은 거의 없다. 대중의 흥분이 위험 수준에 다다르고 열정이 최고조에 이른 듯 보일 때 아메리카인들이 얼마나 재빠르게 걸음을 멈추고 평정심을 유지하는지를 생각해본다면, 그들이 혁명을 가장 큰 불행으로 간주한다는 것과 그들 중 누구도 혁명을 피하기 위해서라면 어떤 커다란 희생도 감수할 각오가 되어 있다는 것을 쉽사리 알아차릴 수 있을 것이다. 아메리카인들보다 더 재산에 대해서 민감하고 전전긍긍하는 민족은 이 세상에 없을 것이다. 어떤 방식으로든 소유의 구조를 뒤흔들어놓을 위험이 있는 정치 이론에 대해서 아메리카인들은 그 어느 나라 사람들보다도 더 무관심한 태도를 보인다.

재산 상태와 개인 지위의 완벽하고 이따금 돌발적인 변화를 요구한다는 의미에서 혁명적인 성격을 띠는 이론들이 유럽 군주국들보다도 합중국에서 더 환영받지 못한다는 사실을 나는 앞에서 여러 차례 언급했다. 어떤 사람이 이러한 이론을 공개적으로 표방하더라도, 대다수 사람들은 본능적인 두려움을 갖고 그것을 거부한다.

나로서는 프랑스에서 흔히 민주주의적이라고 불리는 격률들이 합중국의 민주주의에서는 배척을 당한다고 서슴없이 말할 수 있다. 이것은 별로 어렵지 않게 이해할 수 있다. 요컨대 아메리카에서는 민주주의적인 관념과 열정을 가지고 있는 반면에, 유럽에서는 혁명적인 관념과 열정을 가지고 있는 것이다.

만일 아메리카가 거대한 혁명을 겪게 된다면, 그것은 합중국의 땅에 존재하는 흑인들로 인해 발생할 것이다. 요컨대 아메리카에서 혁명이 일어난다면, 그것은 조건들의 평등이 아니라 조건들의 불평등으로 말미암은 것이라고 할 수 있다.

사회적 조건들이 평등할 때, 사람들은 서로 떨어져 자기 자신에게 틀어박혀 살려 하며 공공의 일에 대해서는 무관심해진다. 이러한 이기적 성향이 시민들을 정치적 열정에서 떼어놓고 혁명에서 멀어지게 할 것이라는 생각에서, 민주 국가의 입법자들은 그러한 성향을 바로잡으려 굳이 애쓰지 않고 오히려 조장하기도 한다. 하지만 그러다가는 그들이 피하고자 했던 악을 궁극적으로 더 키울지도 모른다. 몇몇 사람들의 통제되지 않는 열정들은 다수 대중의 우둔한 이기심과 심약함에 의해 뒷받침된다면, 마침내 사회 전체를 기묘한 유위전변 속에 몰아넣을 수 있기 때문이다. 민주 사회에서는 일반적으로 혁명을 원하는 자는 소수에 지나지 않는다. 하지만 때로는 혁명을 수행하는 데 소수면 충분하다.

나는 민주 국가가 혁명으로부터 안전하다고 말하는 것이 아니다.

나는 단지 민주 국가의 사회 상태가 혁명에 유리하다기보다는 혁명에 불리하다고 말할 뿐이다. 스스로에게 내맡겨진 민주 국가의 국민들은 쉽사리 거대한 모험에 나서려 하지 않는다. 단지 자기도 모르는 사이에 혁명으로 이끌릴 뿐이다. 혁명을 받아들이기는 하지만 직접 혁명을 일으키지는 않는다. 그리고 나는 이들이 충분한 지식과 경험을 얻게 된다면 혁명이 발생하는 것을 결코 용납하지 않을 것이라는 점을 덧붙여둔다.

이러한 점에서 공공 제도들 자체가 아주 중요한 역할을 한다는 것을 나는 잘 알고 있다. 공공 제도는 일정한 사회 상태에서 응당 생겨나는 성향을 고무하기도 하고 억제하기도 한다. 그래서 거듭 말하지만, 나는 사회적 조건들이 평등하다는 그 사실만으로 사람들이 혁명의 자기장으로부터 멀리 떨어져 있다고 주장하는 것이 아니다. 하지만 어떤 제도를 지녔든지 간에 이 사회에서는 거대한 혁명들이 언제나 생각하는 것보다는 덜 격렬하고 더 드물 것이라고 나는 믿는다. 그리고 나는 평등의 원리와 결합하게 되면 지금까지 서구가 경험한 수준을 훌쩍 넘어설 정도로까지 사회를 정태적으로 만들어버리는 그러한 정치 상태를 어렵지 않게 머릿속에 그려볼 수 있다.

내가 지금까지 사실들에 대해 말한 것은 부분적으로 관념들에도 적용된다. 합중국에서는 다음의 두 가지가 사람들을 놀라게 한다. 즉 대부분 인간 행동의 가변성과 몇몇 원리들의 독특한 불변성이다. 사람들은 끊임없이 움직이지만 인간 정신은 거의 변하지 않는 것처럼 보인다. 일단 아메리카 땅에서 어떤 견해가 널리 퍼지고 뿌리를 내리고 나면 그 땅의 아무리 강력한 권력이라도 그 견해를 없애지 못한다고 말할 수 있다. 합중국에서 종교, 철학, 도덕, 심지어 정치에서까지 일반 원칙들은 결코 변하지 않는다. 변하더라도 숨은 노력에 의해서 눈에 잘 띄지도 않을 정도로 약간 변할 뿐이다. 심지어 아주 거친 편견들조차도 인간과 사물의 수천 번 반복되는 부대낌 속에서 믿을 수 없을 만큼 천천히 사라진다.

언제든 생각과 감정을 바꾸는 것이 민주주의의 자연적인 성향이자 습성이라고들 말한다. 이것은 모든 시민이 한곳에 모일 수 있으며, 그래서 한 웅변가의 열변에 쉽사리 좌우되는 고대 세계의 소규모 폴리스와 같은 작은 민주 국가들에서는 옳은 말일 수 있다. 하지만 나는 대서양의 반대편 해안을 차지하고 있는 이 거대한 민주 국가에서 이와 비슷한 현상을 본 적이 없다. 합중국에서 나를 놀라게 한 것은 대다수 사람들이 일단 자기네가 한번 받아들인 관념을 버리지 않고 끝까지 고수하려 한다는 사실과 자기네가 한번 선택한 인물을 어떤 일이 있더라도 끝까지 따르려 한다는 사실이다. 말로도 글로도 이들을 그만두게 설득할 수 없다. 이들은 직접 겪어보고 나서야 마음을 바꾼다. 그것도 여러 번 되풀이하여 겪은 후에야.

이러한 사실은 얼핏 엉뚱하게 보이지만 좀 더 주의 깊게 관찰해 보면 이해할 만하다. 나는 민주 국가에서의 편견을 뿌리 뽑는 것, 그 신념 체계를 바꾸는 것, 기존의 원리들을 새로운 종교적·철학적·정치적 원리들로 대체하는 것 따위가 일반적으로 상상하는 것만큼 쉬우리라고는 생각하지 않는다. 한마디로 말해서, 인간이 자기의 생각을 크게, 그것도 자주 바꾼다는 것은 정말로 어려운 일이다. 이것은 민주 사회에서 인간의 정신이 게을러지기 때문이 아니다. 인간 정신은 끊임없이 움직인다. 하지만 여기서 인간 정신은 새로운 원리들을 찾는 데 열중하기보다 기존의 원리들에서 나온 결과들을 끝없이 모양만 바꾸거나 또 다른 결과들을 발견하는 데 더 열중한다. 인간 정신은 직접적이고 신속하게 앞으로 나아가기보다 민첩하게 제자리를 맴돈다. 인간 정신은 작은 율동을 계속 반복함으로써 조금씩 자기 영역을 넓혀 나갈 뿐 갑자기 자리를 바꾸지 않는다.

권리와 교육과 재산에서 평등한 사람들, 한마디로 말해서 비슷한 조건의 사람들은 서로 별로 다르지 않은 욕구와 습성과 취향을 갖기 마련이다. 그들은 같은 관점에서 사물을 바라보기 때문에 그들의 정신은 자연스럽게 같은 생각으로 향하는 경향이 있다. 그리고 그들 각자가 이웃으로부터 동떨어진 채 자기 나름대로 사유를 형성한다고 할지라도, 그들은 모두 알지도 원하지도 않는 사이에 상당한 정도로 동일한 견해를 갖게 될 것이다.

평등이 인간의 지성에 미치는 영향을 주의 깊게 관찰하면 할수록, 나는 우리 주변에서 자주 보는 지적인 무질서가 많은 사람들이 생각하듯이 민주 국가의 자연적 상태가 아니라는 것을 더욱더 확신하게 된다. 지적인 무질서는 아직 성숙기에 접어들지 않은 민주 사회에서 나타나는 특이한 우연적인 일로 간주해야 하며 과도기에나 나타나는 현상이라고 나는 생각한다. 이러한 과도기에 사람들은 서로를 묶어주던 낡은 유대를 이미 끊어냈지만 여전히 출신과 교육 수준과 생활양식에서 서로 구분된다. 그래서 사람들은 여전히 아주 다양한 생각과 본능과 취향을 보존하고 있는 까닭에, 아무런 어려움 없이 그대로 숨김없이 드러내는 것이다. 사회적 조건들이 서로 엇비슷해짐에 따라서, 인간의 주요 견해들도 서로 유사해진다. 내가 보기에 일반적이고 항구적인 사실은 바로 이것이다. 나머지는 우연적이고 일시적인 사실일 뿐이다.

민주 사회에서 어느 한 사람이 자기 주위 사람들과 전혀 다른 사고방식을 갑자기 단숨에 머릿속에 지닌다는 것은 거의 불가능하다고 나는 생각한다. 실사 그러한 개혁가가 나타난다 하더라도 그는 청중을 얻기 힘들 뿐만 아니라 하물며 추종자를 얻기는 더욱 힘들 것이다.

조건들이 거의 유사할 때, 인간은 다른 인간에 의해 자신이 설득당하는 것을 쉽사리 허용하지 않는다. 모두 서로 가까이서 보고 살며 함께 같은 것을 배우고 같은 생활을 영위하는 까닭에, 그들은 자연스럽게 자기들 중 어느 한 사람을 지도자로 택해서 맹목적으로 따르려는 생각을 하지 않는다. 인간이 자기와 엇비슷하거나 자기와 동등한 인간의 견해를 곧이곧대로 믿고 신뢰하는 경우가 거의 없다.

민주 사회에서 실추되는 것은 단지 이렇게 특정 개인들의 지성에 대한 신뢰만이 아니다. 내가 앞에서 지적한 것처럼, 한 인간이 다른 인간에 대해 가질 수 있는 지적 우월성에 대한 일반적인 관념도 재빨리 사라져버린다.

사람들이 점점 더 유사해짐에 따라서, 지성의 평등이라는 도그

마가 조금씩 사람들의 뇌리에 스며든다. 그래서 어떤 혁신가라도 대중의 마음에 커다란 영향력을 행사하기가 더욱더 어려워진다. 따라서 이러한 사회에서는 갑작스러운 지적 혁명이란 아주 드물 수밖에 없다. 그도 그럴 것이 인간의 역사를 돌이켜보면, 생각과 사상의 거대하고 신속한 변화를 낳은 것은 지성의 힘이 아니라 이름의 권위라는 사실을 쉽사리 알 수 있을 터이니 말이다.

그리고 민주 사회에 사는 사람들은 어떤 유대로도 서로 긴밀하게 연결되어 있지 않은 까닭에, 그들은 각자 개별적으로 설득되어야 한다는 사실을 염두에 두자. 반면에 귀족 사회에서는 몇몇 사람의 정신을 사로잡는 것으로 충분하며 나머지는 따라오게 되어 있다. 만일 루터가 평등의 시대에 살았거나 그의 청중 속에 군주나 영주가 없었다면, 그는 아마도 유럽의 판도를 바꾸는 데 더 큰 어려움을 겪었을 것이다.

민주 사회의 사람들이 원래부터 그들의 견해의 확실성을 확고히 믿는다거나 그들의 신념에 투철한 것은 아니다. 그들은 때로 자기들이 보기에 누구도 해소할 수 없는 의심을 가슴에 품고 있다. 이러한 시기에 이따금씩 인간 정신이 선뜻 자리를 바꾸려는 일이 생긴다. 하지만 그 어느 것도 그들을 강하게 밀어붙이지도 앞으로 끌어주지도 못하기 때문에 그는 제자리걸음을 하다가 이내 멈추어 선다.[1]

---

1) 인간 지성의 거대한 혁명에는 어떤 사회 상태가 가장 유리한가를 탐색해보면, 그것은 모든 시민의 완전한 평등과 계급들의 절대적 분리 사이의 어디엔가에

민주 국가에서는 국민의 신뢰를 얻었을 때에도 국민의 관심을 얻는 것은 여전히 쉬운 일이 아니다. 민주 국가에서는 그들 자신에 대해서 이야기하지 않는 한 그들의 귀를 열기가 정말로 힘들다. 그들은 자기가 하는 일에 항상 몰두해 있기 때문에 주위 사람들이 자기에 대해서 하는 말을 잘 듣지 않는다.

　　민주 국가에서는 사실상 한가한 사람이 거의 없다. 부산함과 시끄러움 속에서 하루가 지나간다. 사람들은 행동하는 데 너무나 몰두해 있어서 생각할 여유가 별로 없다. 내가 여기서 특히 강조하고 싶은 것은 사람들이 항상 일에 매달려 있을 뿐만 아니라 그 일에 열과 성을 다한다는 사실이다. 그들은 언제나 활동하고 있으며

있다는 것을 알게 된다.

　　신분제도 아래서는 사람들이 지위를 바꾸지 않은 채 세대가 계속 이어진다. 이떤 사람들은 더 이상 원하는 것도 없고, 어떤 사람들은 더 나아지기를 바라지도 않는다. 이러한 만연된 침묵과 무기력 속에서 상상력은 잠들어버리고 변화라는 생각 자체가 사람들의 정신 속에서 사라져버린다.

　　계급들이 철폐되고 조건들이 평등해질 때, 모든 사람은 끊임없이 움직이지만 그들 각자는 서로 고립되고 동떨어지며 허약해진다. 이러한 나중의 상태는 이전의 상태와 완전히 다르지만 한 가지 점에서는 비슷하다. 인간 정신의 거대한 혁명들이 드물어지는 것이다.

　　하지만 여러 나라의 역사에서 볼 수 있는 이와 같은 양극단 사이에는 영광스러운 동시에 혼란스러운 시기, 즉 중간 단계의 시기가 있다. 이 시기에는 지성이 무기력한 잠에 빠질 정도로 사회적 조건들이 고정되어 있지는 않으며, 사회적 조건들이 여전히 불평등해서 사람들이 서로의 정신에 커다란 영향력을 행사할 수 있을 뿐만 아니라 소수 몇몇 사람들이 모두의 확신을 바꿀 수도 있다. 바로 이러한 시기에 강력한 개혁가들이 등장하고 새로운 사상이 돌연 세상의 면모를 뒤바꾼다.

하나하나의 활동에 진심으로 매진한다. 일하는 데 열정을 다 쏟아부은 바람에 생각하는 데 쏟을 열정이 모자란다.

민주 국가에서는 일상생활과 눈에 띌 만큼의 직접적인 관련성이 없는 어떤 이론에 대해서도 사람들의 열정을 자극하기가 정말로 어렵다고 나는 생각한다. 민주 국가에서 사람들은 자신이 옛날부터 지녀온 신념을 쉽사리 포기하려 하지 않는다. 그도 그럴 것이 인간 정신이 인습의 굴레를 벗어나게 해주는 열정, 거대한 정치 혁명뿐만 아니라 거대한 지성 혁명을 만들어내는 바로 그 열정이 부족하기 때문이다.

이렇게 민주 국가에 사는 사람들은 새로운 견해를 찾아 나설 여유도 없거니와 흥미도 없다. 그들은 자기가 지닌 견해를 의심할 때조차도 그 견해를 그대로 고수하는데, 이는 그 견해를 검토해볼 만한 시간적 여유가 없기 때문이다. 그들은 그 견해가 확실해서가 아니라 자기에게 익숙해서 고수하는 것이다.

민주 국가에서 정치 이론이나 학설 등에 어떤 커다란 변화가 일어나기 힘든 것은 이와는 다른 여러 강력한 요인들이 작용하기 때문이다. 이 점에 대해서는 책의 앞부분에서 이미 설명했다.

민주 사회에서 개개인의 개별적 영향력은 아주 허약하고 미미하다고 할지라도, 다수 대중이 이들 개개인의 정신에 미치는 영향력은 아주 강하다. 나는 그 이유를 앞에서 이미 밝혔다. 여기서 지적하고 싶은 것은 이러한 사실이 전적으로 통치 형태에 의존한다고 생각하는 것은 잘못이라는 점과 다수자가 정치적 권력을 잃으면 지적인 영향력도 잃을 수 있다는 점이다.

귀족 사회에서 사람들은 흔히 자기 몫의 위엄과 권세를 지니고 있다. 그들이 동료 대다수와 어긋날 때, 그들은 자기만의 세계로 후퇴해서 거기서 지지와 위안을 구할 수 있다. 민주 사회에서는 그렇지 않다. 민주 사회에서는 공중의 관심과 호의가 우리가 숨 쉬는 공기만큼이나 필수적이다. 다수 대중과 불화하면서 사는 것은 말하자면 살지 않는 것과 마찬가지이다. 대중은 자기들처럼 생각하지 않는 사람들을 굴복시킬 법률을 필요로 하지 않는다. 인정하지 않는다는 의사를 밝히는 것만으로 충분하다. 대중의 인정을 받지 못하는 사람들은 고립감과 무기력에 시달리며 이내 절망에 빠진다.

사회적 조건들이 평등할 때면 언제나, 여론은 엄청난 무게로 개개인의 영혼을 짓누른다. 여론은 개인을 둘러싸고 끌어당기고 밀어붙인다. 이것은 정치 법제들에서 비롯되기보다 사회의 구성 자체에서 비롯되는 현상이다. 모든 사람이 서로 엇비슷하게 닮아감에 따라서, 각자는 점점 더 자신이 모든 사람 앞에서 허약하다고 느낀다. 자기가 어떤 면에서 다른 사람들보다 더 나은지, 어떤 면에서 다른 사람들과 다른지를 자부할 수 없는 까닭에, 각자는 다른 사람들이 자기를 비난하기만 하면 그 즉시 자기 자신을 불신하게 된다. 자기가 강하다는 것을 믿지 않을 뿐만 아니라 자기가 옳다는 것도 믿지 않는다. 대다수 사람들이 그가 틀렸다고 말하면 그는 자기가 틀렸다고 인정해버린다. 다수 대중이 그를 강제할 필요가 없다. 설득하기만 하면 된다.

민주 사회에서 권력체들이 어떤 방식으로 구성되고 또 어떻게 서로 균형을 유지하든 간에, 다수 대중이 거부하는 것을 자기는 인정한다거나 다수 대중이 비난한 것을 자기는 옳다고 주장하기란 정말로 어려운 일이다.

이러한 상황은 기존의 신념 체계가 고스란히 유지되는 데 크게 기여한다. 일단 어떤 견해가 민주 국가에서 뿌리를 내려 대다수 사람들의 정신 속에 자리를 잡게 되면, 그 견해는 어디서부터 어떤 공격도 받지 않기 때문에 아무런 노력을 하지 않아도 저절로 지속된다. 처음에 그 견해를 틀렸다고 거부했던 사람들도 결국은 한 걸음 물러나서 받아들인다. 마음속으로는 여전히 그 견해를 받아들이지 않는 사람들도 남들 앞에서는 속내를 드러내지 않는다. 요컨대 그들은 위험하고 무익한 논쟁에 빠져들지 않기 위해서 몸을 사리는 것이다.

민주 국가에서 다수 대중이 견해를 바꾼다면 지성 세계에 돌연 다수자가 원하는 형태로 기묘한 혁명적인 변화가 일어날 수 있다는 것은 사실이다. 하지만 다수자가 자신의 견해를 바꾸는 것은 정말로 어려울 뿐만 아니라 다수자가 견해를 바꾸었는지 여부를 알아내는 것도 마찬가지로 어렵다.

시간이 흐르고 사건이 발생하며 몇몇 개인들이 외로이 애를 쓰고 난 후에 마침내 겉으로는 잘 드러나지 않지만 신념 체계가 조금씩 뒤흔들리고 와해되는 일이 가끔 일어난다. 누구도 그 신념 체계를 공개적으로 비판하지 않고, 누구도 힘을 합해서 그것을 공격하지도 않으며, 기존 신념을 지지하던 자들은 아무 소리도 내지 않고 하나둘씩 자리를 뜬다. 하지만 기존 신념을 버리는 자들이 매일같이 늘어나서 결국은 몇몇 소수만이 그것을 따른다. 신념 체계는 이러한 상태로 지속된다.

인습적인 사고에 반대하는 자들은 계속 침묵을 지키거나 눈에 띄지 않게 서로 소통하는 까닭에, 이들 자신이 어떤 거대한 혁명이 발생했다는 사실을 깨닫기까지는 아주 오랜 시간이 걸린다. 그래서 이들은 희미한 의혹에 싸인 채 어떤 행동도 취하지 못한다. 보고 알지만 아무 말도 하지 않는다. 대다수는 이제 더 이상 믿지 않으면서도 겉으로는 여전히 믿는 척한다. 그래서 여론이라는 이 텅 빈 유령은 개혁자들을 의기소침하게 만들고 침묵으로 일관하게 만들기에 충분하다.

우리는 인간의 정신에서 가장 급격한 변화가 일어나는 시대에 살고 있다. 그럼에도 불구하고, 머지않아 인간 사회의 주요 견해들은 지난 수백 년 동안 그랬던 것보다 더 안정적이 될 것이다. 이러한 시기가 아직 오지 않았지만 점점 다가오고 있다.

나는 민주 사회에 사는 사람들의 욕망과 생래적 본능들을 자세히 관찰해보았다. 여기서 나는 평등이 이 세상에 전면적이고 항구적으로 확립되고 나면, 지적이고 거대한 지적 혁명들과 정치적 혁명들이 우리가 예상하는 것보다 더욱더 어려워지고 드물어질 것이라는 확신을 얻게 되었다.

민주 국가에 사는 사람들은 항상 들떠 있고 불안하고 숨가쁘며 언제든 목표도 지위도 바꿀 채비가 되어 있는 것처럼 보이기 때문에, 이들이 언제든 갑자기 법률을 바꾸고 새로운 신념 체계를 받아들이며 새로운 습속을 채택할 것이라고 생각하기 쉽다. 하지만 평등의 원리가 사람들을 변화로 나아가게 이끌지라도, 그것은 동시에 안정된 질서 없이는 충족될 수 없는 이익과 취향을 사람들에게 제시한다는 점을 잊어서는 안 된다. 평등은 사람들을 앞으로 잡아당기는 동시에 뒤로 밀어붙인다. 평등은 사람들을 들뜨게 하는 동시에 가라앉히기도 한다. 평등은 욕망을 부추기는 동시에 힘을 제한한다.

이러한 것들은 금방 눈에 띄지는 않는다. 민주 사회에서 구성원들을 서로서로 떼어놓는 열정들은 저절로 드러난다. 하지만 사회 구성원들을 한곳에 모으고 하나로 묶는 숨겨진 힘은 첫눈에는 알아내기 힘들다.

지금 혼란과 폐허의 한복판에 서 있는 내가 미래 세대를 위해 가장 우려하는 것은 혁명이 아니라고 감히 말해도 되겠는가?

시민들이 가정의 사소한 이해관계의 테두리 안에 점점 더 협소하게 자신을 가두어버리고 거기에서 끊임없이 자잘한 활동들을 이어간다면, 그들은 나라를 뒤흔들기는 하지만 나라를 발전시키고 쇄신하는 이 거대하고 강력한 대중적인 격분에 결국은 둔감해질 것이라고 우려할 충분한 이유가 있다.

재산이 이 손에서 저 손으로 이동하고 재산에 대한 애착이 너무도 들떠 있고 활활 타오를 때, 사람들이 모든 새로운 이론은 위험한 것으로, 모든 혁신은 골칫거리로, 모든 사회적 진보는 혁명을 향한 첫걸음으로 간주하기에 이르고 혹시 휩쓸리게 될까 두려워 아예 움직이려 하지도 않을 것이라고 나로서는 정말 우려하지 않을 수 없다. 사람들이 마침내 현세적 향락의 추구에 너무도 초라

할 정도로 빠져든 나머지 자기 자신의 미래나 자기 후손들의 미래에 대한 관심을 아예 잃어버리지나 않을까, 그리고 더 나은 미래를 위해 필요한 경우 강하고 신속하게 노력하기보다 그저 무기력하게 주어진 운명의 길을 따라가지나 않을까? 내가 우려하는 것이 바로 이것이다.

새로 생기는 사회들이 매일매일 변할 것이라고 믿는 사람들이 있다. 하지만 나로서는 우려하지 않을 수 없다. 이 사회들이 결국은 같은 제도, 같은 편견, 같은 습속 안에 달라진 모습 없이 고착되어 인류가 진보를 멈추고 제자리에 머물지 않을까, 인간 정신이 새로운 사상을 낳기는커녕 끊임없이 자기 자신 속으로 되돌아가지 않을까, 인간이 외떨어진 쓸모없는 일에 힘을 낭비하지 않을까, 끊임없이 움직이기는 하지만 한 걸음도 나아가지 못하는 것은 아닐까라고 말이다.

제22장

왜 민주 국가에서 국민은 당연히 평화를 바라고 군대는 전쟁을 바라는가

민주 국가의 국민이 혁명을 멀리하게 만드는 바로 그 이해관계와 심려와 열정은 마찬가지로 이들이 전쟁을 멀리하게 만든다. 군사 정신과 혁명 정신은 같은 시기에 같은 원인들에 의해서 약화되는 것이다.

평화를 애호하는 자산가들의 끊임없는 증가, 전쟁이 일어나면 다 잃게 될 재산의 증식, 온건한 습속, 유연한 심성, 사회의 평등에 의해 진작된 연민의 정서, 전쟁 무기가 일깨우는 격렬하고 시적인 흥분에 무감각해지게 만드는 냉철한 이해력, 이 모든 원인이 한꺼번에 작용해서 군대 정신을 억눌러버린다. 문명화된 국가에서 사회적 조건들이 평등해짐에 따라 호전적인 열정들은 점점 드물어지고 약화되는 것이 일반적이고 항구적인 법칙이라고 인정할 수 있을 것이다.

그럼에도 불구하고 전쟁은 민주 국가들에서든 다른 형태의 국가들에서든 어느 나라나 언제든 당면할 수 있는 우발적인 사건이다. 아무리 평화를 애호하는 나라들일지라도, 국민들은 전쟁을 막을 채비가 되어 있어야, 달리 말하자면 군대를 가지고 있어야 한다.

합중국에 사는 주민들에게 각별한 혜택을 베풀어준 운명의 여신은 아메리카인들이 황무지 한복판에 자리를 잡게 해주었다. 그들 외에는 거의 아무도 없는 곳이었다. 그래서 여기서는 군인 수천 명 정도로 충분했다. 하지만 이것은 아메리카의 특이한 상황이지 민주 국가의 일반적인 상황이 아니다.

조건들의 평등도 거기서 생긴 습속과 제도들도 민주 국가의 국민들에게 군대를 유지해야 할 의무를 덜어주지 않았다. 그리고 군대는 언제나 국민의 운명에 아주 커다란 영향력을 행사한다. 따라서 이 군대를 구성하는 사람들의 자연적인 성향을 조사하는 것은 매우 중요한 일이다.

귀족 국가들에서는, 특히 출생이 서열을 좌우하는 국가들에서는 국민에게서와 마찬가지로 군대에서도 불평등이 존재한다. 장교는 귀족 출신이고 병사는 농노 출신이다. 전자는 당연히 명령하게 되어 있고, 후자는 당연히 복종하게 되어 있다. 따라서 귀족 국가의 군대에서는 사병들의 야망이 아주 제한되어 있다. 장교의 야망도 무제한적인 것은 아니다.

귀족 집단은 국가 전체의 위계제의 일부를 이룰 뿐만 아니라 자체 내에도 언제나 위계제를 지니고 있다. 귀족 집단의 구성원들은 언제나 변함없는 방식으로 일부가 다른 일부의 위쪽에 위치한다. 그래서 어떤 이는 태어나면서부터 당연히 연대를 지휘할 권한을,

다른 어떤 이는 중대를 지휘할 권한을 갖게 된다. 그리고 일단 원하는 최고 지점에 도달하게 되면, 스스로 현재의 위치에 멈추어버리며 자신의 운명에 만족한다.

게다가 귀족 국가에서는 장교의 승진 욕구를 약화시키는 커다란 요인이 있다. 귀족 국가에서 장교는 군대에서 그가 차지하는 서열과 관계없이 사회에서 여전히 높은 지위를 차지하고 있다. 그가 보기에 군대에서의 서열은 사회에서의 지위에 부수되는 것에 지나지 않는다. 귀족이 군문에 들어설 경우, 그것은 그가 자신의 야망을 좇아서가 아니라 출생에 따른 그의 의무를 다하기 위해서일 따름이다. 귀족이 군대에 들어가는 것은 청년기의 한가한 시간을 명예롭게 활용하기 위해서이며, 군대 생활의 명예로운 추억거리를 자신의 가족과 동료들에게 이야기하기 위해서이다. 그러니 그가 군대에 들어가는 주요 동기는 재산이나 평판이나 권력 따위를 획득하는 데 있지 않다. 그도 그럴 것이 이러한 혜택들은 그가 굳이 집을 나오지 않아도 다 얻을 수 있을 터이니 말이다.

민주 국가의 군대에서는 모든 사병이 장교가 될 수 있는데, 따라서 누구나 승진의 욕망을 품을 수 있고 군인으로서의 야망을 아무런 제약 없이 펼칠 수 있다. 장교도 마찬가지이다. 장교도 어느 한 계급에 마냥 머물러야 할 이유가 없다. 그에게는 모든 계급이 아주 중요한 의미를 지니는데, 사회에서의 그의 지위는 대개의 경우 군대에서의 그의 지위에 달려 있기 때문이다.

민주 국가에서 장교는 봉급 외에 다른 재산이 없으며 군인으로서의 명예 외에 달리 어떤 존중도 받지 못하는 경우가 흔하다. 따라서 그의 직급이 달라짐에 따라서 그의 재산도 달라지며, 그는 말하자면 새로운 사람이 된다. 귀족 국가의 군대에서 부차적이었던 것이 여기서는 핵심이자 전부가 되어버린다.

프랑스의 옛 왕정 치하에서 장교는 항상 귀족 작위로 호칭되었다. 오늘날은 군대 계급으로만 호칭된다. 언어의 용례에 나타난 이 작은 변화만으로도 사회의 구성과 군대의 구성에 어떤 거대한 변혁이 일어났다는 것을 알려주기에 충분하다.

민주 국가의 군대에서 진급의 욕망은 거의 일반적인 현상이다. 이것은 열렬하고 끈질기며 끝이 없는 욕망이다. 이 욕망은 모든 다른 욕망을 먹고 자라며 생명줄이 끊어져야 사라진다. 그래서 이 세상의 모든 군대 중에서 평화 시에 진급이 가장 느린 군대가 바로 민주 국가의 군대라는 것은 쉽사리 이해할 수 있다. 계급의 수는 당연히 제한되어 있는데, 경쟁자의 수는 거의 무한정이다. 평등이라는 엄격한 규범이 모두에게 적용되는 까닭에, 누구도 빠른 속도로 진급할 수 없으며 진급을 못하는 경우가 더 많다. 이와 같이 다른 어느 곳보다 진급의 욕망은 더욱 강한데 진급의 기회는 더욱 적다.

따라서 민주 국가에서 야망을 지닌 군인들은 모두 열렬하게 전쟁을 원한다. 전쟁이 일어나야 공석이 많이 생기고 민주 사회에서만 당연시되는 특전인 선임자의 권리를 무시할 수 있기 때문이다.

이렇게 우리는 다음과 같은 특이한 결론에 도달하게 된다. 모든 군대 중에서 전쟁을 가장 열렬하게 바라는 군대는 민주 국가의 군대이며, 모든 국민 중에서 평화를 가장 애호하는 국민은 민주 국가의 국민이다. 그리고 이러한 사실이 더욱 유별나게 보이는 것은 이러한 상반된 결과가 모두 한꺼번에 평등의 원리에서 나오기 때문이다.

사회 구성원들은 서로 평등한 까닭에 자신이 처한 조건들을 변경하고 자신의 복리를 증진하려는 욕망을 매일매일 품고 그 가능성을 모색한다. 그래서 시민들은 평화를 사랑하게 되고, 이 평화는 상공업의 번영에 도움을 주며 각자가 큰 탈 없이 자신의 작은 사업을 완수할 수 있도록 이끌어준다. 다른 한편으로, 바로 이 평등이 병사들로 하여금 전쟁을 꿈꾸게 만든다. 전쟁이 일어나야만 군대의 명예가 지닌 값어치가 올라가고 그 명예에 접근할 수 있는 길이 누구에게나 열리기 때문이다. 이 두 가지 경우는 조급한 마음의 소산이라는 점에서 동일한 현상이다. 두 가지 경우 모두 향유에 대한 강한 취향과 미래를 향한 강한 야망을 담고 있다. 단지 그것을 충족시키는 수단이 다를 뿐이다.

국민과 군대의 이러한 상반된 성향은 민주 사회에 커다란 위험을 초래한다. 국민이 군대식 사고방식에서 벗어날 때, 군대 경력은 더 이상 명예로운 훈장이 아니며 군인은 국가 공직 중 최하위층으로 전락한다. 군인은 존경의 대상이 아닐뿐더러 제대로 평가받지도 못한다. 이렇게 귀족 시대와 정반대되는 현상이 나타난다. 이제 군문에 들어가는 사람은 사회의 주요 인사들이 아니라 그보다 못한 인물들이다. 그리고 달리 아무것도 해볼 만한 일이 없을 때 군 경력을 희망한다. 여기서 빠져나오기 힘든 악순환이 발생한다. 즉 군 경력이 존중을 받지 못하는 까닭에 국민 중 엘리트들이 군대를 피하게 되고, 또 엘리트들이 군대에 가지 않는 까닭에 군대는 더 존중받지 못하게 된다.

따라서 민주 국가의 군대가 비록 다른 어떤 국가의 군대보다도 일반적으로 물리적 조건이 훨씬 좋고 군율이 훨씬 덜 엄격하다고 할지라도, 자주 조급해하고 불평이 가득하고 자신의 처지에 만족하지 못하는 것은 사실 그리 놀랄 만한 일이 아니다. 병사는 자기가 열등한 지위에 있다고 느끼며, 그의 상처받은 자존심은 그의 존재감을 확인시켜줄 전쟁에 대한 취향이나 아니면 혁명에 대한 애착을 그에게 불어넣어 준다. 이렇게 전쟁이나 혁명적 동요 속에서 그는 무기를 손에 들고 잃어버린 자신의 정치적 영향력과 개인적 명예를 되찾으려 할 것이다.

민주 국가에서의 군대의 구성은 이러한 위험을 더욱 가중시킨다. 민주 사회에서는 거의 모든 시민이 지켜야 할 재산을 가지고 있다. 하지만 민주 국가의 군대는 일반적으로 재산이 없는 자들에 의해 운영된다. 이들 대다수는 사회의 격동 속에서 잃을 것이 별로 없다. 민주 시대에 국민 대중은 당연히 귀족 시대에서보다 더 혁명을 두려워한다. 하지만 군대의 지휘관들은 혁명을 두려워하지 않는다.

더욱이, 앞에서 언급했듯이 민주 국가에서는 아주 부유하고 아주 지식수준이 높으며 아주 유능한 시민들은 군문에 들어가지 않는 까닭에, 군대는 전반적으로 국민 일반보다 지식수준이 더 낮고 생활습속이 더 거친 별개의 작은 국민이 되어버리는 경향이 있다. 그런데 이 계몽되지 못한 작은 국민이 무기를 소유하고 있으며 그들만이 그 사용법을 알고 있다.

그런데 사실상 군대의 이 시끌벅적한 전투적인 기질이 민주 국가에 끼치는 위험을 더욱 증대시키는 것은 바로 시민들의 평화를 애호하는 기질이다. 전쟁을 원하지 않는 국민 속에 있는 군대만큼 위험한 것은 없다. 사회가 그저 평온하기를 바라는 시민들의 지나친 무사안일 심리가 국가의 기강을 매일같이 군인들의 손에 내맡기는 결과를 낳게 되는 것이다.

따라서 민주 국가의 국민이 자신의 이해관계와 성향에 의해 자연스럽게 평화로 향한다고 할지라도 그들은 군대에 의해 끊임없이 전쟁이나 변혁으로 이끌려간다고 일반적으로 말할 수 있을 것이다.

귀족 국가에서는 거의 우려할 필요가 없는 군사상의 변혁들이 민주 국가에서는 항상 두려운 대상이 된다. 이러한 위험은 민주 국가의 미래를 결정하는 가장 두려운 요소들 중 하나로 고려되어야 할 것이며, 정치가의 관심은 이것에 대한 해결책을 찾는 데 놓여야 할 것이다.

국민이 군대의 조급한 야망에 의해 안으로 골머리를 썩을 때, 국민에게 우선적으로 떠오를 수 있는 생각은 전쟁을 일으켜서 이 무모한 야망에 배출구를 마련해주자는 것이다. 나로서는 전쟁에 대해서 나쁘게만 이야기하고 싶지 않다. 전쟁은 언제나 국민의 생각을 넓혀주고 국민의 마음을 높여주기 때문이다. 어떤 경우에 전쟁만이 사회의 평등화로 인해 자연히 생겨난 몇몇 성향들의 지나친 발전을 억제해줄 유일한 수단일 수 있으며, 어떤 경우에 전쟁은 민주 사회가 직면하기 쉬운 어떤 고질적인 병폐에 대한 긴요한 치유책으로 간주되기도 한다.

전쟁은 많은 장점을 지니고 있다. 하지만 전쟁이 지금 지적한 위험들을 줄여줄 것이라고 지나치게 기대해서는 안 될 것이다. 전쟁은 그러한 위험을 늦출 수 있을 뿐이며, 전쟁이 끝나면 위험은 더욱 가까이 다가올 것이다. 왜냐하면 군대로서는 전쟁을 한 번 맛본 이후에는 평화를 더욱더 참아낼 수 없게 되기 때문이다. 전쟁은 오직 영광만을 갈망하는 국민에게나 치유책이 될 수 있을 것이다.

거대한 민주 국가에서 등장하는 모든 군사 통치자는 전쟁이 끝난 후에 그 나라의 군대가 평화롭게 살도록 하는 것보다는 군대가 전쟁을 계속하도록 하는 것이 차라리 군대를 다루는 데 더 편리하다는 사실을 알게 될 것이다. 민주 국가의 국민이 언제나 해내기 어려워하는 것이 두 가지 있다. 그것은 바로 전쟁을 시작하는 것과 전쟁을 끝내는 것이다.

게다가 전쟁이 민주 국가의 국민에게 특별한 이점을 지니는 반면에, 다른 한편으로 그것은 귀족 국가에서라면 그 정도로까지 우려할 필요가 없을 몇몇 위험들을 가져오기도 한다. 여기서는 두 가지만 지적해보자.

비록 전쟁이 군인들에게 만족을 가져다준다고 할지라도, 전쟁은 수많은 시민 대중에게 장애 요소가 되고 흔히 커다란 불만족을 가져다주기도 한다. 자신의 자잘한 열정들을 충족시키기 위해서 일상생활에서 언제나 평화를 요구하는 바로 그 시민 대중에게 말이다. 따라서 전쟁이 방지하고자 했던 바로 그 소요와 무질서가 오히려 전쟁에 의해 다른 형태를 띠고 나타날 위험이 있는 것이다.

민주 국가에서는 오랫동안 지속되는 전쟁이 필연적으로 자유에 커다란 위험을 초래한다. 그렇다고 해서 술라나 카이사르와 같이 전쟁에서 승리한 개선장군들이 어김없이 무력으로 권력을 장악하게 되지나 않을까 걱정할 필요는 없을 것이다. 걱정해야 할 위험은 다른 데에 있다. 전쟁이 반드시 민주 국가의 국민을 군사 정권의 손에 넘겨주는 것은 아니다. 하지만 전쟁은 반드시 민간 정부의 권력을 엄청나게 강화하는 결과를 낳는다. 전쟁은 모든 인간에 대한 감독과 모든 사물에 대한 운영을 민간 정부의 수중에 거의 강제적으로 집중시키는 것이다. 그래서 전쟁은 폭력을 통해서 갑작스럽게 전제정치를 부른다기보다 일상적인 습성을 통해서 부드럽게 전제정치를 부른다고 할 수 있다.

민주 국가에서 자유를 파괴하고자 하는 사람은 누구든지 전쟁이야말로 거기에 이르는 가장 확실하고 가장 빠른 길이라는 사실을 알아야 할 것이다. 과학적으로 입증된 첫 번째 공리가 바로 이것이다.

장교와 병사의 야망이 위험 수위에 달하게 될 때 얼핏 쉽게 생각할 수 있는 한 가지 해결책은 군대를 증강함으로써 나누어줄 수 있는 직책의 수를 늘리는 것이다. 하지만 이것은 당장이야 효과를 거두겠지만 위험을 더 키우는 일이다.

군대를 증강하는 것은 귀족 사회에서라면 지속적인 효과를 거둘 수 있다. 왜냐하면 귀족 사회에서는 군사적인 야망이 특정 부류의 사람들에게 한정되어 있고 각 개인의 야심이 일정한 한계 안에 머무는 까닭에 야망을 품은 사람들 모두를 거의 만족시킬 수 있기 때문이다.

하지만 민주 사회에서는 군대를 증강하는 것이 아무런 도움이 되지 않는다. 왜냐하면 민주 사회에서는 야망을 품은 사람들의 수가 군대가 증강되는 것에 비례해서 항상 늘어나기 때문이다. 새로운 직책을 만들어내서 겨우 만족시킨 사람들의 뒤에는 달리 만족시킬 수 없는 새로운 대중이 줄을 서고 있다. 그리고 만족한 사람들도 다시 불평을 늘어놓기 시작할 것이다. 민주 국가의 시민들이 흔히 드러내는 들뜨고 조급한 기분 상태를 군인들도 고스란히 드러내기 때문이다. 여기서 병사들이 원하는 것은 어떤 일정한 계급에 오르는 것이 아니라 끝없이 진급하는 것이다. 이들의 욕망은 별로 큰 것은 아니지만 끊임없이 다시 샘솟는다. 따라서 군대를 증강하는 민주 국가에서 군대는 단지 일시적으로 군인들의 야망을 누그러트릴 수 있을 뿐이다. 야망을 품은 병사들의 수가 늘어나는 까닭에, 야망 자체는 그 어느 때보다 더 두려운 모습을 띠게 될 것이다.

나로서는 이러한 들뜨고 소란스러운 기질이 민주 국가의 군대의 구성 자체가 안고 있는 폐단으로서 사실상 고치기 힘들다고 생각한다. 민주 국가의 입법자들은 군인들을 진정시키고 통제 가능한 힘을 가진 군사 조직을 만들어낼 수 있을 것이라고 낙관해서는 안 된다. 그러한 조직을 만들어낸다는 것은 사실상 불가능하기 때문이다.

군대의 폐단에 대한 치유책은 군대에 있는 것이 아니라 국가 (pays)에 있다. 민주 국가의 국민은 자연적으로 소요나 전제정치를 두려워한다. 그러므로 이러한 본능적인 성향이 성찰과 지성을 동반한 안정적인 취향으로 바뀔 수 있는가가 문제이다. 시민들이 마침내 자유를 평온하고 유익하게 활용할 수 있는 법을 익혔을 때, 그리고 자유가 주는 실질적인 혜택을 맛보았을 때, 더 나아가 질서에 대한 강인한 애착을 몸에 익히고 기꺼이 규칙에 순응할 때, 이때에야 비로소 사람들은 비록 군대에 몸을 담더라도 부지불식간에 이러한 습성과 생활 태도를 따르게 될 것이다. 국민의 일반적인 정신이 군대의 특별한 정신 속으로 침투해 들어가서 군대 문화에서 생기는 견해와 욕망을 누그러트리기도 하고, 또는 여론이라는 막강한 힘으로 그것을 억제하기도 할 것이다. 지식을 갖추고 절제할 줄 알고 확고하며 자유로운 시민들을 양성하라. 그러면 규율 잡히고 명령에 순응하는 군인들이 저절로 생길 것이다.

군대의 난폭한 기질을 억제한다는 명분으로 시민적 자유의 정신을 위축시키거나 법과 권리의 관념을 모호하게 만드는 경향이 있는 법률은 어떤 것이든 원래의 입법 취지와 어긋나는 길로 가게 될 것이다. 요컨대 군사독재의 타도에 기여하기보다는 군사독재의 확립에 기여하게 될 것이다.

어떤 일이 일어나더라도 결국은 민주 국가에 존재하는 거대한 군대는 언제든 커다란 위험이 될 것이다. 그리고 이러한 위험을 줄이는 가장 효과적인 방안은 군대를 감축하는 것이다. 하지만 이것은 모든 국가가 다 채택할 수 있는 방안은 아니다.

제23장

민주 국가의 군대에서는 어떤 계급이 가장 호전적이고 가장 변혁적인가

　군대에 인력을 제공하는 국민의 수에 비해서 상대적으로 군인의 수가 많다는 것은 민주 국가의 군대의 본질이라고도 할 수 있다. 이에 대해서는 나중에 살펴보자.

　그런데 민주 시대에 사는 사람들은 거의 군대 생활을 직업으로 선택하지 않는다. 따라서 민주 국가는 앞으로 지원병 제도를 포기하고 강제 징집을 채택할 것이다. 사회 여건에 의해 어쩔 수 없이 의무 복무제를 택하지 않을 수 없으니, 앞으로 모든 국가가 이 방식을 채택하리라는 것은 쉽게 예상된다.

　군 복무가 의무 사항이므로 시민 모두가 차별 없이 공평하게 이 부담을 짊어지게 된다. 이것은 민주 국가의 사회적 조건에서, 그리고 그 국민이 지닌 관념들에서 나오는 필연적인 결과이다. 여기에서 정부는 국민 모두에게 일률적으로 호소하는 한, 원하는 모든 일을 거의 다 실행할 수 있다. 일반적으로 국민의 저항을 불러일으키는 것은 부담을 지우기 때문이 아니라 부담을 불공평하게 지우기 때문이다.

그런데 군 복무는 시민 모두에게 골고루 돌아가는 것인 까닭에, 그들 각자는 불과 몇 년 정도만 군대에 머무르면 된다는 것이 명백하게 드러난다. 따라서 대부분 귀족 국가에서 군 신분이 병사가 스스로 택한 직업이거나 일생 동안 그에게 부과된 직업인 반면에, 민주 사회에서 병사는 단지 군대를 다녀오기만 하면 된다.

이것은 중대한 결과를 초래한다. 민주 국가의 병사들 중에서 몇몇은 군대 생활에 애착을 갖기도 한다. 하지만 대다수는 자기의 뜻과 달리 군대에 들어왔으며 언제든 집으로 되돌아갈 채비를 하고 군대 생활에 진지하게 임하지도 않으며 군대를 떠날 생각만 한다. 이런 병사들은 군인으로서의 욕구를 갖고 있지 않으며 군대 생활이 불어넣는 열정을 마지못해 받아들일 뿐이다. 이들은 병역의 의무를 이행하고 있지만 이들의 영혼은 사회생활에서 몸에 밴 이해관계와 욕망에 물들어 있다. 따라서 이들은 군대의 정신을 받아들이지 않으며 오히려 사회의 정신을 군대 안에 들여와서 계속 보존한다. 민주 국가에서 사병은 민간인과 다름없는 상태를 유지한다. 이들 사병에게는 국민 일반의 습성이 아주 강하게 자리 잡고 있으며 여론이 여전히 아주 큰 영향력을 행사하고 있다. 만일 민주 국가에서 국민 일반에게 널리 받아들여질 수 있었던 자유에 대한 애착과 권리에 대한 존중이 군대에서도 관철될 수 있다면 그것은 바로 사병들을 통해서일 것이다. 귀족 국가에서는 이와 반대되는 현상이 일어난다. 여기서 사병들은 동료 시민들과 공통점이라곤 아무것도 갖고 있지 않으며 시민들 한가운데서 이방인으로 때로는 적으로 살아갈 뿐이다.

귀족 국가의 군대에서 보수적인 요소는 바로 장교이다. 왜냐하면 장교들만이 줄곧 민간 사회와 밀접한 유대를 유지하고 있으며 언젠가 다시 사회로 돌아가서 원래 지위를 되찾으려는 의지를 간직하고 있기 때문이다. 반면에 민주 국가에서는 사실상 거의 같은 이유로 사병이 보수적인 요소가 된다.

이와 반대로 바로 이 민주 국가의 군대에서 장교는 흔히 국민 일반과 완전히 동떨어진 취향과 욕구를 갖는다. 이것은 다음과 같이 설명할 수 있다.

민주 국가에서 장교가 되려는 사람은 그를 민간 사회와 연결시키는 모든 유대를 끊어버린다. 그는 민간 사회를 완전히 떠나며 다시 되돌아가려 하지 않는다. 군대에서 받은 계급장이 없다면 그는 아무것도 아니라는 점에서, 그의 진정한 조국은 바로 군대이다. 따라서 그는 군대의 운명을 따르고 군대와 동고동락하며 자신의 모든 욕망을 군대에 건다. 장교의 욕망이 국민 일반의 욕망과 아주 다른 까닭에, 일반 국민이 안정과 평화를 바라는 바로 그 순간에 장교는 전쟁을 열렬히 원하고 무언가 변혁을 일으키려 애쓰는 일이 발생할 수 있다.

그럼에도 불구하고 장교들의 이러한 호전적이고 동요하는 기질을 누그러뜨리는 몇 가지 원인이 있다. 민주 국가의 경우 누구나 언제든 야망을 가슴에 품기는 하지만 그 야망이 그리 크지는 않다는 것을 우리는 앞에서 살펴보았다. 사회의 하층계급 출신으로 군대에 들어와 사병 계급을 거쳐 장교 지위에까지 오른 사람은 이미 엄청난 도약을 한 것이다. 그는 민간 생활에서 차지한 것보다 훨씬 더 높은 영역에 발을 들여놓은 것이며 대다수 민주 국가에서 필수 불가결한 것으로 간주하게 될 권리들을 이미 확보한 셈이다.[1] 그는 한바탕 크게 노력해서 얻어낸 후에 멈추어 서서 자신의 성취를 즐기고자 한다. 확보한 것을 잃지 않으려는 우려에서 그는 아직 확보하지 못한 것을 얻어내려는 욕망을 스스로 누그러뜨린다. 앞길을 가로막던 최초의 가장 커다란 장애를 돌파한 이후라서 그는 앞으로 향한 전진이 다소 늦어지더라도 그리 초조해하지 않는다. 계급이 높아짐에 따라 잘못하면 잃을 것이 더 많다는 사실을 알게 됨에 따라서 그의 야망은 더욱 줄어들 것이다. 내 생각이 틀리지 않다면, 민주 국가의 군대에서 가장 덜 호전적이고 가장 덜 변혁적인 부분은 언제나 지휘관들일 것이다.

지금 내가 장교와 사병에 대해서 말한 것은 모든 군대에서 장교와 사병 사이에 중간 위치를 차지하는 아주 많은 수의 계급, 즉 하사관들에게는 적용되지 않는다. 이 하사관 계급은 지난 세기 전까지만 해도 역사에 뚜렷한 자취를 남기지 않았지만 이제 중요한 역할을 할 것으로 나는 생각한다. 장교와 마찬가지로 하사관도 마음속으로 민간 사회와의 모든 유대를 끊었으며 군대 생활을 자신의

---

1) 장교의 지위는 사실상 다른 어느 곳에서보다 민주 국가에서 훨씬 확고하다. 장교가 그 자체로 저평가되면 될수록, 장교 계급장은 상대적으로 더 높은 평가를 받게 되며 그 계급에 상응하는 혜택을 법률로 확보해야 할 정당성과 당위성은 더욱 커진다.

평생직으로 삼고 있다. 하사관은 장교보다 더 자신의 모든 욕망을 군대에 건다. 하지만 장교와 달리 하사관은 진급을 기다리면서 멈추어 서서 편하게 휴식을 취할 수 있을 만큼 높고 견고한 지위에 아직은 이르지 못한 상태이다.

언제나 변함없는 직무의 성질상 하사관은 불확실하고 제한적이며 불편하고 불안정한 처지에 놓여 있다. 아직은 군대 생활에서 위험만을 본다. 아니, 그 위험들보다 더 견디기 힘든 결핍감과 종속감을 안고 산다. 사회의 구성이나 군대의 구성으로 보아 자기에게는 이런 상태에서 벗어날 충분한 가능성이 있다는 것을, 요컨대 자기도 언젠가 장교가 될 수 있다는 것을 스스로 알고 있는 까닭에, 그는 현재 자신이 처해 있는 열악한 처지를 더욱더 견디지 못한다. 그는 명령하는 지위에 설 것이며 명예와 독립성을 얻고 권리와 안락을 즐길 것이다. 그가 원하는 목표는 이렇게 방대하지만, 그 목표에 실제로 다다르기 전까지 그는 그 목표를 달성할 수 있을까 확신하지 못한다. 그의 계급장도 영원한 것은 아니다. 군율에 따라 절대적인 복종이 요구되는 만큼, 그는 매일같이 지휘관의 자의적인 처분에 내맡겨진다. 사소한 잘못, 잠시의 불평만으로도 몇 년 동안 땀 흘려 이룬 결실을 한순간에 잃을 수 있다. 따라서 자기가 원하는 계급에 도달하기 전까지 그는 아무것도 이룬 것이 없는 셈이다. 그 계급에 이르러야만 비로소 군 경력이 시작되는 것처럼 보인다. 자신의 청춘과 욕구와 열정에 의해 그리고 자신이 사는 시대의 정신과 열망과 우려에 의해 이토록 고무된 사람에게서 어떻게 필사적인 야망이 불타오르지 않을 수 있겠는가.

따라서 하사관들은 전쟁을 바라며, 어떤 대가를 치르더라도 항상 전쟁을 원한다. 만일 전쟁을 할 수 없다면 기존의 규율과 권위를 정지시킬 변혁을 원한다. 이러한 변혁의 와중에 혼란과 정치적 열정을 부추겨서 장교들을 내쫓고 그 자리를 차지할 수 있기 때문이다. 하사관들이 비록 열정과 욕망은 다르지만 출신 성분과 생활 습성은 비슷한 사병들에게 커다란 영향력을 지니고 있다는 점을 고려한다면, 하사관들이 이러한 변혁을 이끌어낸다는 것이 불가능한 일은 아닐 것이다.

장교와 하사관과 사병의 이렇게 다양한 성품을 어떤 특정 시기나 특정 나라에 국한해서 생각하는 것은 잘못일 것이다. 이러한 현상은 모든 민주 시대와 모든 민주 국가에 항상 나타난다.

어느 민주 국가의 군대에서나 그 나라의 평온하고 질서정연한 정신을 가장 잘못 나타내는 것은 하사관이고 가장 잘 나타내는 것은 사병이다. 사병은 국민 일반의 습속의 강점과 약점을 고스란히 군대 안에 들여온다. 군대에서 사병은 국민 일반의 충실한 이미지를 대변한다. 국민이 무지하고 허약하다면, 사병은 자신도 모르는 사이에 자기의 뜻과 달리 지휘관들에 의해 무질서 속으로 떠밀려 들어갈 것이다. 국민이 계명되고 활력에 넘친다면, 사병은 질서를 존중하도록 지휘관들을 떠밀 수 있을 것이다.

제24장

민주 국가의 군대는 전쟁 초기에 다른 어떤 군대보다 허약하지만 전쟁이 지속될수록 더욱 강해진다

오랜 평화기를 보낸 후에 전쟁에 들어가는 군대는 패배하기 십상이다. 반면에 오랫동안 전쟁을 치른 군대는 승리할 가능성이 많다. 이러한 사실은 특히 민주 시대의 군대에 잘 적용된다.

귀족 사회에서 군문은 특권적 경력인 까닭에 평화기에도 존중을 받는다. 재능이 뛰어난 사람, 학식이 높은 사람, 큰 야망을 지닌 사람이 군문을 택한다. 그래서 군대는 모든 면에서 국민과 동일한 수준에 있거나 아니면 때로 더 높은 수준에 있다.

이와 반대로 우리는 민주 사회에서 국가의 엘리트들이 어떻게 점점 군문을 멀리하고 다른 길을 통해서 평판과 권력과 특히 부를 추구하는지를 알아보았다. 오랜 평화기 이후에, 특히 민주 시대에 평화가 오래 지속되면, 군대는 언제나 국민 자체보다 낮은 수준에 머물게 된다. 대체로 이런 상태에서 군대는 전쟁을 맞이한다. 그리고 전쟁에 의해서 이러한 상태가 바뀔 때까지는 군대에도 국가에도 위험이 따르게 된다.

앞에서 나는 민주 국가의 군대에서 평화기에는 근속연한의 권리가 진급에서 확고한 최고의 준칙이라는 것을 보여주었다. 이것은 내가 앞에서 말한 바와 같이, 군대의 체질에서 나오는 결과일 뿐만 아니라 국가의 체질에서 나오는 결과이기도 하다. 따라서 이러한 현상은 앞으로도 항상 나타날 것이다.

게다가 민주 국가에서 장교는 단지 군대 안에서의 그의 지위에 따라 국가 안에서의 그의 지위를 보장받는 까닭에, 그리고 장교의 명성과 그의 재부도 군대 안에서의 그의 지위에 따라 주어지는 까닭에, 그는 말년에 다다르기 전까지는 은퇴하지도 않고 제대하지도 않는다. 이러한 두 가지 원인으로 인해서 민주 사회에서 오랜 안정기 이후에 마침내 전쟁을 맞이하게 될 때, 군대의 모든 지휘관은 노인이 되어버린다. 이것은 장군들뿐만 아니라 하급 장교들에게도 적용되는데, 대다수 하급 장교들은 보직 변동이 거의 없고 한 단계씩만 진급할 수 있기 때문이다. 민주 국가에서 오랫동안 평화가 계속되고 나면, 놀랍게도 군대에서 병사들은 거의 소년에 가깝고 지휘관들은 황혼기에 접어든 것을 발견하게 된다. 그래서 사병들은 경험이 부족하고 지휘관들은 활기가 부족하다. 전쟁을 승리로 이끌 수 있는 첫 번째 조건이 바로 젊음이라는 점에서 볼 때, 이것은 패배를 가져올 수 있는 커다란 요인이 된다. 우리 시대의 가장 위대한 지휘관이 이미 이렇게 지적한 까닭에, 나도 감히 한마디 덧붙이는 것이다.

귀족 국가의 군대에서는 이러한 두 가지 원인이 같은 방식으로 작용하지 않는다. 여기서는 근속연한의 권리에 의해서보다는 출생의 권리에 의해서 진급이 결정되는 까닭에, 모든 계급에서 항상 일정 수의 젊은이들이 있기 마련이며, 이들 젊은이가 육체와 영혼의 모든 활력을 전쟁에 불어넣는다.

게다가 귀족 국가에서 군사적인 명예를 추구하는 사람들은 민간 사회에서도 안정된 지위를 확보하고 있는 까닭에, 그들은 늙어서 정년에 이를 때까지 군대에 머물러 있으려 하지 않는다. 그들은 가장 팔팔한 청춘기를 군대에서 보낸 이후에 자발적으로 은퇴해서 여생을 집에서 보낸다.

장기간의 평화는 민주 국가의 군대를 늙은 장교들로 채울 뿐만 아니라, 모든 장교에게 전쟁에 적합하지 않은 정신과 육체의 습성을 불어넣는다. 민주 사회의 생활환경에서 그저 평온하게 오랫동안 지내온 사람들은 전쟁이 가져다주는 거친 작업과 엄격한 의무에 제대로 적응하지 못한다. 그리고 비록 전투 정신을 완전히 잃지는 않을지라도, 승리를 거두기에는 적합하지 않은 생활방식을 몸에 익히게 된다.

귀족 국가에서는 민간 생활의 편안함이 군대의 습속에 별로 영향을 미치지 못한다. 왜냐하면 귀족 국가에서는 귀족계급이 군대를 통솔하기 때문이다. 그리고 귀족계급은 설혹 사치스러운 생활에 빠질지라도 자신의 복리에 대한 열정 이외에 다른 열정들을 항상 지니고 있으며, 이러한 열정들을 더욱 멋지게 충족하기 위해서 잠시 자신의 복리를 기꺼이 희생하기도 한다.

민주 국가의 군대에서는 평화기에 진급이 대단히 더디다는 사실을 앞에서 살펴보았다. 장교들은 우선 이러한 상태를 조바심 내며 참아낸다. 그들은 들뜨기도 하고 흥분하기도 하며 낙담하기도 한다. 하지만 그들 대다수는 결국 체념하고 받아들인다. 더 큰 야망을 품고 큰 재산을 가진 사람들은 군대를 떠나지만, 그렇지 못한 사람들은 자신의 취향과 욕망을 자신의 변변찮은 운명에 적응시키면서 마침내 군대 생활을 민간인의 관점에서 바라보게 된다. 이들이 군대 생활에서 가장 높이 평가하는 것은 그것이 가져다주는 편안함과 안정성이다. 이들은 이러한 작은 행운에 기대서 자신의 미래의 청사진을 설계한다. 이들은 이러한 상태를 그저 평온하게 누릴 수 있기만을 바랄 뿐이다.

이렇게 민주 국가에서 장기간의 평화는 늙은 장교들로 가득 채울 뿐만 아니라 때로는 아직 팔팔한 연배의 사람들에게까지 노년의 감각을 불어넣어 주게 된다. 민주 국가에서는 평화기에 군 경력이 별로 존중을 받지도 관심을 받지도 못한다는 사실 또한 앞에서 살펴보았다. 이러한 일반적인 평가절하는 군대 정신에 아주 심각한 영향을 끼친다. 군대의 사기는 한풀 꺾이고 마침내 전쟁이 발발하더라도 쉽사리 활력을 되찾지 못한다.

이러한 사기 저하의 원인은 귀족 국가의 군대에서는 찾아볼 수 없다. 여기서 장교들은 자기 자신의 관점에서든 동료들의 관점에서든 결코 미천한 존재로 취급되지 않는다. 왜냐하면 이들은 군사적인 위엄과 별도로 자기 자신으로서의 위엄을 지니고 있기 때문이다.

그런데 장기간에 걸친 평화의 영향력이 이 두 가지 유형의 군대에 같은 방식으로 영향을 미치더라도, 그 결과는 다르게 나타난다. 귀족 국가의 군대에서 장교가 전투 정신을 잃고 전투를 통해 진급하겠다는 욕구를 잃을 때라도, 그는 자기 신분의 명예에 대한 일정한 존중심과 으뜸이 되고 모범이 되고자 하는 해묵은 습성을 여전히 간직하고 있다. 하지만 민주 국가의 군대에서 장교가 호전적 기질을 잃고 군사적 야망을 잃을 때면, 그는 모든 것을 다 잃어 버린다.

따라서 나는 민주 국가가 오랜 평화기 이후에 전쟁을 치르게 되면 다른 어떤 나라보다도 패배할 위험이 더 크다고 생각한다. 하지만 이러한 일시적인 불리한 전세로 쉽사리 포기할 필요가 없다. 전쟁이 계속될수록 승리할 가능성이 더 높아질 터이니 말이다.

전쟁이 오래 지속되면서 시민 모두에게서 평온한 일터를 앗아가고 개개인의 자잘한 업무들을 낭패에 빠트리게 되면, 시민들은 이제 평화를 유지하는 데 바쳤던 바로 그 열정을 전쟁에 바치게 된다. 전쟁은 모든 일거리를 파괴한 후에 스스로 가장 크고 유일한 일거리가 되어버리며, 사회적 평등으로 인해 생겨난 그 열정적이고 야심에 찬 욕망들은 바로 전쟁으로 향하게 된다. 그토록 전쟁터로 끌어들이기 힘든 민주 국가의 국민들이 일단 손에 무기를 잡게 되면 때로 엄청난 일을 해내는 것은 바로 이런 이유에서이다.

전쟁으로 인해 모든 사람의 관심이 점점 더 군대로 향하게 됨에 따라서, 그리고 전쟁으로 인해 단시간에 커다란 명성과 상당한 재산을 얻을 수 있다고 생각하는 까닭에, 가장 뛰어난 사람들이 군문을 택하게 된다. 귀족 출신뿐만 아니라 일반 국민들 중에서

도전 정신이 투철하고 자부심이 강하며 전사 기질을 지닌 모든 사람이 이 방향으로 뛰어든다.

군사적 명예를 다투는 경쟁자들의 수가 엄청나고 전쟁을 치르면서 옥석이 가려지는 까닭에, 마침내 위대한 장군들이 나타나게 된다. 민주 국가에서 장기간의 전쟁은 국민들 자신에게 혁명이 끼친 영향력과 똑같은 영향력을 군대에 끼친다. 전쟁은 일상적인 준칙을 타파하고 탁월한 능력을 갖춘 사람들을 전면에 부각시킨다. 평화기에 육체적으로 정신적으로 늙어버린 장교들은 도태되고 퇴임하거나 생을 마감한다. 그 대신에 전쟁터에서 단련되고 타오르는 커다란 욕망을 지닌 수많은 젊은이들이 몰려들어 자리를 메운다. 이들은 온갖 위험을 무릅쓰고 무언가 위대한 일을 해내고자 하며 그러한 야망을 절대로 놓지 않는다. 동일한 열정과 동일한 욕망을 지닌 사람들이 이들의 뒤를 잇는다. 이런 식으로 군대의 수용 한계에 이를 때까지 군인의 수가 엄청나게 늘어난다. 이렇게 사회적 평등이 모든 사람에게 야망을 불어넣어 주며, 선임자가 죽어서 사라지게 되면 이러한 야망을 품은 자들이 그 자리를 메울 기회를 얻게 된다. 요컨대 죽음은 끊임없이 군부대의 문을 열어주고 공석을 만들며 이 직급을 폐지하고 저 직급을 만들어낸다.

게다가 군대의 습속과 민주 사회의 습속 사이에는 전쟁이 일어나면 드러나는 어떤 내밀한 관계가 있다. 민주 국가에 사는 사람들은 당연히 자신들이 탐내는 재화를 신속하게 얻어내고 편안하게 즐기려는 열정적인 욕망을 가지고 있다. 그들 대다수는 행운을 좋아하고 시련보다는 오히려 죽음을 덜 두려워한다. 그들이 상업과 공업을 영위하는 정신 자세가 바로 이것이다. 그런데 바로 이러한 정신 자세가 전쟁터로 이전되어 그들이 한순간에 승리의 대가를 얻기 위해서라면 기꺼이 목숨도 내놓게 만드는 것이다. 어떠한 위대성도 군사적 위대성만큼 민주 국가에 사는 사람들의 상상력을 제대로 만족시켜주지 못한다. 힘 들이지 않고 목숨을 거는 것만으로 얻어낼 수 있는 이 돌발적이고 찬란한 위대성 말이다.

이와 같이 민주 국가의 시민들은 이해관계나 취향에 의해 전쟁을 멀리하면서도, 정신적 습성으로 인해 전쟁을 성공적으로 해낼 채비를 갖추고 있다. 이들은 일단 자신의 업무와 자신의 안락에서 벗어날 수만 있다면 즉시 훌륭한 군인이 될 수 있다.

민주 국가에서 평화가 특히 군대에 해를 끼친다면, 전쟁은 그 어떤 다른 군대도 줄 수 없는 장점들을 민주 국가의 군대에 제공한다. 그리고 이 장점들이 비록 처음에는 하찮아 보이지만 결국에는 반드시 군대에 승리를 가져다준다. 그러므로 민주 국가와 싸우는 귀족 국가는 전쟁 초기에 승기를 잡지 못하면 민주 국가에 의해 패배당할 위험이 더 커진다. (E)

제25장

민주 국가에서의 군대의
기강에 대해

  민주 국가에서 널리 확립된 사회적 평등이 마침내 사병을 장교로부터 독립하게 하고, 따라서 군대의 기율을 파괴한다는 것은 아주 널리, 특히 귀족 국가에 널리 퍼져 있는 견해이다. 그런데 이것은 잘못된 생각이다. 군기는 사실상 두 가지 종류가 있는데, 이것을 혼동해서는 안 된다.

  장교는 귀족이고 사병은 농노일 때, 장교는 부유하고 사병은 가난할 때, 장교는 학식이 높고 강하며 사병은 무지하고 허약할 때, 이 두 사람 간에는 아주 밀접한 복종 관계가 어렵지 않게 성립한다. 사병은 굳이 말하자면 군대에 들어가기 전부터 군기에 종속되어 있다고, 아니 차라리 군기란 사회적 예종 관계의 완성품에 지나지 않는다고 말할 수 있을 것이다. 귀족 국가의 군대에서 사병은 어느새 상관의 명령 이외에는 그 어떤 것에도 둔감한 존재가 되어버린다. 그는 생각 없이 행동하고 열정 없이 승리하며 불평

없이 죽는다. 이러한 상태라면 사병은 더 이상 인간이라고 말하기 힘들며, 전쟁을 위해 길들여진 아주 무서운 동물이라고 할 만하다.

민주 국가에서는 귀족 국가에서라면 별 어려움 없이 강제할 수 있을 맹목적이고 세심하며 온순하고 변함없는 복종을 사병들에게서 기대하기 힘들다. 사회 상태가 결코 그러한 것에 적합하지 않은 것이다. 따라서 이러한 장점을 인위적인 수단을 동원해서 얻어내려 들면, 민주 국가의 군대는 원래 지니고 있는 장점마저 잃게 될 우려가 있다. 민주 국가에서 군기는 인간 영혼의 자유로운 표현을 억압하려 해서는 안 되며 단지 그것을 인도하는 정도로 그쳐야 한다. 이러한 군기에서 나오는 복종은 덜 엄격하기는 하지만 더 열정적이고 더 지혜롭다. 그것은 복종하는 사람의 의지에 뿌리를 두고 있다. 이러한 복종은 본능뿐만 아니라 이성에서 나오는 것인 까닭에, 상황이 위태로워지는 것에 비례해서 군기는 저절로 더 강화되기도 한다. 귀족 국가에서 군기는 전쟁이 발발하면 저절로 해이해지기 마련이다. 왜냐하면 귀족 국가에서 군기는 습성에 근거하는데, 이 습성이라는 것은 전쟁이 일어나면 허물어지기 때문이다. 이와 반대로 민주 국가에서 군기는 적이 나타나면 더욱 강화된다. 왜냐하면 여기에서 병사들은 승리하기 위해서는 입을 다물고 복종해야 한다는 것을 아주 잘 알기 때문이다.

역사상 괄목할 만한 승전을 기록한 국가라고 해서 내가 지금 말한 군기 이상의 어떤 다른 군기를 가진 것은 아니다. 고대사회에서는 자유민과 시민 이외에는 군대에 들어갈 수 없었다. 그리고 이들 자유민과 시민은 서로 별로 다르지 않았으며 상대방을 동등하게 취급하는 데 익숙해 있었다. 이러한 점에서 고대의 군대는 비록 귀족 체제를 기반으로 구성되기는 했지만 민주적인 면모를 지녔다고 말할 수 있을 것이다. 이러한 군대에서는 장교와 사병 사이에 일종의 가족적인 친근성이 형성된다. 플루타르코스의 『영웅전』을 읽어보면 이러한 사례를 자주 찾을 수 있다. 사병은 언제나 장군에게 서슴없이 자유롭게 말을 건네고, 장군은 사병의 말에 기꺼이 귀를 기울이고 대답을 한다. 장군은 강제와 징벌이 아니라 대화와 모범으로 사병을 통솔한다. 지휘관인 동시에 동료인 셈이다.

그리스와 로마의 병사들이 러시아 병사들만큼이나 완벽하게 군기를 조목조목 이행했는지 나로서는 알지 못한다. 하지만 그럼에도 불구하고 알렉산드로스는 아시아를 정복했으며, 로마는 세계를 정복했다.

제26장
민주 사회에서의 전쟁에 대한 몇 가지 고찰

오늘날 유럽에서 볼 수 있는 바와 같이, 평등의 원리가 어느 한 나라에서뿐 아니라 주변의 여러 나라들에서 동시에 발전하게 될 때, 이 여러 나라들에 사는 사람들은 언어와 관습과 법제가 서로 다름에도 불구하고 그들이 전쟁을 두려워하고 평화를 애호한다는 점에서는 서로 일치하고 있다.[1] 군주의 개인적인 야망이나 분노 때문에 전쟁이 일어나지는 않는다. 국민 일반의 무관심이나 선심에 의해 군주는 자신의 의지를 가라앉히지 않을 수 없으며 칼을 손에서 놓을 수밖에 없기 때문이다. 그래서 전쟁은 더욱 드물어질

---

1) 유럽의 여러 나라들이 전쟁을 꺼리게 된 원인이 이들 나라에서 사회적 평등이 진척되었다는 사실에만 있는 것은 아닐 것이다. 이 점은 굳이 독자들에게 길게 설명할 필요가 없을 듯하다. 이러한 상시적인 원인과 별도로 몇 가지 강력하게 작용하는 우연적인 원인들이 있을 것이다. 예컨대 무엇보다도 프랑스혁명의 전쟁과 나폴레옹 제국의 전쟁으로 인한 극단적인 피로 상태를 들 수 있다.

수밖에 없다.

사회적 평등이 여러 나라에서 한꺼번에 진척되고 사람들을 상공업 분야로 동시에 밀어 넣게 됨에 따라, 너나없이 취향이 엇비슷해지고 이해관계가 중첩된다. 어떤 한 나라가 다른 나라에 해악을 끼치게 되면 그 해악은 반드시 그 나라에 되돌아온다. 그래서 사람들은 전쟁이 결국 패전국뿐만 아니라 승전국에도 커다란 재앙이 된다는 것을 알게 된다.

그래서 민주 시대에는 한편으로 나라들이 전쟁을 벌이기가 무척 어려우며, 다른 한편으로 여러 나라들 중 어느 두 나라만 전쟁을 벌인다는 것은 거의 불가능하다. 모든 나라의 이해관계가 서로 얽혀 있고 그들의 견해와 욕구가 서로 엇비슷하기 때문에, 다른 나라들이 술렁일 때 자기만 잠자코 있을 수 없는 것이다. 따라서 정쟁은 아주 드물어지지만, 일단 발발하게 되면 넓은 지역으로 확대된다.

인접하고 있는 민주 국가들은 여러 가지 면에서 서로 엇비슷해질 뿐만 아니라, 내가 앞에서 말한 것처럼, 거의 모든 면에서 서로를 닮아가게 된다.[2] 나라들 사이의 이러한 유사성은 전쟁에 관하

---

2) 이것은 단지 이곳 사람들이 동일한 사회 상태를 지니고 있기 때문만이 아니라 바로 그 사회 상태가 사람들을 서로 닮고 서로 뒤섞이게 만들기 때문이다.

사회 구성원들이 신분이나 계급으로 나누어질 경우, 그들은 서로 달라질 뿐만 아니라 서로를 닮으려는 취향이나 욕망을 갖지 않는다. 오히려 누구든 점점 더 자기만의 견해와 습성을 고집하려 하고 자기 자신으로 남으려 한다. 개인주의의 정신이 뚜렷하게 나타난다.

민주적인 사회 상태에서는, 달리 말해서 사회 안에 신분도 계급도 없으며 구성

여 아주 중요한 결과를 초래한다.

15세기에 스위스연방 공화국은 유럽에서 가장 크고 가장 막강한 나라들도 떨게 만들었지만, 오늘날 스위스의 전투력은 인구 수에 비례하는 정도로 위축되었다. 내가 보기에 이렇게 된 이유는 스위스인들이 인접한 모든 나라의 국민들을 닮아가고 또 이들 국민은 스위스인들을 닮아간 데에 있다. 아무튼 인구는 이렇게 커다란 차이를 낳게 되고, 수적으로 가장 우세한 부대가 반드시 승리하기 마련이다. 따라서 유럽을 휩쓸고 지나간 민주주의 혁명의 결과들 중 하나는 병력의 수가 전쟁 승리의 관건이 되게 하고, 작은 국가들이 큰 국가들에 병합되거나 아니면 적어도 큰 국가들의 정치적 영향권 안에 들어가도록 만든 것이다.

원 모두가 학식에서나 재산에서나 거의 대등할 때에는, 인간 정신은 이와 반대 방향으로 나아간다. 사람들은 서로 닮게 되며 더구나 서로 닮지 않으면 어쩌나 걱정할 정도이다. 자신들 각자의 특성을 보존하려 하기는커녕, 일반 대중들 속에 스며들기 위해서 그러한 특성을 떨쳐내려고만 한다. 그들이 보기에 일반 대중만이 정의와 힘을 대변하기 때문이다. 개인주의 정신은 거의 사라져버린다.

귀족 시대에는 천부적으로 서로 닮은 사람들마저도 상상 속의 차이점이라도 만들어내려고 애쓴다. 민주 시대에는 천부적으로 서로 닮지 않은 사람들마저도 서로 엇비슷해지려고만 하고 서로 모방하려 하는 까닭에, 개개인의 정신은 언제나 인류의 일반적인 추세 속으로 휩쓸려 들어간다.

이와 유사한 현상은 나라와 나라 사이에도 마찬가지로 나타난다. 두 나라는 서로 같은 귀족적 사회 상태를 지니지만 서로 완전히 구별될 수 있을 것이다. 왜냐하면 귀족주의 정신은 개별화를 지향하기 때문이다. 반면에 인접한 두 나라는 서로 비슷한 견해와 습속을 채택하지 않고는 같은 민주적 사회 상태를 가질 수 없을 것이다. 왜냐하면 민주주의 정신은 서로가 서로를 닮게 만드는 것이기 때문이다.

병력의 수가 결정적인 요인이 된 까닭에, 어느 나라나 가능한 한 가장 많은 수의 병사들을 전쟁터에 보내려고 애쓴다. 스위스 보병이나 16세기 프랑스 기병처럼 다른 어떤 부대보다 우수한 부대를 징집할 수 있었을 때에는, 구태여 많은 병사를 모집할 필요가 없었을 것이다. 하지만 적군이든 아군이든 병사들이 거의 비슷한 수준일 때에는 사정이 달라진다.

이러한 새로운 욕구를 불러일으키는 바로 그 요인은 또한 그 욕구를 만족시키는 수단도 제공해준다. 앞에서 내가 말한 것처럼, 모든 사람이 서로 엇비슷해지면, 모두가 허약해지기 마련이다. 하지만 사회 권력은 그 어느 나라에서보다 민주 국가에서 가장 강해진다. 따라서 민주 국가들은 모든 남성 인구를 군대에 징집할 필요와 능력을 동시에 갖게 된다. 그래서 평등의 시대에는 전투 정신이 줄어드는 것에 비례해서 군대의 규모가 더욱 커지는 듯하다.

평등의 시대에는 바로 같은 요인들에 의해서 전쟁을 수행하는 방식도 달라진다. 마키아벨리는 『군주론』에서 "한 명의 군주와 다수의 노예들에 의해 움직이는 나라보다 한 명의 군주와 여러 대공들에 의해 움직이는 나라가 정복하기 더 어렵다"라고 말했다. 오해를 피하기 위해서 노예라는 말 대신에 관료라는 말을 쓰도록 하자. 그러면 이 명백한 진리는 우리의 주제에 잘 들어맞을 것이다.

큰 귀족 국가는 인접국들을 정복하기가 아주 어렵거니와 인접국들에 의해서 정복당하기도 아주 어렵다. 인접국들을 쉽게 정복할 수 없는 이유는 모든 힘을 다 규합해서 오랫동안 하나로 묶어둘 수 없기 때문이며, 인접국들에 의해 쉽게 정복당할 수 없는 이유는 적군을 저지하는 작은 저항 거점들이 여기저기에 생겨나기 때문이다. 귀족 국가에서의 전쟁은 산악 국가에서의 전쟁에 비교될 수 있다. 패잔병들이 언제든 새로운 진지에 모여들어서 농성전을 펼칠 기회를 잡을 수 있기 때문이다.

민주 국가에서는 이와 정반대되는 현상이 발생한다. 민주 국가는 이용 가능한 모든 병력을 쉽사리 전쟁터로 동원할 수 있다. 그리고 국민이 부유하고 인구가 많은 경우, 어렵지 않게 승리를 거둘 수 있다. 하지만 전투에 패해서 영토가 침탈되기만 하면, 동원할 수 있는 거의 모든 자원을 잃게 된다. 만일 적군이 수도를 장악하면, 나라는 망할 것이다. 이것은 다음과 같이 설명될 수 있다. 개개 시민이 개인적으로 서로 고립되어 있고 아주 허약하기 때문에, 누구도 자기 자신을 지킬 수 없거니와 다른 이에게 버팀목이 되지도 못한다. 민주 국가에서 강한 것은 오로지 국가뿐이다. 국가의 군사력이 군대의 괴멸로 인해 완전히 해체되고 시민의 저항력이 수도의 함락에 의해 마비되기 때문에, 이제 남은 것은 쳐들어오는 적군의 막강한 힘을 당해낼 수 없는 규율도 힘도 없는 대중뿐이다. 지역 자치체를 구축하고, 따라서 지역 기구들을 활성화함으로써 이러한 위험을 다소 줄일 수는 있을 것이다. 하지만 이러한 치유책으로는 충분하지 않다.

이렇게 되면 국민은 더 이상 전쟁을 계속할 수 없게 될 뿐만 아니라, 전쟁을 수행하려는 의지마저도 포기하게 될 것이다.

문명국가들에서 채택하는 국제법에 따르자면, 전쟁의 목적은 개인의 재산을 침탈하는 데 있는 것이 아니라 정치권력을 장악하는 데 있다. 이따금 부차적인 목적을 달성하기 위해서 개인의 재산이 침탈되는 경우가 발생할 따름이다.

귀족 국가가 전투에서 패배한 후 침공을 당할 경우, 귀족들은 설혹 그들이 재산이 많은 부자라고 할지라도, 항복하기보다 혼자라도 계속 싸우려고 한다. 왜냐하면 점령군이 나라를 완전히 장악하게 되면, 귀족들은 정치권력을 빼앗길 수밖에 없기 때문이다. 귀족들로서는 재산보다 더 소중하게 여기는 정치권력을 말이다. 따라서 귀족들은 정복을 당하느니 차라리 계속 싸우기를 원하는데, 그들에게는 점령을 당하는 것이 더 큰 불행이다. 그리고 그들은 별 어려움 없이 국민들을 전쟁터에 끌어들일 수 있는데, 국민들은 귀족을 따르고 복종하는 데 오랫동안 익숙해져 있으며 전쟁에서 잃을 것이 거의 없기 때문이다.

이와 반대로 조건의 평등이 확립된 나라에서는 사회 구성원 개개인은 정치권력을 아주 조금만 갖고 있거나 아니면 전혀 갖고 있지 않다. 다른 한편 이들 모두는 서로 고립되어 있으며 전쟁이 일어나면 잃을 수도 있는 재산을 갖고 있다. 따라서 이들은 귀족 국가의 국민들보다 정복당하는 것은 덜 두려워하는 반면에 전쟁하는 것은 훨씬 더 두려워한다. 그래서 민주 국가에서는 전쟁이 자국 영토 안에서 벌어진다면 국민들로 하여금 무기를 들도록 설득하기가 정말로 어려울 것이다. 귀족 국가의 귀족들이 전쟁에 나선데는 몇 가지 이해관계가 작용했듯이, 바로 그런 이해관계를 제공해줄 어떤 법적 권리나 정치적 복안이 마련되어야만 민주 국가의 시민 개개인이 무기를 들 수 있을 것이다.

그러므로 민주 국가의 군주나 지도자들은 물질적 안락에 대한 애착과 습성에 맞서 싸울 수 있는 것은 자유에 대한 애착과 습성뿐이라는 사실을 잊지 말아야 할 것이다. 자유 제도들을 갖지 못한 민주 국가의 국민은 전쟁에서 패배할 경우 너무나도 쉽사리 정복당하고 말리라는 것은 충분히 예상할 수 있는 일이다.

옛날에는 얼마 안 되는 병력으로 소규모 교전들을 치렀으며 주로 장기 농성전이 벌어졌다. 하지만 오늘날에는 대규모 전투들이 벌어지며 거침없이 적국의 수도로 돌진해서 전쟁을 단숨에 끝내려 한다. 나폴레옹이 이 새로운 전략의 창시자였다고 한다. 하지만 이와 같은 전략이, 그가 누구든 간에 어떤 한 개인에 의해 만들어질 수는 없는 일이다. 나폴레옹이 전쟁을 수행하는 방식은 그가 살던 시대의 사회 상황이 그에게 제공한 것이다. 나폴레옹의 전략이 성공할 수 있었던 것은 그것이 당시의 상황에 아주 잘 들어맞았기 때문이며, 또한 나폴레옹이 그 전략을 구사한 최초의 지휘관이었기 때문이다. 나폴레옹은 군대의 선봉에 서서 적국의 수도에서 수도로 진군해간 최초의 사령관이었다. 하지만 봉건사회가 이미 사라진 후였기 때문에 그에게 이런 길이 열린 것이다. 이 비범한 인물은 만약 300년 전에 태어났다면 그 전략으로 동일한 결과를 거두지 못했을 것이며 다른 전술을 택할 수밖에 없었을 것이다.

독자들의 피로와 부담을 조금이라도 줄이기 위해서, 내전에 대해서는 단지 몇 마디로 그치도록 하자. 내가 대외 전쟁에 대해서 언급한 것은 대부분 내전에도 그대로 적용된다. 민주 국가에 사는 사람들은 원래부터 군사적인 기질을 가지고 있지 않다. 그들은 어쩔 수 없이 전쟁터로 이끌려갈 때에야 이따금 그런 기질을 내보이곤 한다. 하지만 자발적으로, 그것도 집단적으로 전선으로 나서는 일, 전쟁, 특히 내전이 초래하는 비참한 상황을 의연히 직시하는 일은 민주 국가에 사는 사람들이 감당할 수 있는 일이 아니다. 가장 모험심이 강한 시민들만이 이러한 위험한 일에 몸을 던질 뿐, 국민 대다수는 나서려 하지 않는다.

그리고 국민들이 나서기를 원할지라도 쉽사리 그렇게 할 수 없다. 왜냐하면 국민들 가운데에는 기꺼이 복종할 만큼 연륜 깊고 권위 있는 유력 인사를 찾아보기 힘들기 때문이며, 불평분자들을 규합하고 훈련시키며 통솔할 수 있을 만큼 널리 인정받는 지도자가 없기 때문이다. 그리고 또한 국가권력보다 한 단계 아래에 위치하면서도 그 국가권력에 맞선 저항을 효과적으로 지지해주게 될 정치적 권위들이 존재하지 않기 때문이다.

민주 국가에서는 다수자의 도덕적 힘이 엄청나게 강하며 다수자가 동원해낼 수 있는 실질적인 자원은 다수자에 맞서 애초에 규합할 수 있는 실질적인 자원보다 훨씬 많다. 따라서 다수 의석을 차지하고 있으며 다수의 이름으로 말하고 다수의 권력을 활용하는 정파는 단 한순간에 아무런 어려움 없이 모든 개별적 저항을 제압한다. 개별 세력들이 생겨날 시간여유조차 주지 않는다. 아예 싹부터 잘라버린다.

그러므로 민주 국가에서 무력으로 정변을 일으키고자 하는 사람들은 기성의 정부 기구를 사전 예고 없이 불시에 장악하는 것 외에 달리 방법이 없을 것이다. 이러한 기도는 전쟁에 의해서보다는 기습 타격에 의해서 성공할 수 있을 것이다. 정식으로 전쟁이 벌어지게 되면 국가를 대표하는 정파가 언제나 승리할 것이니 말이다.

내전이 벌어질 수 있는 유일한 경우는 군대가 분열되어 한쪽은 봉기의 깃발을 들고 다른 한쪽은 계속 충성을 다짐하는 경우이다. 군대는 일정 기간 동안 스스로 버틸 수 있고 밀접하게 연동되어 있으며 단단한 생명력을 지닌 작은 사회를 형성하고 있다. 전쟁은 많은 피를 보게 될 것이나 오래 지속되지는 않을 것이다. 반란군이 세력을 과시하는 것만으로 정부를 자기편으로 끌어들이거나, 아니면 반란군이 먼저 승리를 거두어서 전쟁이 끝날 것이다. 그렇지 않으면 전투가 벌어져서 국가의 조직화된 힘의 지원을 받지 못한 쪽이 자진해서 해산하거나 아니면 패배할 것이다.

따라서 평등의 시대에는 내전이 더욱 드물어지고 발생하더라도 더욱 빨리 끝난다는 것은 자명한 사실로 받아들여도 될 것이다.[3]

---

3) 물론 나는 여기서 연방제 민주 국가들이 아니라 '단일' 민주 국가들에 대해서 말하고 있다. 연방제 국가에서는 겉보기와 달리 핵심 권력이 연방 정부가 아니라 주 정부에 있기 때문에 내전은 사실상 위장된 대외 전쟁에 다름 아니다.

제4부
민주주의의 관념과 감정이
정치사회에 미치는 영향에 대해

평등이 어떠한 관념과 감정을 배태하는가를 살펴보았으니 이제 마지막으로 바로 이 관념과 감정이 인간 사회의 통치에 일반적으로 어떤 영향력을 미치는가를 살펴보도록 하자. 그래야만 이 책의 소임을 다하게 될 것이다.

이해를 높이기 위해서 나는 앞에서 이미 고찰한 내용을 이따금 다시 들추어볼 것이다. 익숙한 길에서 새로운 사실이 나타날 때에는 독자들은 머뭇거리지 말고 나를 따라오기를 바랄 뿐이다.

제1장

평등은 당연히 인간에게 자유 제도들에 대한 취향을 가져다준다

평등은 사람들을 서로 독립하게 하고 그들의 개인적인 행동에서 자신의 의지만을 따르는 습성과 취향을 길러준다. 그들이 사생활에서 주변 동료들에 대해 줄곧 누리는 이러한 완벽한 독립성은 그들에게 일체의 권위를 못마땅하게 여기는 태도를 길러주며 정치적 자유에 대한 생각과 애착을 심어준다. 따라서 이러한 시대에 사는 사람들에게는 자연스럽게 자유 제도들을 선호하는 성향이 생긴다. 이들 중 아무나 한 명을 택해서 가능한 한 그의 가장 뿌리 깊은 본능에까지 거슬러 올라가보라. 그러면 여러 통치 형태들 중에서 자신이 지도자를 직접 뽑고 지도자의 행위를 감독할 수 있는 통치 형태를 그가 가장 높이 평가하고 있음을 알 수 있을 것이다.

조건들의 평등이 가져온 여러 정치적 효과들 중에서 가장 먼저 사람들의 관심을 끄는 것, 심약한 사람들이라면 놀랄 만한 것은 바로 이러한 독립에 대한 애착이다. 가장 놀라울 정도의 무질서 상태가 발생하는 곳은 다른 어느 곳보다도 바로 민주 국가에서라는 점을 염두에 둘 때, 이들이 이렇게 놀라는 것은 전적으로 잘못된 일이라고 말할 수는 없다. 시민들이 서로가 서로에게 직접적으로 어떤 영향도 미치지 않는 까닭에, 시민들 각자를 제자리에 묶어두고 있는 중앙 권력이 무너진다면 그 즉시 무질서가 절정에 달하게 될 것이며, 그리고 시민들 각자 서로 멀어지고 흩어져버려서 사회 구성 자체가 한순간에 무너져 내릴 것이다.

하지만 나로서는 무질서 상태가 민주 시대에 우려해야 할 가장 큰 해악은 아니며 그저 하찮은 해악 정도에 지나지 않는다고 생각한다. 평등은 사실상 두 가지 경향을 낳는다. 하나는 사람들을 곧바로 독립으로 이끌면서 한순간에 무질서 상태에까지 몰아넣는 것이며, 다른 하나는 사람들을 시간이 오래 걸리고 눈에 잘 띄지도 않지만 확실한 길을 통해서 노예 상태로 이끄는 것이다.

사람들은 첫 번째 경향은 쉽사리 알아보고 거기에 저항한다. 하지만 두 번째 경향에 대해서는 잘 알아채지도 못한 채 거기로 끌려들어 간다. 그런 만큼 두 번째 경향에 대해서 알아보는 것이 중요하다.

나로서는 평등이 반항 정신을 고취한다는 점에서 평등을 비난할 생각이 전혀 없으며 오히려 찬사를 보내고 싶다. 평등이 개개인의 머리와 가슴에 정치적 독립이라는 이 막연한 관념과 이 본능적 성향을 심어준다는 점에서, 그럼으로써 그것이 만들어낸 폐단에 대한 치유책을 마련해준다는 점에서, 나는 평등을 찬양한다. 내가 평등에 집착하는 것은 바로 이런 이유에서이다.

민주 시대에 사람들의 통치에 대한 관념은 당연히 권력의 집중에 우호적이다

통치권자와 신민 사이에 위치하는 중간 권력들이라는 관념은 귀족 국가에서 자연스럽게 생겨났는데, 이것은 출생이나 학식이나 재산 수준에서 남보다 출중하며, 따라서 남을 통솔할 운명을 타고난 듯 보이는 개인이나 가문이 이 권력들을 구성하고 있었기 때문이다. 바로 이 관념은 평등의 시대에는 사람들의 머릿속에 떠오르지 않는데, 그 이유는 앞에서 말한 것과 정반대이다. 여기서 중간 권력체라는 관념은 피상적으로만 나타나며 겨우 유지되는 정도이다. 반면에 모든 시민을 직접적으로 인솔하는 단일한 중앙 권력이라는 관념은 사람들이 굳이 곰곰이 생각해보지 않아도 쉽사리 머릿속에 떠오르는 관념이다.

게다가 민주 국가에서는 철학이나 종교에서와 마찬가지로 정치 영역에서도 사람들의 지성은 단일하고 일반적인 관념들을 흔쾌히 받아들인다. 복잡한 체계는 별로 환영받지 못하며, 사람들은 모든 시민이 어떤 단일한 모델에 순응하고 단일한 권력에 의해 통솔되는 하나의 거대한 국가를 머릿속에 구상한다.

단일한 중앙 권력이라는 관념 다음으로 평등의 시대에 사람들의 머릿속에 떠오른 관념은 단일한 법제라는 관념이다. 사람들은 누구나 자기가 주변 사람들과 별로 다르지 않다는 것을 잘 알고 있기 때문에, 어떤 한 사람에게 적용되는 규범이 왜 다른 모든 사람에게 적용될 수 없는가를 잘 이해하지 못한다. 따라서 아주 사소한 특권이라도 이성적으로 용납할 수 없다. 그리고 같은 국민의 정치제도들에 나타나는 아주 작은 차이점들도 그냥 넘길 수 없다. 법 적용의 일률성이야말로 훌륭한 정부의 첫 번째 조건인 것이다.

이와 반대로, 사회 구성원들 모두에게 동일하게 부과된 단일한 규범이라는 관념은 귀족 시대에는 아주 낯설 것으로 나는 생각한다. 이러한 관념은 결코 받아들여질 수 없으며 거부되기 마련이다.

지성의 이 두 가지 상반된 경향은 귀족 사회에서든 민주 사회에서든 결국은 맹목적인 본능과 완고한 습성으로 변해버리기 때문에, 개별적인 사실들과 무관하게 인간의 행동을 계속 규제하게 된다. 중세 사회는 각양각색의 사람들로 가득 차기는 했지만 이따금 개개인들은 놀라울 정도로 엇비슷했다. 하지만 이러한 사정도 입법자가 이들 개개인에게 다양한 의무와 서로 다른 권리를 부여하는 것을 막을 수 없었다. 그런데 이와 달리 오늘날에는 통치자들이 서로 닮은 점이라곤 전혀 없는 주민들에게 동일한 관례와 동일한 법제를 부과하려고 갖은 노력을 다한다.

사회적 조건들이 점점 균등해짐에 따라서, 개개인은 더욱 왜소해지는 반면 사회는 더욱 거대해진다. 아니, 차라리 개개 시민은 모두가 서로 엇비슷해져서 군중 속에 함몰되어버리며, 국민 전체의 거대하고 의연한 모습 외에는 그 어떤 것도 뚜렷하게 드러나지 않는다.

이것은 자연스럽게 민주 시대의 사람들이 사회의 특권은 아주 높이 평가하고 개인의 권리는 아주 하찮게 평가하도록 만든다. 그래서 민주 시대의 사람들은 사회의 이익은 모든 것이고 개인의 이익은 아무것도 아니라는 생각을 당연하게 받아들인다. 그들은 사회를 대표하는 권력이 사회를 구성하는 어떤 개인보다 훨씬 더 많은 지식과 지혜를 갖추고 있으며 시민 개개인을 손으로 잡아 이끄는 것이 바로 권력의 의무이자 권리라는 사실을 기꺼이 받아들인다.

우리 현대인들을 가까이서 관찰해보고 그들의 정치적 견해의 뿌리까지 들여다본다면, 거기에서 내가 앞에서 언급한 몇몇 내용들을 찾아볼 수 있을 것이다. 그리고 그렇게도 자주 서로 다투는 사람들에게서 견해가 합치되는 부분도 있다는 것을 알고는 놀랄 것이다.

아메리카인들은 각 주(州)마다 사회 권력(pouvoir social)이 인민에게서 직접 나와야 한다고 생각한다. 하지만 일단 이 권력이 구성되고 나면 그 권력에는 말하자면 한계가 있을 수 없다고 생각한다. 그들은 그 권력에는 무엇이든 할 수 있는 권리가 있다고 기꺼이 인정하는 것이다.

도시나 가문이나 개인들에게 부여된 특전에 대해 말하자면, 아메리카인들에게는 그러한 것이 특전인가 하는 생각조차 잘 떠오르지 않는다. 그래서 그들은 동일한 법률이 어떤 한 주의 모든 지역에, 그리고 그 주에 사는 모든 사람에게 일률적으로 적용되지 않아도 된다는 사실조차 까마득하게 잊은 지 오래이다.

이와 같은 견해들은 유럽에 점점 더 널리 퍼지고 있다. 심지어 인민주권의 원리를 가장 거칠게 거부하는 나라들에도 퍼진다. 이런 나라들은 권력의 기원에 대해서는 아메리카인들과 견해를 달리하지만 아메리카인들과 같은 각도에서 그 권력을 바라본다. 그래서 어느 나라에서나 중간 권력이라는 관념은 희미해지고 사라진다. 특정 개인들에게 내재하는 권리의 개념은 사람들의 머릿속에서 어느새 사라진다. 그리고 사회의 전능하며 말하자면 유일무이한 권리라는 개념이 그 자리를 메운다. 조건들이 점점 더 평등해지고 사람들이 점점 더 엇비슷해짐에 따라, 이러한 개념들은 깊숙이 뿌리를 내리고 성장한다. 평등이 이런 개념들을 만들어내자 다음에는 이 개념들이 평등의 진전을 앞당기는 것이다. (F)

내가 말하는 혁명적 변화라는 것이 유럽의 다른 어떤 나라들보다 진전되어 있는 프랑스에서는, 바로 이러한 견해들이 사람들의 마음을 완전히 사로잡고 있다. 여러 당파들의 목소리를 주의 깊게 들어보라. 그러면 그러한 견해를 받아들이지 않는 곳이 하나도 없음을 알게 될 것이다. 이들 대부분은 정부가 그릇되게 행동하고 있다고 평가한다. 하지만 그와 동시에 이들 모두는 정부가 끊임없이 나서야 하며 모든 일을 관장해야 한다고 생각한다. 당파들은 서로 줄곧 다투면서도 이 점에서만은 의견을 같이한다. 사회 권력의 단일성 및 전지전능과 무소부재, 그리고 그 준칙의 획일성은 우리 시대가 낳은 모든 정치체제의 가장 뚜렷한 특징이다. 이러한 특징들은 아주 엉뚱한 공상적인 체제들의 밑바탕에서도 찾아볼 수 있다. 인간 정신이 여전히 이러한 광경들을 꿈꾸고 있기 때문이다.

이러한 관념이 개개인들의 정신에 자발적으로 나타난다면, 그것은 군주들의 상상력에는 더욱 기꺼이 나타난다. 유럽의 낡은 사회 상태가 변질되고 와해되는 동안, 군주들은 자신의 역량과 의무에 대해 새로운 신념을 형성하게 된다. 군주들은 자신이 대표하는 중앙 권력이 자체의 힘으로 단일한 청사진에 입각해서 모든 업무와 모든 인간을 도맡아 처리할 수 있으며 또 처리해야만 한다는 것을 처음으로 깨닫게 된다. 감히 말하건대 지난날에는 유럽의 왕들이 생각조차 못했던 이러한 견해가 이제는 군주들의 머릿속에 깊이 침투해서 여느 견해들과 달리 굳건하게 뿌리를 내리고 있다.

그러므로 우리 시대의 사람들은 우리가 상상하는 것보다 훨씬 덜 분열되어 있다고 할 수 있다. 현대인들은 누구에게 주권을 부여할 것인가를 놓고 끊임없이 논쟁을 벌이면서도 주권의 권리와 의무에 대해서는 쉽사리 의견이 일치한다. 사람들은 누구나 통치라고 하면 어떤 단일하고 단순하며 섭리적이고 조물주적인 권력을 떠올리는 것이다.

모든 부차적인 관념은 정치 영역에서 가변적이기 마련이다. 하지만 바로 이 관념만은 확고하게 박혀 있으며 언제나 변함이 없다. 정치 선동가들과 정치인들이 이 관념을 채택하며, 군중이 열렬하게 지지한다. 통치를 하는 자든 통치를 받는 자든 모두 똑같은 열의로 이 관념을 따른다. 가장 먼저 떠오르는 것, 태어날 때부터 몸에 밴 것이 바로 이 관념이다.

그러므로 이 관념은 인간 정신의 변덕에서 나오는 것이 아니라, 인간의 현재 상태의 자연적 조건 그 자체인 것이다.

제3장

민주 시대에 사람들의 관념뿐만 아니라 감정도 권력의 집중을 북돋는다

평등의 시대에 사람들이 거대한 중앙 권력이라는 관념을 아주 쉽사리 품게 된다면, 다른 한편으로 이들의 습성과 감정이 이러한 권력을 인정하고 지지하도록 이끌게 된다는 것은 의심할 나위가 없다. 이렇게 되는 이유들을 앞에서 이미 거의 다 설명했으므로, 이러한 사실을 입증하는 데에는 몇 마디로 충분할 것이다.

민주 국가에 사는 사람들은 자기보다 우월한 자도 열등한 자도 없을 뿐 아니라 통상적으로 필요한 동료들도 없는 까닭에, 기꺼이 자기 자신에게 틀어박히고 외톨이로 남는다. 개인주의의 문제를 다룰 때, 나는 이 점에 대해 꽤 장황하게 설명할 기회가 있었다.

그러므로 이러한 사람들은 자신의 개인적인 일상에서 벗어나서 공동의 업무에 종사하기 위해서는 상당히 애를 먹을 수밖에 없다. 이들의 자연스러운 성향은 공공 업무의 부담을 집단적 이해관계의 항구적이고 눈에 띄는 유일한 대변자라고 할 수 있는 국가에

맡겨두는 것이다.

이들에게는 원래부터 공적인 일에 관심을 두려는 취향이 별로 없을 뿐만 아니라 대개의 경우 그렇게 할 만한 시간도 없다. 민주 시대에는 사생활이 숨 돌릴 틈 없이 바쁘게 돌아가고 욕망과 노고로 가득 차 있는 까닭에, 개인에게는 정치 생활에 바칠 수 있는 정력이나 여가가 전혀 없다.

이러한 경향들이 반드시 극복될 수 없는 것은 아니라는 점을 나로서는 굳이 부정할 생각이 없다. 내가 이 책을 쓰게 된 주요 동기도 사실상 이러한 경향을 극복하자는 데에 있었으니 말이다. 단지 나는 오늘날 어떤 내밀한 힘이 이러한 경향들을 끊임없이 북돋우고 있으며 의식적으로 제어하지 않으면 인간의 마음속은 이러한 경향들로 가득 차게 될 것이라고 주장할 따름이다.

나는 또한 복리에 대한 애착의 증대와 재산의 가변적 성격이 어떻게 민주 국가의 국민들로 하여금 만연된 무질서를 두려워하게 만들었는지를 앞에서 설명한 바 있다. 공공의 안녕에 대한 애착은 흔히 이러한 사람들이 지닌 유일한 정치적인 열정이다. 민주 국가의 국민들에게서 다른 모든 열정이 수그러들고 소멸하는 데 비례해서, 바로 이 열정은 더욱 활발해지고 강렬해진다. 따라서 이것은 자연스럽게 사회 구성원들이 새로운 권리들을 끊임없이 중앙 권력에 넘겨주도록 이끌게 된다. 중앙 권력만이 스스로를 방어하는 바로 그 힘으로 사회 구성원들을 무정부 상태로부터 보호해주려는 의향과 수단을 지니고 있는 것처럼 보이기 때문이다.

평등의 시대에는 어느 누구도 주위 사람을 도울 의무가 없으며 주위 사람에게서 어떤 큰 지원을 기대할 권리도 없기 때문에, 사람들은 누구나 독립성을 지니는 동시에 나약해진다. 따로 떼어 생각해서도 서로 섞어 생각해서도 안 되는 이 두 가지 상태는 민주사회의 구성원들에게 아주 상반된 본능을 불러일으킨다. 독립성은 서로 대등한 사람들 사이에서 자신감과 자부심을 심어주는 반면에, 무기력성은 이따금 외부의 지원을 필요로 하게 만든다. 모두가 무기력하고 냉정한 까닭에 사실상 누구에게도 기대하기 힘든 외부의 지원을 말이다. 이러한 극단적인 상황에서 당연히 이들은 전반적인 의기소침 속에서 홀로 우뚝 솟아 있는 이 거대한 존재로 눈을 돌리게 된다. 이들은 자신의 욕구와 특히 욕망에 이끌려 끊임없이 이 존재로 향해 나아가며, 마침내는 이 존재를 개인적인 나약함을 보강해주는 유일하고 긴요한 지원자로 간주하게 된다.[1]

---

1) 민주 사회에서 어느 정도 안정적인 지반과 항구적인 기획을 지닌 것은 중앙 권력밖에 없다. 모든 시민은 끊임없이 술렁대고 움직인다. 그런데 정부는 본질적으로 활동영역을 줄곧 확대하려 하기 마련이다. 따라서 정부가 확고한 원칙과 일관된 의지를 갖고 사람들에게 영향력을 미치는 반면에 사람들은 그 지위와 생각과 욕망이 매일같이 변화하는 까닭에, 결국에 가서는 정부가 성공하지 않을 수 없을 것이다.

이따금 사회 구성원들이 자신의 의도와 달리 정부의 활동에 도움을 주는 일이 생기기도 한다. 민주 시대는 시도와 혁신과 모험의 시대이다. 수많은 사람들이 언제나 주위 사람들의 간섭을 받지 않고 별도로 힘들고 새로운 일에 매달린다. 이들은 공권력이 개인의 일에 간여해서는 안 된다는 것을 일반적인 원칙으로 인정한다. 하지만 이들은 예외적으로 공권력이 자신이 종사하는 특정 업무에 개입해서 도움을 줄 것을 기대하며, 다른 분야에서는 정부의 활동을 규제해 이것은 민주 국가에서 흔히 일어나는 현상을 제대로 보여준다. 여기에서는 자기보다 우월한 사람들을 그토록 참아내기 힘들어하는 바로 그 사람들이 어느 한 주인은 참을성 있게 견뎌내며 떳떳한 독립성과 비굴한 예속성을 한꺼번에 드러내는 것이다.

특권에 대해 사람들이 갖는 증오심은 특권이 드물어지고 줄어들수록 더욱 커진다. 따라서 민주주의의 열정은 그 연료가 가장 적은 바로 그때에 더욱더 격렬하게 타오른다고 말할 수 있을 것이다. 이러한 현상에 대한 이유는 이미 앞에서 설명했다. 모든 조건이 불평등할 때에는 어떤 커다란 불평등도 눈에 거슬리지 않기 마련이다. 하지만 모든 것이 균등한 환경에서는 가장 사소한 차별도 충격적으로 보이기에 충분하다. 환경이 더욱 균등해질수록, 차별의 광경은 더욱 참기 힘들어진다. 따라서 평등에 대한 애착이 평등 자체와 더불어 꾸준히 증대하며 평등해질수록 더욱더 평등을 원하게 되는 것은 아주 당연하다고 할 수 있다.

민주 시대의 사람들로 하여금 아주 사소한 특권에 대해서도 맞서게 만드는, 점점 더 타오르며 꺼질 줄 모르는 이 증오심은 모든

야 한다고 주장하면서도 정부의 관심을 자기 쪽으로 끌어오려고 애쓴다.

수많은 사람들이 수많은 여러 대상들에 대해 동시다발적으로 이러한 특정한 견해를 갖는 까닭에, 중앙 권력의 영향력은 이들 개개인이 중앙 권력을 제한하기를 원함에도 불구하고, 눈에 띄지 않는 사이에 모든 방향으로 확대될 수밖에 없다. 그러므로 민주 국가의 정부는 줄곧 존재한다는 사실만으로도 그 권한을 증대시킨다. 시간은 정부의 편이다. 모든 사건이 정부에게 유리하게 돌아간다. 개개의 열정들이 의식적으로든 무의식적으로든 정부를 돕는다. 그래서 민주 사회가 오래되면 될수록, 정부는 더욱더 중앙 집중화된다고 말할 수 있다.

정치적 권리가 국가라는 유일한 대표체의 수중에 집중되는 데 널리 이바지한다. 통치권자는 아무런 반발도 받지 않고 당연한 듯이 모든 시민 위에 존재하고 있으므로 아예 시민들의 시기심조차 불러일으키지 않는다. 그리고 개개 시민들은 통치권자에게 부여한 모든 권한을 주위에 있는 자기와 대등한 동료들에게는 부여해서는 안 된다고 생각한다.

민주 시대에 사는 인간은 자기와 대등한 이웃에게 머리를 조아리는 것을 아주 못마땅하게 생각한다. 그는 이웃에게 자기보다 우수한 식견을 인정하려 하지 않는다. 이웃의 판단을 신뢰하지 않고 이웃이 가진 권한을 시기한다. 이웃을 두려워하는 동시에 경멸한다. 그리고 자기든 이웃이든 모두가 같은 주인에게 의존해 있는 공통의 처지에 있다는 사실을 매 순간 일깨워주고 싶어 한다.

이러한 자연적인 본능들을 따르는 모든 중앙 권력은 평등을 옹호하고 고무한다. 평등이 바로 이러한 권력의 활동 반경을 특별히 촉진하고 확대하며 보장해주기 때문이다. 또한 모든 중앙정부는 획일성을 숭상한다고 말할 수 있다. 그런데 획일성은 중앙정부의 부담을 대폭 줄여준다. 모든 사람을 무차별적으로 동일한 규정 아래 묶어두는 대신에 적재적소에 알맞은 규정을 만들어야 한다면, 중앙정부가 떠맡지 않을 수 없을 그러한 세세한 사항들에 대한 검토의 부담을 줄여주는 것이다. 이렇게 중앙정부는 시민들이 좋아하는 것을 좋아하며 시민들이 싫어하는 것을 당연히 싫어한다. 민주 국가에서 개개 시민과 통치권자를 같은 사고방식 속에 끊임없이 묶어주는 이러한 감정의 공동체는 이 둘 사이에 어떤 보이지는 않지만 지속적인 유대를 만들어낸다. 정부의 실책은 그 의도가 좋은 이상 용서를 받는다. 정부가 월권을 범하고 실책을 저질러도 국민은 어지간해서는 신뢰를 거두지 않는다. 정부가 원하면 국민은 다시 신뢰를 보낸다. 민주 국가에 사는 사람들은 흔히 중앙 권력의 수임자들은 미워하면서도 중앙 권력 자체는 좋아하는 것이다.

이제 나는 두 가지 다른 길을 통해서 같은 목표에 도달했다. 나는 앞에서 평등이 사람들에게 단일하고 획일적이며 강력한 정부에 대한 관념을 불어넣어 줄 수 있다는 것을 밝혔다. 그리고 나는 지금 평등이 사람들에게 그러한 정부에 대한 취향을 부여한다는 것을 보여주었다. 우리 시대의 국민들은 바로 이러한 유형이 정부를 향해 나아가는 경향이 있다. 그들의 정신과 마음은 자연스럽게 이러한 방향으로 끌리기 때문에 굳이 제어하지 않으면 저절로 거기에 이르게 될 것이다.

바야흐로 막을 올린 민주주의 시대에 개인의 독립성과 지역의 자율성은 언제나 인위적인 노력의 산물일 수밖에 없으리라고 나는 생각한다. 정부는 그냥 내버려 두면 자연스럽게 중앙 집중화되기 마련이다. (G)

민주 국가의 사람들이 권력의 집중을 촉진하거나 저지하도록 이끄는 몇 가지 특별하고 우연적인 요인들에 대해

민주 국가에 사는 사람들이 본능적으로 권력의 중앙 집중화로 이끌려간다고 할지라도, 그들이 모두 동일한 방식으로 거기에 도달하는 것은 아니다. 이것은 민주 국가의 사회 상태에 수반되는 자연적인 효과를 촉진하거나 저지하는 특별한 사정들에 의존한다. 이러한 사정들은 정말 여러 가지이지만, 여기서는 몇 가지만 언급해보도록 하자.

평등해지기 이전에 이미 오래전부터 자유로웠던 사회에서는 자유가 만들어낸 본능들이 평등이 가져다줄 성향들을 어느 정도 막아내게 된다. 그래서 이러한 사회에서는 중앙 권력이 그 특권을 증대시킨다고 할지라도, 구성원들이 자신의 독립성을 완전히 상실하지는 않을 것이다.

하지만 여태껏 자유를 경험하지 못했거나 아니면 이제는 자유를 상실한 사회에서 평등이 발전하게 될 때에는, 예컨대 지금 유럽 대륙에서 볼 수 있는 것과 같은 경우에는, 그 나라의 낡은 습성들이 새로운 사회 상태가 만들어낸 새로운 습성이나 원칙들과 갑작스럽지만 아주 자연스럽게 결합하게 되는 까닭에, 모든 권력은 저절로 중앙으로 집중하는 것처럼 보인다. 권력들이 놀라운 속도로 중앙에 집적되는 까닭에, 국가는 즉각 힘의 최고점에 도달하는 반면에 개인들은 한순간에 무기력의 바닥에까지 떨어지게 된다.

300년 전에 신세계의 황무지에 민주 사회를 건설한 영국인들은 이미 모국에 있을 때 공공 업무에 참여하는 데 익숙했다. 그들은 배심원 재판에 익숙했고, 언론과 출판의 자유 및 개인적 자유를 누렸으며, 법에 대한 관념을 지니고 또 실생활에서 법을 익숙하게 활용할 줄 알았다. 그들은 이러한 자유 제도들과 강건한 습속을 아메리카에 들여왔으며, 이러한 제도들을 통해서 국가의 침해에 맞섰다.

따라서 이들 아메리카인 처지에서 볼 때 자유는 아주 오래전부터 있어온 것이고 평등은 상대적으로 나중에 생긴 것이다. 유럽에서는 이와 반대 현상이 나타나는데, 여기서는 자유의 관념이 국민의 머릿속에 나타나기 훨씬 전에, 평등의 원리가 왕정 치하에서 절대 권력에 의해 국민의 습성 속에 침투해 들어갔다.

민주 국가에서는 통치 형태가 사람들의 머릿속에 단일한 중앙 권력의 형태로만 나타나며 중간 권력이라는 관념은 전혀 익숙하지 않다는 사실을 나는 앞에서 지적했다. 이것은 특히 평등의 원리가 과격한 혁명에 의해서 승리하는 것을 지켜본 민주 국가들에 적용될 수 있다. 현지 업무를 관장하는 계급들이 혁명의 폭풍우 속에 갑자기 물러나 버렸고, 혼란에 빠진 대중이 이러한 업무를 떠맡을 조직도 습성도 아직 지니지 못하는 까닭에, 통치의 모든 책임을 떠맡을 수 있는 것은 국가밖에 없는 것처럼 보이는 것이다. 그래서 중앙 집중화는 어느 정도 필연적인 현상이라 할 수 있다.

나폴레옹이 모든 행정 권력을 한 몸에 장악했다고 그를 칭찬해서도 비난해서도 안 될 것이다. 귀족층과 상층 부르주아들이 갑자기 사라진 후에 권력이 자연히 그에게 돌아올 수밖에 없었으니 말이다. 그로서는 권력을 거부하는 일이 권력을 차지하는 일만큼이나 어려울 것이다. 하지만 이러한 필연성이 아메리카인들에게는 결코 발생하지 않았는데, 왜냐하면 아메리카에서는 어떤 혁명도 발생하지 않았고 일찍부터 자치 행정이 이루어졌으며 국가에 일시적이나마 보호자의 역할을 부여해야 할 부담도 없었기 때문이다. 이렇게 민주 국가에서 권력의 중앙 집중화라는 것은 평등이 진전되는 정도뿐만 아니라, 평등이 확립되는 방식에 따라서 발전하는 것이다.

거대한 민주 혁명이 일어난 초창기에 계급들 사이에 전쟁이 막 벌어졌을 때, 인민은 현지 업무의 통할권을 귀족계급으로부터 빼앗아내기 위해서 공공 행정을 중앙정부의 수중에 집중시키려 애쓴다. 이와 반대로 혁명이 끝나갈 무렵에는 일반적으로 패배한 귀족계급이 모든 업무의 통할권을 국가에 맡기려 애쓴다. 왜냐하면 귀족계급은 자신과 동급이 되고, 심지어 자신의 주인 노릇을 하려드는 인민이 조금이라도 폭정을 일삼지 않을까 두려워하기 때문이다.

그러므로 중앙 권력의 특전을 증대하려고 애쓰는 것이 반드시 사회 구성원들 중에서 특정 계급만의 몫이라고 말하기는 힘들 것이다. 하지만 민주 혁명이 지속되는 한, 남다른 열정이나 특별한 이해관계에 이끌려 공공 행정을 집중시키려 애쓰는 하나의 계급, 수적으로 그리고 재산 수준에서 막강한 하나의 계급이 국민 가운데 있기 마련이다. 물론 이러한 권력 집중을 선호하는 성향은 자기 이웃에게 간섭이나 통제를 받기 싫어하는, 민주 국가의 사람들이 지닌 일반적이고 항구적인 감정과는 별개의 것이다.

오늘날 영국의 하층계급들은 온갖 힘을 다해서 지방자치를 파괴하고 모든 행정 업무를 중앙정부에 맡기려고 애쓰는 반면에 상층계급들은 이 행정 업무들을 이전처럼 지방에 묶어두려고 애쓰는 것을 살펴볼 수 있다. 하지만 조만간 이와 정반대되는 현상이 일어날 것이라고 나는 감히 장담할 수 있다.

이상의 사실을 통해서 우리는 애초부터 시민들이 항상 평등했던 민주 사회에서보다 구성원들의 길고 험한 노고를 거쳐 평등에 도달한 민주 사회에서 어떻게 사회 권력이 언제나 더 강력한 반면에 개인은 더 허약한가를 비로소 알 수 있게 된다. 아메리카인들의 사례는 바로 이러한 사실을 입증해주는 본보기이다.

합중국에 사는 사람들은 어떤 특권에 의해서도 분리되어 있지 않으며, 상전과 하인 사이의 관계 따위에 대해서는 전혀 알지 못한다. 그리고 그들은 서로를 두려워할 이유도 서로를 미워할 이유도 없는 까닭에, 그들의 자잘한 업무들을 통치권자에게 내맡겨야 할 필요도 알지 못한다. 아메리카인들의 운명은 특이하다. 그들은 영국의 귀족계급에게서 개인적 권리의 관념과 지방자치의 취향을 얻어냈다. 그리고 그들로서는 타도해야 할 귀족계급이 없었던 까닭에, 이 두 가지를 모두 보존할 수 있었다.

어느 시대든 인간이 교육을 통해서 자신의 독립성을 유지할 수 있다고 한다면, 이러한 사실은 특히 민주 시대에 더 적합하다. 모든 사람이 서로 엇비슷할 때에는 단일하고 막강한 정부를 구성하는 것이 그리 어렵지 않다. 사람들이 본능적으로 그리로 향하기 때문이다. 하지만 동일한 여건에서 부차적인 권력들을 조직하고 유지하기 위해서, 그리고 시민들이 서로 동떨어져 개인적으로 취약한 상황에서 공공질서를 파괴하지 않으면서 폭정에 맞서 싸울 수 있을 만한 자유 결사체들을 창설하기 위해서는, 많은 지혜와 학식과 기술이 필요하다.

따라서 민주 국가에서 권력의 집중과 개인의 복종은 평등의 진척에 비례해서, 그리고 무지의 정도에 비례해서 증대한다고 말할 수 있다. 계몽되지 못한 시대에는 전제정치에서 벗어나는 데 필요한 지식이 시민들에게 부족한 만큼, 정부에도 전제정치를 완수하는 데 필요한 지식이 부족한 것이 사실이다. 하지만 이 두 경우가 같은 결과를 낳는 것은 아니다.

민주 국가의 국민이 아무리 무지하고 세련되지 못하다고 할지라도, 그 국민을 지도하는 중앙 권력은 결코 무식하지 않다. 왜냐하면 중앙 권력은 그 나라 안에서 찾을 수 있는 아무리 사소한 지식들이라도 쉽사리 끌어모을 수 있으며 필요한 경우 나라 밖에서도 지식을 구할 수 있기 때문이다. 따라서 민주적인 동시에 무지한 나라에서는 통치권자의 지적 능력과 피치자 개개인의 지적 능력 사이에 엄청난 차이가 어느새 나타나기 마련이다. 이로 인해 모든 권력이 통치자의 수중에 쉽사리 집중된다. 그리고 국가만이 행정 능력을 갖추고 있는 까닭에, 국가의 행정 권한은 끊임없이 확장된다.

하지만 귀족 국가에서는 국민이 아무리 계몽되지 못했다고 할지라도 이러한 양상이 결코 나타나지 않는다. 왜냐하면 여기서는 군주와 주요 시민들 사이에 지식이 비교적 균등하게 보급되어 있기 때문이다.

오늘날 이집트를 통치하고 있는 파샤(pacha)는 그 나라의 국민이 아주 평등한 동시에 아주 무지하다는 사실을 알고는, 국민을 통치하기 위해 유럽의 과학과 지식을 도입해서 독차지했다. 통치권자의 특별한 지식이 피치자의 무지 및 민주적 취약성과 이런 식으로 결합된 까닭에, 최고 수준의 권력 집중이 아무런 어려움 없이 이루어졌다. 그래서 군주는 그 나라를 자신의 작업장으로, 주민들을 자신의 직공들로 만들 수 있었다.

정치권력의 이러한 지나친 집중은 사회를 무기력하게 만들고 마침내는 정부 자체를 허약하게 만든다고 나는 생각한다. 하지만 한곳에 모아진 사회 전체의 힘이 적어도 주어진 시간과 장소에서는 거대한 일들도 쉽사리 해낼 수 있으리라는 것을 나는 부정하지 않는다. 이것은 특히 전쟁이 일어날 경우 그러하다. 전쟁에서의 승리는 국가가 지닌 자원 자체의 크기보다 모든 자원을 적시적소에 동원해내는 역량에 의존하기 때문이다. 그렇기 때문에 전쟁이 일어날 경우에는 국민이 중앙 권력의 특전을 증대시키려는 욕구와 때로는 필요까지도 느끼게 된다. 전쟁의 달인들은 누구나 권력 집중을 원하는데, 이는 권력 집중에 의해 자신들의 힘이 증대되기 때문이다. 그리고 권력 집중의 달인들은 누구나 전쟁을 원하는데, 이는 전쟁이 발생하면 국민이 모든 권력을 국가의 수중에 내맡기지 않을 수 없기 때문이다. 이와 같이 국가의 특전을 끊임없이 증대시키고 개인의 권리를 제한하는 방향으로 사람들을 이끄는 이러한 민주주의적 경향은 다른 어떤 나라에서보다 자주 큰 전쟁을 치르고 자주 생존의 위기를 겪는 민주 국가들에서 훨씬 빠르게 그리고 훨씬 지속적으로 나타난다.

나는 앞에서 어떻게 민주 국가에서 무질서에 대한 두려움과 복리에 대한 애착으로 말미암아 사람들이 무정부 상태로부터 그들을 보호해줄 만큼 강력하고 현명하며 안정적인 유일한 권력체로 보이는 중앙정부의 권한을 증대시키는 방향으로 어느새 나아가게 되는지를 보여주었다. 여기서는 다음과 같은 사실 정도만을 덧붙이도록 하자. 민주 사회의 상태를 소란스럽고 취약하게 만드는 경향이 있는 모든 특별한 상황으로 인해 이러한 일반적인 추세가 더욱 강화되고 개인들이 점점 더 자신의 평안을 위해 자신의 권리들을 포기해버린다는 사실 말이다.

그러므로 자산가의 재산을 탈취할 뿐만 아니라 모든 신념 체계를 뒤흔들어놓고 나라 전체를 격렬한 증오심과 상충하는 이해관계와 적대적인 파벌들로 가득 채운 길고 긴 유혈의 혁명이 끝을 맺을 바로 그 무렵에, 중앙 권력의 권한을 강화하려는 국민의 바람이 가장 커지기 마련이다. 이때에는 공공 안녕에 대한 취향이 거의 맹목적인 열정으로 나타나며, 시민들이 질서에 대한 거의 무절제한 애착에 빠져들곤 한다.

나는 앞에서 권력의 중앙 집중화에 이바지하는 여러 가지 우연적인 요인들을 검토했다. 하지만 가장 중요한 요인에 대해서는 아직 말하지 않았다. 민주 국가에서 모든 업무의 집행을 통치권자의 수중에 집중시키게 되는 여러 우연적인 요인들 중에서 첫 번째는 바로 이 통치권자의 출신 성분과 성향이다.

평등의 시대에 살고 있는 사람들은 원래부터 중앙 권력을 좋아하며 중앙 권력의 특전이 확대되기를 바라기 마련이다. 하지만 바로 이 권력이 그들의 이해관계를 충실하게 반영해주고 그들의 성향을 정확하게 나타내주기만 한다면, 그들은 중앙 권력에 대해 거의 무한한 신뢰를 보낼 것이며 중앙 권력에게 준 것은 무엇이든 다 되받을 수 있을 것으로 믿는다.

행정 권력의 중앙 집중화는 어떤 면에서 여전히 옛 귀족 질서에 얽매여 있는 군주들의 경우보다는 그들의 출생과 편견과 본능과 습성으로 인해 평등의 원리와 불가분하게 연결되어 있는 듯 보이는 새로운 군주들의 경우에 언제나 더 수월하고 더 신속하게 진행될 것이다. 여기서 나는 민주 시대에 살고 있는 귀족 출신의 군주들이 결코 권력 집중을 추구하지 않을 것이라고 말하려는 것이 아니다. 그들 역시 다른 누구 못지않게 중앙 집중화를 추진하려 한다고 나는 생각한다. 그들에게는 평등이 가져다주는 유일한 이점이 바로 여기에 있다. 하지만 그들의 영향력은 상대적으로 작을 수밖에 없는데, 왜냐하면 그들이 하고자 하는 바가 사회 구성원들에게 자연스럽게 납득되기는커녕 사회 구성원들이 그들과 함께 나아가기를 꺼리기 때문이다. 통치권자가 귀족 성분을 덜 지닐수록 그만큼 권력 집중화 경향이 더 커진다는 것이 민주 사회에서 관찰되는 일반적인 법칙이기도 하다.

왕족이 귀족계급의 우두머리 노릇을 하던 시절에는 통치권자의 본연의 선입관과 귀족의 본연의 선입관이 완벽하게 일치하는 까닭에, 귀족 사회에 내재해 있는 폐단들이 제멋대로 성장하고 치유책을 찾을 수 없게 된다. 그런데 봉건귀족 가문의 후손이 민주 국가의 우두머리가 될 경우에는 정반대 현상이 나타난다. 군주는 자신이 받은 교육과 자신의 습성과 전통으로 인해 조건의 불평등이 만들어내는 감정으로 매일같이 이끌려가는 반면에, 인민은 자신의 사회 상태로 인해 평등이 만들어낸 습속을 향해 끊임없이 이끌려간다. 그래서 중앙 권력이 압제 권력이라기보다는 귀족 권력이라는 이유에서, 시민들이 그 중앙 권력을 억제하려는 현상이 자주 나타난다. 그리고 자유롭기를 원하기 때문만이 아니라 무엇보다 평등하기를 원하기 때문에, 시민들이 단호하게 자신의 독립성을 유지하려는 현상이 자주 나타난다.

혁명은 낡은 왕족을 내쫓고 새로운 사람들을 민주 국가의 우두머리로 앉힘으로써 일시적으로 중앙 권력을 약화시킬 수 있다. 하지만 이러한 혁명이 처음에는 아무리 무질서하게 보일지라도 결국에는 바로 이 중앙 권력을 확장하고 강화하게 될 수밖에 없을 것이라고 주저 없이 예측할 수 있다.

민주 사회에서 공권력을 중앙 집중화하기 위해서 필요한 첫 번째의, 그리고 아마도 유일한 조건은 평등에 대한 애착을 갖는 것이거나, 아니면 평등에 대해 애착을 갖고 있다고 사람들에게 믿도록 하는 것이다. 그러므로 옛날에는 복잡했던 전제정치의 기술이 이제는 단순화된다. 굳이 말하자면 단 한 가지 원리로 압축되어버렸다.

제5장

어떻게 오늘날 유럽 국가들에서
통치권자들의 지위는 불안정해도
통치권은 강화되는가

지금까지 언급한 내용을 곰곰이 생각해본다면, 어떻게 유럽에서는 모든 일이 중앙 권력의 특전을 끝없이 증대시키는 동시에 개인의 자립성을 더욱 허약하고 더욱 종속적이며 더욱 불안정하게 만드는 데 이바지하고 있는가를 알고는 깜짝 놀라지 않을 수 없을 것이다.

유럽의 민주 국가들은 아메리카인들이 권력의 중앙 집중으로 나아가도록 이끈 일반적이고 항구적인 경향들을 모두 지니고 있다. 그리고 유럽 국가들은 아메리카인들로서는 알지 못하는 부차적이고 우연적인 요인들도 아주 많이 지니고 있다. 유럽 국민들이 평등을 향해 내딛는 한 걸음 한 걸음이 마치 이들을 전제정치로 가까이 이끄는 듯이 보일 정도이다. 이러한 사실을 확신하기 위해서는 우리 프랑스 주변에, 그리고 프랑스에 눈을 돌려보는 것으로 충분하다.

지금과 달리 귀족 시대에 유럽의 통치권자들은 그들의 권력에 내재하는 많은 권리들을 박탈당하든가 아니면 스스로 포기한 상태였다. 불과 백 년 전만 하더라도 대다수 유럽 국가들에서 개인들이나 거의 독립된 기구들이 재판을 진행하고 병사를 징집했으며 세금을 징수하고 심지어 법률을 제정하고 해석하기도 했다. 그런데 그 후에 어디에서나 통치권의 이러한 본원적인 권능들을 국가가 차지했다. 통치와 관련된 모든 분야에서 국가는 국가와 시민들 사이에 개입하는 중재자를 인정하지 않았으며 거의 모든 업무에서 독자적으로 시민들을 다스렸다. 나로서는 여기서 이러한 권력 집중 현상을 비난할 생각이 추호도 없다. 단지 그러한 현상을 지적하고자 할 따름이다.

그 당시 유럽에는 지방의 이해관계를 대변하면서 지역의 업무를 관장하는 수많은 부차적인 권력들이 있었다. 이 지방권력들은 대부분 이미 사라졌다. 모든 것이 급속하게 사라지고 있거나 아니면 중앙 권력에 완전히 종속되고 있는 것이다. 유럽 전역에 걸쳐서 영주의 특권, 도시의 자유, 지방자치 행정 따위가 폐기되었거나 아니면 조만간 폐기될 것이다.

지난 반세기 동안 유럽은 수많은 혁명과 반혁명을 겪으면서 때로는 이리로 쏠리고 때로는 저리로 쏠렸다. 하지만 이 모든 움직임은 한 가지 점에서는 합류했다. 요컨대 모두가 부차적인 권력들을 뒤흔들거나 파괴하는 방향으로 나아간 것이다. 프랑스인들이 정복 지역에서도 폐지하지 않았던 지방적 특권들마저도 프랑스인들을 물리친 군주들의 중앙집권 정책에 굴복했다. 이 군주들은 중앙집권을 제외하고는 프랑스혁명이 그들 나라에서 만들어낸 모든 새로운 조치를 거부했다. 이들 군주가 혁명에서 받아들인 유일한 선물이 바로 중앙집권이었던 셈이다.

내가 지적하고자 하는 것은 최근에 계급들이나 조합들 및 개인들에게서 차례차례로 빼앗아낸 이 모든 다양한 권리가 더욱 민주적인 토대 위에서 새로운 부차적인 권력들을 강화하는 데 도움을 주기는커녕 오히려 최고권자의 수중에 집중되어버렸다는 사실이다.[1]

지난날에는 유럽의 모든 자선 기관이 개인이나 조합들의 수중에 있었으나, 이제는 대부분 통치권자에게 종속되어 있으며 몇몇 나라들에서는 아예 통치권자에 의해 운영되고 있다. 배고픈 자에게 빵을 주고 병든 자에게 도움과 안식처를 주며 노는 자에게 일거리를 주는 것은 오로지 국가의 몫이 되었다. 국가가 모든 불행의 유일한 구제자로 자처하며 나선 것이다.

---

1) 이렇게 사회에 대해 개인이 점차 취약해지는 추세는 허다한 방식으로 나타난다. 많은 사례 중에서 유언장에 관련된 사례를 들어보자.

귀족 국가에서는 일반적으로 임종을 앞둔 사람의 마지막 유언은 진지하게 존중된다. 유럽의 오래된 나라들에서는 이러한 관례가 때로 미신으로까지 발전할 정도이다. 사회 권력은 망자의 상념과 회한을 무시하기는커녕 아주 하찮은 유언까지도 공식적으로 인정해준다. 유언에 항구적인 권위를 부여해주는 것이다.

산 자들이 모두 취약할 때, 죽은 자들의 유언은 제대로 존중받지 못한다. 유언의 효력은 좁은 범위 안에 제한되고, 그 범위를 벗어나는 유언에 대해서는 통치권자가 법률로 무효화하거나 억제할 수 있다. 중세에는 유언의 효력이 말하자면 한계가 없었다. 오늘날 프랑스에서는 국가의 개입 없이는 개인이 자신의 재산을 자녀들에게 분배할 수 없다. 국가는 한 인간의 생애 전부를 통제한 뒤에도 그의 마지막 행위까지도 통제하려 하는 것이다.

교육도 자선사업과 마찬가지로 오늘날 거의 모든 나라에서 국가적인 사업이 되었다. 국가는 부모의 품에서 아이를 인계받거나 빼앗아서 위탁 기관에 맡긴다. 자라는 세대에게 감정을 주입하고 관념을 일깨우는 일도 국가의 몫이다. 다른 모든 경우에서와 마찬가지로 교육에서도 획일주의가 지배한다. 자유라든가 다양성이라든가 하는 것은 매일매일 사라져버린다.

게다가 나는 오늘날 거의 모든 기독교 국가에서 가톨릭이든 프로테스탄트든 종교가 정부의 수중에 넘어갈 위험에 처해 있다는 것을 서슴없이 주장할 수 있다. 통치권자들은 자기들 마음대로 교리를 정하려고 안달하기보다는 그 교리를 설파하는 자들의 의지를 장악하려 한다. 통치권자들은 성직자들에게서 재산을 빼앗고 그들에게 봉급을 지불한다. 성직자들의 영향력을 자기들의 입맛대로 이용하고, 성직자들을 공무원으로 때로는 하인으로 부린다. 이렇게 통치권자들은 성직자를 이용해서 인간 영혼의 아주 깊은 곳까지 들여다보는 것이다.[2]

하지만 이것은 아직 그림의 한쪽 면에 불과하다. 통치권자의 권력은 우리가 앞에서 살펴본 바와 같이 기존 권력들의 영역 전체로

---

2) 중앙 권력의 권한이 늘어나는 것에 비례해서 중앙 권력을 대표하는 공무원의 수도 늘어난다. 그래서 공무원들은 한 나라 안에서 한 나라를 형성한다. 정부가 공무원들에게 안정된 지위를 보장해주는 까닭에, 공무원들은 점점 더 귀족들의 자리를 차지하게 된다. 유럽의 거의 모든 지역에서 통치권자는 두 가지 방식으로 다스린다. 한편으로 시민들이 공무원들에 대해 갖는 두려움으로, 다른 한편으로 시민들이 언젠가 공무원이 되고자 하는 소망으로 시민들을 다스린다.

확산될 뿐만 아니라, 포화된 그 영역을 넘어서서 이제껏 개인의 자율성 공간으로 남겨두었던 영역에까지 침투하게 된다. 지금까지는 사회의 통제가 미치지 못하던 많은 부분들이 이제는 통제를 받게 되며, 이러한 통제는 끝없이 늘어난다.

귀족 국가에서 사회 권력은 일반적으로 국가 전체의 이해관계와 직접적으로, 그리고 눈에 띄게 관련된 영역에서 시민들을 감독하고 통제하는 것으로 그쳤으며, 그 외의 다른 영역에서는 시민들이 자신의 자유로운 의사에 따라 행동하도록 내버려 두었다. 귀족 국가에서는 개인의 허점과 절박함이 국민 전체의 복리와 연결될 수도 있다는 사실을, 그리고 개인의 파멸을 막는 것이야말로 때로는 국가의 주요 업무이어야 한다는 사실을 정부가 자주 잊어버리곤 했다.

오늘날 민주 국가에서는 이와 정반대 흐름이 나타난다. 오늘날 대다수 군주들이 국민 전체를 다스리는 것 자체만으로 만족하려 하지 않는다는 것은 명백한 사실이다. 그들은 국민 개개인의 행동과 운명까지 자기가 책임을 져야 한다고 생각하는 듯하다. 그리고 그들은 생활의 여러 국면마다 국민 개개인을 이끌고 인도하고자 했으며 필요한 경우 정작 국민의 의사를 묻지도 않은 채 국민에게 행복을 만들어주려 했다.

마찬가지로 국민 개개인도 점점 더 사회 권력을 이와 같은 관점에서 보게 된다. 그들은 필요할 때마다 사회 권력에 도움을 청하고, 언제나 상담자나 안내자를 대하는 눈길로 사회 권력을 대한다.

유럽에서는 거의 모든 나라에서 공공 행정이 중앙 집중화되었을 뿐 아니라 더욱 시민 생활에 간섭하고 더욱 세밀해졌다고 나는 주장한다. 어디에서나 공공 행정은 그 어느 때보다 깊숙이 시민의 개인 생활에 파고든다. 공공 행정은 나름대로의 방식으로 더 많은 영역에 그리고 더 자잘한 영역에까지 간섭한다. 요컨대 공공 행정은 매일매일 시민 개개인의 옆에, 주위에, 위에 자리를 잡고서, 때로는 그를 보조하고 때로는 충고하며 때로는 간섭하는 것이다.

옛날에 통치권자는 자기 땅에서 나오는 소득이나 조세 수입으로 살았다. 하지만 권력이 커진 만큼 돈 쓸 곳도 늘어난 오늘날은 더 이상 그렇지 않다. 옛날이라면 군주가 새로운 세금을 징수했을 바로 그런 상황에서, 이제는 대부금에 호소한다. 이렇게 국가는 점점 더 대다수 부자들에게 빚을 지게 되며, 자기 수중에 아주 큰 자본금을 모은다. 그리고 다른 방법을 통해 작은 자본금도 모은다.

사람들이 서로 뒤섞이고 사회적 조건들이 평등해짐에 따라서, 가난한 사람들은 더 많은 자원과 지식과 욕망을 가지게 된다. 그들은 자신의 운명을 개선하려는 생각을 품게 되고 이를 위해 저축을 하게 된다. 따라서 저축은 땀 흘려 일해 조금씩 모은 작은 자본금들을 매일매일 수없이 만들어낸다. 이 자본금들은 끝없이 증가한다. 하지만 자본금은 잘게 쪼개진 상태로 남아 있으면 생산성이 낮다. 자선 기관이 탄생한 것은 바로 이런 이유에서라고 할 수 있는데, 내 생각이 틀리지 않다면, 이 자선 기관은 조만간 프랑스에서 가장 중요한 정치 기관 중 하나가 될 것이다. 자선사업에 종사하는 사람들은 가난한 사람들의 저축을 모아서 생산적인 사업에 투자할 생각을 품었다. 여러 나라에서 이 자선단체들은 국가로부터 완전히 분리되어 있다. 하지만 거의 모든 나라에서 자선단체들은 점점 더 국가와 동일시되어가고 있다. 그리고 정부가 자선단체들을 대체한 나라도 있고, 수백만 노동자들이 하루하루 저축한 돈을 정부가 한군데로 모아서 원하는 대로 투자하는 나라도 있다.

이런 식으로 국가는 부자의 돈은 차용을 통해 끌어들이고, 가난한 자의 돈은 저축은행을 통해 제멋대로 쓴다. 국가의 주변에 그리고 국가의 수중에 나라 전체의 부가 끊임없이 쌓인다. 사회적 조건들이 평등해질수록, 축적되는 자본금은 더욱더 증대한다. 그도 그럴 것이 민주 시대에는 무언가 힘과 지속성을 가진 것은 국가밖에 없어 보이는 까닭에, 국가만이 시민 개개인에게 신용을 얻을 수 있기 때문이다.[3]

이와 같이 통치권자는 공공 재산을 관리하는 데만 그치지 않고 개인의 재산에까지 개입한다. 그는 개개 사회 구성원에 대한 지도자(chef)이자 대개의 경우 주인(maître)이기도 하고, 더 나아가 재산 관리인(intendant)이자 회계원(caissier)이 되기도 한다.

중앙 권력은 옛 권력기관들이 수행했던 직무를 고스란히 인수하고 나아가 더 많은 직무를 떠맡을 뿐만 아니라 예전보다 더 빈틈

---

3) 한편으로 안락에 대한 취향이 줄기차게 증가하며, 다른 한편으로 정부가 그러한 안락의 원천들을 더욱더 확고하게 장악한다. 따라서 사람들은 두 가지 서로 상반된 길을 통해 예속에 이르는 셈이다. 안락에 대한 취향으로 인해 사람들은 공공 업무에 참여하기를 더욱더 꺼리게 되며, 안락에 대한 애착으로 인해 사람들은 통치자에게 점점 더 확고하게 종속당하게 된다.

없고 더 확실하게 그리고 더 자율적으로 움직인다.

오늘날 유럽의 모든 정부는 행정 기술을 엄청나게 향상시켰다. 더 적은 비용으로 훨씬 더 질서정연하고 신속하게 모든 업무를 처리한다. 사회 구성원 개개인에게서 얻는 지식을 줄곧 활용하면서 더욱더 능숙해진다. 매일매일 유럽의 군주들은 업무를 수행하는 위임 관리들을 더욱더 엄격하게 통제하고, 이들을 더 가까이서 더 능률적으로 감독할 수 있는 새로운 방법을 만들어낸다. 위임 관리들을 통해 업무를 관장하는 것으로 만족하지 않고 위임 관리들의 행동 자체를 하나하나 감독하려 한다. 이렇게 해서 공공 행정은 하나의 동일한 권력에 종속될 뿐만 아니라 점점 더 동일한 장소에, 요컨대 점점 더 소수 몇몇의 수중에 집중된다. 정부의 권한이 늘어나는 동시에 정부의 운신 폭이 한곳에 집중된다. 그래서 정부가 이중으로 힘이 세진다.

유럽의 대다수 국가들에서 옛날에 사법권이 어떻게 구성되어 있었는가를 검토해보면, 두 가지 사실이 눈에 띈다. 하나는 사법권의 독립이고, 다른 하나는 사법 권한의 확대이다. 법원은 개인들 사이의 거의 모든 분쟁을 재판했을 뿐만 아니라, 대부분의 경우 개인과 국가 사이의 중재자 구실을 했다.

나는 여기서 몇몇 나라에서 법원이 빼앗아갔던 정치적 권한과 행정적 권한에 대해 언급하려는 것이 아니라 모든 나라에서 법원이 가지고 있는 사법적 권한에 대해 언급하고자 한다. 유럽의 어느 나라에든 주로 재산권 일반과 관련되어 있는 개인적인 권리들, 법원의 보호를 받고 있으며 법원의 허가 없이는 국가도 침해할 수 없는 권리들이 많이 있었으며 지금도 많이 남아 있다.

유럽의 법원들을 다른 곳의 법원들과 구별시켜주는 것은 바로 법원이 가진 어느 정도 정치적인 권력이다. 어느 나라에나 판사들이 존재하지만, 그렇다고 모든 나라가 다 판사들에게 이러한 특권을 주는 것은 아니기 때문이다.

다른 나라도 마찬가지지만 자유를 누린다고 알려진 유럽의 민주 국가들에서 지금 일어나는 일을 관찰해보면, 어디에서나 기존의 법원들과는 별도로, 국가로부터의 독립성이 미약한 법원들, 시민들과 공공 행정 사이에 벌어질 수 있는 소송을 다룬다는 특수한 목적을 지닌 특별 법원들이 계속 들어선다는 것을 알 수 있다. 옛날식의 사법부는 여전히 독립성을 유지하지만 그 관할권은 현저하게 줄어들었다. 개인들 사이의 이해관계 다툼을 중재하는 역할로 점점 더 그 권한이 축소되고 있는 것이다.

하지만 이러한 특별법원의 수는 끊임없이 늘어나고 그 권한도 줄곧 확대되고 있다. 그래서 정부는 다른 권력 기구에 의해 자신의 정책과 권한을 인가받아야 하는 의무 부담에서 하루가 다르게 벗어나고 있다. 법원이 없을 수는 없다는 것을 잘 아는 까닭에, 정부는 적어도 판사들을 직접 뽑아서 영향력을 행사하는 방안을 찾아낸 것이다. 이렇게 해서 정부는 어쨌든 재판이라는 것을 시민 개개인과 정부 사이에 만들어낸 셈이다.

이렇게 국가로서는 모든 업무를 다 끌어모으는 것으로 그치지 않는다. 국가는 점점 더 아무런 간섭도 아무런 지원도 없이 모든 업무를 혼자서 결정하기에 이른다.[4]

오늘날 유럽의 여러 나라에는 내가 앞에서 지적한 여러 요인들과 별개로 정부의 역할을 확대하고 정부의 권한을 늘리는 데 줄곧 이바지하는 한 가지 커다란 요인이 있다. 여태껏 충분히 검토할 기회가 없었던 이 요인은 바로 평등의 진전이 가져다준 공업의 성장이다.

공업은 일반적으로 한 장소에 수많은 사람들을 모아놓게 되는데, 여기서 사람들 사이에 새롭고 복잡한 관계가 형성된다. 사람들은 풍요와 빈곤이 갑자기 뒤바뀌는 심각한 상황에 노출되기 마련이며, 그러는 동안 공공의 안녕은 위협받게 된다. 산업 노동은 거기에 종사하고 돈을 버는 사람들의 건강은 물론 생명까지도 해칠 수 있다. 따라서 상공 계급은 어떤 다른 계급들보다 통제와 감독과 단속을 더 필요로 할 수밖에 없는데, 이에 따라 정부의 권한이 당연히 늘어나게 된다. 이러한 사실은 어디에나 적용될 수 있지만, 유럽의 국가들에 더욱 잘 들어맞는다.

지난 몇 세기 동안에 귀족계급은 토지를 소유하고 있었으며 그 토지를 지킬 능력이 있었다. 따라서 토지 재산은 충분히 보장을 받을 수 있었으며 토지 재산의 소유자들은 상당한 독립성을 누렸다. 이것은 토지 재산의 세분화와 귀족들의 파산에도 불구하고

---

4) 이 문제에 관해서 프랑스에서는 진기한 궤변이 생겼다. 행정부와 개인 사이에 소송이 벌어질 경우에, 행정권과 사법권의 구별을 유지하기 위해서 사건의 심의를 일반 법관에게 맡기지 않아야 한다는 것이다. 정부에 사법권과 행정권을 한꺼번에 내맡기는 것은 이러한 두 권력을 뒤섞는 일이 아니며, 그것도 가장 위험하고 가장 독단적인 방법으로 뒤섞는 일이 아니라는 듯이 말이다.

지속적으로 유지된 법률과 습성을 만들어냈다. 그래서 오늘날에도 부동산 소유자와 농업경영자들이 사회 구성원들 중에서 사회 권력의 통제를 가장 쉽게 벗어날 수 있는 사람들이다.

프랑스 역사의 연원을 이루는 이러한 귀족들의 시대에, 동산은 별로 중시되지 않았으며 동산 소유자들은 제대로 존중받지 못하는 약한 존재였다. 상공업에 종사하는 사람들은 이 귀족의 세계에서 예외적인 부류였다. 이들은 믿을 만한 후견자가 없었기 때문에 제대로 보호받지도 못했으며 또 스스로를 보호할 수도 없었다.

바로 여기서 상공업에 관련된 재산은 일반적인 재산에서와 같은 존중과 보장을 받을 가치가 별로 없는 특별한 성격의 재산으로 여기는 습성이 생겨났다. 상공업에 종사하는 이들은 사회 질서 안에서 별도의 작은 계급으로 취급받았으며 그들의 독립성은 별로 존중되지 않았고 군주의 자의적인 처분에 내맡겨지곤 했다.

중세의 법령집을 뒤져보면, 우리는 어떻게 이 개인적 독립이 보장되던 시대에 공업 생산이 아주 사소한 일에까지 군주들에 의해 끊임없이 간섭을 당했는지를 알고는 놀라지 않을 수 없을 것이다. 이 점에서 중앙 집중은 당시로서 가능한 최대한으로, 그리고 낱낱이 영향력을 발휘했다.

그 후에 거대한 혁명이 이 세상에 일어났다. 맹아 상태이던 상공업 재산이 유럽 전역을 뒤덮을 만큼 크게 증대했다. 상공 계급은 세력을 늘렸으며 다른 계급들이 몰락하는 그만큼 재산을 늘렸다. 상공 계급은 그 수나 비중이나 재산 수준에서 엄청나게 성장했으며 지금도 줄곧 성장하고 있다. 상공 계급에 속하지 않는 사람들일지라도 적어도 한두 가지 점에서는 이들과 관련을 맺고 있다. 한때는 예외적인 계급에 지나지 않았던 이들이 이제는 주요 계급으로, 달리 말하자면 유일한 계급으로 부상하고 있다. 그럼에도 불구하고 옛날에 이 계급이 만들어낸 정치적 관념과 습성들은 그대로 남아 있다. 이러한 관념과 습성은 한편으로 그것들이 오래 되었기 때문에, 다른 한편으로 그것들이 현대인들의 새로운 관념이나 일반적 습성과 완벽하게 조화를 이루기 때문에, 변함없이 유지되어왔다.

그러므로 상공 재산에 딸린 권리들은 상공 재산의 중요성이 증대하는 것만큼 빨리 증대하지 않는다. 상공 계급의 수가 늘어난다고 해서 상공 계급의 독립성이 더 확대되는 것은 아니다. 오히려 이와 반대로 상공업에는 일종의 통할 기능이 원래부터 따라다니는 듯하며, 상공업이 성장함에 따라 이러한 통할 기능도 더불어 강화되는 것처럼 보인다.[5]

---

5) 이 점을 뒷받침하기 위해서 몇 가지 사례를 들어보자. 광산은 상공 재산의 자연적인 원천이다. 유럽에서 공업이 발전하고 채광석이 더 많이 필요해지게 됨에 따라, 그리고 사회적 평등이 가져온 재산의 세분화로 인해 채굴의 수지타산을 맞추기가 더욱 힘들어짐에 따라, 대다수 군주들은 광산 소유권과 채굴 감독권을 요구했다. 이러한 요구는 다른 종류의 재산에 대해서는 찾아볼 수 없었다. 다른 부동산과 마찬가지로 같은 의무 조항을 따르고 같은 보장을 받는 개인 재산인 광산이 이렇게 국가의 관리권에 들어갔다. 국가가 광산을 경영하고 임대한다. 광산 주인은 용익권자가 되며 국가로부터 그 권리를 얻는다. 더구나 국가가 거의 어디에서나 광산 운영권을 요구한다. 국가가 노동 규율을 정하고 채굴 방법을 강요하며 광부들을 항상 감독한다. 광부들이 반발할 경우 행정법원의 제재가 뒤따르며, 재판의 결과 채굴권은 다른 사람에게 넘어간다. 그러므로

한 나라에서 상공업이 발전하면 할수록 도로, 운하, 항구 등등부의 취득을 용이하게 해주는 거의 공공적 성격을 지닌 여러 시설들이 더욱더 필요해진다. 그리고 한 나라에서 사회적 평등이 진척되면 될수록, 그러한 사업을 추진하는 것이 개개인에게는 더욱 어려워지는 반면 국가에는 더욱 쉬워진다. 우리 시대의 모든 통치권자에게서 찾아볼 수 있는 명백한 경향은 이러한 사업들의 집행을 홀로 떠맡으려 하는 것이다. 그렇게 함으로써 통치권자들은 날마다 국민을 더 확고하게 통제할 수 있게 된다.

다른 한편, 국가의 권한이 강화되고 국가의 욕구가 증대함에 따라, 공업 생산품에 대한 국가의 수요는 더욱 늘어나며 일반적으로 국립 작업장이나 국립 제작소에서 이러한 제품들이 만들어진다. 따라서 어느 왕국에서나 통치권자가 으뜸가는 상공업자로 된다. 통치권자는 기술자, 건축가, 수리공, 수공업자 등 엄청난 수의 직공을 마음대로 부리는 것이다.

통치권자는 으뜸가는 상공업자일 뿐만 아니라 점점 더 다른 모든 상공업자들의 우두머리 내지 주인이 되는 경향이 있다. 개개 시민은 더욱 평등해지는 만큼 더욱 허약해지는 까닭에, 서로 결합하지 않고는 상공업에서 아무것도 할 수 없다. 그런데 공공 권력은 당연히 이러한 결사체들을 자기의 통제 아래 두려고 한다.

정부가 광산을 소유할 뿐만 아니라 광부들을 완전히 장악하고 있는 셈이다. 그럼에도 불구하고 상공업이 성장함에 따라 옛 광산의 채굴이 증가할 뿐만 아니라 새 광산의 채굴도 늘어난다. 광산 인구가 엄청나게 증가한다. 통치권자들은 날마다 우리의 발밑에까지 영향권을 넓히며 정부 관리들로 가득 채운다.

결사라고 불리는 이러한 종류의 집합적인 존재가 어떤 단순한 개개인이 보여줄 수 있는 것보다 더 강하고 더 가공할 만한 힘을 지녔으면서도 자신의 행동에 대해서는 더 적은 책임을 지게 된다는 것은 의심할 나위가 없는 사실이다. 그러므로 사회 권력이 이 결사들 각각에 대해 사회 구성원 개개인에 대해서보다 더 묵직한 구속력을 발휘하려 하는 것은 충분히 짐작할 만한 일이다.

통치권자들은 그들의 취향이 이러한 것에 알맞은 까닭에 더욱 더 이런 방향으로 행동하려 한다. 민주 국가에서 중앙 권력에 대한 시민들의 저항이 표출될 수 있는 것은 오직 결사들을 통해서일 뿐이다. 그래서 중앙 권력은 자신의 통제 아래에 있지 않은 결사체들을 좋은 눈으로 보지 않는다. 그리고 중앙 권력이 민주 국가에서 시민들이 이렇게도 절실하게 필요로 하는 이 결사들을 종종 어떤 은밀한 두려움과 시기심의 감정으로 대한다는 사실은 언급해둘 만한 가치가 있다. 그래서 어떤 경우에는 시민들이 그 결사들을 옹호하지 않기도 한다. 전반적으로 취약하고 불안정한 사회의 한가운데에 자리 잡고 있는 이 작은 개개 집단들의 힘과 존재는 시민들을 놀라게 하고 불안하게 만든다. 그리고 시민들은 이 단체들이 각각 자기가 지닌 역량을 자유롭게 발휘하는 것을 정말 위험한 특권이라고 생각하기에 이른다.

더욱이 오늘날 생겨나는 모든 결사는 법적으로 인정받기에는 아직 충분한 시간이 지나지 않은 새로운 형태의 인격체라고 할 수 있다. 이들 결사는 개인적 권리의 개념이 아직 허약하고 사회 권력은 막강한 힘을 가진 시기에 이 세상에 출현한 것이다. 그래서 이 결사들이 탄생하는 때부터 이미 자유를 상실해버린다는 것은 그리 놀라운 일이 아니다.

유럽의 모든 나라에서 여전히 어떤 결사들은 국가가 그 정관을 검토하고 그 존립을 허락하기 전에는 성립할 수 없다. 또 어떤 나라에서는 모든 결사에 이러한 규정을 적용하려는 시도가 나타난다. 이러한 시도가 성공한다면 어떤 일이 벌어질 것인지는 어렵지 않게 예상해볼 수 있다.

만일 통치권자가 모든 종류의 결사를 일정한 조건에서 허가해줄 일반적인 권리를 가지게 된다면, 그는 이 결사들이 이미 정해져 있는 규정에서 이탈하는 일이 없도록 할 목적에서, 그 결사들을 감독하고 통제할 권리를 서슴없이 요구하게 될 것이다. 이러한 방식으로 국가는 결사를 구성하고자 하는 모든 사람을 감시의 손으로 묶어둔 후에 이미 결사를 구성하고 있는 사람들도 묶어두었다. 말하자면 오늘날 살고 있는 모든 사람을 국가가 감독하고 있는 것이다.

이렇게 통치권자들은 오늘날 상공업이 세상에 만들어낸 이 새로운 힘의 대부분을 갈수록 더 많이 장악하고 자기들의 용도에 맞게 이용한다. 상공업은 우리를 이끌고, 통치권자들은 상공업을 이끄는 것이다.

나는 지금 언급하는 내용들이 정말로 중요하다고 생각한다. 그래서 혹시나 더 명확하게 전달하려다 오히려 더 모호하게 만들지나 않았나 하는 괜한 걱정이 앞선다. 그러므로 만일 내가 거론한 사례들이 불충분하고 잘못 선택되었다고 독자들이 생각한다면,

내가 몇 군데에서 사회 권력의 확대를 지나치게 과장했다고 생각한다면, 그리고 내가 개인의 독립성이 여전히 살아 있는 영역을 지나치게 축소했다고 생각한다면, 나로서는 독자들이 잠시 이 책을 덮고 내가 보여주고자 한 것들을 직접 살펴보기를 권고한다. 지금 매일매일 우리 주변에서, 그리고 다른 모든 곳에서 일어나는 일들을 세심하게 검토해보기를 바랄 따름이다. 우선 이웃들에게 물어보고 다음에 스스로 생각해보기를 바랄 따름이다. 내 추측이 틀리지 않다면, 독자들은 안내인 없이 다른 길로 떠나더라도 결국은 내가 안내하고자 했던 바로 그 지점에 도착하게 될 것이다.

독자들은 지난 반세기 동안 모든 곳에서 가지가지 방식으로 중앙 집중화가 증대되었다는 것을 알게 될 것이다. 전쟁, 혁명, 정복 따위가 모두 중앙 집중에 이바지했다. 모든 사람이 중앙 집중을 촉진하는 데 매진했다. 많은 사람들이 엎치락뒤치락 성쇠를 거듭한 이 반세기 동안 사람들의 관념, 이해관계 그리고 열정도 무한히 다양해졌다. 하지만 모두가 이런저런 방법으로 중앙 집중을 도왔다. 중앙 집중의 본능은 생활도 관념도 줄기차게 뒤바뀌는 세월의 한복판에 있는 유일한 부동의 좌표였던 셈이다.

그런데 이렇게 생활의 세세한 부면을 검토한 후에 사회 전체의 변모를 한눈에 조망해본 독자라면 더 깊은 인상을 받을 것이다.

한편으로, 가장 굳건한 왕조들이 흔들리고 전복되었다. 어디에서나 국민은 폭력적으로 왕정의 지배에서 벗어났으며 군주나 영주의 권위를 파괴하거나 제한했다. 혁명의 파도에 휩쓸리지 않은 국민들도 모두 들끓고 혁명의 기운에 고무된 듯했다. 그리고 다른 한편으로, 바로 이 무질서의 세월 동안에, 바로 이 다루기 힘든 국민들 속에서, 사회 권력은 끊임없이 자기의 권한을 증대시켰다. 사회 권력은 더욱 중앙으로 집중되고, 더욱 활력으로 충만했으며, 더욱 강해지고 더욱 확대되었다. 사회 구성원들은 공공 행정의 통제 아래 들어갔으며, 자신도 모르는 사이에 무덤덤하게 개인적 독립성의 일부를 매일매일 공공 행정에 귀속시켰다. 한때 왕권을 타도하고 국왕들을 발 아래 눕혔던 바로 그 사람들이 이제는 점점 더 아무런 저항도 하지 않고 일개 행정 서기의 하찮은 지시에도 순응하고 있다.

따라서 오늘날 두 가지 혁명이 상반된 방향으로 진행되고 있는 듯하다. 하나는 권력을 끊임없이 약화시키는 것이고 다른 하나는 권력을 끊임없이 강화하는 것이다. 우리 역사의 그 어떤 시기에도 권력이 이토록 약해 보이는 동시에 이토록 강해 보인 적이 없었다. 하지만 이 세상의 상황을 좀 더 주의 깊게 관찰해보면, 이 두 가지 혁명이 서로 밀접하게 관련을 맺고 있으며 같은 연원에서 출발했고 다른 길을 가더라도 결국은 같은 지점에 도달하리라는 것을 알 수 있다.

이 책의 여기저기서 언급한 내용을 이제 마지막으로 한 번 더 언급해두자. 즉 평등의 원리 자체를 그 평등이 사회 상태와 법제 안에 도입되도록 만들어준 혁명과 혼동하지 않도록 유의해야 한다는 것이다. 우리를 놀라게 하는 거의 모든 현상이 생기는 이유가 바로 여기에 있다.

옛날에 유럽의 모든 정치권력은, 큰 권력이든 작은 권력이든,

귀족 시대에 확립되었으며, 따라서 어느 정도 불평등과 특권의 원리를 대변하거나 옹호했다. 따라서 사회적 평등이 진척됨에 따라 생겨난 새로운 욕구와 이해관계를 통치 구조 안에서 구현하기 위해서는, 우리 시대의 사람들은 낡은 권력들을 전복하거나 통제해야만 했다. 이렇게 해서 사람들은 혁명의 길로 나아갔으며, 그들 중 많은 이들이 어떤 목적을 지닌 혁명들이든 으레 수반하기 마련인 무질서와 개인의 독립에 대한 아주 거친 취향을 지니게 되었다.

내가 생각하기에 유럽에는 평등의 발전이 재산에서든 인신에서든 몇 가지 아주 급격한 변화들을 수반하지 않은 나라는 단 한 나라도 없을 것이다. 그리고 이러한 모든 변화는 수많은 무질서와 방종을 수반할 수밖에 없었는데, 그도 그럴 것이 국민 중 가장 교화되지 못한 부류가 가장 교화된 부류에 맞서 일어났기 때문이다.

바로 여기에서 내가 앞에서 지적한 두 가지 상반된 경향이 나타난다. 민주주의 혁명이 불타오르는 동안, 혁명에 맞서던 낡은 귀족 권력들을 타도하는 데 앞장선 사람들은 강한 독립심을 나타낸다. 하지만 평등이 완벽하게 승리를 구가함에 따라서, 그들은 바로 이 평등이 만들어낸 자연적 본능에 조금씩 굴복했으며, 그래서 사회 권력을 강화하고 한곳에 집중시켰다. 그들은 평등해질 수 있기 위해서 자유롭기를 원했다. 그런데 자유의 도움으로 평등이 점차 확립됨에 따라, 자유 자체는 오히려 더욱 얻기 어려워졌다.

이러한 두 가지 상태가 언제나 연속적으로 이어서 일어난 것은 아니었다. 귀족들의 권위를 타도하고 모든 국왕의 권력에 맞서 싸우면서 전 세계에 자유를 얻고 또 자유를 잃는 과정을 한꺼번에 보여주던 바로 그 순간에도, 안으로는 엄청난 압제를 준비할 수 있다는 사실을 우리 조상들은 잘 보여주었다.

오늘날 우리는 낡은 권력들이 사방에서 무너져 내리는 것을 보고 있다. 모든 낡은 권위는 사라졌고 모든 낡은 장벽은 무너졌다. 이러한 광경은 가장 명민한 사람들의 판단력조차 흐려놓는다. 그들은 눈앞에서 진행되는 엄청난 혁명에만 관심을 기울이고는, 아마도 인류가 영원히 무질서 상태에 빠져버릴 것이라고 생각한다. 하지만 이 혁명의 최종적인 결과를 곱씹어본다면, 그들은 아마도 다른 두려움을 갖게 될 것이다.

솔직히 고백하건대 나로서는 지금 우리 동시대인들을 고무하고 있는 듯 보이는 자유의 정신을 조금도 신뢰하지 않는다. 나는 오늘날 모든 나라가 들끓고 있다는 것을 안다. 하지만 이 나라들이 자유로운지는 잘 모르겠다. 그리고 왕권을 뒤흔들어놓은 이 격동이 끝날 때쯤이면 그 어느 때보다도 더 강력한 통치권자들이 나타나지나 않을까 우려된다.

제6장
민주 국가는 어떤 종류의
전제정치를 두려워해야 하는가

아메리카에 체류하는 동안 나는 아메리카와 같은 민주적인 사회 상태는 전제정치가 확립되기에 특별히 유리한 기반을 조성할 수 있다고 말했다. 그리고 유럽으로 돌아왔을 때, 나는 대다수의 군주들이 자신의 권력 영역을 넓히기 위해 이러한 사회 상태에서 생겨난 관념과 감정 및 욕구들을 이미 어떻게 이용해왔는지를 알게 되었다.

그래서 나는 기독교 국가들도 마침내는 몇몇 고대 국가들이 옛날에 겪었던 것과 같은 억압 상태를 겪게 되리라고 생각하게 되었다. 이 문제를 자세히 검토하고 지난 5년 동안 다시 생각해보았지만, 나의 근심이 줄어들었다기보다는 단지 근심의 대상이 바뀌었을 뿐이다.

지난 수백 년 동안 거대한 제국의 전역을 어떤 중간 권력체의 도움 없이 자기 혼자의 힘으로 통치하려 할 만큼 절대적이고 막강한 통치권자를 찾아보기 힘들었다. 어떤 통치권자도 모든 백성을 획일적인 법규에 무차별적으로 예속시키려 하지 않았으며, 백성들 개개인에게 일일이 간섭하고 통제하려 하지 않았다. 어느 누구도 그렇게 해보려는 생각을 갖지 않았으며, 설혹 그러한 생각을 갖더라도 정보의 부족과 행정절차의 미비, 특히 조건들의 불평등으로 말미암은 자연적인 장애들로 인해 그러한 방대한 구상을 실행에 옮긴다는 것은 애당초 불가능했다.

로마 황제의 통치권이 절정에 달한 시절에도 로마 세계에 거주하는 여러 민족들은 다양한 관습과 습속을 그대로 유지했다. 대다수 속주들은 황제 일인에게 예속되어 있기는 했지만 별도로 통치되었으며, 어느 속주에서나 막강하고 활력적인 자치 행정이 이루어졌다. 제국의 통치가 황제 개인에게 집중되어 있었으며 또 필요한 경우 황제가 언제라도 모든 문제의 심판관이 될 수 있었지만, 일상적인 사회생활과 개개인의 삶은 일반적으로 황제의 통제를 받지 않았다.

황제들이 기분 내키는 대로 행동하고 국가의 모든 힘을 마음대로 가져다 쓸 수 있을 정도로 막강한 권력을 행사했던 것은 물론 사실이다. 황제들은 이 권력을 남용해서 시민들의 재산과 생명을 제멋대로 빼앗기도 했다. 황제의 폭정은 어떤 사람들에게는 엄청난 폐해를 가져다주었지만, 그러한 폭정이 대다수 사람들에게 미치지는 않았다. 폭정이 몇몇 주요한 대상들에 집중되었을 뿐 나머지 다른 부분은 건드리지 않았다. 요컨대 폭정의 강도는 폭력적이었지만 그 범위는 제한적이었다.

만일 우리 시대에 민주 국가에서 전제정치가 자리를 잡는다면, 그것은 다른 성격을 갖게 될 듯하다. 요컨대 그것은 더 넓게 영향을 미치면서 동시에 더 부드러운 형태를 띨 것이다. 민주 국가에서의 전제정치는 인간에게 고통을 주지는 않지만 인간의 품위를 훼손한다.

우리 시대와 같은 계몽과 평등의 시대에 통치권자들이 고대의 그리스나 로마의 군주들이 할 수 있었던 것보다 훨씬 쉽게 모든 공권력을 수중에 장악하고 사생활의 영역에까지 더욱 일상적이고 더욱 깊숙이 개입하게 되리라는 것은 의심할 여지가 없다. 하지만 전제정치를 불러들인 바로 이 평등의 원리가 전제정치를 부드럽게 만든다. 앞에서 우리는 사람들이 서로 더욱 엇비슷해지고 더욱 평등해질수록 어떻게 공공의 습속이 더욱 인간미를 풍기고 더욱 온화해지는가를 살펴보았다. 사회 구성원 중 어느 누구도 막강한 권력을 지니지도 엄청난 부를 갖지도 못하는 때에는, 폭정이 말하자면 제힘을 발휘할 기회도 무대도 얻지 못하게 되는 법이다. 누구나 고만고만한 재산을 가진 까닭에, 당연히 열정은 잠잠해지고 상상력은 제한되며 쾌락은 단순해진다. 이러한 전반적인 절제의 분위기는 통치권자 자신을 온건하게 만들며 통치권자의 무절제한 욕망을 일정한 한계 안에 묶어두게 된다.

사회 상태의 성격 자체에서 나오는 이러한 원인들과 별도로 여기서 다른 여러 원인들을 덧붙일 수도 있을 것이다. 하지만 주제에서 너무 멀리 벗어나지 않기 위해서 여기서는 몇 가지 사항들만 거론하는 것으로 그치도록 하자.

민주 국가에서의 통치는 어떤 거대한 격변과 위기의 순간에는 폭력적이고 잔인해질 수 있다. 하지만 이러한 위기는 드물게 발생하며 금방 지나가버린다. (H)

우리 시대에 사는 사람들의 자잘한 열정, 온유한 생활 태도, 교육 수준, 순수한 신앙, 온화한 도덕성, 부지런하고 질서정연한 습관, 그리고 선행에서나 악행에서나 항상 지니는 절제력 따위를 생각해볼 때, 나로서는 현대인들이 폭군(tyrans)의 통치가 아니라 후견인(tuteurs)의 통치 아래 놓이지 않을까 우려하게 된다.

따라서 민주 국가에서 봉착하게 될 압제의 종류는 여태껏 이 세상에 존재했던 것과는 전혀 다를 것이라고 나는 생각한다. 우리 현대인의 기억 속에서는 이와 비슷한 사례를 찾아볼 수 없다. 내가 머릿속에 떠올리는 개념을 정확하게 드러내주는 표현을 찾아보려 했지만 헛수고이다. 전제정치(despotisme)나 폭군정치(tyrannie)라는 단어는 적합하지 않다. 개념 자체가 새로우니만큼, 그것을 이름붙이기가 쉽지 않다면 우선 그것을 정의해보도록 하자.

나는 전제정치가 이 세상에서 어떤 새로운 형태를 띠고 나타날 수 있는지를 머릿속에 그려보고자 한다. 서로 엇비슷하고 평등한 수많은 사람들이 자신의 영혼을 가득 채우고 있는 자잘하고 진부한 쾌락들을 얻기 위해서 쉬지 않고 발길을 재촉하는 광경이 떠오른다. 이들 각자는 서로 떨어져서 생활하기 때문에, 서로가 서로의 운명에 무관심한 이방인이다. 이들에게는 자녀와 친지들이 인류 전체이다. 동료 시민들의 경우, 가까이서 살지만 서로 마주칠 기회가 없고, 접촉을 하더라도 피부로 느끼지 못한다. 요컨대 이들은 혼자서 그리고 자기 자신만을 위해서 존재한다. 이들에게 가족은 남아 있을지 모르지만 더 이상 조국은 없다고 말할 수 있을 정도이다.

이러한 사람들의 위에 이들의 향유를 보장해주고 운명을 보살펴줄 책임을 혼자 떠맡은 하나의 거대한 권력이 후견인처럼 우뚝 서 있다. 이 권력은 절대적이고 꼼꼼하며 꾸준하고 주도면밀하며 온화하다. 마치 사람들을 어른이 되기까지 돌보아준다는 목표를 가지고 움직이는 것처럼 보이기도 한다는 점에서, 이 권력은 가부장의 권위와 유사하다고 할 수 있을지도 모르겠다. 하지만 이 권력은 오히려 사람들을 어린아이 상태로 완전히 묶어두려고만 한다. 만일 행복하게 사는 것만을 시민들이 생각한다면, 이 권력은 당연히 시민들이 행복하기를 바랄 것이지만, 무엇보다 자기가 그러한 행복을 마련해주는 유일한 대행인이자 유일한 중개인이기를 원한다. 이 권력은 시민들의 안전을 보장하고 생활의 필요를 예상하고 확보해주며 여가와 향유를 마련해주고 주요 업무를 처리해주며 사업을 관리해주고 상속을 조정해주며 유산을 분배해준다. 이 정도면 어찌 생각하는 불편과 생활하는 부담까지도 시민들에게서 말끔하게 덜어내 준다고 하지 않을 수 있겠는가?

이렇게 이 권력은 인간의 자유의지가 마치 쓸모없고 생소한 것처럼 여겨지게 만든다. 인간의 의지적 활동을 아주 좁은 범위 안에 가두어두고, 시민 개개인에게서 자신의 역량을 활용하려는 의지마저 조금씩 앗아가 버린다. 평등은 인간이 이 모든 사실과 마주하도록 만들었다. 평등은 인간이 이 모든 사실을 감당하도록,

더 나아가 때로는 일종의 혜택으로 받아들이도록 이끈 것이다.

이렇게 개개인을 자신의 막강한 손 안에 하나하나씩 감싸 안고 마음대로 주무르고 나서, 통치권자는 사회 전체로 팔을 뻗친다. 통치권자가 촘촘하면서도 획일적인 자잘한 규칙들의 그물망으로 사회 전체의 표면을 덮어버린 까닭에, 아무리 창의적인 정신과 강인한 영혼의 소유자라고 할지라도 군중을 뚫고 자신의 얼굴을 드러낼 수 없을 것이다. 통치권자는 개개인의 의지를 분쇄하지는 않지만 연약하게 만들고 구부러트리며 마음대로 조종한다. 행동하도록 강요하지는 않지만 끊임없이 모든 행동을 방해한다. 파괴하지는 않지만 자라나지 못하게 막는다. 물리적으로 괴롭히지는 않지만 거북하게 만들고 옥죄이며 성가시게 하고 활력을 빼앗고 우둔하게 만든다. 요컨대 국민 개개인은 마침내 겁 많고 열심히 일하는 한 떼의 가축으로 전락하며 정부는 그 가축을 돌보는 목자가 된다.

내가 지금 묘사한 이러한 종류의 질서정연하고 부드러우며 평온한 예종 상태가 자유의 몇몇 외형적 형태들과 우리가 생각하는 것보다 훨씬 더 잘 결합될 수 있을 것이라고 나는 항상 생각해왔다. 그리고 이러한 예종 상태가 인민주권의 그늘 아래에 확립되는 것이 불가능하지만은 않을 것이라고 생각해왔다.

우리 현대인들은 끊임없이 두 가지 상반되는 열정에 사로잡혀 있다. 현대인들은 지배받고자 하는 욕구와 자유롭고자 하는 희망을 동시에 가지고 있는 것이다. 그들은 이 상충되는 본능들 중 어느 하나도 완전히 일소할 수 없는 까닭에, 두 가지를 한꺼번에 충족시키려 한다. 그들은 전지전능하며 후견인 역할을 하는 어떤 단일한 권력, 하지만 시민들에 의해 선출된 권력을 원한다. 요컨대 그들은 중앙집권화와 인민주권을 결합시킨다. 그러고는 적이 안심한다. 그들은 후견인을 선택한 것이 바로 자기들이라고 생각하면서 후견받는 처지를 스스로 위안하는 것이다. 사슬의 한쪽 끝을 쥐고 있는 것이 어느 한 사람이나 계급이 아니라 국민 전체라고 생각하면서, 그들은 사슬에 매인 자신들의 처지를 감내한다.

이러한 통치체계 안에서 시민들은 그들의 주인을 뽑기 위해서 한순간만 예속 상태에서 빠져나왔다가, 다시 예속 상태로 되돌아간다. 오늘날 아주 많은 사람들이 행정적 전제정치와 인민주권 사이의 이러한 형태의 타협에 너무나 쉽사리 적응해버린다. 그리고 국민 전체를 대표하는 권력에게 개인의 자유를 넘겨주는 것으로 개인의 자유를 보장하기에 충분히 노력했다고 생각한다. 나는 이것으로 만족하지 않는다. 내가 보기에 중요한 것은 누가 복종을 받느냐가 아니라 복종한다는 사실 자체이기 때문이다.

하지만 나는 이러한 통치 구조가 모든 권력을 집중시킨 후 그것을 아무 책임도 지지 않는 어떤 한 개인이나 집단에 내맡겨버리는 형태의 통치를 마냥 조장할 수 있다는 사실을 부정하지 않는다. 민주 국가에서 나타날 수 있는 전제정치의 여러 형태들 중에서 지금 말한 이것이 단언컨대 가장 나쁜 형태일 것이다.

선거로 뽑힌 통치권자 또는 국민에 의해 선출된 독립적인 입법부에 의해 밀접한 견제를 받는 통치권자가 시민 개개인에게 더 강력한 억압을 부과하는 경우도 있다. 하지만 이러한 억압은 덜

굴종적인 것으로 받아들여진다. 왜냐하면 시달리고 무기력해진 개개 시민이 통치권자에게 복종하는 것이 바로 자기 자신들에게 복종하는 것이라고 생각하게 되며 내준 것은 바로 자신들에게 되돌아오는 것이라고 생각하게 되기 때문이다.

마찬가지로 나는 통치권자가 국민 전체를 대변하고 국민에게 종속되어 있을 때, 개개 시민들에게서 부여받은 권한과 권리들이 국가 지도자에게 이득이 될 뿐만 아니라 국가 자체에도 도움이 된다는 사실을 잘 알고 있다. 그리고 개인들이 일반 대중을 위해 자신의 독립성을 희생한 대가를 충분히 얻고 있다는 사실도 잘 알고 있다. 그러므로 중앙집권화가 널리 진행된 나라에서 국민적 대표성을 확립하는 길은 극단적인 중앙집권화로 인해 초래될 폐단을 줄이는 데 있지 완전히 없애는 데 있지 않다.

아주 중요한 사안들에서는 이러한 식으로 개인이 개입할 여지가 남아 있다는 것을 나는 잘 안다. 하지만 사소하고 개인적인 사안들에서는 개인이 개입할 여지가 전혀 남아 있지 않다. 그런데 사람들이 잊고 있는 것은 인간을 노예로 만들 위험이 도사리고 있는 곳은 바로 이러한 일상의 사소한 영역이라는 사실이다. 그런데 만일 어느 하나에 더 확신을 두어 말해야 한다면, 나로서는 모름지기 자유라는 것은 커다란 일들보다 사소한 일들에서 더 필수적이라고 생각한다.

사소한 일들에서의 속박은 매일같이 나타나며 시민들은 누구나 이러한 속박을 느낀다. 이러한 속박은 시민들을 절망에 빠트리지는 않지만 사사건건 발목을 잡으며, 시민들이 자기 뜻대로 행동하기를 포기하게 만든다. 그것은 인간의 정신을 조금씩 위축시키고 영혼을 무기력하게 만든다. 물론 아주 중요하고 드물게 발생하는 얼마 안 되는 사안들에서도 이러한 속박이 작용한다. 하지만 이 경우에 속박은 어쩌다 가끔씩만 나타나며 몇몇 사람들에게만 영향을 미친다. 중앙 권력에 지나치게 의존하고 있는 바로 이 시민들에게 이따금 그 권력의 대표자를 선출하도록 맡겨둔다는 것은 헛된 일일 것이다. 어쩌다가 가끔씩, 그것도 잠시 그들의 자유의지를 활용하는 것만으로는 그들이 스스로 생각하고 느끼며 행동할 능력을 조금씩 잃어버리는 것을, 그리고 그들이 점차 인간성의 평균적인 수준 이하로 떨어지는 것을 막을 수 없을 것이다.

머지않아 시민들은 남아 있는 유일한 커다란 특권을 행사할 수도 없게 되리라는 사실을 여기서 덧붙여두자. 정치 영역에서 자유를 도입하는 동시에 행정 영역에서 전제정치를 강화해온 민주 국가들은 정말 이상야릇한 상황을 보여준다. 단순한 상식만으로 충분한 사소한 업무들을 처리해야 하는 경우에 시민들에게는 그럴 만한 역량이 부족한 것으로 치부한다. 하지만 국가 전체를 통치하는 문제에서는 시민들에게 막강한 권한이 부여된다. 시민들이 통치권자의 꼭두각시가 되기도 하고 통치권자의 주인이 되기도 하며, 국왕의 위에 있다가 평민의 아래에 있기도 한다. 모든 종류의 선거를 다 치러보고 나서도 적합한 것을 찾아내지 못한 채, 놀라는 표정을 지으면서 또다시 새로운 형태의 선거를 찾아 나선다. 마치 그들이 깨달은 폐단이 나라의 구성 자체보다는 선거제도에서 비롯되었다는 듯이 말이다.

자치의 습성을 완전히 잃어버린 사람들이 자신들을 이끌어줄 사람들을 제대로 선택할 수 있을 것으로 생각하기는 사실 어려운 일이다. 그리고 머슴으로 전락한 국민들의 투표를 통해서 자유롭고 활력 넘치며 현명한 정부가 탄생할 수 있으리라고 어느 누구도 기대하지 않을 것이다.

내가 보기에 머리는 공화정에 가깝고 다른 모든 부분은 완벽한 군주정에 가까운 헌법은 금방 사라질 괴물에 지나지 않았다. 통치자들의 악덕과 피치자들의 어리석음으로 인해 머지않아 파멸을 맞이할 것이다. 대표자에게 지치고 자기 자신에게 지쳐서, 이제 국민은 더 자유로운 제도를 만들어내든가 아니면 조만간 한 명의 주인의 발밑으로 되돌아갈 것이다. (I)

제7장

앞에서 서술한 내용에
덧붙여서

　다른 어떤 나라보다 사회적 조건들이 평등한 나라에서 절대적
이고 전제적인 정부가 더 쉽게 확립될 수 있다고 나는 생각한다.
그리고 이러한 나라에서 이와 유사한 정부가 일단 성립되고 나면,
그 정부는 국민을 억압할 뿐 아니라 마침내는 국민 개개인에게서
인간성의 주요한 특징 중 몇 가지를 앗아갈 것이라고 생각한다.

　따라서 내가 보기에 전제정치는 특히 민주 시대에 더욱 우려해
야 한다. 생각건대 나로서는 어느 시대에서든 자유를 소중하게 여
겼을 것이다. 하지만 나는 우리가 살고 있는 이 민주 시대야말로
자유가 정말로 소중하다고 외치고 싶은 심정이다.

　다른 한편, 나는 우리가 접어들고 있는 이 시대에 특권과 귀족
제도에 기대어 권위의 토대를 세우려는 사람은 누구든 실패할 것
이라고 확신한다. 어느 한 계급에만 권위를 몰아주고 의탁하려는
사람들도 실패할 것이다. 우리 시대에는 어떤 통치권자도 항구적

인 신분적 차별을 재정립함으로써 전제정치를 실현할 수 있을 정도의 기교와 역량을 지니고 있지 않다. 그리고 어떤 입법자도 만일 그가 평등을 첫 번째 원칙이자 신조로 받아들이지 않는다면, 자유 제도들을 지켜낼 만한 지혜와 능력을 가질 수 없을 것이다. 따라서 우리 시대의 사람들 중에서 인간의 독립성과 존엄을 창안하고 확립하기를 원하는 이가 있다면, 그는 자기 자신이 평등의 동반자임을 보여주어야 할 것이다. 그리고 동반자임을 보여주는 적절한 방법은 바로 동반자가 되는 것뿐이다. 이들의 신성한 과업의 성패 여부는 바로 여기에 달려 있다.

이제 문제는 어떻게 귀족 사회를 재건하느냐에 있는 것이 아니라, 신이 우리에게 마련해준 민주 사회의 한복판에서 어떻게 자유를 키워내느냐에 있다. 이 두 가지 기본적인 사실들은 내가 보기에 단순명료하면서도 곱씹어볼 만하다. 이 사실들은 나를 자연스럽게 사회적 조건들이 평등한 나라에는 어떤 유형의 자유로운 정부가 수립될 수 있는가를 생각해보도록 이끈다.

다른 어느 곳에서보다 민주 국가에서 통치권자의 권력이 더욱 일률적이고 더욱 중앙으로 집중되며 더욱 광범위하고 더욱 강력해야 하는 것은 바로 한편으로 민주 국가의 본질 자체에서, 그리고 다른 한편으로 민주 국가의 필요에서 비롯되는 것이다. 여기서 사회는 자연히 더욱 활력이 넘치고 더욱 강해지는 반면에, 개인은 더욱 종속적이 되고 더욱 허약해진다. 사회는 갈수록 일을 많이 하고 개인은 갈수록 일을 적게 한다. 이것은 불가항력이다.

그러므로 민주 사회에서 개인적 독립성의 영역이 귀족 사회에서만큼 확대될 것으로 예상할 수는 없는 일이다. 그렇게 되기를 바랄 수 있는 상태가 아니다. 그도 그럴 것이 귀족 국가에서는 개인을 위해 사회가 희생한다거나 소수의 영예를 위해 다수의 복리를 희생하는 일이 자주 벌어지니 말이다.

민주 국가에서 중앙 권력이 활동적이고 막강한 것은 필요한 일이기도 하고 바람직한 일이기도 하다. 그러므로 요점은 중앙 권력을 허약하고 나태하게 만드는 데 있는 것이 아니라 중앙 권력이 자신의 수완과 권한을 남용하지 못하도록 막는 데 있다.

귀족 시대에 개인의 독립성을 확립하는 데 가장 기여했던 것은 통치권자가 시민들을 통치하고 관리하는 일을 혼자서 독점하지 않았다는 점이었다. 그러한 권한의 일부는 귀족계급의 구성원에게 넘겨줘야만 했다. 따라서 사회 권력이 이렇게 항상 분산되어 있었던 까닭에, 개개 사회 구성원에게 똑같은 정도로 그 영향력이 미칠 수는 없었다.

통치권자가 자기 혼자서 모든 일을 떠맡을 수도 없었거니와 통치권자의 자리를 대신하는 대다수 공직자들의 권력이 통치권자에게서가 아니라 그들의 가문에서 나온 것인 까닭에, 그들로서는 줄곧 통치권자의 통제를 받아야 할 필요도 없었다. 통치권자는 이들을 마음대로 임명하거나 해임할 수 없었으며, 기분 내키는 대로 일률적으로 통제할 수도 없었다. 이렇게 해서 개인의 독립성이 보장될 수 있었던 것이다.

오늘날에는 이와 같은 방식이 더 이상 통하지 않는다는 것을 나는 잘 알고 있다. 하지만 그것을 대체할 만한 민주적인 방식이 눈에 띄기도 한다.

동업조합이나 귀족에게서 빼앗은 모든 행정 권력을 통치권자 개인에게만 위임하지 말고 그 일부를 평범한 시민들로 구성된 잠정적인 부수 단체들에 맡길 수 있을 것이다. 이렇게 하면 개개인의 자유가 더욱 확실하게 보장되면서도 평등이 후퇴하지는 않을 것이다.

프랑스인들만큼이나 단어의 용례에 별로 신경을 쓰지 않는 아메리카인들은 아메리카에서 가장 큰 행정 구역에 아직도 '카운티(county)'라는 명칭을 쓰고 있다. 하지만 아메리카에서 카운티의 역할과 기능이 부분적으로 지방의회들에 의해 대체된 지 이미 오래이다.

우리 시대와 같은 평등의 시대에 공직자 세습제를 도입한다는 것은 정말로 부당하고 불합리하다는 점은 누구나 인정할 것이다. 그러니 이것을 어느 정도 공직자 선출제로 대체하지 않을 이유가 없다. 귀족 국가에서 세습제가 공직자의 독립성을 보장해주었던 바로 그만큼, 아니 그 이상으로, 선거는 중앙 권력에 맞서 공직자의 독립성을 보장해주는 민주적인 처방책이라고 할 수 있다.

귀족 국가에는 자신의 현재 지위에 만족하지 않고 남몰래 억압을 참고 견디려 하지 않는 부유하고 영향력 있는 개인들로 가득 차 있다. 이런 사람들은 중앙 권력이 자제하고 조심하는 습성을 가지도록 이끌 수 있다.

민주 국가에서는 이런 사람들을 찾아볼 수 없다는 사실을 나는 잘 알고 있다. 하지만 이와 비슷한 것을 민주 국가에서 인위적으로 만들어낼 수는 있을 것이다. 단호하게 말해서 이 세상에 다시는 귀족제도를 재건할 수는 없을 것이다. 하지만 평범한 시민들이 서로 연합함으로써 아주 부유하고 아주 강하며 아주 영향력이 센 존재를, 요컨대 귀족계급의 역할을 할 실체를 구성할 수는 있을 것이다.

이렇게 함으로써, 귀족제도의 폐단과 위험성은 멀리하면서도 귀족제도의 커다란 정치적 장점들 중 몇 가지를 확보할 수 있을 것이다. 정치 결사나 상공업 결사, 심지어 학문 결사나 문예 결사 등, 결사체는 마음대로 조종할 수도 은밀하게 억누를 수 없는, 계몽되고 막강한 시민이라고 할 수 있다. 이러한 결사들은 권력자의 강압에 맞서 자신의 개별적 권리를 지킴으로써 공동체의 자유를 구해내는 것이다.

귀족 시대에는 모든 사람이 동료 시민들 여럿과 아주 밀접하게 연결되어 있는 까닭에, 어느 누구든 공격을 받게 되면 반드시 다른 사람의 도움을 받을 수 있다. 평등 시대에는 사람들이 누구나 당연하게도 서로 고립된 채 지내는 까닭에, 도움을 요청할 수 있을 만큼 오랜 인연을 지닌 친구들이 없으며 연대감을 느낄 만한 계급도 없다. 누구든 하릴없이 내몰리고 속절없이 바닥에 짓밟힌다. 따라서 오늘날 탄압받는 시민에게는 방어 수단이 단 하나 남아 있다. 그것은 전체 국민에게 호소하는 것이며, 국민 전체가 귀를 막을 경우에는 인류 전체에게 호소하는 것이다. 이렇게 할 수 있는 수단이 단 하나 남아 있는데, 그것이 바로 언론이다. 그래서 언론의 자유는 다른 어느 곳에서보다 특히 민주 국가에서 더욱 소중한 가치를 지닌다. 언론의 자유만이 평등이 낳을 수 있는 폐단의 대부분을 치유할 수 있다. 평등은 사람들을 서로 떼어놓고 허약하게 만든다. 하지만 언론은 이들 개개인에게 아주 막강한 무기를 마련해주는데, 아무리 허약하고 아무리 동떨어져 사는 사람이라도 이것을 활용할 수 있다. 평등은 개개인에게서 주변 동료들의 지원을 제거해버린다. 하지만 언론은 개개인에게 동료 시민들과 이웃들의 도움을 가져다준다. 인쇄물로 말미암아 평등은 놀라운 진전을 이룩했다. 그런데 인쇄물은 평등의 폐단을 바로잡아 주는 최선의 교정책 중 하나이기도 하다.

귀족 사회에서 사는 사람들은 부득이한 경우에 언론의 자유 없이도 살 수 있을 것이라고 나는 생각한다. 하지만 민주 사회에 사는 사람들은 그럴 수 없다. 민주 사회에서라면 개인적인 독립성의 보장을 거대한 정치 집회나 의회의 특권이나 인민주권의 논리 따위에 맡겨놓을 수는 없을 것이다. 어떤 의미에서 이러한 것들은 오히려 개인적 예종과 더 잘 어울릴 수도 있다. 하지만 언론의 자유가 확립되어 있다면, 이러한 예종은 완성될 수 없을 것이다. 언론이야말로 자유를 보장하는 가장 중요한 민주주의의 도구라고 할 만하다.

사법권에 대해서도 이와 유사한 말을 할 수 있을 것이다. 사법권의 본질은 개별적 이해관계에 관심을 집중하고 눈앞의 자잘한 사안들에 대해서도 기꺼이 시선을 집중하는 데 있다. 사법권의 본질은 또한 탄압받는 사람들을 기꺼이 돕는 데 있다기보다는 언제든 이들 중 가장 미천한 사람들을 도울 채비를 갖추는 데 있다.

아무리 연약한 사람이라도 언제든 판사로 하여금 자신의 불평을 들어주고 거기에 해답을 내놓도록 요구할 수 있다. 이것이야말로 사법권의 본질이라고 할 수 있다.

그러므로 통치권자의 눈과 손이 끊임없이 인간 행동의 가장 세세한 사항에까지 침투해 들어올 경우에, 그리고 개인들이 너무 허약해서 스스로를 보호할 수 없고 너무 동떨어져 있어서 이웃의 도움에 의존할 수 없을 경우에, 바로 이러한 때에 이러한 사법권은 자유를 보장하는 데 특히 긴요한 역할을 하게 된다. 어느 시대에나 재판정의 힘은 개인의 독립성을 보장해줄 수 있는 가장 중요한 안전장치였다. 그런데 민주 시대에는 더욱 그러하다. 만일 사회적 조건들이 평등해지는 데 비례해서 사법권이 강화되지 않는다면, 개인의 권리와 이익은 언제든 위험에 처하게 될 것이다.

평등은 자유에 지극히 위험한 몇 가지 성향을 인간에게 불어넣어 줄 수 있는데, 입법자들은 언제나 이 점을 유의해야 할 것이다. 여기서는 그중 중요한 몇 가지만 논의해보자.

민주 시대에 사는 사람들은 형식 절차의 유용성을 쉽게 이해하지 못한다. 이들이 본능적으로 형식 절차를 얕잡아본다는 것에 대해서는 앞서 여기저기서 이미 이야기했다. 형식 절차는 이들의 경멸감을 자극하며, 때로는 증오심을 불러일으키기도 한다. 일반적으로 이들은 당장 얻을 수 있는 손쉬운 쾌락만을 열망하는 까닭에, 자기들의 욕망 하나하나의 대상을 향해 가차 없이 돌진한다. 약간만 지체되어도 아주 불쾌하게 여긴다. 정치 생활에서도 드러나는 이들의 이러한 기질은 자기들이 추진하는 몇몇 일들을 매일같이 지체시키거나 방해할 수 있는 형식 절차들에 대한 인내심을 잃게 만든다.

그런데 민주 사회에 사는 사람들이 느끼는 이러한 거북한 형식 절차는 자유의 신장을 위해 매우 유용한 구실을 한다. 형식 절차의 주요한 장점은 바로 강자와 약자 사이에서, 통치자와 피치자 사이에서 일종의 장벽 역할을 해줄 뿐만 아니라 강자/통치자의 발길을 늦추고 약자/피치자에게 숨을 고를 여유를 마련해주는 데 있기 때문이다. 통치권자가 더욱 활동적이 되고 강력해짐에 따라, 개인들이 더욱 무기력해지고 나약해짐에 따라, 형식 절차는 더욱 필요해진다. 그런데 민주 사회는 당연하게도 다른 어느 사회들보다 형식 절차를 더 필요로 하면서도 형식 절차를 더 무시하는 경향이 있다. 이것은 진지한 고찰을 요구하는 문제이다.

대다수 우리 현대인들이 형식 절차의 문제에 대해 갖는 오만할 정도의 경멸감보다 더 가련한 것은 없을 것이다. 오늘날 형식 절차의 문제는 아무리 사소한 것이라 할지라도 예전과는 전혀 다른 중요성을 갖게 되었기 때문이다. 인류의 가장 중요한 관심사들 중 상당수가 바로 이 문제와 결부되어 있다.

귀족 시대에 살았던 정치가가 이따금 형식 절차를 대놓고 무시할 수 있었다고 할지라도 오늘날 국민을 이끄는 사람들은 아무리 사소한 형식 절차라도 진지하게 취급해야 하며 또 절박한 필요성이 없는 한 그것을 무시해서는 안 된다고 나는 생각한다. 귀족 시대에는 형식 절차에 대한 맹신을 가졌다. 하지만 오늘날에는 형식 절차에 대한 사려 깊고 성찰적인 존중심을 가져야 한다.

민주 국가에 사는 사람들에게 자연스럽게 나타나며 위험천만하기도 한 또 하나의 본능은 개인의 권리를 경멸하고 과소평가하는 것이다. 일반적으로 인간이 어떤 권리에 대해 가지는 애착과 존중심은 그 권리가 얼마나 중요한가, 그리고 그 권리를 얼마나 오래 누려왔는가에 비례하기 마련이다. 그런데 민주 국가에서 개인의 권리는 일반적으로 별로 중요하지 않으며 그 향유 기간도 아주 짧거니와 매우 불안정한 상태이다. 그래서 민주 국가에서는 개인의 권리를 아무렇게 내던지거나 아무 가책도 없이 침해하는 경우가 자주 발생한다.

개인의 권리들에 대해서 자연스럽게 경멸감을 품고 있는 바로 이 시대, 바로 이 나라들에서 사회의 권리들이 자연스럽게 확대되고 강화된다. 달리 말하자면, 아주 조금밖에 남아 있지 않은 개개의 권리들을 유지하고 방어하는 일이 더욱더 절실해진 순간에, 사람들이 그것에 별로 애착을 느끼지 않게 된 것이다.

따라서 인간의 자유와 존엄의 진정한 벗들이 사회 권력이 자신의 구상을 실현하기 위해 몇몇 개인들의 개별적 권리들을 경솔하게 희생시키지 않도록 경계심을 늦추지 않아야 할 시기는 바로 우리가 살고 있는 민주 시대이다. 이러한 시대에는 억압당하도록 내버려둬도 괜찮을 정도로 미천한 시민은 없으며, 권력의 독단에 부당하게 내맡겨버려도 괜찮을 정도로 중요하지 않은 개인적 권리들도 없다. 그 이유는 간단하다. 인간의 정신이 이러한 종류의 개인적 권리의 중요성과 존엄성을 충분히 숙지하고 있는 시대에 개인의 개별적 권리가 침해당한다면, 그 피해는 권리를 침해당한 당사자에게 국한될 따름이다. 하지만 오늘날 이러한 개인적 권리의 침해는 국민의 습속을 근본적으로 타락시킬 뿐만 아니라 사회 전체를 위험에 빠트리게 될 것이다. 왜냐하면 이러한 유형의 권리에 대한 관념 자체가 끊임없이 변질되고 희박해져 가고 있기 때문이다.

혁명의 성격, 혁명의 목적, 혁명의 배경이 어떠하든 간에, 혁명 상태에서 으레 생겨나는, 특히 장기간에 걸친 혁명에서 반드시 수반되기 마련인 어떤 습성들, 관념들 그리고 폐단들이 있다. 어떤 국가든 짧은 기간 안에 여러 번에 걸쳐서 통치자나 정책이나 법률 등을 바꾸게 될 때, 국가의 구성원들은 마침내 변화를 즐기는 취향을 몸에 익히게 되며, 무릇 변화란 힘에 의해 급속하게 발생하기 마련이라는 생각에 익숙해진다. 따라서 형식 절차들이 무시당하는 것을 매일매일 지켜본 까닭에, 그들은 그것들에 대해 자연스럽게 경멸감을 갖게 된다. 질서가 허다하게 위배되는 것을 지켜본 까닭에, 그들은 더 이상 질서의 지배를 참으려 하지 않게 된다.

형평이나 도덕률 등의 일반적인 관념으로는 혁명으로 인해 매일같이 생겨나는 모든 새로운 일을 더 이상 설명할 수도 정당화할 수도 없는 까닭에, 사람들은 사회적 유용성이라는 권리를 동원하게 되며, 이른바 일반적인 목적을 신속하게 달성하기 위해서는 개별적 이해관계를 아무 거리낌 없이 희생시키는 데, 그리고 개인적 권리들을 유린하는 데 기꺼이 익숙해진다.

모든 혁명에 으레 수반된다는 점에서 혁명적 습성 또는 혁명적 관념이라고 불러 마땅한 이러한 습성과 관념은 민주 국가뿐만 아니라 귀족 국가에서도 나타난다. 하지만 귀족 국가에서는 이러한 습성과 관념이 대개의 경우 그리 강력하지 않으며 지속적이지도 않다. 왜냐하면 귀족 국가에는 이러한 것들에 맞서는 습성과 관념 그리고 결함과 장애 요소 따위가 있기 때문이다. 따라서 여기서는 혁명이 끝나자마자 이러한 것들이 소멸되어버리고, 국민은 옛날의 정치 상태로 되돌아간다. 민주 국가에서는 항상 이와 같지는 않을 것이다. 여기서는 혁명적 본능이 완전히 사그라지기보다 더 유연해지고 규격화되어서 점차적으로 통치의 습속이나 행정의 습성으로 변해가지나 않을까 우려해야 할 정도이다.

내가 생각하기에, 민주 국가에서 일어나는 혁명은 다른 어떤 곳에서 일어나는 혁명보다 훨씬 더 위험할 것이다. 왜냐하면 민주 국가에서는 혁명에 으레 수반되는 우연적이고 일시적인 폐단들과는 별도로, 항구적인, 말하자면 영속적인 폐단들이 언제든 생겨날 수 있기 때문이다.

물론 정당한 저항이 있고 정당방위의 봉기가 있다고 나는 믿는다. 따라서 나는 민주 시대에 사는 사람들이 절대로 혁명을 해서는 안 된다고 무조건 주장하는 것은 아니다. 하지만 민주 시대에는 혁명을 도모하기에 앞서 기다려야 할 충분한 이유가 있다고, 그리고 이토록 위험한 치료책에 호소하기보다 현재 상태의 불편함을 감내하는 것이 훨씬 더 나을 수 있다고 나는 생각한다.

이제 나는 하나의 일반적인 견해로 결론을 맺으려 한다. 이 견해는 이 장에서 서술한 모든 개별적인 견해뿐만 아니라 이 책에서 제시하고자 한 개괄적인 견해들의 대부분을 포괄하는 것이다.

우리가 사는 시대에 앞서 있는 귀족 시대에 개인의 힘은 아주 막강했으며 사회의 권위는 아주 허약했다. 사회의 이미지 자체가 아주 희미했으며, 시민들을 지배하는 모든 다른 권력의 한가운데로 끊임없이 빨려들어 사라져갔다. 이 시대에 사람들의 주요 노력은 한편으로 사회 권력을 확장하고 강화하는 데로, 사회 권력의 특전을 늘리고 확보하는 데로 향해야 했으며, 다른 한편으로 개인의 독립성을 좁은 경계 안에 가두고 개별적 이익을 전체의 이익에 종속시키는 데로 향해야 했다.

하지만 현대 사회에서는 이와 전혀 다른 위험과 다른 근심 걱정이 사람들을 기다리고 있다. 대다수 현대 국가들에서 통치권자는, 그 기원이나 구성 또는 명칭이 어떻든 간에, 거의 막강한 존재가 된 반면에, 개인들은 점점 더 무기력과 종속의 나락으로 떨어져가고 있다.

옛날 사회에서는 이와 달랐다. 통일성이니 획일성이니 하는 것은 어디서도 찾아볼 수 없었다. 하지만 우리가 사는 현대 사회에서는 모든 것이 너무나도 엇비슷해져서 개개인의 특별한 모습이 어느새 공통의 형상 속으로 완전히 빨려들어 사라질 지경이다. 우리의 조상들은 개인의 권리들이 존중되어야 한다는 견해를 때로는 지나칠 정도로 써먹곤 했다. 반면에 오늘날 우리들은 이와 다른 견해, 즉 개인의 이익이 언제나 다수의 이익에 종속되어야 한다는 견해를 너무도 당연하게 써먹곤 한다.

정치 세계는 항상 변화한다. 그러므로 새로운 폐단에 대해서는 새로운 치료책을 찾아야 한다. 사회 권력에 대해 광범위하지만 명확하고 확고한 한계를 설정하는 것, 개인들에게 몇몇 권리들을 부여해주고 그 권리들의 향유를 보장해주는 것, 각 개인이 자신에게 조금이라도 남아 있는 독립성과 활력과 창의력을 유지할 수 있도록 해주는 것, 개인을 사회와 나란히 그리고 사회와 맞서 유지해주는 것 등등, 우리가 지금 맞이하는 시대에 입법자들이 가져야 할 우선적인 목표가 바로 이러한 것들이다.

오늘날의 통치권자들은 마치 인간을 가지고 위대한 업적을 만들어내기 위해서 인간에 관심을 기울이는 듯이 보인다. 나로서는 그들이 위대한 인간을 만드는 데 조금이라도 더 관심을 기울였으면 하는 바람이다. 일 자체보다 일하는 사람에게 더 많은 가치를 부여하는 것, 개인이 허약해지면 국가도 결국 허약해진다는 사실을 언제나 기억하는 것, 무기력하고 허약한 시민들을 가지고 활력이 넘치는 국민을 만들어낼 수 있는 사회형태나 정치 구성이 지금까지 존재한 적이 없다는 사실을 깨닫는 것 등등, 오늘날의 통치권자들이 염두에 두어야 할 사항이 바로 이런 것들이다.

나는 우리 현대인들에게서 서로 상반되면서도 해롭기는 마찬가지인 두 가지 관념을 발견하게 된다. 어떤 사람들은 평등에서 평등이 만들어내는 무질서한 경향만을 찾아본다. 이들은 자신의 자유의지를 염려한다. 이들은 자기 자신을 두려워하는 것이다. 다른 사람들은 수는 더 적지만 교육은 더 많이 받았는데, 이들은 다른 견해를 가지고 있다. 평등에서 시작해서 무질서에 이르는 길과는 별도로, 이들은 사람들을 가차 없이 예종 상태로 이끄는 듯 보이는 길을 찾아냈다. 이들은 애초부터 이러한 불가항력적인 예종 상태에 적응하도록 마음을 달랜다. 그리고 자유로운 상태로 있기를 포기하고는 곧 등장하게 될 지배자를 마음속으로 찬미한다.

전자의 경우는 자유가 위험하다고 생각하는 까닭에 자유를 포기하는 것이며, 후자의 경우는 자유가 불가능하다고 판단한 까닭에 자유를 포기하는 것이다. 만일 내가 두 번째 입장을 따랐다면, 나는 이 책을 쓰지 않았을 것이다. 나는 내 이웃들의 운명에 대해 남모르게 슬퍼하기만 했을 것이다.

나는 평등이 인간의 독립성에 끼치는 위험성을 활짝 들추어내고자 했다. 미래에 나타날 수 있는 모든 위험 중에서 가장 위태로우면서도 가장 예견하기 힘든 위험이 바로 이것이라고 생각하기 때문이다. 하지만 나는 이 위험들이 극복할 수 없는 것이라고는 생각하지 않는다.

우리가 맞이하고 있는 민주 시대에 사는 사람들은 원래부터 독립에 대한 취향을 지니고 있다. 그들은 천성적으로 규율을 참아내지 못하며, 그들이 원해서 이루어진 상태라도 그것이 오래 지속되면 이내 싫증내곤 한다. 그들은 권력을 좋아하지만, 권력을 행사하는 사람을 경멸하고 증오하는 경향이 있다. 그리고 그들은 자신의 꼬치꼬치 따지는 성격과 자주 옮겨 다니는 생활 덕에 권력의 손길에서 쉽사리 벗어날 수 있다.

이러한 성향은 언제나 나타날 것인데, 왜냐하면 그러한 성향은 변하지 않을 사회 상태로부터 비롯되는 것이기 때문이다. 앞으로도 오랫동안 이러한 성향은 전제정치가 확립될 수 없도록 막을 것이며, 인간의 자유를 위해 투쟁하고자 하는 각각의 새로운 세대에게 새로운 무기를 제공할 것이다.

그러므로 우리는 우리의 마음을 좀먹고 괴롭히는 여리고 무기력한 공포심을 떨쳐내고, 경계심을 늦추지 않고 맞싸울 채비를 갖추게 해주는 건전한 두려움을 가지고 미래에 맞서도록 하자.

제8장

총론

   지금까지 밟아온 여정을 완전히 매듭짓기에 앞서서, 나는 우선 새로운 세계의 면모를 나타내는 모든 다양한 특징을 마지막으로 살펴보고자 했으며, 나아가 평등이 인간의 운명에 미치는 일반적인 영향력을 평가해보고자 했다. 하지만 이와 같은 시도에 수반되는 어려움에 봉착해서 나는 걸음을 멈출 수밖에 없다. 이 방대한 주제 앞에서 나의 시야는 혼미해지고 추론은 흔들린다.

   내가 지금까지 묘사해왔으며 또 평가해보고자 하는 이 새로운 사회는 이제 막 세상에 모습을 드러냈을 따름이다. 아직은 이 사회가 완성된 형태를 취할 수 있을 만큼 시간이 흐르지 않았다. 이 사회를 만들어낸 거대한 혁명은 아직도 계속되고 있고, 오늘날 일어나는 일들 중 어떤 것이 혁명에 의해 사라지고 어떤 것이 혁명이 끝난 후에도 남을 것인가를 알아낸다는 것은 거의 불가능하다.

   지금 부상하는 세계는 하강 중인 세계의 잔해 아래에 여전히 절반 정도 묻혀 있다. 세상만사의 엄청난 혼돈 속에서, 낡은 제도들과 옛 습속들 중에서 무엇이 남게 되고 무엇이 완전히 사라지게 될지 누군들 정확하게 말할 수 없다.

사회 상태와 법제에서, 인간의 관념과 감정에서 발생하는 혁명이 아직도 마무리 단계에 이르지 않았다고 할지라도, 그 결과는 여태껏 이 세상에서 발생한 그 어떤 것과도 비교가 안 될 정도이다. 몇백 년을 거슬러 올라가 아득한 고대 세계를 살펴보더라도 지금 눈앞에서 진행되는 것과 닮은 것은 찾아보기 힘들다. 과거는 더 이상 미래를 밝혀주지 않으며 인간 정신은 어둠 속을 헤맨다.

그럼에도 불구하고 이토록 방대하고 새로우며 혼란스러운 광경의 한복판에서도 몇 가지 중요한 특징들이 나타나는 것을 살펴볼 수 있다. 이 세상에는 긍정적인 점과 부정적인 점이 한꺼번에 나타난다는 것을 나는 알고 있다. 큰 재산들은 사라져가는 반면 작은 재산들의 수는 증가한다. 욕망과 향유는 늘어나는 반면, 이제 엄청난 번영도 절박한 빈곤도 찾아보기 힘들다. 누구나 야망을 품을 수 있게 되었지만, 과도한 야망은 드물어졌다. 개개인은 고립되고 허약하지만, 사회는 민첩하고 용의주도하며 막강하다. 개인들은 자잘한 일을 하지만, 국가는 큼직한 일을 한다.

인간의 정신은 활동적이지 않지만, 습속은 부드럽고 법제는 인간적이다. 숭고한 헌신이나 고귀하고 탁월하며 순수한 덕성은 찾아볼 수 없지만, 습속은 정제되어 있고 폭력은 드물며 잔학성은 사라졌다. 인간의 수명은 더 길어지고, 재산은 더 안정적이 된다. 생활은 화려하게 장식되지는 않지만 더 안락해지고 더 평온해진다.

고상한 쾌락도 거의 없지만 조잡한 쾌락도 거의 없다. 세련된 매너도 없지만 야만적인 취향도 없다. 유식한 사람이 많지 않지만, 그렇다고 국민 전체가 무식한 것은 아니다. 천재는 더 보기 드물지만 지식은 널리 공유된다. 인간 정신은 몇몇 사람들의 강인한 추동력에 의해 발전하는 것이 아니라 모든 사람의 결합된 노력에 의해 발전한다. 인간이 해낸 업적은 비록 완성도는 더 떨어지지만 그만큼 더 풍성해진다. 종족의 유대, 계급의 유대, 향토의 유대는 느슨해지지만, 인류 전체의 거대한 유대는 더 긴밀해진다.

이 모든 다양한 특징 중에서 가장 일반적이고 가장 뚜렷한 특징을 찾아본다면, 나는 인간 만사가 수천 가지 다른 모습을 띠기는 하지만 운명의 여신에 이끌려가기 마련이라는 사실을 깨닫게 된다. 극단적인 것들은 거의 다 부드러워지고 무디어진다. 돌출된 것들은 거의 다 다듬어지고 마침내는 어느 정도 중간적인 것에, 즉 이 세계에 나타난 어떤 것보다 더 고상하지도 더 저속하지도 않으며 더 화려하지도 더 음침하지도 않은 것에 자리를 내준다.

남들보다 더 잘나지도 더 못나지도 않은 엇비슷한 존재들로 구성된 이 수많은 무리를 훑어보게 되면, 나로서는 어디서나 한결같은 이 획일적인 광경에 서글픈 느낌을 지울 수가 없다. 지나간 옛 사회가 아쉽게 느껴질 정도이다.

이 세계가 중요한 사람과 하찮은 사람, 부유한 사람과 가난한 사람, 유식한 사람과 무식한 사람 등등으로 가득 차 있었을 때, 나는 후자에게서 눈을 돌려 주로 전자에게 관심을 집중했으며 주로 전자를 너그러운 눈길로 대했다. 하지만 이러한 기분은 나 자신의 허약함에서 나오는 것임을 나는 알고 있다. 그토록 많은 대상들 중에서 내가 보고 싶어 하는 것들만을 선택하고 따로 떼어놓게 되는 것은 내가 나의 주변을 둘러싸고 있는 모든 것을 동시에 볼 수 없는 나의 무능력 때문이니 말이다. 전지전능하고 영원무궁한 하느님은 그렇지 않으시다. 하느님은 반드시 모든 사물을 전부 눈여겨 보시며, 인류 전체와 개개 인간을 동시다발적으로 통찰하신다.

인류의 창조자이자 수호자이신 하느님을 가장 기쁘게 해주는 것은 소수의 유다른 번영이 아니라 전체의 가장 큰 복지라는 사실을 우리는 잘 알고 있다. 그러므로 나에게 쇠퇴로 보이는 것이 하느님의 눈에는 발전일 수 있다. 나에게 아픔인 것이 하느님에게는 기쁨일 수 있다. 평등은 아마도 덜 고상할 수는 있지만 더 정의로울 것이다. 그리고 평등의 정의로움이 바로 평등의 위대함과 아름다움을 만들어내는 것이다. 나로서는 하느님의 관점에까지 나의 관점을 끌어올리려 애쓸 따름이다. 하느님이 계신 바로 그 위치에서부터 인간 만사를 관찰하고 평가해보려는 것이다.

이 땅에서 그 누구도 이 새로운 세계가 지나간 세계보다 더 낫다고 한마디로 잘라서 말할 수는 없을 것이다. 하지만 지금의 세계가 옛날의 세계와 완전히 다르다는 것은 누구나 쉽게 알 수 있을 것이다.

귀족 국가에만 고유한 몇 가지 미덕들과 악덕들이 있는데, 이러한 것들은 새로운 사회에는 전혀 어울리지 않기 때문에 새로운 사회에 도입되기를 기대하기 힘들다. 그런가 하면 귀족 국가에는 전혀 어울리지 않지만 새로운 사회에는 아주 잘 어울리는 좋은 성향들과 나쁜 성향들이 있다. 어떤 사람들에게는 아주 자연스럽게 나타나는 관념이 다른 사람들에게는 거북하게 여겨진다. 이들은 각각 특별한 장점과 단점, 좋은 점과 나쁜 점을 지닌, 별개의 두 인종처럼 보일 정도이다.

따라서 새로 등장한 사회들을 낡은 옛 시대의 관념들로부터 판단하지 않도록 주의해야 한다. 왜냐하면 이 두 사회는 서로 엄청나게 다를 뿐만 아니라 서로 양립할 수도 없을 터이니 말이다.

우리 조상들의 사회 상태에서 나온 특별한 덕성들을 우리 시대의 사람들에게 요구하는 것은 이제 더 이상 합리적으로 보이지 않는다. 이러한 사회 상태 자체가 이미 소실되어버렸을 뿐만 아니라 그 사회 상태에 내재한 모든 장점과 결함도 다 사라진 지 오래이기 때문이다.

하지만 오늘날 이러한 것들은 아주 어렴풋이 이해될 뿐이다. 우리 현대인들 중 상당수가 여전히 낡은 사회의 귀족적 구성에서 유래하는 제도들, 견해들, 관념들 중에서 이것저것 골라내려 하는 것을 나는 자주 본다. 그들은 어떤 것들은 기꺼이 폐기하지만, 다른 것들은 그대로 간직하려 하고 새로운 세계에 가지고 가려 한다. 이러한 사람들은 타당하긴 하지만 무모한 일에 시간과 노력을 낭비할 뿐이라고 나는 생각한다.

관건은 조건의 불평등이 사람들에게 가져다주는 특별한 이점들을 그대로 보존하는 데 있는 것이 아니라 평등이 가져다줄 수 있는 새로운 장점들을 확보하는 데 있다. 우리는 우리의 조상들을 닮아가려고 해서는 안 되며 우리 자신에게 알맞은 종류의 위엄과 행복을 달성하려 애써야 할 것이다.

이제 나의 여정에서 막바지에 이르렀다. 지금껏 따로따로 관찰해온 모든 다양한 주제를 멀리서 한눈으로 되돌아보면서, 나로서는 불안과 동시에 희망을 간직하게 된다. 나는 예방할 수 있는 거대한 위험들과 피하거나 억제할 수 있는 거대한 폐단들을 본다. 그리고 나는 민주 사회가 올바르고 또 번영하기 위해서는 그렇게 되기를 사람들이 바라는 것만으로 충분하다는 믿음을 더욱더 확신하게 된다.

우리 시대에 사는 많은 사람들은 이 땅에서 자기 자신이 결코 자율적인 존재가 아니며 이전의 사건들, 종족적 편견, 지형, 풍토 등에서 나오는 무언가 극복할 수 없고 자각할 수도 없는 어떤 힘에 어쩔 수 없이 종속되어 있다고 믿는 듯하다. 나는 이 점을 잘 알고 있다. 하지만 이것은 허약한 인간과 무기력한 국민만을 만들어내는 잘못된 비루한 교의이다. 신은 인간을 완전히 독립된 존재로 창조하지 않았으며, 완전히 예속된 존재로 창조하지도 않았다. 신이 개개 인간에게 넘어설 수 없는 어떤 숙명의 테두리를 그어놓았다는 것은 사실이다. 하지만 이 넓은 테두리 안에서 인간은 막강하고 자유롭다. 국가도 인간과 마찬가지이다.

오늘날 어느 나라든 조건들이 평등해지는 것을 막을 수 없을 것이다. 하지만 이 평등이 이들을 예종 상태와 자유, 문명과 야만, 번영과 빈곤 중에서 어디로 이끌어갈지는 전적으로 이들 자신에게 달려 있다.

(A) 281쪽

그렇지만 열심히 상업에 종사하고 성공적으로 공업을 경영하는 귀족들도 있다. 세계사를 살펴보면 몇 가지 놀라운 사례들을 발견할 수 있다. 하지만 일반적으로 귀족 집단은 상공업의 발전에 결코 호의적이지 않다고 말해야 할 것이다. 금전 귀족들만이 이러한 규칙에서 예외라고 할 수 있다.

금전 귀족들에게는 어떤 욕구도 재부의 충족을 전제로 한다. 재부에 대한 애착은 말하자면 인간의 열정이 흐르는 간선로라고 할 수 있다. 다른 욕구들은 모두 이 간선로에 합류하거나 간선로를 통과한다.

금전에 대한 취향과 명성과 권력에 대한 욕구는 대개 사람들의 영혼 안에 함께 뒤섞여 있는 까닭에 인간이 물욕을 지니게 되는 것이 야망 때문인지, 아니면 인간이 야망을 지니게 되는 것이 물욕 때문인지 구별하기가 힘들 정도이다. 이러한 현상은 영국에서 주로 나타나는데, 영국에서 사람들은 명예를 얻기 위해 부자가 되려 하고 명예를 부의 표시로 간주한다. 인간 정신은 한곳으로만 쏠리며 풍요에 이르는 지름길이라 할 수 있는 상공업으로 향한다.

하지만 이것은 내가 보기에 예외적이고 일시적인 현상이다. 재부가 귀족제도의 유일한 표현이 된다면, 부자들이 다른 사람들을 배제한 채 자기들끼리만 권력을 독점하기 어려워질 것이다.

혈통 귀족주의와 순수한 민주주의는 그 나라 국민들의 정치적·사회적 상태의 양쪽 극단에 해당한다. 그 가운데쯤에 금전 귀족주의가 있다. 금전 귀족주의는 소수의 구성원들에게 커다란 특전을 부여한다는 점에서 혈통 귀족주의와 닮았다. 하지만 금전 귀족주의는 이 특전들이 순차적으로 누구에게나 주어질 수 있다는 점에서 민주주의와 유사하다. 따라서 금전 귀족주의는 때때로 이 두 가지 사이의 순조로운 이행기를 형성하기도 한다. 금전 귀족주의가 귀족주의 제도의 종언을 의미하는지 아니면 이미 새로운 민주주의 시대의 개막을 의미하는지 아직은 아무도 쉽게 말하지 못할 것이다.

(B) 361쪽

내가 쓴 여행 일지에서 다음과 같은 구절을 찾아볼 수 있다. 이 구절은 남편을 따라 서부의 황무지로 나선 아메리카의 여성들이 흔히 어떤 시련을 겪게 되는지를 잘 보여준다. 이것보다 더 진솔한 내용은 보기 힘들 것이다.

우리는 이따금 새로 개간한 땅에 도착한다. 개척지들은 모두 비슷하게 생겼다. 우리가 오늘 밤 발걸음을 멈춘 개척지에 대해 묘사해보자. 이곳을 통해 다른 모든 개척지의 모습을 추정해볼 수 있다.

가축 목에 매달린 작은 종은 이 근처에 개척지가 있다는 것을 알려주었다. 이 종들은 개척자가 숲속에 풀어놓은 가축들을 쉽게 되찾을 수 있도록 가축의 목에 달아놓은 것이다. 이내 숲속의 나무들을 벌목하는 도끼질 소리가 들려왔다. 가까이 다가감에 따라, 여기저기 나뒹구는 벌목의 흔적들이 사람이 살고 있다는 것을 알려주었다. 잘려진 나뭇가지들이 길을 덮었고 반쯤 불에 탄 채 이리저리 잘려 나간 통나무들이 우리의 길을 막고 서 있다. 우리는 계속 앞으로 나가서 나무들이 전부 한순간에 말라죽어 버린 듯 보이는 숲속으로 들어갔다. 한창 여름인데 나무들은 겨울 분위기를 자아낸다. 가까이 다가가 살펴보고 우리는 수액의 흐름을 막아 말라죽게 할 요량으로 누군가가 나무껍데기에 깊게 고랑을 파놓았다는 것을 알게 되었다. 일반적으로 개척자들이 처음 시작하는 일이 사실상 이러한 작업이다. 정착지 주변에서 자라나는 모든 나무를 정착한 첫 해에 전부 베어낼 수 없는 까닭에, 개척자들은 나뭇가지들 아래에 옥수수를 심은 다음에 작물이 햇빛을 받도록 하려고 나무들을 말려죽이는 것이다. 황무지에 있는 문명의 첫 발자국, 언젠가 경작지로 바뀔 이 벌목된 숲을 지나서 우리는 정착자의 거처로 가까이 갔다. 가옥은 다른 곳보다 더 정성들여 개간하긴 했지만 그래도 숲의 확장을 막기에는 역부족으로 텃밭의 한가운데에 자리를 잡고 있다. 이곳에 나무들은 윗동이 잘려 나가기는 했지만 아랫동은 그대로 살아 있는 채로 텃밭 주변을 에워싸고 있다. 말라붙은 껍데기 덤불 주변에 밀, 떡갈나무 싹, 온갖 종류의 과수와 잡초들이 뒤죽박죽으로 심어진 채 메마르고 거친 땅에서 자라고 있다. 이 왕성한 식물군락의 한복판에 이곳에서 '통나무 오두막(loghouse)'이라고 부르는 개척자의 가옥이 있다. 이 투박한 가옥은 주변의 텃밭과 마찬가지로 얼마 전에 서둘러 만들어졌다는 것을 쉽게 알 수 있다. 길이는 30피트, 높이는 15피트 정도이다. 벽과 지붕은 엉성하게 자른 통나무들로 이어 붙여 만들었으며, 추위와 빗물이 안으로 침투해 들어오는 것을 막기 위해 이끼와 진흙으로 틈새를 메웠다.

밤이 되자 우리는 집주인에게 가서 하룻밤 묵기를 청했다. 우리의 발자국 소리가 들리자, 숲 바닥에서 뒹굴며 놀던 아이들은 재빨리 일어나서 마치 사람을 보고 놀란 표정으로 집으로 내달음치고, 들개처럼 생긴 큼직한 개 두 마리가 귀를 쫑긋 세우고 주둥이를 내민 채 달려 나와서 으르렁거리며 아이들의 뒤를 따라갔다. 개척자는 문 앞에 나타나서 우리를 탐색하듯 꼼꼼히 쳐다보더니 개들을 물리쳤다. 그는 우리를 보고 당황하거나 염려하는 기색이 전혀 없이 덤덤하게 행동했다.

우리는 통나무 오두막 안으로 들어갔다. 내부는 유럽 농민들의 가옥과는 전혀 다른 모습이다. 불필요한 것은 넘치고 정작 필요한 것은 부족한 느낌이다. 하나밖에 없는 창문에는 모슬린 커튼이 걸려 있다. 다져진 바닥 위에 벽난로가 있고 그 안에 타오르는 화롯불이 집 안을 환하게 비춘다. 벽난로 위에는 멋진 산탄총 한 자루, 사슴 가죽, 독수리 깃털 따위가 걸려 있다. 굴뚝 오른쪽에는 합중국 지도가 걸려 있는데, 벽 틈새로 스며드는 바람에 끝부분이 살짝 펄럭인다. 그 옆에 대충 다듬은 널빤지로 만든 서가에는 책 몇 권이 놓여 있다. 『성경』, 밀턴의 시편 여섯 소절, 셰익스피어의 희곡 작품 따위가 눈에 띈다. 벽에는 장롱 대신 대형 가방이 놓여 있다. 한가운데에 놓인 투박하게 생긴 테이블은 그 다리가 아직 껍데기도 채 벗겨지지 않은 녹색 나무로 만들어진 까닭에 마치 땅 위에서 저절로 자란 것처럼 보인다. 테이블 위에는 영국제 찻그릇, 은도금 수저, 이 빠진 접시들, 신문 따위가 놓여 있다.

집주인은 뉴잉글랜드 출신임을 짐작게 하는 각진 얼굴과 호리호리한 몸매를 지녔다. 이 사람은 우리가 그를 만난 이 적막한 땅에서 태어나지 않은 것이 분명하다. 그의 골격만 보아도 그가 교양이 넘치는 분위기에서 청년기를 보냈다는 것을 알 수 있다. 그는 성마르고 셈에 밝으며 모험심으로 가득한 부류에 속한다. 자신의 열정이 이끄는 그대로 무덤덤하게 실천하는 인물, 달리 말하자면 황무지를 정복하고 더 잘 개간할 목적으로 잠시 동안 야생의 삶을 택한 인물이 바로 여기에 있다.

우리가 현관 문턱을 넘어섰을 때, 집주인이 우리를 보고 나와서 관례대로 손을 내밀었다. 하지만 그의 표정은 굳어 있었다. 그는 먼저 말문을 열고 우리에게 바깥세상이 어떻게 돌아가고 있는지 물었으며, 듣고 난 후에는 굳게 입을 다물었다. 불시의 방문객과 시끄러운 소리로 지친 기색이 역력했다. 이번에는 우리가 그에게 이것저것 물어보자 그는 우리에게 필요한 모든 정보를 말해주었다. 그러고는 무덤덤하지만 그래도 성의껏 우리에게 필요한 것들을 챙겨주었다. 그의 정성스러운 대접을 지켜보면서 어느새 감사하는 마음이 식어버리는 것을 느꼈다. 왜냐하면 그의 친절한 대접이 그 자신의 운명에 순종하려는 어떤 고통스러운 책무처럼 보였기 때문이다. 그는 즐거운 마음보다 어떤 부담감에서 그 일을 하는 듯했다.

벽난로 반대편에는 한 여인이 어린아이를 무릎에 안고 조용히 흔들고 있었다. 그녀는 하는 일을 멈추지 않고 우리에게 머릿짓으로 말했다. 남편과 마찬가지로 이 여인도 한창 혈기왕성할 나이였으며, 차림새가 처지에 비해 좋아 보였다. 옷차림은 치장에 대한 관심이 아직도 식지 않았다는 것을 드러낸다. 하지만 그녀의 팔다리는 연약해 보이고, 안색은 피곤해 보이며, 눈매는 부드러운 동시에 근엄해 보인다. 그녀의 용모에는 어떤 종교적인 인내심, 열정에서 벗어난 어떤 깊은 평온감이 감돈다. 어떤 잔잔한 생래적인 단호함이 그녀가 두려움도 염려도 없이 의연하게 삶의 역경에 맞서게 하는지 궁금할 따름이다.

아이들이 엄마를 둘러싸고 앉아 있다. 모두 건강하고 소란스러우며 활력이 넘친다. 황무지에서 나고 자란 아이들이다. 어머니는 이따금 아이들을 우수와 기쁨이 가득 찬 눈으로 바라본다. 튼튼한 아이들과 야윈

어머니를 보노라면, 그녀가 아이들을 낳느라 몸이 약해졌지만 그래도 아이들을 많이 낳아 행복하구나 하고 느껴질 정도이다.

이주민들이 사는 집에는 내부의 칸막이나 다락방 같은 것이 없다. 덜렁 한 칸으로 된 큰 방 안에서 저녁이면 가족 모두 안식처를 구해 모여든다. 이 가옥은 그 자체로 하나의 작은 세계이다. 그것은 나뭇잎 가득한 바다 한복판에 있는 외딴 문명의 방주와도 같다. 백 걸음 더 멀리 나가면 삼림이 끝없이 펼쳐지고 다시 적막이 찾아온다.

(C) 362쪽

조건들의 평등이 인간을 비도덕적이고 반종교적으로 만드는 것은 아니다. 하지만 사람들이 비도덕적이고 반종교적인 동시에 서로 평등한 때에, 비도덕성과 반종교성은 아주 쉽게 외부로 표출된다. 왜냐하면 이 경우에 사람들은 서로에게 거의 영향력을 행사하지 못하게 될 뿐만 아니라 사회에 질서와 규율을 부과할 책무를 떠맡을 계급이 존재하지 않기 때문이다. 조건들의 평등은 결코 습속의 타락을 만들어내지는 않지만 이따금 습속의 타락이 나타나도록 방치한다.

(D) 398쪽

이 문제에 대해 생각해보지 않은 사람들, 자기 생각을 굳이 말하려 하지 않는 사람들을 논외로 한다면, 아메리카인들의 대다수는 자기 나라의 정치제도들에 만족한 듯 보인다고 말할 수 있다. 그리고 실제로 만족한다고 나는 생각한다. 나는 이러한 여론의 동향을 아메리카 법제의 절대적 우수성을 입증하는 증거로까지는 아니지만 우수성을 드러내는 표현으로 간주한다. 국민적 자부심, 몇몇 지배적인 열정들이 법제를 통해 해소된다는 점, 우연적인 사건들, 폐단들이 겉으로 드러나지는 않는 점, 그리고 무엇보다도 반대자들의 입을 막아버리게 되는 다수의 이해관계 등등으로 인해서 개개인뿐만 아니라 국민 전체도 오랫동안 낙관적인 환상에 빠질 수 있다.

18세기 영국의 사례를 보자. 영국인들만큼 자부심에 넘친 국민이 없었다. 어떤 나라도 영국만큼 자기만족감을 드러내지 못했다. 사회 구성은 아주 견실했으며 눈에 띄는 결함까지도 포함해서 무엇이든 나무랄 데가 없었다. 하지만 오늘날 대다수 영국인들은 영국 사회가 여러 면에서 아주 결함이 많다는 것을 입증하는 데만 힘을 쏟는 듯하다. 지난 세기의 영국인이 옳은가, 아니면 오늘날의 영국인들이 옳은가?

똑같은 일이 프랑스에서도 일어났다. 루이 14세 치하에서 대다수 국민들이 당시 사회를 규율한 통치 형태를 찬미했다는 것은 의심할 나위가 없는 사실이다. 당시 프랑스인의 의식 수준이 아주 낮았기 때문이라고 말하는 것은 잘못된 생각이다. 어떤 면에서 보면 이 당시에 프랑스에도 일종의 종복제(servitude)가 있을 수 있었다. 하지만 종복 의식 같은 것은 있지도 않았다. 당시의 작가들은 국왕의 권위를 최고로 높이는 데 진정으로 열과 성을 다했다. 그리고 시골의 미천한 농사꾼들도 영광스러운 군주의 풍모에 의기양양했으며 '국왕 만세!'를 외치며 기꺼이 목숨을 바치려 했다. 오늘날 우리 프랑스인들은 당시의 이러한 관행에 거부감을 느낀다. 루이 14세 시대의 프랑스인들이 옳은가, 아니면 우리 시대의 프랑스인들이 옳은가?

그러므로 어느 한 나라의 법제에 대한 판단은 그 나라 국민의 기질만을 근거로 삼아서는 안 된다. 왜냐하면 국민의 기질이라는 것은 시대가 바뀌면서 더 주요한 동기에 의해서, 그리고 더 일반화된 경험에 의해서 달라지기 때문이다.

한 국민이 자기 나라의 법제에 대해 갖는 애착은 다음과 같은 한 가지 사실, 즉 법제를 바꾸는 데 결코 서둘러서는 안 된다는 사실을 입증해 줄 따름이다.

(E) 488쪽

이 장에서 나는 한 가지 위험을 보여주었다. 여기서는 드물게 나타나 기는 하지만 일단 나타나면 더 큰 피해를 초래할 수 있는 또 다른 위험 을 지적하려 한다.

사회적 평등은 자연스럽게 물질적 향유에 대한 애착과 복리에 대한 취향을 사람들에게 불어넣는다. 민주 국가에 사는 사람들의 마음이 이 러한 물질적 애착과 복리의 취향으로 가득 차게 되면, 국민의 습속이 군대식 기질에 아주 적대적으로 변한 나머지 군대 자체가 마침내 전쟁 을 도발하도록 만드는 특별한 이해관계에도 불구하고 평화를 애호하게 될지도 모른다. 이렇게 전반적으로 느슨해진 분위기 속에서, 병사들은 병영 생활의 피로와 역경을 거쳐 빨리 진급하느니 천천히 별 노력을 들 이지 않고 편안하게 진급하는 편이 더 낫다고 생각하게 될 것이다. 이 러한 정신 상태에서라면, 군대는 아무 의욕도 열의도 없이 무기를 들 것이다. 군대는 적군을 향해 기꺼이 돌진하기보다 적군을 향해 마지못 해 끌려가게 될지도 모른다.

그렇다고 군대의 이러한 평화 애호적인 기질이 군대가 혁명을 멀리 하게 되는 요인이라고 생각해서는 안 된다. 왜냐하면 알다시피 혁명들, 특히 대개는 아주 신속하게 진행되는 군사적 혁명들은 흔히 큰 위험을 초래하기는 하지만 시간과 노고가 훨씬 덜 들기 때문이다. 혁명은 전쟁 보다 훨씬 더 싼값으로 인간의 야망을 충족시킬 수 있으니 말이다. 혁 명에서는 목숨만을 담보로 내놓으면 된다. 그런데 민주 시대에 사람들 은 목숨보다 안락을 더 소중하게 여기지 않는가.

전쟁을 두려워하는 군대만큼 국민의 자유와 안정에 위협이 되는 것은 없을 것이다. 전쟁터에서 영광과 위세를 찾지 못하는 군대가 다른 곳에서 그것을 찾으려 할 것이기 때문이다. 그래서 민주 시대에 군문에 들어가는 사람들은 병사의 미덕은 얻지 못한 채 시민의 이해관계는 잃게 될지도 모르며, 군대는 소요의 온상으로서의 역할을 벗어나지 못한 채 군인 정신을 잃게 될지도 모른다.

앞에서 언급한 내용을 다시 말해두자. 이러한 위험에 대한 치유책은 군대에 있는 것이 아니라 국민에게 있다. 남성다운 거친 습속을 간직하고 있는 민주 시대의 국민은 필요할 때면 언제든지 병사들에게서 군인의 습속을 찾아낼 것이니 말이다.

(F) 509쪽

인간은 통일성의 관념을 수단으로서 중요시하지만, 신은 목표로서 중요시한다. 바로 이러한 통일성의 관념에 이끌려 우리가 수많은 자잘한 사례들에 빠져들게 되는 것이다. 사람들이 같은 목표를 향해 같은 발걸음으로 행진하게 만드는 것, 이것은 인간의 관념이다. 인간 행위의 무한한 다양성을 용인하지만 이 모든 행위가 수천 가지 다양한 길을 통해 하나의 원대한 구상의 실현을 향해 나아가도록 유도하는 것, 이것은 신의 관념이다.

통일성에 대한 인간의 관념은 거의 언제나 결실을 맺지 못하는 반면, 통일성에 대한 신의 관념은 비옥한 결실을 약속한다. 인간은 수단을 단순화하는 것으로써 자신들의 위엄을 보여주었다고 생각한다. 반면에 신은 목표를 단순화하면서도 다양한 수단들을 보장한다.

(G) 517쪽

민주 국가에 사는 사람들이 단지 자신들의 취향에 이끌려서만 권력의 집중화로 나아가는 것은 아니다. 이들을 이끄는 지도자들의 열정 또한 이들을 끊임없이 권력의 집중화로 밀어붙인다.

민주 국가에 사는 거의 모든 야심차고 유능한 시민이 사회 권력의 권한을 확장하려고 줄기차게 애쓸 것이라는 사실은 어렵지 않게 예상할 수 있다. 지나친 중앙 집중화는 국가에 해로울 수 있다는 이들에게 입증해 보이려 하는 것은 시간 낭비이다. 이들이 중앙 집중화를 도모하는 것은 바로 자기 자신들을 위해서이기 때문이니 말이다.

민주 국가에서 공적 업무를 떠맡은 사람들 중에서 권력 분산에 기꺼이 동의하는 사람은 사리사욕이 없는 사람이거나 아니면 그저 그런 사람이다. 전자는 아주 드물고, 후자는 아주 무기력하다.

(H) 550쪽

민주 국가의 유약해진 습속과 군대의 성마른 기질로 인해서 행여나 우리 시대의 몇몇 나라에서 군사정부가 탄생하지나 않을까 나는 이따금 자문해보았다. 정부는 내가 이 장에서 묘사한 모습에서 그리 멀지 않을 것이며 군사 과두정의 야만적인 특징들을 모방하지는 않을 것이라고 나는 생각한다.

이 경우에 행정 서기의 습성과 병사의 습성 사이에 일종의 혼합물 같은 것이 만들어질 것이라고 나는 확신한다. 행정은 어느 정도 군대식 기질을 갖게 될 것이고, 군대는 어느 정도 민간 행정의 용례를 따라 할 것이다. 그 결과는 규칙적이고 명료하며 엄정하고 단호한 명령 체계의 확립이다. 국민은 군대의 모습을 띠게 되고, 사회는 병영처럼 편제되는 것이다.

(I) 556쪽

우리 시대의 가장 큰 위험이 '방종인가 아니면 압제인가', '무정부 상태인가 아니면 전제정치인가'라는 문제에 대해서는 한마디로 잘라서 대답하기 힘들다. 이 두 가지 모두 우려할 만하다. 이 두 가지 모두 단한 가지 동일한 원인에서, 즉 개인주의의 산물이라고 할 수 있는 '전면적인 무기력증'에서 자연스럽게 자라날 수 있다. 바로 이러한 무기력증 덕에, 행정 권력은 그저 약간의 권한만 긁어모아도 이내 남을 압제할 수 있는 힘을 갖게 되며, 정당은 30명 정도만 추종자를 얻어도 마찬가지로 그런 힘을 갖게 된다. 하지만 행정 권력도 정당도 항구적인 기반을 구축할 수는 없는 까닭에, 수월하게 얻는 성공이 오히려 궁극적인 승리를 가로막게 된다. 아무런 저항도 없는 탓에 성공하지만, 마찬가지로 아무런 지지도 없는 탓에 몰락하는 것이다.

그러므로 우리가 맞싸워야 하는 상대는 '무정부 상태인가 아니면 전제정치인가'의 판단 문제가 아니라 무정부 상태와 전제정치의 공동 뿌리라고 할 수 있는 무기력증 바로 그것이다.

『아메리카의 민주주의』 제12판(1848) 저자 서문

지금 우리 눈앞에서 한순간에 막 일어난 사건들이 아무리 엄청나고 갑작스럽다고 할지라도, 이 책의 저자인 나로서는 그런 사건들로 전혀 놀라지 않았다고 말한다고 해도 그리 지나치지 않을 것이다. 15년 전에 이 책은 줄곧 단 한 가지 생각에 사로잡혀서 씌어졌다. 머지않아 전 세계에 민주주의가 불가항력적으로 도래할 것이라는 생각 말이다. 이 책을 다시 읽어보라. 그러면 사회가 형태를 바꾸고 인류가 조건을 바꾸며, 그리하여 새로운 운명이 다가오고 있음을 알려주는 장엄한 경고를 페이지를 넘길 때마다 발견할수 있을 것이다.

첫머리에 다음과 같이 쓰지 않았는가.

"조건들의 평등이 점차 확대되는 것은 하나의 섭리적인 사실이다.

그것은 보편적이고 항구적이며 인간의 능력을 벗어나 있다는 점에서 섭리적인 사실로서의 주요 특징들을 보여준다. 모든 사건과 모든 인간이 평등의 진전에 이바지하는 것이다. 아주 먼 옛날에서 비롯된 사회의 움직임을 한 세대의 노력으로 정지시킬 수 있다고 생각하는 것이 현명할까? 봉건제를 타도하고 왕들을 굴복시킨 민주주의가 부르주아들과 부자들 앞에서 뒤로 물러서리라고 생각할 수 있을까? 민주주의가 이렇게 강해지고 그 적들이 이렇게 허약해진 오늘날, 민주주의가 발길을 멈출까?"

7월 혁명으로 흔들리기는커녕 오히려 더 확고해진 왕정 아래서, 그것도 일어난 사건들과 제대로 맞아떨어지는 내용을 담은 책을 쓴 저자로서는 이제 독자들이 이 책에 다시 주의를 기울여주기를 주저 없이 요청할 자격이 있을 것이다.

또한 저자는 현재의 사태로 인해 이 책이 처음 출판되었을 당시 얻지 못했던 시사적인 관심과 실제적인 유용성을 얻게 되었다는 사실을 덧붙일 수 있을 것이다.

당시에는 왕정이 존재했으나 이제는 타도되었다. 왕정 프랑스에서 호기심의 대상에 지나지 않았던 아메리카의 제도들은 공화정 프랑스에서는 연구의 대상이 되어야 마땅하다. 새로운 정부가 제대로 자리를 잡기 위해서는 힘뿐만이 아니라 좋은 법제가 필요하다. 투사에 뒤이어서 입법자가 온다. 전자는 파괴하고, 후자는 건설한다. 각자 자신의 역할이 있다. 이제 프랑스에서 왕정이냐 공화정이냐가 더 이상 문제되지 않는다고 할지라도, 우리는 격동의 공화정을 가질 것인가 아니면 평온한 공화정을 가질 것인가, 규칙적인 공화정을 가질 것인가 아니면 변칙적인 공화정을 가질 것인가, 자유로운 공화정을 가질 것인가 아니면 억압적인 공화정을 가질 것인가, 가족과 재산의 신성한 권리들을 인정하는 공화정인가 아니면 위협하는 공화정인가 따위를 배우고 익혀야 한다. 이것은 엄청나게 중요한 문제로 그 해결 여부는 프랑스뿐만 아니라 문명 세계 전체에 영향을 미친다. 만일 우리가 우리 자신을 구한다면, 우리는 우리를 둘러싸고 있는 모든 나라를 동시에 구하는 셈이다. 만일 우리가 망한다면 우리는 우리와 함께 그들도 모두 망하게 하는 셈이다. 우리 프랑스가 민주적인 자유를 갖느냐 아니면 민주적인 압제를 갖느냐에 따라서 세계의 운명이 달라질 것이다. 그리고 마침내 공화정이 어디에서나 수립될 것인지 아니면 어디에서나 전복될 것인지는 오늘날 바로 우리에게 달려 있다고 말할 수 있을 것이다.

그런데 우리가 지금 막 당면한 이 문제를 아메리카는 벌써 60여 년 전에 해결했다. 우리가 바로 엊그제 확립한 인민주권의 원리가 아메리카에서는 지난 60년 동안 확고하게 자리 잡았다. 그것은 아메리카에서 가장 직접적이고 가장 무제한적이며 가장 절대적인 방식으로 실천에 옮겨졌다. 그것을 모든 법제의 공동 원천으로 삼은 국민이 지난 60년 동안 끊임없이 인구와 영토와 재산을 늘려왔다. 그리고 이 기간 동안에 바로 이 국민은 이 세상에서 가장 번영했을 뿐만 아니라 가장 안정된 국민이었다는 사실에 주목하자. 유럽의 모든 국가가 전쟁으로 황폐화되거나 아니면 내부의 불화로 찢어진 반면에, 문명 세계에서 아메리카 국민만이 평화롭게 지냈다.

유럽 거의 전역이 혁명들로 요동쳤지만 아메리카는 폭동조차 겪지 않았다. 이곳에서 공화정은 모든 권리를 공격하는 편이 아니라 수호하는 편에 섰다. 여기서 개인의 재산은 세계 어느 곳에서보다 더 잘 보장되었으며, 여기서 무정부 상태는 폭정만큼이나 알려지지 않았다.

도대체 우리는 달리 어디에서 더 큰 희망과 더 큰 교훈을 찾을 수 있을 것인가? 아메리카가 가진 제도들을 비굴하게 베끼기 위해서가 아니라 우리에게 알맞은 제도들을 제대로 이해하기 위해서, 사례를 찾기보다 교훈을 얻기 위해서, 세세한 법제들보다 원칙들을 빌리기 위해서, 이제 아메리카로 눈을 돌리도록 하자. 프랑스 공화국의 법제는 여러 면에서 합중국의 법제와 다를 수 있으며 또 달라야만 할 것이다. 하지만 아메리카 헌법이 토대를 두고 있는 원칙들, 곧 질서, 세력균형, 진정한 자유, 법에 대한 신실하고 깊은 존중 따위는 모든 공화국에 필수 불가결하다. 이 원칙들은 모든 공화국에 공유되어야 한다. 이 원칙들을 찾을 수 없는 곳에서는 어디에서나 조만간 공화국이 사라질 것이라고 미리 말할 수 있을 것이다.

1848년

「에르네스트 샤브롤에게 보내는 서한」, 1831년 6월 9일

(토크빌은 1828년 베르사유 법원에서 동료 귀스타브 보몽, 에르네스
트 샤브롤(Ernest de Chabrol, 1803~1889)과 함께 사법관으로 공직을
시작했다. 법률가 샤브롤은 훗날 프랑스법제에 관해 많은 저서를 남
겼다. 토크빌은 아메리카 방문 첫 해에 샤브롤과 여러 번 서신을 주고
받으면서 아메리카에 대한 첫인상을 전했다.)

친애하는 벗, 내게 보내준 편지들, 그리고 친지들의 편지를 전
해준 정성에 우선 감사합니다. 정말 기쁜 마음으로 우편물을 뜯
어보았지요. 따뜻한 배려에 대한 감사의 표시로 당신의 관심을 끌
만한 이곳 이야기를 전해주고 싶지만, 지금도 나는 어리둥절한 상
태입니다. 너무나 많은 것을 한꺼번에 본 탓에, 무엇을 어디서부터

이야기해야 할지 모를 지경입니다.

보아야 할 것이 너무 많다기보다는 보고 들은 것만도 감당하기 벅찰 정도라서, 어떤 이야기부터 끄집어내야 할지 당혹스럽지만, 아무튼 몇 자 적습니다.

친애하는 벗, 영국인, 프랑스인, 독일인 등등, 이 세상 모든 국민들로 구성된 하나의 공동체를 상상해보세요. 자기들만의 언어, 자기들만의 신앙, 각양각색 의견들을 지닌 이 모든 사람들 말입니다. 한마디로 말해서 뿌리도 기억도 편견도 인습도 관념도 공유하지 않는, 요컨대 단일한 국민성을 지니고 있지 않은 이 공동체가 우리보다 백배 더 행복한 공동체일 수는 있겠지만 그렇다고 우리보다 더 덕성(virtue)에 충만한 공동체일까요? 바로 이러한 의문이 나의 출발점입니다. 무엇이 이 다양한 요소들을 하나로 묶어주며, 무엇이 이들 모두를 하나의 국민(peuple)으로 만들어주는 것일까요? 그것은 바로 이익(intérêt)입니다. 비결이 바로 이것입니다. 개별 이익은 언제 어디서나 나타나는데, 말하자면 여기서 이익이라는 것은 떳떳하게 드러날 뿐만 아니라 일정의 사회 이론으로 포장되기도 합니다.

이 점에서 우리는 고대의 공화정들과는 아주 멀리 떨어져 있는 셈이지만, 그럼에도 이 사람들이 공화국의 국민이라는 점은 인정할 수밖에요. 나는 이 나라가 앞으로도 오랫동안 공화국으로 남으리라는 것을 믿어 의심치 않습니다. 이들에게 공화정은 최선의 통치 기구입니다.

아메리카가 현재로서는 아주 행복한 물리적·정치적 상황에 처해 있어서 개별 이익이 결코 일반 이익과 어긋나지 않는다는 바로 그 이유만이 이러한 현상을 설명할 수 있다고 나는 생각합니다. 우리 유럽과 다른 점이 바로 여기에 있습니다.

일반적으로 인간이 국가를 혼란에 빠트리는 이유가 무엇일까요? 한편으로 권력을 얻으려는 욕망 때문이며, 다른 한편으로 일상적인 방안으로는 행복한 삶을 누리기 힘들기 때문일 것입니다.

그런데 여기에는 공권력이란 없으며, 굳이 말하자면 공권력의 필요도 없습니다. 영토는 확실하게 획정되어 있고, 국가들, 요컨대 각 주들은 경계할 적군이 없으며, 따라서 군대도 세금도 중앙정부도 필요 없습니다. 집행권은 유권자들의 의지에 종속된 일시적인 행정관에 다름 아니고, 돈도 권한도 생기지 않습니다. 사정이 이런 마당에, 누가 굳이 권력을 얻으려고 자기 인생을 닦달하겠습니까?

다른 면을 보더라도 같은 결론을 얻을 수 있습니다. 그도 그럴 것이 정관계 직위가 어느 정도 닫혀 있다고 하더라도 수천, 수만 개의 다른 일들이 사람들에게 열려 있으니 말입니다. 여기서는 온 세상이 누구나 내키는 대로 다듬고 가공할 수 있는 말랑말랑한 재료와도 같습니다. 끄트머리에만 잠깐 발길이 닿았을 뿐인 엄청난 임야가 사람들의 손길을 기다리고 있습니다. 누구나 응당 생활의 여유를 누리고자 바랄 수 있으며, 누구나 열심히 일하기만 하면 행복한 미래를 누릴 수 있다는 것을 알고 있습니다.

그러므로 이 행복한 나라에서는 아무리 성마른 인간 정신이라도 정치적 열정으로 향해 나아가기보다는 국가에 위해를 주지 않을 다른 행동으로 나아갑니다. 아메리카를 명분으로 삼아 프랑스에서 공화정을 꿈꾸는 모든 이들이 여기에 와서 공화정이 과연 어떠한가를 직접 보기를 바랄 따름입니다.

지금 막 언급한 이유— 내가 보기에 가장 중요한 이유— 는 마찬가지로 이 국민을 특징짓는 두 가지 뚜렷한 성격, 요컨대 근면 정신과 부산스러운 성격을 설명해줍니다.

아메리카에서는 부자가 되는 것보다 쉬운 일이 없습니다. 인간은 힘과 땀을 쏟을 곳을 찾다가 마침내는 돈벌이로 눈을 돌립니다. 따라서 이 사람들은 첫인상이 거래를 위해 모인 장사꾼들처럼 보입니다. 그리고 아메리카인들의 국민성을 좀 더 깊게 파고 들어가면, 이들이 세상만물의 가치를 단지 '그것이 얼마나 많은 돈을 벌어주나?'라는 물음에 대한 답변 속에서만 찾고 있음을 알 수 있습니다.

부산스러운 성격에 대해서 말하자면, 이러한 성격은 어디에서나 찾아볼 수 있습니다. 아메리카인은 직업을 갖고 바꾸기를 일생 동안 적어도 열 번은 되풀이합니다. 끊임없이 주거를 바꾸고 줄곧 새로운 일을 벌이지요. 이 세상 어느 누구보다도 아메리카인은 자신이 번 돈을 흔쾌히 써버리는데, 왜냐하면 다시 쉽게 벌 수 있다는 것을 스스로 잘 알고 있기 때문입니다. 게다가 변화라는 것은 그에게 인간의 자연적 상태로 보일 따름인데, 어찌 안 그럴 수 있겠습니까? 법률, 의견, 공직, 재산 등등 그의 주변에 있는 모든 것은 끊임없이 변화하고, 심지어 지구도 매일같이 얼굴을 바꿉니다. 자신을 둘러싼 이 보편적인 움직임의 한복판에서 아메리카인들이 가만히 머물러 있을 수는 없을 테지요.

따라서 여기서는 우리 유럽의 아주 오랜 사회들에서 흔히 나타나는 어떤 가족 정신이나 명예와 미덕과 같은 오랜 전통을 찾아서는 안 됩니다. 부자가 되기 위해 한평생 사는 듯이 보이는 국민은 엄격한 의미에서 덕성을 갖춘 국민일 수는 없을 테지요. 하지만 이들은 잘 '정돈된(rangé)' 국민입니다. 일하지 않고 모은 재산과 관련된 모든 악덕을 이들은 가지고 있지 않습니다. 이들의 행실은 절제되어 있습니다. 여자들에게 빠져서 시간을 낭비하지 않으며, 여자를 가정의 어머니로 집안의 안주인으로만 여깁니다. 이들의 습속은 아주 순수한데, 이 점은 정말 분명한 사실입니다. 유럽의 '탕아(roué)'는 아메리카에서는 전혀 찾아볼 수 없습니다. 돈을 벌려는 열정이 다른 모든 열정을 집어삼키고 압도할 따름입니다.

친애하는 벗, 내가 말한 모든 것이 다만 '대략적인 줄거리'에 지나지 않는다고 느낄지도 모르겠습니다. 이 나라에 온 지 아직 얼마 되지 않았으니 말입니다. 하지만 나는 듣고 배울 많은 기회를 가졌습니다. …우리는 공직에 있는 사람들로부터 아주 큰 후원을 받았을 뿐만 아니라, 방문하는 집집마다 우리를 반가이 맞아주었습니다. …이런 식으로 아침부터 저녁까지 모든 사회 계급에 속하는 사람들을 두루 만나고, 서툰 영어로 의사소통하지만 그래도 하나도 놓치지 않으면서, 무엇이든 알려는 의욕에 충만해서, 우리는 충분히 빨리 배울 수 있었습니다. 하지만 내가 이야기한 모든 것을 첫인상 정도로 받아들여 주기 바랍니다. 언젠가 나 스스로 약간 수정할지도 모르니 말입니다.

알렉시 토크빌

뉴욕, 1831년 6월 9일

출처: 'À Ernest de Chabrol' (9 juin 1831), Tocqueville, *Lettres choisies, Souvenirs 1814–1859*, édition établie sous la direction de F. Mélonio & L. Guellec (Gallimard, 2003).

「프란시스코 코르셀에게 보내는 서한」, 1835년 4월 12일

(프란시스크 코르셀(Francisque Corcelle, 1802~1892)은 7월왕정에서는 입법원 의원을, 제2공화국에서는 제헌의회와 입법의회 의원을 역임했다. 코르셀은 『아메리카의 민주주의』에 대한 서평을 쓴 것을 계기로 토크빌의 친구이자 정치적 동반자가 되었다.)

친애하는 코르셀 씨,

읽어보라고 내게 건네준 당신의 글*에 대한 나의 답변을 요청하면서 당신은 나로서는 감당하기 힘든 부담을 내게 지웠습니다. 당신은 내 글에 대해 찬사를 아끼지 않았으면서도 내가 당신에게

---

* 『아메리카의 민주주의』 첫째 권(1835)에 대한 서평. 『두 세계 평론(*Revue des deux mondes*)』(15 juin 1835)에 실렸다.

감사를 표시하는 것은 굳이 막으니 말입니다. 이 두 가지는 양립할 수 없습니다. 당신이 보여준 호의를 내가 알고 있는 만큼, 나로서도 당신에게 감사를 표명하도록 허용해주어야 마땅합니다. 따라서 나는 당신의 글에 한껏 감동을 받았고 정말 자부심을 느낀다고 말하고 싶습니다. 좋은 평가는 누구에게서 받든 기쁨을 주지만, 특히 당신에게서 받은 평가라 더욱 기쁩니다.

저자로서 취할 수 있는 아주 공평무사한 자세로 당신의 서평을 읽어보았습니다. 몇 가지 점은 정말 타당해 보이고, 전체적으로 호의적인 평가를 아끼지 않았으니, 아마도 책이 성공하는 데 적잖은 도움이 될 듯합니다. 단언컨대, 코르셀 씨, 솔직하게 말하자면 글을 조금도 잘라내지 말고 그대로 두시기를 바랍니다. 글쓴이의 판단에 새로운 무게를 더해주는 엄격하고 공평무사한 정신 속에 글쓴이의 따뜻한 호의가 잘 녹아 있는 바로 그런 글입니다.

한 가지만 언급하고 싶습니다. 요컨대 당신이 민주주의에 대한 나의 전망을 너무 우울하게 그리고 있지 않은가 하는 생각이 듭니다. 만일 민주주의에 대한 나의 평가가 당신이 생각한 것만큼 비관적인 색채로 가득하다면, 궁극적으로 민주주의 시대의 점진적인 도래를 지향하는 나의 결론에 모순들이 엿보인다는 당신의 판단이 옳을 것입니다. 사실을 말하자면, 나는 민주주의의 사회 상태가 인간의 사유와 제도에 부여해준 자연스러운 경향들을 밝혀내고자 했습니다. 그리고 그리로 나아가는 도중에 인간이 맞부딪게 될 위험들을 알려주고자 했습니다. 하지만 나는 우리가 이러한 경향에 맞서 싸울 수 없다거나 미리 알더라도 대처하지 못할 것이라고는 결코 주장하지 않았습니다. 이러한 위험들은 적절하게 대처한다면 충분히 피할 수 있을 것입니다.

내가 보기에 민주주의자들(Démocrates)(나는 이 단어를 상식적인 의미로 사용합니다), 요컨대 오늘날의 민주주의자들은 자기들이 나아가고자 하는 바로 그 사회적·정치적 상태가 어떤 장점과 어떤 위험을 지니고 있는지를 명확하게 알지 못하는 듯했습니다. 그래서 그들은 그 장점을 가능한 한 늘리고 그 위험을 가능한 한 줄이기 위해 사용할 수단들에 대해서 잘못 생각하는 듯했습니다. 따라서 나는 내 능력이 닿는 만큼 명확하고 단호하게 민주주의의 장점과 위험을 다 부각시키려 했던 것입니다. 민주주의의 적들을 정면으로 볼 수 있도록 그리고 맞싸울 상대가 누군지 알 수 있도록 말입니다. 내가 생각건대 나를 주프루아(Jouffroy) 씨*와 같은 부류로 분류해서는 안 되는 이유가 바로 여기에 있습니다. 주프르아 씨는 민주주의의 위험들을 낱낱이 밝혀내고 그 위험들은 피할 수 없다고 말합니다. 그에게는 민주주의의 위험들을 가능한 한 늦추는 것만이 문제입니다. 그리고 마침내 그 위험들이 닥쳐왔을 때에는 머리를 옷깃에 감춘 채 운명에 순응하는 것 외에는 달리 해결책이 없습니다. 하지만 나로서는 우리 사회가 이러한 위험들을 충분히 알기를 원합니다. 이러한 위험들이 존재한다는 것을 잘 알고 있으며 자신의 목표를 달성하기 위해서 그 위험들을 받아들여야

---

* 테오도르 주프루아(Théodore Jouffroy, 1796~1842), 프랑스 철학자, 소르본 대학, 콜레주드프랑스 교수 역임, 1833년 『철학문집(*Mélanges philosophiques*)』에 민주주의의 도래와 개인주의의 발흥을 우려하는 글을 발표했다.

만 하는 강인한 인간처럼 말입니다. 강한 사람은 자신이 꾀한 기획의 필요조건인 양 아무런 유감도 주저도 없이 위험들에 맞섭니다. 강한 사람은 일단 위험들이 눈앞에 드러나는 한 전혀 두려움을 느끼지 않습니다.

이 주제에 대해 장황하게 설명을 늘어놓은 것을 용서해주시기 바랍니다. 하지만 이것은 그저 시시콜콜한 주장이 아니라 나의 생각의 전제이고 나의 책의 기본 줄기입니다. 그리고 일반 독자들이 이 점에서 무언가 오해해서는 안 된다고 나는 생각합니다.

친애하는 코르셀 씨, 짧막한 서신을 마치면서 다시 한 번 당신에게 감사의 마음을 전합니다. 책에 대해 정말 과분할 정도로 치하해주셨으니 이제 저자의 친구가 되는 데 기꺼이 동의해주시리라 바라마지 않습니다.

알렉시 토크빌

파리, 1835년 4월 12일

출처: 'À Francisque de Corcelle' (12 avril 1835), *Correspondance d'Alexis de Tocqueville et de Francisque de Corcelle—Correspondance d'Alexis de Tocqueville et de Madame Swetchine, Oeuvres Complètes d'Alexis de Tocqueville*, t. XV (Gallimard, 1983).

「외젠 스토펠에게 보내는 서한」, 1836년 7월 24일

(외젠 스토펠(Eugène Stoffels, 1805~1852)은 토크빌이 메스에서 중
등학교를 다닐 때부터 사귄 오랜 친구이다. 사회적 배경이나 정치적 입
지가 서로 달랐음에도 불구하고 토크빌과 스토펠은 줄곧 서신을 주고
받으며 학문적·사상적 교분을 나누었다. 자기보다 상대적으로 보수적
인 입장에 선 스토펠에게 답장을 보내면서 토크빌은 자신이 자유를 애
호하는 동시에 질서와 법에 대한 존중을 잃지 않은 '새로운 종류의 자
유주의자'라고 말한다.)

내가 말한 프로그램의 전반적인 취지에 대해 그래도 자네가 잘
이해하고 있는 듯하네. 이 나라에서 언제나, 특히 최근 몇 년 동안
에 나를 가장 놀라게 한 것은 윤리, 종교, 질서 등을 옹호하는 자
들이 이쪽 편에 도열해 있고 법 앞에서의 평등, 자유 등을 애호하
는 자들이 저쪽 편에 도열해 있는 광경이라네. 인간의 시야에 제
시될 수 있는 가장 괴상망측하고 가장 개탄스러운 장면이 바로 이
런 것이겠거니 나는 생각한다네. 이렇게 우리를 서로 떼어놓는 이
모든 것이, 단언컨대 하나님이 보기에는 하나로 합쳐져 있을 테니
말일세. 이 세상에서 인간의 존엄과 행복은 이러한 모든 것의 결
합에서 나온다는 점을 생각할 때, 이 모든 것이 전부 다, 굳이 표
현하자면, '신성한' 일이기도 하다네. 이 모든 것이 결코 서로 양
립할 수 없는 것은 아니며 오히려 서로 밀접하게 연결되어 있다는
사실을, 따라서 서로 떼어놓을 경우 결국은 모두 다 허약해질 수

밖에 없다는 사실을 보여주는 일이야말로 우리 시대의 가장 멋진 기획 중 하나일 것이라고 나는 깨달았다네. 나의 기획의 전반적인 취지가 바로 이것이라네. 자네가 잘 이해하고 또 공감하듯이 말일세. 하지만 자네와 나 사이에는 어느새 미묘한 차이가 생기기도 한다네. 나는 자네보다 훨씬 더 열렬하고 훨씬 더 진지하게 자유를 사랑한다네. 별 어려움 없이 자유를 얻을 수 있다면, 자네는 물론 자유를 원할 것이네만, 자유가 없이도 자네는 언제든 잘 지낼 채비를 갖추고 있는 셈이라네. 프랑스에 사는 대다수 성실한 사람들이 다 그렇듯이 말일세. 하지만 내 감정은 다르다네. 나는 항상 거의 본능적으로 자유를 사랑해왔으며, 오랜 사색과 성찰 끝에 자유가 없다면 어떤 도덕적이거나 정치적인 위대함도 오랫동안 존속할 수 없다는 결론에 이르렀다네. 따라서 나는 도덕성에 매달리는 것만큼 완고하게 자유에 매달린다네. 그리고 나는 자유를 얻을 수만 있다면, 내가 누리는 일상의 편안을 어느 정도 포기할 마음의 준비가 되어 있다네.

이러한 미묘한 차이를 제외하고는, 우리는 물론 목표에 대해서 견해를 같이하고 있다네. 하지만 자네는 우리가 수단에 대해서는 서로 견해를 아주 달리한다고 주장하고 있네. 솔직히 말하자면 자네가 내 뜻을 잘 이해하지 못하는 지점이 바로 여기라고 나는 생각한다네.

자네는 내가 급진적이고 거의 혁명적인 이론들을 내세울 것이라고 생각하는 모양이네. 오해라네. 지금까지 나는 자유에 대한 강렬하고 합리적인 취향을 내보였고 또 앞으로도 줄곧 그러할 것이네. 그 이유는 다음과 같다네. 첫째는 나의 견해가 진정으로 그렇기 때문이며, 둘째는 편안한 숙면을 취하기 위해서 자유의지나 법률 따위를 헐값에 내다 팔아버리는 저 질서의 옹호론자들과 나를 혼동하지 않기를 바라기 때문이라네. 이런 부류의 사람들은 벌써 여기저기 많이 눈에 띈다네. 하지만 감히 말하건대 이런 사람들은 결코 어떤 원대하고 항구적인 일도 성취해내지 못할 것이라네. 따라서 나는 자유에 대한 이러한 취향을, 그리고 우리나라의 모든 정치제도 속에서 자유가 널리 발전하기를 바라는 이러한 일반적인 희망을 솔직하게 드러내려 한다네. 하지만 이와 동시에 나는 정의에 대한 존중, 질서와 법률에 대한 진정한 경의, 도덕과 종교적 믿음에 대한 심원하고 합리적인 애착 따위를 진술하게 보여줄 것이라네. 누구든 나에게서 새로운 종류의 자유주의자(un libéral d'une espèce nouvelle)를 명확하게 알아본다고, 그래서 나를 우리 시대의 대다수 민주주의자들(démocrates)과 혼동하지 않는다고 나 스스로 확신할 수 있도록 말일세. 나의 계획은 바로 이러한 것이라네. […]

알렉시 토크빌

1836년 7월 24일

출처: 'Tocqueville à Stoffels' (24 juillet 1836), *Correspondance inédite*, *Oeuvres complètes*, t. I, publiées par Mme de Tocqueville (Paris, 1861).

「존 스튜어트 밀에게 보내는 서한」, 1840년 12월 18일

(토크빌은 필생의 학문적 동반자인 영국의 정치사상가 존 스튜어트 밀과 자주 서신을 교환했다. 토크빌은 밀에게 보낸 서한에서 『아메리카의 민주주의』의 둘째 권이 첫째 권만큼 성공을 거두지 못한 데 대해 나름의 해명을 내놓았다.)

친애하는 벗, 더 일찍 답장을 보내지 못한 점 양해해주기 바랍니다. 지난 두 달 동안 내가 공적인 업무에 짓눌려 살았다는 점을 헤아려서 너그러이 용서해주기를 바랄 따름입니다. 『에든버러 리뷰』[*]에 실린 당신의 논평을 읽고 곧장 답장을 쓸 수 없었던 것은 바로 이런 사정 때문이었습니다. 당신의 탁월한 글이 내게 불러일으킨 온갖 생각들을 여기서 다 늘어놓을 수는 없습니다. 편지로 쓰기에는, 더구나 지금 내가 겨우 쓸 시간을 얻은 편지에 담기에는 너무 긴 내용입니다. 하지만 벌써 오래전에 당신에게 전했어야 마땅한 말이 있습니다: 내 책에 대한 모든 논평 중에서 당신의 논평이 나의 생각을 잘 이해하고 잘 드러내준 '유일한' 논평입니다. 당신의 논평을 읽으면서 정말 큰 기쁨을 맛보았다고 여기서 굳이 당신에게 말할 필요도 없을 것입니다. 나는 나의 논지를 이해하고 또 엄격하게 분석하는 노고를 마다하지 않은 최고급 사상가에 의해 심사를 받은 셈입니다. 거듭 말하지만 '오직' 당신만이 나에게 이러한

---

[*] Mill, *Edinburgh Review*, ocotber 1840.

큰 기쁨을 주었습니다. 당신을 제외하고는 칭찬을 늘어놓은 사람
이든 비난을 퍼부은 사람이든 모두가 내게는 불충분하고 산만한
지성의 소유자로 보입니다. 나는 당신의 논평을 내 책 한 권에 붙
여두었습니다. 논평문과 책을 한 손에 들고 다니며 볼 수 있도록
말입니다. 친애하는 벗이여, 당신의 논평에 한 번 더 정말 진심으
로 감사드립니다. 당신 덕에 정말 오랜만에 아주 큰 기쁨을 맛봅
니다.

　프랑스에서 『아메리카의 민주주의』의 둘째 권은 첫째 권만큼 대
중적인 성공을 거두지 못했습니다. 나는 오늘날 일반인들의 문필
소양이 예전만 못하다는 말을 믿지 않습니다. 그런 만큼 나는 내
가 어떤 점에서 부족했는가를 찾아보려고 무던 애를 썼습니다. 아
마도 이 책에 상당한 결함이 있을 수도 있기 때문입니다. 아마도
이 책의 결함은 일반 대중에게는 쉽사리 다가오지 않는 어떤 모호
하고 불명확한 내용을 담고 있는 이 책의 기반 자체에 있다고 나
는 생각합니다. 내가 합중국의 민주 사회에 대해서만 이야기했을
때, 누구나 충분히 잘 이해했습니다. 만일 내가 오늘날과 같은 프
랑스의 민주 사회에 대해 이야기했다면, 마찬가지로 누구나 잘 이
해했을 것입니다. 하지만 아메리카 사회와 프랑스 사회에서 얻은
관념들로부터 출발해서 나는 여태껏 어떤 완전한 모델도 존재하
지 않는 민주 사회들의 일반적인 특징을 그려내고자 했습니다. 보
통 독자들의 관심이 멀어진 이유가 바로 여기에 있습니다. 일반적
이고 사변적인 진리를 탐구하는 데 아주 익숙한 사람들만이 이 길
로 나를 따라올 것입니다. 이 책이 상대적으로 좋은 반응을 얻지

못한 것은 주제의 이모저모를 다루는 나의 방식 탓이라기보다는 주제 자체의 원죄 탓이라고 생각합니다. […]

작별을 고합니다. 언제쯤 프랑스에 올 예정인지요? 당신과 오랫동안 이야기를 나누고 싶습니다. 진정으로 감사의 마음을 전합니다.

알렉시 토크빌

1840년 12월 18일

출처: 'Tocqueville à Mill' (18 décembre 1840), *Correspondance anglaise, avec H. Reeve et J. S. Mill, Oeuvres Complètes d'Alexis de Tocqueville,* t. VI-1 (Gallimard, 1954).

알렉시 토크빌의 민주주의 사상

I. '아메리카'와 '민주주의' 사이

토크빌, 아메리카, 민주주의

'혁명 시대 민주주의의 예언자' 알렉시 드 토크빌(Alexis de Tocqueville; 1805~1859)은 19세기 민주주의 사회를 진단하는 양대 저작을 남겼다. 『아메리카의 민주주의』(1835, 1840)가 구체제의 유산에서 자유로운 신세계에서의 민주주의의 제도와 작동 양식을 밝힌 사회학적 고찰이라면, 『앙시앵레짐과 프랑스혁명』(1856)은 구체제와의 급격한 단절을 통해 민주주의 시대를 열고자 한 프랑스혁명에 대한 역사학적 성찰이라 할 수 있다. 전자가 토크빌에게 사상가로서의 명성과 정치인으로서의 입지를 마련해준 젊은 시절의 야심작이라면, 후자는 그가 모험과 회한으로 가득 찬 현실 정치를 뒤로하고 사색과 관조의 시기에 접어들어 저술한 만년의 노작이다. 하지만 20여 년의 세월을 사이에 두고 있는 토크빌의 양대 저작에는 그가 일생 동안 추구해온 궁극적인 문제 의식이 면면히 흐르고 있다. 요컨대 논지는 민주주의이고, 분석 대상은 평등이며, 주제는 자유인 것이다.

토크빌은 『아메리카의 민주주의(*De la Démocratie en Amérique*)』를 '두 번' 썼다. 아메리카를 방문하고 돌아온 후 1833년 가을부터 1년여에 걸쳐 집중적으로 쓴 첫째 권은 1835년 초에 출판되었으며, 대략 1836년부터 4년여에 걸쳐 단속적으로, 그것도 번복과 첨삭을 거듭하며 쓴 둘째 권은 1840년 초에 출판되었다. 애초에 저자는 첫째 권의 제목을 「합중국에서의 민주주의의 위세(De l'empire de la Démocratie aux Etats-Unis)」로, 둘째 권의 제목은 「평등이 인간들의 관념과 감정에 미친 영향(L'influence de l'égalité sur les idées et les sentiments des hommes)」으로 정했으나, 독서 시장의 취향에 민감한 출판사 측의 제안에 밀려 두 책 모두 『아메리카의 민주주의』라는 제목을 달았다.

동일한 제목을 단 두 책을 놓고 저자는 때로는 단일한 구성을 가진 연속작이라고 설명하기도 하고, 때로는 구성과 접근법뿐 아니라 주제와 내용에서도 서로 뚜렷이 구별된다고 강조하기도 했다. 집필 과정의 앞뒤에 저자가 남긴 연구 노트와 서한들에 담겨 있는 정보들을 종합해보면, 아메리카를 방문한 직후에 쓴 첫째 권이 주로 아메리카에 관한 것이며 경험적이고 묘사적인 성격을 갖는 반면에 영국 탐방과 현실 정치 체험 이후에 쓴 둘째 권은 민주주의 자체에 관한 것으로 추상적이고 이론적인 성격을 띤다고 저자 스스로 평가하고 있음을 알 수 있다. 평론가와 독자들의 평가도 판이했다. 첫째 권은 열띤 찬사를 얻고 상당한 성공을 거두었으나, 둘째 권은 따가운 혹평과 몰이해 속에 이내 잊혔다. 사정이 이렇다 보니 오늘날 『아메리카의 민주주의』를 연구하는 논평자들은 첫째 권과 둘째 권의 공통된 내용과 달라진 내용을 절충하고 종합해서, 아메리카를 배경으로 민주주의의 초상화를 그려내곤 한다. 『아메리카의 민주주의』는 때로는 아메리카의 정치와 사회에 대한 탐방기로 읽히기도 하고, 때로는 민주주의에 대한 정치 이론서로 읽히기도 하는 것이다.

『아메리카의 민주주의』의 탄생

유서 깊은 귀족 가문 출신인 알렉시 토크빌은 프랑스혁명 이후 1815년 복고 왕정에서 1830년 7월혁명에 이르는 격동의 세월 속에서 청년기를 보냈다. 구체제와 혁명, 귀족주의와 민주주의, 낡은 프랑스와 새로운 프랑스 사이의 갈등과 대립을 담뿍 안은 채 부르주아 7월왕정이 불안하게 출범했다. 1831년, 7월왕정 치하에서의 공직 생활에 염증을 느낀 토크빌은 평생 친구 귀스타브 보몽 (Gustave de Beaumont)과 함께 당시로서는 '미지의 세계'에 가까웠던 아메리카 여행길에 올랐다. 공식적으로는 아메리카의 형무소 제도와 교화 시설을 시찰하는 것이었지만 실제로는 아메리카 민주주의의 실상을 직접 보고 연구하기 위해서였다.

1831년 5월 초 뉴욕에서 출발한 두 여행객은 서쪽으로 미시간주와 오대호 연안까지, 북쪽으로 캐나다 국경을 넘어 몬트리올과

퀘벡까지 다다른 후 9월 초 보스턴으로 돌아왔다. 여기서 토크빌은 특히 뉴잉글랜드 지방의 타운 제도와 지방자치를 직접 둘러보고 민주주의의 이상적인 모습을 구상해볼 수 있었다. 10월 초 뉴욕에서 다시 출발한 여정은 남쪽으로 켄터키주와 미시시피 계곡을 따라 1832년 새해 첫날 뉴올리언스에까지 이르렀으며 남부 지방을 가로질러 북상하다가 2월 초 다시 뉴욕에 도착해서 끝을 맺었다. 남부로의 여행은 인디언 부족들과 노예제도 등 또 다른 아메리카를 살펴볼 수 있는 좋은 기회였다.

『아메리카의 민주주의』의 첫째 권은 이렇게 약 9개월 동안 아메리카를 둘러본 직접적인 경험을 바탕으로 만들어진 것이다. 하지만 토크빌의 구상은 단지 그가 둘러본 아메리카의 풍모와 현황을 소개하는 데 있지 않았다. 그가 줄곧 염두에 둔 것은 아메리카 사회에 대한 견문록이나 입문서 차원을 넘어 유럽 또는 프랑스 사회의 추이를 가늠해볼 수 있는 비교 모델로서의 아메리카의 정치제도와 사회습속을 고찰하는 것이었다. 따라서 아메리카 여행은 단순한 경험 자료의 축적에 지나지 않았으며 여기에 학문적인 모색과 성찰이 더해져야만 했다.

귀국 후 토크빌은 오랜 여행의 후유증과 정신적인 번민 속에서 글을 쓸 의욕을 잃고 심각한 무기력증에 빠져들었다. 보몽과 아메리카에 대한 책을 함께 쓰겠다는 애초의 계획은 자연스럽게 무산되었으며. 아메리카 형무소제도를 시찰한 공식 보고서를 작성하는 일도 사실상 보몽이 혼자 떠맡아야 했다. 보고서는 1833년 1월 『합중국의 형무소제도와 그것의 프랑스에의 적용(*Du système pénitentiaire aux Etats-Unis et son application en France)*』이라는 제목으로 출판되었다. 토크빌이 건강을 회복하고 뒤늦게나마 집필을 위한 준비 작업에 들어간 것은 그가 기분 전환을 위해 두 달여 영국 여행을 다녀온 직후인 1833년 10월 무렵이었다. 그는 보몽을 비롯한 주변 친지들이 우려할 정도로 온종일 서재에 틀어박혀 작업에 몰두했으며, 스스로 '아메리카 강박증'이라고 부를 만큼 격심하게 아메리카에 빠져들었다.

토크빌의 서재에는 아메리카 여행 중 작성한 여행 일지, 현장기록, 서한문 따위뿐만 아니라 직간접으로 구입한 합중국의 정치 및 경제와 관련된 통계 자료집, 법령집, 의사록, 연구서들로 가득 찼다. 토크빌이 남긴 작업 노트를 보면, 첫째 단원 '정치 사회'에서 아메리카의 '법제'에 대해 그리고 둘째 단원 '시민 사회'에서 종교·여론·심성 등 주로 아메리카의 '습속'에 대해 서술하려는 계획이었음을 알 수 있다. 하지만 이러한 구상은 방대한 작업의 부담에 밀려서 후퇴했으며 민주주의 습속에 대한 탐구는 훗날로 미루어졌다. 결국 책의 첫째 단원에서는 인민주권, 연방헌법, 연방정부와 주정부, 입법권과 사법부 등 주로 정치조직과 법제도를, 둘째 단원에서는 정당, 언론, 결사체 등의 사회적 기능과 역할을 다루는 것으로 조정되었다. 흥미로운 점은 토크빌이 저술의 구성과는 어울리지 않게 둘째 단원에, 아메리카에서의 인종 문제에 대해 특히 인디언과 흑인 문제에 대해 방대한 서술을 덧붙였다는 사실이다. 합중국 사회를 이해하는 핵심 사안 중 하나로 여겨 저자가 뒤늦게 집어넣은 듯 보이는 인종 문제를 다룬 장은 그 내용으로 볼 때 필수적 구성이라기보다는 별도의 부록에 가깝다.

토크빌이 자료더미에 파묻혀 홀로 작업한 것은 아니었다. 방대한 자료들을 두루 습득할 여유를 갖지 못한 토크빌은 미국 청년 두 명을 연구 보조원으로 채용했다. 시오도어 세드윅3세(Th. Sedgwick III)와 프랜시스 리피트(F. Lippitt)는 관련 자료들을 요약 정리해서 저자에게 제공하는 역할을 했으며 저자는 이렇게 간추려진 내용을 서술에 담았다. 토크빌은 책의 구성에서 구체적인 서술까지 원고에 대해 부친과 형제 그리고 친구들과 때로는 서신으로 때로는 대면해서 함께 논의했다. 특히 친구 귀스타브 보몽과 루이 케르골레(L. Kergolay)는 대부분 원고를 직접 읽고 논평을 아끼지 않았다. 1년여에 걸친 산고 끝에 마침내 1835년 1월 『아메리카의 민주주의』가 탄생했다.

『아메리카의 민주주의』는 당시로는 무명에 가까운 30세 신예가 쓴 정치 평론서치고는 괄목할 만한 성공을 거두었다. 1840년에 둘째 권이 출판되기 전까지만 공식적으로 7판에 걸쳐 약 6,000부를 찍었다. 공식 번역자 헨리 리브(H. Reeve)가 번역한 영어판은 1835년 말에 영국에서, 1838년 초에 미국에서 출판되었으며, 어느새 에스파냐어, 독일어, 그리스어, 덴마크어 해적판 번역서들이 돌아다녔다. 국내 학계와 평단은 물론이고 존 스튜어트 밀을 비롯한 영미권의 평론가들에게서도 좋은 평가를 얻었으며 유럽 출판문화 시장에서 아메리카의 정치문화를 알려주는 최고급 평론서로 통했다. 정관계 인사들도 호의적인 반응을 내보였다. 집권 오를레앙파 계열의 관변 평론지들은 넌지시 드러나는 민주주의에 대한 낙관적인 전망이 7월왕정 체제에 보탬이 될 수도 있다는 속내로 찬사를 아끼지 않았다. 보수 우익 정통파 계열과 진보 공화주의자와 급진 사회주의자 계열도 저마다의 진영 논리에 따라, 평등 시대의 도래를 예견하는 민주주의의 선지자를 환영했다.

『아메리카의 민주주의』는 저자가 학계와 정계로 나서는 튼튼한 디딤대 구실을 할 것이었다. 하루아침에 유명해진 신예 논객은 탈레랑(Talleyrand)이나 몰레(Molé) 백작을 비롯한 거물 정치인들이 드나드는 명사 모임에 초대를 받았으며 정관계의 인맥을 넓혀 나갔다. 자유주의 정파의 거목으로 앞으로 토크빌의 정치적 후견인 구실을 마다하지 않을 루아예콜라르(Royer-Collard)는 『아메리카의 민주주의』의 저자를 "우리 시대의 몽테스키외"라고 추켜세웠다. 『아메리카의 민주주의』는 프랑스아카데미가 그해의 우수 학술 저서를 포상하는 몽틸롱 상(Prix Montylon)을 받았으며, 1838년에 저자는 정신과학정치학아카데미에 정회원으로 선임되는 영예를 안았다. 이제 토크빌은 프랑스에서 아메리카 전문가로 통했으며, 민주주의와 평등의 도래가 불가항력적이며 섭리적인 사실이라는 그의 명제는 어느새 시대의 유행 담론이 되었다.

처녀작의 놀라운 성공에 고무된 저자는 후속 작품을 머릿속에 그렸다. 토크빌은 『아메리카의 민주주의』의 서문에서, 아메리카에서 조건들의 평등과 민주주의 통치가 시민 사회의 관념과 습속 따위에 미친 영향을 제2부에서 다루려는 애초의 구상을 접었다고 밝힌 바 있다. 아메리카의 사회 풍속에 관해 엇비슷한 내용을 다루

고 있는, 친구 보몽이 쓴 논픽션 소설『마리, 또는 합중국의 노예제
(*Marie ou l'Esclavage aux Etas-Unis*)』(1835)가 출간을 앞두고 있었기
때문이었다. 하지만 전작의 성공에 고무된 토크빌은 아메리카에
관한 저술을 속개하기로 한 것이다.

1~2년 안에 완성할 수 있을 것이라던 저자의 호언장담과 달리
후속작은 5년 후 1840년 1월에 겨우 선을 보였다. 꼬박 4년에 걸
쳐 띄엄띄엄 더디게 집필될 수밖에 없었던 둘째 권은 여러 차례
내용의 번복과 수정을 거치게 되었을 것이다. 둘째 권에서는 아메
리카라는 정치사회적 실체는 훌쩍 뒷전으로 밀려나고 그 대신 민
주주의라는 추상적 실체가 전면에 부각된다. 첫째 권에는 아메리
카의 이모저모에 대한 정보를 얻기 위해 저자가 참고한 수많은 관
련 서적들이 각주 형태로 소개되어 있다. 반면에 민주주의에 대한
객관적 정보 못지않게 사변적 성찰을 위주로 구성된 둘째 권에서
는 논지의 근거나 출처를 알려주는 서지 사항을 담은 각주를 찾아
볼 수 없다. 둘째 권 출판을 앞둔 몇 해 동안 토크빌의 독서 목록
은 자못 흥미롭다. 그는 플라톤, 아리스토텔레스, 토마스 아퀴나
스, 마키아벨리, 데카르트 등등 정치사상의 고전뿐만 아니라 라블
레와 세르반테스, 심지어 마담 세비녜와 퐁트넬 등등 16~17세기
고전 작가들을 두루 섭렵했다. 요컨대 둘째 권을 쓸 때 저자가 관
심을 두었고 또 영감의 원천이 된 것은 아메리카에 대한 책자들이
아니라 군이 말하자면 서양의 정치사상과 고전 문학 일반이었다
고 할 수 있다. 저자 역시 자신이 5년의 시간차를 두고 쓴 두 책의
차이점을 잘 알고 있었을 것이다. 그는 작업 노트의 끄트머리에

이렇게 끼적였다. "첫 번째 책은 민주주의에 대한 것이라기보다는 아메리카에 대한 것이다. 이 책은 아메리카에 대한 것이라기보다는 민주주의에 대한 것이다."

1835년의 『아메리카의 민주주의』와 1840년의 『아메리카의 민주주의』는 사실 동일한 주제를 다루면서도 완전히 달라진 평가와 전망을 내놓았다. 아메리카를 여행한 후 민주주의에 대한 낙관적 전망을 밝힌 첫째 권은 그 이후에 한편으로 저자의 영국 체류의 경험에 의해, 다른 한편으로 의원 선거와 정치 입문 등 현실 정치를 몸소 체험하면서 그 내용과 논지가 대폭 수정되고 보완되었다. 민주주의에 대한 비판적 평가와 우울한 전망을 담은 둘째 권에는 민주주의를 보는 저자의 달라진 시각이 담겨 있는 것이다. 둘째 권의 민주주의는 영국과 프랑스의 사례를 통해 걸러진 이론적인 차원의 민주주의, 저자의 말대로 여태껏 그 유례를 찾기 힘든 민주주의의 이념형이라고 할 수 있다. 첫째 권에서 토크빌은 아메리카와 프랑스의 사례를 비교하면서도 아메리카를 한복판에 두고 민주주의의 풍경화를 그려냈다. 하지만 둘째 권은 아메리카는 물론이고 영국과 프랑스를 은은한 배경으로 간직한 민주주의의 추상화라고 할 만하다.

첫째 권과 둘째 권 사이의 차이는 독자들의 반응에서도 나타난다. 1835년 『아메리카의 민주주의』가 첫선을 보였을 때, 당시로는 미지의 세계였던 아메리카에 대한 이야기는 널리 환영을 받았으며 토크빌은 하루아침에 유명인사가 되었다. 5년 후에 나온 둘째 권은 별로 호응을 받지 못했으며 서서히 세인의 관심에서 멀어졌다.

오늘날 『아메리카의 민주주의』는 상/하 권으로 편집·출판되어 단일한 작품으로 읽히고 소개되지만 정작 처음 선을 보일 당시에는 마치 서로 다른 책으로 보일 만큼 상반된 평가를 받았던 것이다.

세인들에게 잊혀가던 민주주의 사상가 토크빌이 독자들의 관심 속에 다시 돌아온 것은 20세기 중반 무렵이었다. 현대 대중 사회의 고독한 개인들은 한 세기 전에 민주주의 시대의 무기력한 인간상을 예언한 선각자를 다시 찾았다. 19세기의 독자들이 첫째 권을 반긴 반면, 20세기의 독자들은 둘째 권을 반긴 것이다. '돌아온 토크빌'은 둘째 권의 토크빌이다.

II. 민주주의의 전망

개인주의

토크빌은 민주주의를 어떻게 바라보았는가? 사실 토크빌이 『아메리카의 민주주의』 첫 권에서 민주주의를 조건들의 평등에 따른 사회 상태로 정의하고 있지만, 이러한 사회 상태로서의 민주주의가 온전히 제 모습을 드러내는 것은 둘째 권부터이다. 민주주의 시대에 사람들을 감싸는 우선적인 감정은 개인주의이다. 개인주의는 자기 자신만을 우선시하는 지나친 자기애를 뜻하는 이기주의와 달리, 민주주의 사회에서 조건들이 평등화되는 정도에 비례해서 발전하는 새로운 감정이다. 민주주의 시대의 개인은 사회와 단절된 채 살아갈 뿐만 아니라 물질적 향락에 쉽사리 빠져든다. 토크빌이 볼 때 평등 시대의 가장 큰 폐단은 시민들이 물질적 향유에 집착한 나머지 공공의 업무에서 등을 돌리는 데 있다.

돈을 버는 일에 너무나 몰두한 나머지 그들은 그들 각자의 재산과 모두의 번영 사이의 밀접한 관계를 더 이상 알아채지 못하게 된다. 이러한 사람들에게서 그들이 소유한 권리들을 빼앗을 필요가 없다. 그들은 그 권리들을 기꺼이 내줄 것이다. 정치적 의무를 행사하는 일은 그들에게 오히려 열심히 일할 시간을 빼앗는 귀찮은 시간낭비 정도로 여겨진다.

이렇게 토크빌이 그린 호모 데모크라티쿠스의 초상은 개인주의와 물질적 탐욕에 물들고 정치와 공익에 무관심한 무기력하고 초라한 인간이다.

민주적 전제정치

민주주의 시대 특유의 개인주의 심성 구조에 대한 분석은 마침내 '민주적 전제정치(despotisme démocratique)'의 출현이라는 핵심 논지에 이른다. 토크빌은 『아메리카의 민주주의』 첫째 권의 말미에서 합중국과 유사한 민주주의 사회가 전제정치의 출현에 알맞은 분위기를 조성할 수 있으며 민주정치를 막 실험대에 올린 유럽 역시 일인 전제정으로 기울 위험이 있다고 지적한 바 있다. 그후 둘째 권에서 그는 "5년 동안 생각을 거듭한 끝에" 이에 대한 근심이 줄어들지는 않았지만 "근심의 대상이 바뀌었다"라고 말한다. 둘째 권에 등장하는 '민주적 전제정'은 첫째 권에서 분석한 '폭군의 전제정치'와 달리 역사상 유례가 없는 새로운 현상이었기 때문이다.

『아메리카의 민주주의』 첫째 권을 내놓은 지 4년 후 고향에서 국회의원으로 선출되어 정계에 입문한 토크빌은 7월왕정 자유주의 정치의 진면목을 몸소 체험할 수 있었다. 하지만 7월왕정의 민주주의는 그가 바라던 모습과 거리가 멀었다. 『아메리카의 민주주의』 둘째 권이 출판될 무렵부터 토크빌은 의회에서든 사석에서든 7월혁명을 이끌었던 '자유의 열정'이 사라져버리고 시민들은 정치적 무기력과 물질적 안락에 빠져들었으며 정치 생활 자체가 실종되어 버렸다고 말하곤 했다. 정치적 자유가 제한되고 시민들의 참여가 실종된 7월왕정은 토크빌이 볼 때 "머리는 공화정이지만 다른 모든 부분에서는 초왕당파적인 체제"에 다름 아니었다. 요컨대 『아메리카의 민주주의』에 등장하는 '민주적 전제정'은 저자 자신이 조국 프랑스의 정치 현실을 직접 목도하고 얻은 결론이기도 한 것이다.

토크빌에 따르면, 민주주의 국가에서 나타날 수 있는 전제정은 과거의 독재와 달리 "보다 광범위하고 보다 부드러운" 것이며 "인간을 가혹하게 다루지 않으면서도 품위를 떨어트리는 것"이다. 평등하고 서로에게 무관심한 수많은 무리들에게 보호와 안락을 약속하면서 군림하는 이 가부장적 권력은 자유의 치장을 걸친 일종의 예종 상태와 같은 것이다.

통치권자가 촘촘하면서도 획일적인 자잘한 규칙들의 그물망으로 사회 전체의 표면을 덮어버린 까닭에, 아무리 창의적인 정신과 강인한 영혼의 소유자라고 할지라도 군중을 뚫고 자신의 얼굴을 드러낼 수 없을 것이다. 통치권자는 개개인의 의지를 분쇄하지는 않지만 연약하게 만들고 구부러뜨리며 마음대로 조종한다. 행동하도록 강요하지는 않지만 끊임없이 모든 행동을 방해한다. 파괴하지는 않지만 자라나지 못하게 막는다. 물리적으로 괴롭히지는 않지만 거북하게 만들고 옥조이며 성가시게 하고 활력을 빼앗고 우둔하게 만든다. 요컨대 국민 개개인은 마침내 겁 많고 열심히 일하는 한 떼의 가축으로 전락하며 정부는 그 가축을 돌보는 목자가 된다.

이처럼 부드럽고 합법적인 지배의 출현은 물론 민주주의 시대의 선거 논리에서 나오는 것이다. 토크빌에 따르면, 현대인들은 권력자란 "독보적이고 수호천사로 군림하며 막강해야 하지만 동시에 시민들에 의해 선출되어야 한다"라고 생각한다. 시민들은 선거를 통해 직접 지도자를 뽑는 순간에는 주권자로서의 책무를 다하고 자부심을 가지지만, 곧 모든 공적·사적 업무를 이 선출된 권력체에 의탁해버리고 자신의 개인 생활로 되돌아간다. 결국 선거로 표출되는 인민주권의 원리가 행정 권력의 집중화 원리와 결합할 때, 민주주의 사회 특유의 전제정치가 탄생한다는 것이다.

민주주의와 전제정치의 결합이라는 토크빌 특유의 문제의식은 그가 20년 후에 내놓은 『앙시앵레짐과 프랑스혁명』에도 고스란히 살아 있다. 토크빌이 볼 때, 프랑스인들은 지난 60여 년 동안 몇 차례 혁명을 거치면서 본질상 자유와는 상충되고 이질적인 제도나 관념들 속에 자유를 이입하려는 헛된 시도를 되풀이해왔을 따름이다. 토크빌에 의하면 프랑스혁명은 절대왕정과 봉건귀족에 맞서서 자유의 원리를 내세움으로써 국민에게 민주주의 의식을 고취시키고 주권자로서의 외양을 부여했는데, 이러한 정치 권력의 평등화는 필연적으로 사회 상태의 평등화를 동반했다. 그러나 프랑스혁명은 인민들의 평등에 대한 지나친 욕구와 정열로 말미암아 오히려 자유의 확립에는 실패하였다.

자유롭지 못한 민주주의 사회는 부유하고 고상할 수 있으며 심지어 화려하고 장중할 수도 있다. 이곳에서 우리는 선량한 가장, 정직한 상인, 존경받는 지주와 같은 사적인 덕성을 발견할 수 있다. 이곳에서는 선량한 기독교인도 발견된다. …하지만 내가 감히 말하건대, 이러한 사회에서는 결코 위대한 시민들 특히 위대한 인민은 찾아볼 수 없을 것이다. 그리고 이러한 사회에서 평등과 전제주의가 하나로 결합하게 되면, 심성과 정신의 일반적 수준이 끊임없이 저하될 것이라고 나는 서슴없이 단언할 수 있다.

토크빌이 『앙시앵레짐과 프랑스혁명』 말미에서 "국민의 동의 없이 국민의 이름으로 모든 권한을 행사하는 유일한 수권자"로 묘사한 것이 바로 이러한 민주적 전제정의 모습이다. 그리고 그것은 또한 그가 실의와 좌절에 빠진 채 정계를 등지는 계기가 되었던 1851년의 루이 나폴레옹의 쿠데타를 통해 몸소 겪은 현실적 체험이기도 했다.

III. 민주주의는 가능한가

평등 시대의 자유

그렇다면 토크빌은 이러한 민주주의의 폐단을 어떻게 치유하고자 했는가? 물론 그가 한결같이 내놓는 답변은 '자유'였다. 그는 『아메리카의 민주주의』에서 민주주의 사회의 추세를 논구할 때마다 어김없이 자유에 대한 남다른 열정을 피력했으며, 20년 후 『앙시앵레짐과 프랑스혁명』에서도 세인의 비웃음을 감수하면서까지 자유에 대한 자신의 "철 지난 취향"을 감추지 않았다. 토크빌에게 자유란 "신과 법률의 지배를 제외하고는 어떤 규제도 없이 말하고 행동하고 호흡할 수 있는 즐거움"으로 시대와 정치 체제를 막론하고 인간 사회가 준수해야 할 가치이자, "논리 이전에 느낌으로" 깨닫게 되는 도덕률이기도 했다.

자유란 민주주의 시대의 산물인 평등보다 훨씬 앞서 등장한 가치 체계였다. "머리로는 민주주의 제도들을 받아들였지만 본능으로는 귀족"이었던 토크빌은 귀족정치 시대에 자유가 비록 계급적 특권과 연결되어 있기는 했지만 오히려 민주주의 시대보다 번성했다고 말하기도 한다. 그런데 민주주의 시대에 접어들어, 달리 말하자면 사회의 평등화가 진전됨에 따라 자유는 오히려 위축되었다. "우리 현대인들은 자유보다 평등에 더 열정적이고 더 완고한 애착을 가지고 있다." 평등 시대의 자유는 구체제 불평등 시대의 자유가 갖는 계급적 특권을 벗어던진 대신 더 험난한 새로운 과제를 안고 있다. 귀족주의적 자유가 특권 신분의 전유물이기는 했지만 그래도 때로는 개인과 사회를 숭고한 행동으로 이끌 수 있었던 반면, 토크빌 스스로 '자유에 대한 정당한 개념'이라고 인정한 민주주의적 자유는 오히려 개인들을 이웃으로부터 고립시키고 공동체적 유대에 무관심한 상태로 몰아갈 위험을 안고 있다는 것이다. 평등 시대의 자유는 물질적 향유와 공익에 대한 무관심으로 위축되고 무기력한 자유이다.

이렇게 볼 때, '자유의 전도사'를 자처하는 토크빌의 자유론은 당시 19세기 프랑스 사회의 지배 이데올로기로 군림한 자유주의 이념과 일정한 거리를 두고 있음을 알 수 있다. 7월왕정기의 프랑스 자유주의는 개인적 자유의 극대화와 시장 경제의 자율성에서 인민 권력의 제한과 국가 기구의 개입에 이르기까지 여러 사조들로 분기되어 있었다. 하지만 일반적으로 자유주의자들은 국가 권력의 제한, 대의제 정부를 통한 인민주권 원리, 개인적 자유의 함양, 종교와 신념 문제에서의 국가의 중립성이라는 네 가지 기본 이념을 공유하고 있었다. 요컨대 자유주의는 인민주권의 원리에 입각한 통치 구조를 창출하는 동시에 국가 권력 등 외부의 압력으로부터 개인의 가치를 지키고 선양하는 일에 최우선적인 가치를 두었다고 할 수 있다.

'프랑스 자유주의의 비조' 뱅자맹 콩스탕(B. Constant)에 따르면, 개인의 가치란 "누구도 자신의 견해와 신념과 원칙에서 자신이 아닌 다른 지적 권위에 복종하도록 강제되지 않는" 데에 있으며 개인은 "공공 안녕과 평온을 해치지 않는 한, 모든 영역에서 자신의 역량을 최대한 발휘할 수 있어야 한다." 따라서 개인주의는 "인류의 완전성으로 향한 유일하게 정당한" 원리이다. 요컨대 개인주의 란 용어는 자유주의자들에게서 매우 긍정적인 평가를 얻고 있다. 반면에 토크빌은, 앞에서 살펴보았듯이, 민주주의 시대의 개인주의 에서 사회와 단절된 무기력한 개인뿐만 아니라 부와 물질적 향락 에의 열정을 보았다. 개인주의와 물질 만능은 공공 정신을 좀먹고 결국 민주적 전제정의 묘판이 될 위험을 안고 있다는 것이 토크빌 의 진단이다.

따라서 토크빌은 '외부의 간섭으로부터의 독립'이라는 자유의 소극적 차원에 머무를 수 없었다. 진정한 자유는 공동체로부터 독 립된 공간에서가 아니라 공동체 속에서의 유대에서 찾아져야 할 것이다. 토크빌이 "물질적 안락의 습속과 열정에 맞서 효과적으 로 싸울 수 있는 것은 자유의 습속과 열정밖에 없다"라고 말했을 때, 그가 내세운 자유는 외부의 간섭으로부터의 독립이라는 '개인 적 자유'의 차원을 넘어 공동체적 삶에의 참여라는 '정치적 자유' 의 지평에서 해석해야 할 것이다.

정치적 자유의 복원

"내가 말하건대, 평등이 낳을 수 있는 악덕에 맞서는 데 단지 한 가지 효과적인 치유책이 있는데, 그것은 바로 정치적 자유이다." 『아메리카의 민주주의』 첫째 권부터 자유는 늘 토크빌의 민주주의 이론에서 중심 위치를 차지한다. 하지만 둘째 권부터 토크빌이 주 창하는 자유는 '정치적 자유'로 구체화되기 시작한다. 여기서 토크 빌은 당시 지배적인 주류 자유주의 사상과 길을 달리한다.

물론 자유주의 이념은 개인적 자유 못지않게 정치적 자유도 중요시한다. 하지만 우선권은 대개 개인적 자유에 놓여 있으며, 정치적 자유는 늘 개인적 자유의 아래에 위치하며 때로는 대중의 열망을 부추기고 정치적 혼란을 낳는 요인으로 금기시되기도 한다. 반면에 토크빌에게서 자유란 정치적 권리의 확립과 무관할 수 없으며 시민 개개인의 부단한 정치 생활에의 관심과 참여를 통해서만 확보될 수 있었다. 그는 아메리카의 정치제도와 관행을 살펴본 후, "아메리카인은 입법에 참여함으로써 자기 나라 법률들을 배운다. 아메리카인은 직접 통치에 참여함으로써 정부 형태를 알게 된다"라고 진단했다. 토크빌은 더 나아가 정치적 자유의 훈련장 구실을 하는 합중국의 자유제도들(institutions libres)을 찬양한다.

합중국 주민들이 가진 자유 제도들과 그들이 자주 활용하는 정치적 권리들은 개개 시민들에게 그들이 함께 살고 있다는 것을 끊임없이 그리고 수천 가지 방식으로 일깨워준다. 자기 동료들에게 유용한 인간이 되는 것이야말로 인간의 의무인 동시에 이익이라는 생각을 자유 제도들이 언제 어디서나 시민들에게 환기시키는 것이다. …처음에는 필요에 의해서, 나중에는 선택에 의해서 사람들은 일반 이익에 관심을 갖게 된다. 타산이었던 것이 본능이 된다. 그리고 동료 시민들의 복리를 위해 일하다 보니 마침내는 이들에게 봉사하는 습성과 취향을 몸에 익히게 되는 것이다.

토크빌은 민주주의의 폐단이 인민주권을 등에 업은 정치적 참여의 과잉에 있다고 보는 자유주의자들의 논리와 달리, 정치적 참여의 확대가 시민들을 무관심과 무기력에서 구해내고 진정한 공화정을 건설할 수 있다고 보았다. 토크빌의 자유는 원자화된 개인을 고립에서 끌어내 공공 업무에 참여케 하고 주권자로서의 권리와 의무를 일깨워주는 미덕이다. 그것은 '책임'과 '참여'의 동의어이다. 개인이 자기만의 울타리에서 빠져나와 공공의 광장에 참여하는 것, 즉 고립된 개인이 공화국의 시민으로 거듭나야 한다는 주장은 대중의 정치 참여를 우려의 눈으로 바라보던 당시 자유주의자들의 소극적이고 제한적인 자유론을 겨냥한 것에 다름 아니다. 따라서 공적 미덕과 시민적 참여를 골자로 하는 토크빌의 자유론은 당시 보수 지배층의 '자유주의'를 넘어서서 진보 정치권의 '공화주의'와도 맞닿아 있다. '자유주의자' 토크빌은 그 자신이 밝혔듯이 당시의 자유주의 부류와 구별되는 "새로운 종류의 자유주의자(un libéral d'une espèce nouvelle)"이고자 했다.

토크빌이 『아메리카의 민주주의』 첫째 권에서 선보인 민주주의에 대한 진단과 평가는 사실 19세기 고전적 자유주의의 틀에서 크게 벗어나 있지 않다. 인민주권 원리의 현실적 귀결일 수 있는 다수의 압제가 개인의 자유를 침해할 수 있다는 민주주의 비판론에서 토크빌은 당대의 자유주의자들과 견해를 같이하고 있다고 볼 수 있다. 하지만 5년 후 내놓은 둘째 권에서 민주주의의 핵심 명제로 개인주의와 민주적 전제정을 분석하고 처방을 내놓을 때, 토크빌은 자유주의자들의 논지를 넘어서기 시작한다.

토크빌이 볼 때, 민주주의 사회의 기본 문제는 정치적 참여의 과잉에서 나오는 것이 아니라 물질적 향유와 이익의 추구에 따른 참여의 결핍과 공공 정신의 위축에서 나오는 것이다. 따라서 그는 정치적 자유의 복원을 통해 공민 정신과 공동체적 유대를 일깨워야 한다고 강조한다. 민주주의 시대에 진정한 자유인이 되는 길은 더 이상 외부의 강제로부터 개인의 안전을 구하는 데에 있지 않으며 공동체의 업무에 적극적으로 참여하는 데에 있다. 민주주의 시대의 개인이 정치 공동체의 시민으로 거듭나야 한다는 토크빌의 논지는 공공 정신의 고양과 정치적 덕성의 함양을 자양분으로 삼는 공화주의 논리와 무리 없이 합류한다. 그렇다면 토크빌의 『아메리카의 민주주의』는 현대 민주주의 사회의 폐단에 대한 공화주의적 처방전으로 읽힐 수도 있을 것이다.

이 책은 알렉시 토크빌(Alexis de Tocqueville)의 『아메리카의 민주주의(De la Démocratie en Amérique)』(제1권 1835; 제2권 1840)를 우리말로 옮긴 것이다. 『아메리카의 민주주의』는 당시까지만 해도 유럽인들에게 미지의 신세계를 뜻했던 아메리카 합중국에 대한 직접적인 관찰을 통해 현대 민주주의 사회의 추이를 가늠해보려는 당대의 문제작이다. 토크빌에게 사상가로서의 명성과 정치인으로서의 입지를 마련해준 첫 작품, 『아메리카의 민주주의』는 한 세기를 훌쩍 넘긴 후에도 여전히 정치사상사의 고전으로 널리 읽히고 있다.

우리말로 옮기기에 그리 녹록하지 않은 묵직한 책을 굳이 손에 잡은 것은 옮긴이 개인의 관심사와 무관하지 않다. 옮긴이는 학창시절 대학원에서 프랑스혁명사를 공부하면서 토크빌을 만났다. 애송이 연구자 시절에 내놓은 첫 번역서가 토크빌의 만년의 역작인 『앙시앵 레짐과 프랑스혁명』(1856)이었다. 그 후 토크빌의 저술과 사상은 줄곧 옮긴이의 관심 영역 안에 머물러 있기는 했지만, 한때 미국에서 연구 생활을 하면서 옮긴이는 새삼 토크빌이 남긴 아메리카 견문록에 관심을 두게 되었다. 이제 불후의 대작 『아메리카의 민주주의』를 번역하게 되었으니 어쩌면 토크빌과 남다른 인연을 맺은 셈이다.

토크빌의 『아메리카의 민주주의』는 서양 정치사상사의 고전으로 널리 잘 알려져 있으며, 국내에서도 몇 종의 번역서가 출판되었다. 하지만 대학 도서관 서가에 어김없이 꽂혀 있는 대표적 완역판 번역서마저도 영문 중역인데다가 오역 투성이라서 오히려 원서의 내용을 심하게 왜곡시키고 있다는 것이 옮긴이의 솔직한 평가이다. 고전은 제대로 번역되고 바르게 읽혀져야 한다. 토크빌의 명성에 걸맞은 새 번역서를 언젠가 내놓아야겠다고 다짐하면서도 줄곧 미루어오던 차에 옮긴이로서도 이제 큰 짐을 던 느낌이다.

번역 대본으로는 제이컵 마이어(Jacob Mayer)가 편집한 『토크빌 전집(*Oeuvres complètes d'Alexis de Tocqueville*)』(Gallimard, 1951-2002)의 I-1, I-2권(1961)을 사용했다. 번역을 진행하면서 필요한 경우 영어 번역판도 아울러 참조했다. 영미권 독자들의 눈을 끄는 7~8종의 영역판 중에서 특히 헨리 리브(Henry Reeve)의 번역서(Alfred Knopf, 1960), 하비 멘스필드(Harvey Mansfield)와 델바 윈트로프(Delba Winthrop)의 공동번역서(University of Chicago Press, 2000) 그리고 아서 골드해머(Arthur Goldhammer)의 번역서(Library of America, 2004)는 원문의 정확한 의미를 포착해내고 번역 문장

을 다듬는 데 많은 도움이 되었다. 본문에 나오는 주요 항목과 인물에 대한 옮긴이 주(註)는 꼭 필요해 보이는 경우에만 간략하게 달았다. 지도와 화보, 그리고 부록은 독자들의 이해를 돕기 위해 새로이 첨가된 것이다. 나름대로 원문에 충실한 번역을 위해 노력했지만, 해박한 지식을 함축적인 표현으로 담아내는 토크빌 특유의 유려한 문체를 적잖게 손상시키지나 않았을까 우려된다. 번역은 하면 할수록 어려움을 느끼고 아쉬움이 남는다. 독자 여러분의 많은 가르침을 바란다.

이 책이 출판되기까지 많은 이들의 도움을 받았다. 우선 이 책을 고전번역총서로 선정해준 대우재단에 감사의 뜻을 전한다. 대우재단의 지원이 없었더라면 몇 년에 걸친 방대한 번역 작업을 감당해내지 못했을 것이다. 미국 대학에서 일 년 남짓 연구년을 보내면서 한창 번역 작업에 시달릴 때, 미국 사회와 민주주의의 전망에 대한 논의를 함께 해주고 때로는 길잡이가 되어준 동료 교수들에게도 뒤늦게나마 감사의 정을 전한다. 그리고 오랜 시간 편집 교열 작업에 매달리면서 옮긴이보다 더 꼼꼼하게 번역문을 읽고 정성들여 책을 만들어준 아카넷 출판사 여러분께도 고마운 마음을 전하고 싶다. 하지만 오역과 졸역의 책임은 물론 옮긴이의 몫이다. 여럿의 도움과 오랜 수고 끝에 탄생한 이 책이 아무쪼록 현대 민주주의 사회의 추세를 밝혀주는 견실한 필독서로 즐겨 읽히기를 바라 마지않는다.

2018년 3월
이용재

■ 찾아보기

이용재(李鎔在)

서울대학교 서양사학과에서 학사·석사 과정 후 프랑스 파리1 대학에서 박사학위를 받았다. 현재 전북대학교 인문대학 사학과에 재직하고 있으며, 한국프랑스사학회 회장 직을 맡고 있다. 전공 영역은 프랑스 사회사, 노동사 등이지만 유럽의 정치사회와 문화 예술 전반에 대해 관심을 두고 공부하고 있다. 최근에는 18세기 계몽주의 이후 20세 기 세계화 시대까지 프랑스 특유의 정치문화에 대해 연구하고 있다. 그리고 프랑스 정치사상의 고전을 번역하고 소개하는 데 힘을 쏟고 있다. 주요 저서로는 『함께 쓰 는 역사』(2008), 『프랑스의 열정: 공화국과 공화주의』(공저, 2011), 『교육과 정치로 본 프랑스사』(공저, 2014), 『전쟁과 프랑스 사회의 변동』(공저, 2017) 등이 있다. 역서로 는 『소유란 무엇인가』(피에르조제프 프루동, 2003), 『폭력에 대한 성찰』(조르주 소렐, 2007), 『기억의 장소』(피에르 노라, 2010), 『앙시앵 레짐과 프랑스혁명』(알렉시 토크빌, 2013) 등이 있다.

아메리카의 민주주의
제2권 (1840)

대우고전총서 044

1판 1쇄 펴냄 | 2018년 4월 12일
1판 2쇄 펴냄 | 2021년 9월 15일

지은이 | 알렉시 드 토크빌
옮긴이 | 이용재
펴낸이 | 김정호
펴낸곳 | 아카넷

출판등록 2000년 1월 24일(제406-2000-000012호)
10881 경기도 파주시 회동길 445-3
전화 031-955-9510(편집) · 031-955-9514(주문) | 팩스 031-955-9519
책임편집 | 이하심
www.acanet.co.kr

ⓒ 이용재, 2018

Printed in Seoul, Korea

ISBN 978-89-5733-590-1 94940
ISBN 978-89-89103-56-1 (세트)